KB200305

司馬遷 史記 4

史記
世家 下

丁範鎭(성균관대학교 중문학과 교수) 외 옮김

까치

역자 소개

정범진(丁範鎭)

1935년 경상북도 영주 출생

성균관대학교 중국문학과 졸업

中華民國 國立臺灣師範大學 中國文學硏究所 졸업(문학 석사)

성균관대학교 대학원 중어중문학과 졸업(문학 박사)

한국중어중문학회 회장 역임, 한국중국학회 회장 역임

성균관대학교 교수와 총장 역임

중국 산동대학교 명예교수, 대만정치대학 명예문학박사

한-우크라이나 친선협회 회장

저서 『중국문학입문』, 『중국문학사』, 『唐代소설연구』 외

역서 『중국소설사략』, 『唐代전기소설선』, 『두보시 300수』 외

ⓒ 정범진, 1994

史記 4 — 世家 下

저자 / 司馬遷

역자 / 丁範鎭 외

발행처 / 까치글방

발행인 / 박종만

주소 / 서울시 마포구 월드컵로 31(합정동 426-7)

전화 / 02・735・8998, 736・7768

팩시밀리 / 02・723・4591

홈페이지 / www.kachibooks.co.kr

전자우편 / kachisa@unitel.co.kr

등록번호 / 1-528

등록일 / 1977. 8. 5

초판 1쇄 발행일 / 1994. 7. 10

    8쇄 발행일 / 2015. 3. 5

값 / 뒤표지에 쓰여 있음

ISBN 89-7291-057-0 94910

    89-7291-055-4 (전2권)

    89-7291-053-8 (전7권)

世家 下

역자 소개

「趙世家」 金銀雅 성균관대학교 중어중문학과 졸업, 國立政治大學 석사·박사. 현재 순천대학 교수

「魏世家」 文寬洙 성균관대학교 중어중문학과 졸업, 國立政治大學 석사, 성균
「韓世家」   관대학교 대학원 박사과정 수료. 현재 세명대학교 교수
「田敬仲完世家」

「孔子世家」 丁範鎭 성균관대학교 교수, 中國山東大學 客座教授

「陳涉世家」 金錫起 성균관대학교 중어중문학과 졸업, 같은 대학원 석사, 같은
「外戚世家」   대학원 박사과정 수료. 현재 성균관대학교 강사

「楚元王世家」 姜昌洙 성균관대학교 중어중문학과 졸업, 같은 대학원 석사·박사.
「荊燕世家」   현재 서경대학교 교수
「齊悼惠王世家」
「蕭相國世家」

「曹相國世家」 曹圭百 한국외국어대학교 중어과 졸업, 성균관대학교 석사, 같은 대
「絳侯周勃世家」   학원 박사과정 수료. 현재 제주전문대학 대우교수

「留侯世家」 朴三洙 경북대학교 중어중문학과 졸업. 國立臺灣師範大學 석사, 성
「陳丞相世家」   균관대학교 대학원 박사과정 수료. 현재 울산대학교 교수

「梁孝王世家」 金鍾讚 성균관대학교 사학과 졸업, 國立臺灣師範大學 석사·박사.
                 현재 안동대학 교수

「五宗世家」 李浚植 한국외국어대학교 중어과 졸업. 國立臺灣師範大學 석사, 성
「三王世家」   균관대학교 대학원 박사. 현재 성균관대학교 교수

차례 下

차례 上

머리말

권43 「조세가(趙世家)」 제13

　조씨(趙氏)의 선대(先代)는 진(秦)나라와 조상이 같다. 중연(中衍)[1]에 이르러 은(殷)나라 대무(大戊)[2]의 마부가 되었다. 그의 후예 비렴(蜚廉)은 두 아들을 두었는데 그중 한 아들의 이름을 오래(惡來)라고 지었다. 오래는 주왕(紂王)을 섬기다가 주(周)나라 사람들에게 죽임을 당하였으니, 그 후손이 바로 진(秦)나라의 선조가 되었다. 오래의 동생은 이름이 계승(季勝)이었는데, 그의 후손은 조(趙)나라의 선조가 되었다.

　계승은 맹증(孟增)을 낳았다. 맹증은 주 성왕(周成王)의 총애를 받았으니 그가 바로 택고랑(宅皋狼)[3]이다. 고랑은 형보(衡父)를 낳고, 형보는 조보(造父)를 낳았다. 조보는 주 목왕(周繆王)[4]의 총애를 받았다. 그는 도림(桃林)[5]의 도려(盜驪), 화류(驊騮), 녹이(綠耳)[6] 등 여덟 필[7]의 준마를 얻어 목왕에게 바쳤다. 목왕은 조보를 마부로 삼고 서쪽을 순수(巡狩)하던 중, 서왕모(西王母)[8]를 만나 함께 즐거이 노닐다가 돌아갈 것을 잊었다. 이때 서언왕(徐偃王)[9]이 반란을 일으키자, 목왕은 마차를 타고 하루에 천리길을 달려가서 서언왕을 공격하여 대파하였다. 그리고는

---

1)　中衍 : 머리는 사람 모양이고 몸은 새 모양이었다고 하는 殷나라 초기의 인물.

2)　大戊 : 殷나라의 제7대 군주로 재위 기간에 伊陟, 巫咸 등 현신을 기용하여 훌륭한 정치를 폈다.

3)　宅皋狼 : 皋狼은 지명으로 지금의 山西省 離石縣 서북쪽이다. 孟增을 총애한 周 成 王이 그를 皋狼에 살게 하였으므로 이를 호로 삼았다.

4)　周 繆王 : 즉 周 穆王을 말한다. '繆'은 '穆'과 통한다.

5)　桃林 : 지명. 지금의 황하와 渭水 남쪽 언덕, 즉 河南省 靈寶縣에서 陝西省 渭南縣에 이르는 지역으로 名馬의 산지이다.

6)　盜驪, 驊騮, 綠耳는 周 繆王의 여덟 마리의 준마 중에서 세 필의 이름이다.

7)　원문은 "乘匹"이다. '乘'은 수레 한 대를 끄는 네 마리의 말을 뜻하고, '匹'은 한 쌍이니, 도합 여덟 마리가 되는 것이다.

8)　西王母 : 고대 신화 중의 인물. 『山海經』, 『穆天子傳』, 『漢武內傳』 등의 전적에 각각 괴물, 아름다운 부인 혹은 여신의 형상으로 기록되었다.

9)　徐偃王 : 周 繆王 시기의 徐나라의 군주. 徐나라는 지금의 江蘇省 泗洪縣 남쪽에 위치하였다.

조보에게 조성(趙城)¹⁰⁾을 하사하였으니 이로부터 조씨 성을 가지게 되었다.

조보로부터 6대 후손인 엄보(奄父)는 자(字)가 공중(公仲)이며, 주 선왕(周宣王)이 융(戎)¹¹⁾을 정벌할 때 그의 마부 노릇을 하였다. 엄보는 천무(千畝)¹²⁾에서의 전쟁에서 선왕을 위험에서 벗어나게 하였다. 엄보는 숙대(叔帶)를 낳았다. 숙대 때에 주 유왕(周幽王)이 황음무도하자, 그는 주나라를 떠나 진(晉)나라로 가서 진 문후(晉文侯)를 섬기니 이로써 진나라에서 조씨(趙氏) 가문을 형성하기 시작하였다.

숙대 이래 조씨 종족은 더욱 흥성하였으며 5대를 지나 조숙(趙夙)에 이르게 된다.

진 헌공(晉獻公) 16년에 진(晉)나라가 곽(霍),¹³⁾ 위(魏),¹⁴⁾ 경(耿)¹⁵⁾ 등 삼국을 정벌할 때, 조숙은 장군이 되어 곽나라를 공격하였다. 곽공(霍公) 구(求)는 제(齊)나라로 도망하였다. 그해 진(晉)나라에 크게 가뭄이 들어 점을 치자, "곽태산(霍太山)¹⁶⁾ 신령님께서 재앙을 내리셨다"라는 점괘가 나왔다. 그리하여 헌공은 조숙을 제나라에 파견하여 곽공을 소환하고, 그의 군주 지위를 회복시켜 곽태산 신령에게 제사를 봉헌하게 하니 진나라에는 다시 풍년이 들었다. 진 헌공은 조숙에게 경(耿)나라 땅을 하사하였다.

조숙이 공맹(共孟)을 낳은 것은 바로 노 민공(魯閔公) 원년의 일이었다. 공맹은 조최(趙衰)를 낳고 자를 자여(子餘)라고 하였다.

조최는 진 헌공과 여러 공자 중 누구를 섬기면 좋을지 점을 쳐서 결정하려 하였으나 점괘가 모두 길하지 않았는데, 공자 중이(重耳)¹⁷⁾를 섬기면 길하다는 점괘가 나왔으므로 바로 그를 섬기었다. 중이는 여희(驪姬)

---

10) 趙城 : 읍 이름. 지금의 山西省 洪洞縣 북쪽의 趙城鎭.
11) 戎 : 보통 고대 서쪽의 소수민족을 지칭한다. 여기서는 西戎의 별종인 姜氏 戎을 가리킨다.
12) 千畝 : 지명. 지금의 山西省 介休縣 남쪽. 일설에는 山西省 安澤縣 동쪽이라고도 한다.
13) 霍 : 권35「管蔡世家」의 〈주 6〉, 권42「鄭世家」의 〈주 68〉 참조.
14) 魏 : 나라 이름. 지금의 山西省 芮城縣 동북쪽에 있었다.
15) 耿 : 춘추시대의 작은 나라로 지금의 山西省 河津縣 동남쪽에 있었다.
16) 霍太山 : 霍山, 太嶽山이라고도 한다. 지금의 山西省 霍縣 동남쪽.
17) 重耳 : 晉 獻公의 아들로 후에 晉 文公이 되었다.

의 난[18]으로 인하여 적(翟)[19] 땅으로 도망가자 조최가 그를 따랐다. 적인(翟人)이 장고여(嗇咎如)[20]를 침략하여 두 여자를 잡아 젊은 여자는 중이에게 시집을 보내고, 나이 든 여자는 조최에게 시집을 보냈다. 조최는 조순(趙盾)을 낳았다. 당초 중이가 진(晉)나라에 있을 때, 조최와 본부인 사이에는 이미 조동(趙同), 조괄(趙括), 조영제(趙嬰齊)가 있었다. 조최는 중이를 따라 망명생활을 하였는데 19년이 지나서야 비로소 진(晉)나라로 돌아갈 수 있었다. 중이가 진 문공으로 즉위하자, 조최는 원(原)[21]의 대부(大夫)가 되어 원에 거주하면서 국정을 돌보았다. 문공이 귀국하고 또한 패자(覇者)의 지위에 오를 수 있었던 까닭은 대부분 조최의 계책에 의한 것이었다. 이에 관한 사적은 「진세가(晉世家)」에 기록되어 있다.

조최가 진나라로 돌아오자 진나라에 있던 본부인이 적(翟) 땅에서 얻은 부인을 데려오라고 한사코 권하며, 또 그녀의 소생인 조순을 적자(嫡子)로 삼으니 진나라 본부인의 세 아들은 모두 아래자리에서 조순을 받들게 되었다. 진 양공(晉襄公) 6년에 조최가 죽자 시호(諡號)를 성계(成季)라고 하였다.

조순이 성계를 대신하여 국정을 맡은 지 2년 만에 진 양공이 죽었다. 태자 이고(夷皐)가 아직 나이가 어렸으므로, 조순은 국가에 어려운 일이 많은 것을 감안하여 양공의 동생 옹(雍)을 옹립하려고 하였다. 옹은 당시 진(秦)나라에 있었으므로 사신을 보내 그를 영접하려고 하였다. 그러자 태자의 어머니가 밤낮으로 울며 머리를 조아려 절하며 "선군(先君)께서 무슨 죄를 지으셨기에 그의 적자를 버리고 달리 군주를 구하십니까?"라고 조순에게 말하였다. 조순은 이 일로 고심하다가, 그녀의 종친(宗親)[22]과 대부(大夫)들이 자기를 습격하여 주살(誅殺)할까 두려워서 태자

---

18) 驪姬의 난 : 晉 獻公의 총희 驪姬가 친아들 奚齊를 태자로 삼기 위하여 음모를 꾸며 태자 申生을 자살하게 하고 獻公으로 하여금 공자 重耳와 夷吾를 죽이도록 하는 등 晉나라 내분을 야기시킨 사건이다. 권39 「晉世家」 참조.

19) 翟 : '狄'과 같다. 춘추시대 齊, 魯, 宋, 衛, 邢 등 북방국가에서 활동하던 소수민족의 통칭.

20) 嗇咎如 : 오랑캐 이름. 춘추시대 赤狄의 한 갈래.

21) 原 : 읍 이름. 현재 河南省 濟源縣 서북쪽에 옛 성이 있다.

22) 宗親 : 태자의 어머니는 穆嬴으로 秦나라 宗室의 여자이다. 趙盾은 그녀의 요구를

를 즉위시켰는데 그가 바로 영공(靈公)이다. 동시에 군대를 보내 양공의 동생을 영접하러 진(秦)나라에 간 일행을 돌아오지 못하도록 막았다.[23] 영공이 즉위하고 나자 조순은 더욱더 국정을 독점하였다.

영공은 재위한 지 14년이 지나자 날이 갈수록 오만해졌다. 조순이 여러 차례 간하였으나 영공은 듣지 않았다. 한번은 곰발바닥 요리를 먹다가 잘 익지 않았다며 요리사를 죽이고는 그 시체를 들고 나가게 했는데 조순이 그것을 보았다. 이 일로 겁이 난 영공은 조순을 죽이려고 하였다. 본디 인자하고 동정심이 많은 조순은 일찍이 뽕나무 아래에 굶주려 쓰러진 사람에게 먹을 것을 주어 살려준 적이 있었는데, (조순이 위험에 처하자) 그 사람이 조순을 보호하여 구해주었으므로, 조순은 비로소 도망칠 수가 있었다.[24] 그가 아직 국경을 넘기도 전에 조천(趙穿)[25]이 영공을 시해하고 양공의 동생 흑둔(黑臀)[26]을 왕으로 세웠는데 그가 바로 성공(成公)이다. 조순은 다시 돌아와서 국정에 임하였다. 군자들은 "정경(正卿)[27]의 몸으로서 도망하면서 국경도 넘지 않고, 되돌아와서는 역적을 주벌(誅伐)하지도 않았다"라고 조순을 비난하였다. 그래서 태사(太史)[28]는 "조순이 그의 군주를 시해하였다"라고 적었다. 진 경공(晉景公) 때에 조순이 죽자 시호를 선맹(宣孟)[29]이라고 하였고 그의 아들 삭(朔)이 뒤를 이었다.

조삭은 진 경공 3년에 진(晉)나라의 하군(下軍)[30]을 거느리고 정(鄭)나라를 구원하러 갔다가 황하 강변[31]에서 초 장왕(楚莊王)과 교전하였다. 삭은 진 성공(晉成公)의 손위 누이를 부인으로 삼았다.

거절할 경우 秦나라의 간섭을 우려하였다.
23) 원문은 "距"로, '拒'와 같다. 거절하다, 막다의 뜻이다.
24) 자세한 상황은 권39「晉世家」참조.
25) 趙穿 : 趙盾의 사촌 동생.
26) 黑臀 : 晉 文公의 작은아들. 『國語』「周語」下의 기록에 의하면 그가 태어날 때 어머니가 꿈을 꾸니 신이 묵으로 그의 엉덩이에 원을 그리면서 그로 하여금 晉나라를 가지게 하리라고 하였다고 하여 이름을 '黑臀'이라고 하였다.
27) 正卿 : 춘추시대 각국 제후 휘하의 고급 관리의 通稱.
28) 太史 : 관직 이름. 춘추시대 太史는 문서를 기초하고 역사를 기재하며 國家典籍, 天文曆法, 祭祀, 卜筮 등을 관장하였다.
29) 宣孟 :『史記志疑』권23에서는 '宣孟'이 아니고 "宣子"라고 하였다.
30) 下軍 : 三軍의 하나. 춘추시대 각 大國은 三軍을 두었는데 그 명칭은 일정하지 않다. 晉나라는 上, 中, 下 三軍을 두었다.
31) 상세한 지역은 지금의 鄭州 서북쪽과 滎陽 동북쪽의 황하 연안을 가리킨다.

같은 해에 대부 도안고(屠岸賈)가 조씨를 주멸(誅滅)하려고 하였다. 당초 조순이 살아 있을 때 꿈을 꾸었는데 숙대(叔帶)가 자기의 허리[32]를 끌어안고 매우 슬피 울다가 잠시 후 크게 웃으며 손뼉을 치고 노래를 부르는 것이었다. 조순이 점을 쳐보니 불로 지진 거북 껍질의 균열이 끊어졌다가 후에 다시 좋아졌다. 조(趙)나라의 사관(史官) 원(援)이 해석하기를 "이 꿈은 매우 흉한 것으로 당신 대(代)가 아니고 당신 아들 대에 들어맞겠으나, 그것 역시 당신의 잘못 때문입니다. 손자 대에 이르러서는 조씨 가문이 더욱 쇠락할 것입니다"라고 하였다. 도안고라는 사람은 처음에 영공의 총애를 받다가 경공 때에 이르러 사구(司寇)[33]가 되어서는, 난을 일으키기 위해서 먼저 영공을 시해한 역적을 처벌한다는 빌미로 조순을 연루시켰다. 그리고는 두루 장수들에게 말하기를 "조순이 비록 사건의 내막을 몰랐으나 역시 역적의 두목입니다. 신하된 자로서 군주를 시해하고도 그의 자손이 조정에서 관직을 맡고 있으니 어떻게 죄 있는 사람들을 처벌할 수가 있겠습니까? 조씨를 주멸합시다"라고 하니 한궐(韓厥)[34]이 "영공께서 살해를 당하실 때 조순은 외지에 있었습니다. 우리의 선군(先君)께서 그가 무죄라고 여기시어 그를 죽이지 않으셨습니다. 지금 여러분께서 그의 후손을 죽이시려고 하는 것은 선군의 뜻이 아니고 멋대로 주살하는 것입니다. 함부로 주살하는 것은 난을 일으키는 것이라고 합니다. 신하가 큰 일을 도모하는 데 군주에게 알리지 않음은 군주를 안중에 두지도 않은 것입니다"라고 하였으나 도안고는 듣지 않았다. 한궐이 조삭에게 빨리 도망가라고 일렀다. 그러나 조삭은 도망가려고 하지 않으면서 "그대가 틀림없이 조씨 가문의 제사가 끊어지지 않게 해주신다면 나는 죽어도 여한이 없겠소"라고 말하였다. 이를 응낙한 한궐은 병을 핑계삼아 외출하지 않았다. 도안고는 경공에게 지시도 청하지 않고서는 제멋대로 여러 장군들과 하궁(下宮)[35]에서 조씨를 공격하여 조삭(趙朔), 조동(趙同), 조괄(趙括), 조영제(趙嬰齊) 등을 죽이고 마침내 그 일족을 모두 멸하였다.

---

32) 원문에는 "要"로 되어 있다. '腰'와 같다.
33) 司寇 : 관직 이름. 六卿의 하나로 刑獄을 관장하였다.
34) 韓厥 : 韓獻子를 말한다. 당시 晉나라 六卿 중의 한 사람이다.
35) 下宮 : 後宮.

　조삭의 아내는 성공(成公)의 누나로 그 당시 임신중이었는데 경공의 궁으로 도망가 숨었다. 조삭의 문객 중에 공손저구(公孫杵臼)라는 자가 있었다. 공손저구가 조삭의 친구 정영(程嬰)에게 "왜 같이 죽지 않는가?"라고 물으니, 정영은 "조삭의 부인이 임신중인데 만약 다행히 아들을 낳으면 내가 부양하고, 딸을 낳는다면 나는 조금 천천히 죽을 따름이다"라고 대답하였다. 얼마 되지 않아 조삭의 부인이 분만[36]하였는데 아들을 낳았다. 도안고가 이 소식을 듣고 궁중을 수색하였다. 부인이 갓난 아기를 속바지 가랑이 사이에 넣고 "조씨 종족이 멸망하려면 네가 크게 울고 멸망하지 않으려면 아무 소리도 내지 말아라"라고 기도하였다. 수색할 때에 아이는 의외로 울지 않았다. 위험을 벗어나자 정영이 공손저구에게 "이번 한 차례 수색하여 잡지 못하였으니 다음에 또 수색할 것이 분명한데 어떻게 할까?"라고 하자, 공손저구는 "고아를 부양하는 일과 죽는 일 중 어느 것이 어려운가?"라고 물었다. 정영이 "죽는 일은 쉬우나 고아를 부양하는 일은 어렵지"라고 하니, 공손저구가 "조씨의 선군이 당신을 후대하였으니 당신은 힘을 다해서 어려운 일을 맡아주게. 나는 쉬운 일을 담당하여 먼저 죽을 것일세"라고 하였다. 그리하여 두 사람은 상의한 끝에 다른 사람의 아이를 데려다 등에 업고 화려한 강보로 덮고서는 산속에 숨었다. 정영이 산에서 내려와 거짓으로 여러 장군에게 이르기를 "이 정영은 불초하여 조씨 고아를 부양할 능력이 없습니다. 누가 나에게 천금을 주신다면 조씨 고아가 숨어 있는 장소를 말해드리겠습니다"라고 하였다. 그러자 여러 장수들이 기뻐하며 그 조건을 수락하고 군사를 출동시켜 정영을 따라가서 공손저구를 공격하였다. 공손저구가 거짓으로 "이 소인배 정영아! 예전에 하궁의 난(亂)에서 순사하지 않고 나와 더불어 조씨 고아를 숨기기로 상의하였건만, 이제 와서 또 나를 배반하는구나. 아무리 네가 부양할 수 없었기로서니 차마 그를 배신할 수가 있단 말이냐?"라고 욕하며 아이를 안고 "하늘이여! 하늘이여! 조씨 고아가 무슨 죄가 있습니까? 제발 그를 살려주시고 저만 죽여주소서"라고 외쳤다. 여러 장수들은 이를 허락하지 않고 마침내 공손저구와 고아를 죽였다. 여러 장수들은 조씨 고아가 정말로 죽은 줄 알고 모두 기뻐하였다. 그러나 진짜 조씨 고아는 오히려 여전히 살아 있었으니 정영은 마침내 그와 함께 산속에 숨어

---

36)　원문은 "免身"으로 '免'은 '娩'과 같다. 이것은 부녀가 아이를 낳는 것을 말한다.

있었던 것이다.

15년이 흐른 후, 진 경공이 병이 나자 점을 쳤다. 대업(大業)[37]의 후
대가 순조롭지 못하여[38] 재앙이 생긴다는 점괘가 나왔다. 경공이 한궐에
게 물으니 한궐은 조씨 고아가 살아 있다는 것을 아는지라 "대업의 후대
자손 중에 진(晉)나라에서 제사가 끊긴 것은 조씨가 아닙니까? 중연(中
衍)의 후대는 모두 성이 영(嬴)입니다. 중연은 사람의 얼굴에 입은 새부
리 모양으로 인간 세상에 내려와 은나라 왕 대무(大戊)를 보좌하였으며
그 후손은 주(周)나라의 천자를 보좌하는 등 모두 빛나는 덕행이 있었습
니다. 그후 유왕(幽王), 여왕(厲王)이 무도하자 숙대는 주나라를 떠나
진(晉)나라로 와서 선군 문후(文侯)를 섬겼고 성공(成公)에 이르기까지
대대로 공을 세웠으며 제사가 끊긴 적이 없었습니다. 이제 오직 군왕께서
조씨 종족을 멸하셨으니 백성들이 모두 그것을 슬퍼한 까닭에 거북 껍질
과 시초(蓍草)[39]에 나타난 것입니다. 다시 고려해주시기 바랍니다"라고
하였다. 경공이 "조씨 가문에 아직 후대 자손이 있는가?"라고 묻자, 한
궐은 모두 이실직고하였다. 그러자 경공은 조씨 고아를 세우기로 한궐과
상의하고, 조씨 고아를 불러다가 궁중에 감추어두었다. 여러 장수들이 문
병차 입궁하자, 경공은 한궐의 많은 병력을 이용하여 조씨 고아를 만날
수 있도록 장수들을 협박하였다. 조씨 고아의 이름은 무(武)였다. 장수
들은 마지못하여 "지난번 하궁의 난은 도안고가 책동한 것으로 군주의 명
이라고 사칭하여 여러 신하에게 명령하였던 것입니다. 그렇지 않았더라면
누가 감히 난을 일으켰겠습니까? 만약 군왕께서 병이 나지 않으셨더라도
저희들은 본래 조씨의 후예를 세울 것을 청원하려고 하였습니다. 지금 군
왕께서 명령하시니, 그것은 저희들이 진실로 바라던 바입니다"라고 하였
다. 이에 조무(趙武)와 정영을 불러 여러 장수들에게 두루 절하게 하니,
여러 장수들이 이번에는 반대로 정영, 조무와 함께 도안고를 공격하여 그
종족을 주멸하였다. 경공은 다시 원래대로 조씨의 옛 전읍(田邑)을 조무
에게 하사하였다.

조무가 20세가 되어 관례를 행하고 성인이 되자, 정영이 여러 대부들에

37) 大業:『史記正義』에 의하면 大業은 趙氏의 선조 皐陶를 가리킨다.
38) 여기에서는 대가 끊기어 제사가 단절됨을 뜻한다.
39) 蓍草:국화과에 속하는 여러해살이 풀로 그 줄기는 점칠 때 사용되었다.

게 하직하며 조무에게 "그 전 하궁의 난 때 사람들은 모두 순사(殉死)할 수가 있었습니다. 그때 제가 죽을 수 없었던 것은 아니지만, 저는 조씨의 후예를 부양하여 가업을 잇게 하려고 생각하였습니다. 이제 당신께서 가업을 잇고 성인이 되었으며 원래의 작위를 되찾았으니 저는 장차 지하에 가서 조선맹과 공손저구에게 보고하고자 합니다"라고 하였다. 조무가 흐느끼며 머리를 조아려 한사코 "제가 모든 힘을 다하여 그대가 죽을 때까지 보답하고자 하는데, 그대가 차마 저를 버리고 죽을 수가 있습니까?"라고 하며 말렸다. 정영은 "그렇게는 할 수 없습니다. 그 사람 공손저구는 제가 대사를 성공시킬 수 있다고 생각하였기 때문에 저보다 먼저 죽은 것입니다. 이제 제가 가서 보고하지 않으면 그는 제가 맡은 일을 완수하지 못한 것으로 알 것입니다"라고 하고는 결국 자살하였다. 조무는 3년 동안 재최(齊衰)[40]를 입었으며 그를 위해서 제읍(祭邑)[41]을 마련하여 봄, 가을로 제사를 지내고 대대로 끊이지 않게 하였다.

조씨가 복위한 지 11년 만에 진 여공(晉厲公)은 극씨(郤氏) 대부 3명[42]을 죽였다. 난서(欒書)[43]는 화가 자기에게 미칠까 두려워하여 급기야는 군주 여공을 시해하고 양공의 증손 주(周)를 바꾸어 세우니 그가 바로 도공(悼公)이다. 진나라는 이로부터 대부의 세력이 점차 강성해졌다.

조무가 조씨 종족을 유지한 지 27년[44] 만에 진 평공(晉平公)이 즉위하였다. 평공 12년에 조무는 정경(正卿)이 되었다. 13년에 오(吳)나라의 연릉계자(延陵季子)[45]가 진(晉)나라에 사신으로 와서는 "진나라의 정권이 마침내는 조무자(趙武子), 한선자(韓宣子), 위헌자(魏獻子)[46]의 후손

---

40) 齊衰 : 거친 삼베로 지은 아랫단을 가지런히 홈질한 喪服을 말한다. 齊의 음은 재, 혹은 자이다.

41) 祭邑 : 제사에 드는 비용을 대는 봉읍을 말한다.

42) 郤錡, 郤犨, 郤至를 말한다. 권39 「晉世家」참조.

43) 欒書 : 欒武의 아들로 下軍의 보좌로 있다가 후에 中軍 元帥가 되었다. 郤克을 대신하여 정치를 하고 있었다. 권33 「魯周公世家」의 〈주 115〉, 권35 「管蔡世家」의 〈주 42〉, 권42 「鄭世家」의 〈주 70〉 참조.

44) 정확히는 "25년"이다. 景公 19년(기원전 581년)에 복위하였으니 平公 원년(기원전 557년)은 25년째이다.

45) 延陵季子 : 吳王 壽夢의 넷째 아들인 季札을 가리킨다. 여러번 왕위를 사양하여 제후간에 현인으로 이름이 높았다. 延陵(지금의 江蘇省 常州)에 봉해졌으므로 延陵季子라고 한다. 『左傳』에는 魯 襄公 29년에 晉나라에 사신으로 왔다고 되어 있는데 이에 따르면 晉 平公 14년이다.

46) 趙武子의 '武子'는 '文子'의 誤記로, '文子'는 趙武의 시호이다. 뒤에 나오는 '宣

에게 돌아가겠구나"라고 하였다. 조무가 죽으니 시호를 문자(文子)라고
하였다.

문자는 경숙(景叔)을 낳았다. 경숙 때에 제 경공(齊景公)이 안영(晏
嬰)⁴⁷⁾을 진나라에 사신으로 보내니 안영과 숙향(叔向)⁴⁸⁾이 서로 이야기
할 기회를 가지게 되었다. 안영이 "앞으로 제나라의 정권은 결국 전씨(田
氏)⁴⁹⁾에게로 돌아가게 될 것이오"라고 말하였다. 숙향도 "진(晉)나라의
정권은 장차 육경(六卿)⁵⁰⁾에게로 돌아갈 것이오. 육경이 오만방자하거늘
우리 군왕은 걱정할 줄도 모른다오"라고 하였다.

조경숙이 죽자 그가 낳은 아들 조앙(趙鞅)이 즉위하였다. 그가 바로 간
자(簡子)이다.

조 간자가 정경(正卿)의 지위에 있었던 진 경공(晉頃公) 9년에, 간자
는 제후들과 회합하여 그들을 이끌고 주나라를 지켰다. 그 이듬해 주 경
왕(周敬王)을 호송하여 주나라로 돌아왔는데, 이는 경왕이 그의 동생 자
조(子朝)를 피하여 외지에 유랑하고 있었기 때문이다.⁵¹⁾

진 경공 12년에 육경은 법도로써 군주의 친족인 기씨(祁氏), 양설씨
(羊舌氏)를 죽이고 그들의 봉읍을 10개 현으로 나누어 각기 자기의 동족
들을 현의 대부로 삼았는데 진(晉)나라의 공실(公室)⁵²⁾은 이로부터 더욱
쇠약해지게 되었다.

13년 후, 노(魯)나라의 난신(亂臣) 양호(陽虎)⁵³⁾가 도망오자 조 간자

子,''獻子'도 모두 시호이다.
47) 晏嬰:齊나라 大夫. 자는 平仲이다. 靈公, 莊公, 景公 3대를 거친 유명한 외교가.
48) 叔向:晉나라의 大夫로 당시의 賢人. 平公 때 太傅를 지냈다.
49) 田氏:齊나라의 田氏 종족을 가리킨다. 田氏는 대대로 齊나라의 대신으로서 齊
   平公 때 田常은 相國을 역임하며 전권을 행사하였다. 결국 齊 康公 때 田和가 康公
   을 폐위시키고 스스로 왕위에 올랐다. 권46「田敬仲完世家」참조.
50) 六卿:晉나라에서 세력이 강한 여섯 卿大夫. 즉 范氏, 中行氏, 知氏, 趙氏, 韓
   氏, 魏氏를 말한다.
51) 敬王은 景王의 아들로 悼王과 같은 어머니 형제이고 王子朝는 景王의 庶長子이
   다. 悼王이 王子朝에게 죽임을 당한 후 敬王은 즉위하였다가 동생 子朝에 의하여 쫓
   겨나서 狄泉(지금의 洛陽城 밖)에 거주하며 東王이라 칭하고 子朝는 입성하여 西王
   이라고 하였다. 권4「周本紀」참조.
52) 公室:제후국의 國君 및 그 宗族, 혹은 그 나라의 정권기구를 대신 지칭하기도
   한다.
53) 陽虎:季孫氏의 가신으로 魯 定公 8년에 난을 일으켜 실패하자 晉나라로 도망와

는 뇌물을 받고 그를 후대하였다.

조 간자가 병이 나서 5일 동안 인사불성이 되자 대부들은 모두 걱정이 대단하였다. 명의 편작(扁鵲)이 진찰을 하고 나오니 동안우(董安于)[54]가 병세를 물었다. 편작은 다음과 같이 말하였다.

> 혈맥(血脈)이 정상인데 뭐 걱정할 게 있겠는가? 이전에 진 목공(秦繆公)도 이런 적이 있었는데 7일 만에 깨어났소. 깨어난 날에 공손지(公孫支)와 자여(子輿)[55]에게 이렇게 말하였다고 하오. "내가 상제(上帝)가 사는 곳에 갔었는데 매우 즐거웠소. 내가 그렇게 오랫동안 머문 이유는 마침 배울 것이 있었기 때문이었소. 상제께서 나에게 이렇게 말씀하셨소. '진(晉)나라는 장차 대란이 일어나 금후 5대 동안 안정을 얻지 못할 것이다. 그의 후예가 장차 패자가 되겠지만 오래 살지 못하고 죽을 것이며, 패자의 아들이 그대 나라의 남녀 사이를 문란하게 만들 것이다.[56]'" 공손지가 이를 적어 보존하였는데 진(秦)나라의 참어(讖語)는 여기에서 비롯된 것이오. 헌공(獻公) 때의 변란이나 문공(文公)이 패자가 된 것, 그리고 양공(襄公)이 효산(殽山)[57]에서 진군(秦軍)을 대파하고 돌아가서는 육욕에 빠져 음란을 자행하였던 것, 이런한 사실들은 그대가 모두 들은 바 있을 것이오. 지금 주군(主君)[58]의 병이 목공의 것과 같으니 3일이 지나지 않아 병세가 반드시 호전될 것이며 병세가 호전되면 틀림없이 할 말이 있을 것이오.

이틀하고도 한나절이 지나자 간자가 깨어났다. 그리고는 대부들에게 "내가 상제가 사는 곳에 갔는데 매우 즐거웠소. 여러 신들과 하늘 한가운데서 노닐었고, 여러 악기로 웅장한 음악이 여러 차례 연주되는 것을 들었으며, 또한 "만무(萬舞)"[59]를 보았는데, 삼대(三代)[60]의 음악과 같지

서 簡子의 가신이 되었다. 『論語』에는 "陽貨"라고 되어 있다. 권33「魯周公世家」 참조.
54) 董安于 : 趙 簡子의 가신.
55) 公孫支, 子輿 : 모두 秦나라의 大夫로서, 公孫支는 子桑을 말하며, 子輿는 子車라고 하기도 한다.
56) 원문은 "男女無別"이다. 이것은 襄公이 전쟁포로를 秦나라로 석방하였다는 것에 근거하여 '남녀가 서로 이별을 하지 않는다'라고 해석하기도 하는데, 본문에 襄公이 육욕에 빠져 음란하였다는 말이 나오므로 '남녀유별의 예교가 무너져 문란하게 되었다'라고 해석함이 타당하다.
57) 殽山 : 崤山이라고도 한다. 지금의 河南省 洛寧縣 서북쪽.
58) 主君 : 고대에는 군왕, 卿, 大夫를 모두 主君이라고 칭하였다. 여기서는 趙 簡子에 대한 경칭이다.

는 않았으나 그 소리가 사람의 마음을 감동시켰소. 그때 곰 한 마리가 나를 붙잡으려고 하자 상제께서 나에게 쏘라고 명령하셔서 내가 곰을 쏘아 맞추어 곰을 죽였소. 또 큰 곰 한 마리가 오자 내가 또 쏘아 맞추어 큰 곰을 죽이니 상제께서 매우 기뻐하시며 나에게 대나무 상자 두 개를 주셨는데 모두 보조 상자가 달려 있었소. 나는 한 어린애가 상제 곁에 있는 것을 보았는데, 상제께서 나에게 적견(翟犬) 61) 한 마리를 주시면서 '너의 아들이 장성한 후에 적견을 그에게 주어라'라고 하셨소. 상제께서는 또 나에게 '진(晉)나라가 장차 대대로 쇠락하다가 7대에 이르러 멸망할 것이다. 영성(嬴姓) 62) 63)의 사람들이 범괴(范魁) 63) 서쪽에서 주나라 군대를 대파하겠지만 그 땅을 차지하지는 못할 것이다. 이제 내가 우순(虞舜)의 공적을 생각해서 때가 되면 내가 순의 후손인 맹요(孟姚)라는 여자를 너의 7대손 64)에게 시집 보내겠다'라고 하셨소"라고 말하였다. 이 말을 들은 동안우는 기록하여 보관하였다. 그는 또한 편작의 말을 간자에게 고하니 간자는 편작에게 밭 4만 무(畝)를 하사하였다.

어느날 간자가 외출하였을 때였다. 어떤 사람이 길을 막고서는 쫓아도 비키지를 않자 시종이 화가 나서 그를 죽이려고 하였다. 길을 막은 사람이 "나는 주군을 배알할 일이 있소"라고 하니 시종이 간자에게 보고하였다. 간자가 그를 불러 보고는 "아하, 나는 전에 당신을 똑똑히 본 적이 있소" 65)라고 하자, 그는 "좌우를 물리쳐주십시오. 긴히 아뢸 말씀이 있습니다"라고 하였다. 간자는 시종들을 물러나게 하였다. 길을 막은 사람은 "주군께서 병이 나셨을 때에 제가 상제 곁에 있었습니다"라고 하니 간자가 "예, 그랬지요. 그대가 나를 보았을 때 내가 무얼 하고 있던가요?"라고 하자, 그는 "상제께서 주군에게 곰과 큰 곰을 쏘라고 하시어 모두 죽

---

59) "萬舞" : 周代에 있었던 규모가 성대한 춤의 이름.

60) 三代 : 夏, 商, 周 나라를 가리킨다.

61) 翟犬 : '翟'은 '狄'과 통한다. 즉 狄 땅에서 나는 개를 말한다.

62) 嬴姓 : 趙氏를 가리킨다. 趙氏의 선조는 성이 嬴이다.

63) 范魁 : 지금의 河南省 范縣 일대.

64) 7대손 : 武靈王을 가리키는 것으로, 그가 簡子에서부터는 10대가 된다.

65) 원문은 "吾有所見子晰也"이다. 『史記索隱』에는 '子晰'이 사람 이름으로 되어 있다. 따라서 '내가 전에 본 적이 있는 子晰이로구나'라고 옮기기도 한다. 혹은 '晰'은 '晳'과 같으며, 淸나라의 梁玉繩은 『史記志疑』에서 『史詮』을 인용하여 "晳은 明이니 꿈속에서 똑똑히 그대를 보았음을 말한 것이다(晳明也, 謂夢中明見子爾)"라고 하였다. 여기서는 후자를 따라 번역하였다.

316

이시더군요"라고 하였다. 간자가 "그랬소. 그런데 그건 무엇을 뜻하는 거요?"라고 묻자, 그는 "진(晉)나라에는 앞으로 대란이 있을 것인데 주군이 제일 먼저 그 피해를 당하게 되므로, 상제께서 주군에게 두 상경(上卿)을 주살하도록 하신 것입니다. 그 곰과 큰 곰은 그들의 선조입니다"라고 하였다. 간자가 "상제께서 나에게 하사하신 대나무 상자에 모두 보조 상자가 달려 있던데 그것은 무슨 뜻입니까?"라고 물으니 그는 "주군의 아들이 장차 적(翟) 땅에서 두 나라[66]를 쳐서 이길 것입니다. 그런데 그 나라는 모두 동성(同姓)의 나라입니다"라고 하였다. 간자가 또 "어린아이가 상제 곁에 있는 것을 보았는데 상제께서 나에게 적견을 한 마리 주시면서 '너의 아들이 장성한 후에 적견을 그에게 주어라'라고 하셨습니다. 어린아이에게 적견을 주라고 하신 것은 무슨 뜻입니까?"라고 묻자, 그는 "그 어린애는 주군의 아들이고 적견은 대(代)[67]나라의 선조입니다. 주군의 아들은 장차 틀림없이 대나라를 차지할 것입니다. 주군의 후예는 정치를 개혁하고 오랑캐 복장을 입을 것이며 적 땅에서 두 나라를 합병할 것입니다"라고 하였다. 간자가 그 사람의 성명을 묻고 초빙하여 관직을 주려고 하였다. 그러자 그는 "나는 일개 야인(野人)으로 상제의 명령만 전할 뿐입니다"라고 하더니 순식간에 사라져버렸다. 간자는 이 일을 기록하여 부고(府庫)에 보관해두었다.

또 어느날 고포자경(姑布子卿)[68]이 간자를 배견(拜見)하니 간자는 여러 아들을 모두 불러 관상을 보게 하였다. 자경이 "장군이 될 사람이 없습니다"라고 하자, 간자가 "그러면 조씨 가문이 멸망한다는 말이오?"라고 물었다. 자경이 "제가 길에서 한 어린애를 보았는데 아마 당신의 아들이겠지요"라고 하자, 간자가 아들 무휼(毋恤)을 불렀다. 무휼이 오자 자경이 일어나 "이 아드님이 정말로 장군감이십니다"라고 하였다. 간자가 "이 아이의 어미는 미천한 적(翟)나라의 비녀(婢女) 출신인데 어찌 귀하다고 말하시오?"라고 하자 자경이 "하늘이 내려주신 인재는 비록 태생이 비천하다고 할지라도 나중에는 틀림없이 존귀하게 될 것입니다"라고 하였

66) 두 나라는 趙襄子가 멸망시킨 代나라와 智伯의 영토를 말한다.
67) 代 : 전국시대의 나라 이름. 지금의 河北省 蔚縣 동북쪽에 위치하였다. 代는 北狄에 속하였으므로 翟犬이 그들의 선조라고 한 것이다. 권34 「燕召公世家」의 〈주 68〉 참조.
68) 姑布子卿 : 성은 姑布, 이름은 子卿이다. 鄭나라 사람으로 관상을 잘 보았다.

다. 그후로 간자가 모든 아들을 불러 대화를 나누어보았는데 무휼이 가장 현명하였다. 한번은 간자가 여러 아들에게 "내가 귀중한 부절(符節)[69]을 상산(常山)[70]에 숨겨두었는데 먼저 찾은 사람에게 상으로 주겠다"라고 하였다. 여러 아들이 상산으로 말을 달려 산에 올라가 찾았으나 찾을 수가 없었다. 무휼이 돌아와 "이미 부절을 찾았습니다"라고 하자 간자가 "말해보아라"라고 하였다. 그러자 무휼이 "상산의 위에서 대(代)나라를 내려다보았는데, 대나라는 탈취할 수 있을 것 같았습니다"라고 하였다. 이에 무휼이 과연 현명하다는 것을 알게 된 간자는 태자 백로(伯魯)를 폐위시키고 무휼을 태자로 삼았다.

그로부터 2년 후, 진 정공(晉定公) 14년에 범씨(范氏)와 중항씨(中行氏)[71]가 난을 일으켰다. 이듬해 봄에 간자가 한단(邯鄲)의 대부 오(午)[72]에게 "위(衛)나라 백성 500호[73]를 나에게 돌려주시오. 내가 그들을 진양(晉陽)[74]에 안둔시키겠소"라고 하자, 오가 승낙하고 돌아갔으나 그의 부형(父兄)[75]들이 말을 듣지 않아 약속을 어기게 되었다.[76] 조앙(趙鞅)은 오를 체포하여 진양에다 감금하였다. 그리고 한단 사람들에게 "나는 독자적으로 오를 죽이려고 결심하였소.[77] 여러분은 그의 후임으로 누구를 세우고자 하는가?"하고는 마침내 오를 죽였다. 그러자 조직(趙稷)과 섭빈(涉賓)[78]이 한단을 근거지로 하여 모반하였다. 진 정공은 적진(籍秦)[79]을 보내 한단을 포위하게 했다. 순인(荀寅)과 범길석(范吉射)

<hr>

69) 귀중한 符節의 원문은 "寶符"로 여기서는 天命을 대표하는 부절을 말한다.
70) 常山 : 본래 이름은 恒山이다. 지금의 河北省 曲陽縣 서북쪽에 있다.
71) 中行氏 : 바로 荀氏를 말한다. 荀寅의 조부 荀偃은 中軍統師를 역임하였는데 晉나라의 中軍은 후에 中行으로 개칭되었으므로 荀氏를 中行氏라고도 한다.
72) 午 : 趙穿의 증손자인 趙午를 가리킨다. 당시 邯鄲의 大夫였으므로 邯鄲午라고도 부른다.
73) 趙鞅이 일찍이 鄭나라를 포위하였을 때 鄭나라 사람들이 백성 500호를 헌상하였는데 그 당시 邯鄲에 안치하였다.
74) 晉陽 : 지금의 山西省 太原市 서남쪽.
75) 父兄 : 아버지와 형님 연배 등의 윗사람. 즉 趙午의 종족과 邯鄲의 귀족들을 말한다.
76) 원문은 "倍言"이다. '倍'는 '背'와 같다. 즉 언약을 '違背'하였음을 뜻한다.
77) 趙午는 邯鄲의 大夫이므로 그를 체포하거나 죽이려면 晉나라 군주의 허가가 있어야 한다.
78) 趙稷, 涉賓 : 趙稷은 趙午의 아들이고, 涉賓은 趙午의 가신이다.
79) 籍秦 : 晉나라의 正卿으로 당시 上軍司馬였다.

318

은 조오(趙午)와 관계가 친밀하였으므로,[80] 이들이 적진을 도울 생각은
않고 오히려 반란을 꾀하려고 한다는 사실을 동안우(董安于)가 알게 되었
다. 10월에 범씨와 중항씨가 조앙을 공격하자 조앙이 진양으로 달아나
니, 진(晉)나라 사람들이 진양을 포위하였다. 범길석과 순인의 원수인
위양(魏襄) 등은 순인을 몰아낼 계책을 꾸며 양영보(梁嬰父)로 하여금
그를 대신하도록 하고, 범길석을 몰아내어 범고역(范皋繹)[81]으로 대치하
려고 하였다. 순력(荀櫟)[82]이 진 정공에게 "선군께서 대신들에게 명령하
시기를 난을 일으킨 주동자는 죽여야 한다고 하셨습니다. 지금 세 명의
대신이 반란을 일으킨 주동자이거늘 단지 조앙만 쫓아내신다면 이는 형벌
의 집행이 불공평한 것입니다. 그들을 모두 쫓아내십시오"라고 진언하였
다. 11월에 순력, 한불녕(韓不佞), 위치(魏哆)가 정공의 명을 받들어 범
씨, 중항씨를 토벌하였으나 이기지 못하였다. 범씨, 중항씨가 반대로 정
공을 공격하였으나 정공이 반격하자 범씨, 중항씨는 패하여 달아났다. 정
미일(丁未日)에 그 두 사람은 조가(朝歌)[83]로 도망갔다. 한불녕과 위치
는 조앙을 사면해달라고 정공에게 호소하였다. 12월 신미일(辛未日)에
조앙이 강성(絳城)[84]으로 들어와 정공의 궁에서 맹세를 하였다. 그 이듬
해 지백문자(知伯文子)가 조앙에게 "범씨와 중항씨가 확실히 반란을 일으
키기는 하였지만 동안우가 중간에서 그 사정을 알고 도발한 것이니, 이는
동안우도 난을 도모하는 데 참여한 것이나 마찬가지입니다. 진나라 국법
으로는 반란을 주동한 자는 죽이게 되어 있습니다. 범씨와 중항씨는 이미
그 죄를 받았으나 오직 동안우만이 건재합니다"라고 하자, 조앙이 이 일
로 고민을 하였다. 동안우가 "제가 죽으면 조씨가 안정되고 진(晉)나라가
평안해질텐데, 제가 죽는 것이 너무 늦었습니다"라고 하고는 마침내 자살
하였다. 조앙은 이 사실을 지백에게 알렸다. 이후로부터 조씨는 비로소
안정되었다.

---

80) 『左傳』定公 13년에 따르면 趙午는 荀寅의 생질이며, 荀寅은 范吉射의 인척이었
  다.
81) 范皋繹: 范吉射의 庶子로, 『左傳』에는 "皋夷"라고 되어 있다.
82) 荀櫟: 즉 '知伯文子,' '知櫟'이라고도 한다. 知氏는 원래 中行氏와 마찬가지로 晉
  나라 大夫 逝遨의 후예이므로 성을 荀이라고도 하였다.
83) 朝歌: 읍 이름. 지금의 河南省 淇縣.
84) 絳城: 晉나라의 都城. 지금의 山西省 翼城縣 동남쪽.

　공자(孔子)가 조 간자가 진나라 군주의 허락도 없이 한단의 대부 조오를 체포하고 결국에는 진양으로 물러나 지키고 있다는 말을 듣고는 『춘추(春秋)』에 "조앙이 진양을 근거지로 하여 모반하였다"[85]라고 기록하였다.

　조 간자의 가신 중에 주사(周舍)라는 사람이 있었는데, 직간(直諫)하기를 좋아하였다. 주사가 죽은 후, 간자가 매번 조회를 열어 정사를 처리할 때마다 언제나 언짢아하자, 대부들이 용서를 빌었다. 간자는 "대부들은 죄가 없소. 내가 듣기에 천 마리 양의 가죽이 여우 한 마리의 겨드랑이 가죽만 못하다고 하더이다. 여러 대부들이 조회에 참가할 때마다 오로지 '예, 예' 하는 공손한 응답만 들리고 주사와 같은 기탄없는 직언은 들을 수 없으니 이를 걱정하는 것이오"라고 하였다. 간자가 이렇게 하였기 때문에 조읍(趙邑)의 백성을 순종하게 하고 진(晉)나라 사람들을 안무(安撫)할 수 있었다.

　진 정공 18년, 조 간자가 범씨와 중항씨를 조가에서 포위하자, 중항문자(中行文子)[86]는 한단으로 도망갔다. 이듬해 위 영공(衛靈公)이 죽었다. 간자와 양호(陽虎)는 위나라 태자 괴외(蒯聵)[87]를 위나라로 호송하였으나 위나라에서 받아주지 않자 척(戚)[88]에 거주하게 하였다.

　진 정공 21년, 간자가 한단을 함락시키자, 중항문자는 백인(柏人)[89]으로 도망갔다. 간자가 또 백인을 포위하니 중항문자와 범소자(范昭子)는 결국 제(齊)나라로 도망쳤다. 조씨는 마침내 한단과 백인을 차지하였다. 범씨와 중항씨의 나머지 성읍은 진(晉)나라에 귀속되었다. 조 간자는 명의상으로는 진나라의 상경(上卿)이었지만 실질적으로는 진나라의 정권을 독차지하였으며 봉지는 제후와 다를 바가 없었다.

　진 정공 30년, 정공은 황지(黃池)[90]에서 오왕(吳王) 부차(夫差)와 맹주(盟主)의 자리를 놓고 겨루었다. 조 간자가 진 정공을 수행하였는데 마침내 오왕이 맹주가 되었다. 정공이 37년에 죽자, 간자는 3년상[91]을 폐

85) 원문은 "趙鞅以晉陽畔"이다. '畔'은 '叛'과 통하며, 배반 또는 반란을 뜻한다.
86) 中行文子 : 즉 中行寅으로 荀寅을 말한다. '文子'는 시호이다.
87) 蒯聵 : 衛 襄公의 손자. 靈公이 죽었을 때 태자 蒯聵는 晉나라에 있었기 때문에 그의 아들 輒이 즉위하였는데 이가 衛 出公이다. 趙나라는 衛나라를 회유할 목적으로 蒯聵를 보내 군주의 자리를 계승시키고자 하였다. 권37「衛康叔世家」참조.
88) 戚 : 衛나라의 읍 이름. 지금의 河南省 濮陽縣 북쪽.
89) 柏人 : 晉나라의 읍 이름. 지금의 河北省 隆堯縣 서쪽.
90) 黃池 : 지명으로 즉 黃亭을 말한다. 지금의 河南省 封丘縣 서남쪽.

지하고 1년으로 끝냈다. 이해에 월왕(越王) 구천(句踐)이 오나라를 멸망시켰다.

진 출공(晉出公) 11년, 지백(知伯)이 정(鄭)나라를 침략하였다. 조 간자는 병이 났기 때문에 태자 무휼을 보내서 정나라를 포위하게 하였다. 지백이 술에 취하여 무휼에게 억지로 술을 먹이고 구타하였다. 무휼의 수행신하들이 지백을 죽일 것을 청하였다. 무휼이 "주군께서 나를 태자로 삼으신 것은 내가 치욕을 참을 수 있는 사람이라고 생각하셨기 때문이오"라고 말은 하였지만, 마음속으로는 지백을 불쾌하게 생각하였다. 지백이 돌아와서는 이 일을 간자에게 말하고 무휼을 폐위시키도록 하였으나 간자는 듣지 않았다. 무휼은 이로 인하여 지백을 원망하게 되었다.

진 출공 17년에 간자가 죽고 태자 무휼이 지위를 계승하니 그가 바로 양자(襄子)이다.

조 양자 원년에 월나라가 오나라를 포위하였다. 양자는 거상 기간 동안에 음식의 질을 낮추고 가신 초륭(楚隆)을 사신으로 보내서 오왕을 위문하였다.

양자의 누나는 이전에 대왕(代王)의 부인이었다. 간자를 안장하고 아직 상복도 벗기 전에, 양자는 북쪽의 하옥산(夏屋山)[92]에 올라서 대왕(代王)을 초대하였다. 요리사에게 놋쇠로 만든 국자를 들고 대왕과 그 시종들에게 음식을 권하게 하고, 술을 따를 때에 은밀히 낙(各)[93]이라는 이름의 백정을 시켜 국자로 대왕과 그 시종들을 쳐죽이게 하였다. 그리고는 군대를 일으켜 대나라를 평정하였다. 이 소식을 들은 그의 누나는 울부짖다가 비녀를 뾰족하게 갈아서는 자살하였다. 대나라 사람들이 그녀를 가엾게 여겨서 그녀가 자살한 곳을 마계산(摩笄山)[94]이라고 불렀다. 그리하여 양자는 대 땅을 백로(伯魯)의 아들 조주(趙周)에게 봉하여 대성군(代成君)으로 삼았다. 백로는 양자의 형으로 원래 태자였는데, 그가 일찍 죽었기 때문에 그의 아들을 봉한 것이다.

---

91) 古禮의 규정에는 군주가 죽으면 신하는 3년상을 지내야 했다.
92) 夏屋山 : '賈屋山,' '賈母山'이라고도 한다. 지금의 山西省 代縣 동북쪽.
93) 各 : "雒"으로 되어 있는 판본도 있다.
94) 摩笄山 : 일명 磨笄山. 지금의 河北省 淶源縣 동북쪽.

양자가 즉위한 지 4년, 지백은 조(趙), 한(韓), 위(魏) 세 가문과 함께 범씨, 중항씨의 옛 영토를 전부 나누어 가졌다. 진 출공은 노하여 이 사실을 제나라와 노나라에 알리고 그들의 힘을 빌려 사경 (四卿)[95]을 토벌하려고 하였다. 겁이 난 사경은 연합하여 출공을 공격하였다. 출공은 제나라로 도망가다 도중에 죽었다. 지백은 소공(昭公)의 증손 교(驕)를 옹립하니 그가 바로 진 의공(晉懿公)이다. 지백은 더욱 교만해져 한씨와 위씨에게 땅을 요구하자 한씨와 위씨가 땅을 주었다. 또 조씨에게 땅을 요구하였으나 양자가 정나라를 포위하였을 때에 지백이 그를 모욕한 적이 있었기 때문에 조씨는 그에게 땅을 주지 않았다. 화가 난 지백은 한씨와 위씨를 이끌고 조씨를 공격하였다. 두려워진 조 양자는 진양으로 도망쳐서 수비하였다.

원과(原過)[96]가 양자의 뒤를 따라 수행하던 중, 왕택(王澤)[97]에 이르러 세 사람을 보았는데 그들은 허리띠 위로는 보이지만 허리띠 밑으로는 보이지 않았다. 그들이 원과에게 두 마디로 된 대나무 토막을 주었는데 가운데가 뚫어지지 않은 것이었다. 그러면서 "우리 대신에 이것을 무휼에게 가져다주어라"라고 하였다. 원과는 진양에 도착하여 그 일을 조 양자에게 알렸다. 양자는 3일 동안 목욕재계한 후에 친히 대나무 토막을 가르니 안에 붉은 색 글씨로 "조무휼아, 우리들은 곽태산(霍泰山) 산양후(山陽侯)의 천사(天使)이니라. 3월 병술일(丙戌日)에 우리들이 장차 너로 하여금 되돌아가 지씨를 멸망시키도록 할 것이다. 너 역시 우리들을 위해서 백 개의 성읍[98]에 사당을 세우고 제사를 지내면, 우리는 너에게 임호(林胡)[99]의 땅을 주리라. 너의 후대에 굳세고 용맹스러운 왕이 나타날 것이니, 그는 검붉은 피부, 용의 얼굴에 새 부리 같은 입, 서로 어우러진 귀밑머리와 눈썹 그리고 무성한 구레나룻과 턱수염을 가졌고, 넓고 큰 가슴에 하체는 길고 상체는 우람하며, 옷깃을 왼쪽으로 여미고 갑옷을 입고

---

95) 四卿 : 荀瑤(知伯), 趙氏, 韓氏, 魏氏를 가리킨다.
96) 原過 : 趙 襄子의 屬官.
97) 王澤 : 晉나라의 지명. 지금의 山西省 新絳縣 서남쪽.
98) 원문은 "百邑"으로 王利器의 『風俗通義校注』「皇覇」에서는 百邑을 지명으로 보았다.
99) 林胡 : 부족 이름. 지금의 山西省 朔縣 서북쪽에서 內蒙古 包頭市 이남 일대에 분포하였다.

말을 탈 것이다. 그는 하종(河宗)[100]을 모두 다 차지하여 휴혼(休溷)[101]
과 제맥(諸貉)[102]의 지역까지 이를 것이며 남쪽으로는 진(晉)나라의 다
른 성읍을 정벌하고 북쪽으로는 흑고(黑姑)[103]를 멸할 것이다"라고 쓰여
있었다. 양자는 재배(再拜)하고 삼신(三神)[104]의 명을 받아들였다.

　지백, 한씨, 위씨 세 나라가 진양을 공격한 지 일년이 넘도록 분수(汾
水)[105]의 물을 끌어다 성에 대니, 물에 잠기지 않은 성벽이 3판(三版)[106]
높이에 불과하였다. 성 안에서는 솥을 공중에 걸어둔 채 음식을 만들었으
며 자식을 서로 바꾸어 먹었다. 신하들은 모두 딴마음을 품고 예절에 더
욱 소홀해졌으나 오로지 고공(高共)만이 감히 예의를 흐트러트리지 않았
다. 겁이 난 양자는 밤중에 재상 장맹동(張孟同)을 파견하여 비밀리 한
씨, 위씨와 내통하게 하였다. 그리고는 한씨, 위씨와 함께 결탁하여 3월
병술일에 세 나라가 반대로 지씨를 멸하고 그 땅을 나누어 가졌다. 이에
양자가 논공행상을 할 때, 고공을 일등공신으로 쳤다. 그러자 장맹동이
"진양이 난을 당하였을 때 오직 고공만이 공로가 없습니다"라고 하니, 양자
가 "진양이 가장 위급하였을 때 모든 대신들이 모두 나태해졌으나 오직
고공만은 감히 신하로서의 예의를 잃지 않았으니 그를 제일로 친 것이다"
라고 하였다. 이때 조씨는 북쪽으로 대(代) 땅을 차지하고 남쪽으로는 지
씨를 합병하여 한씨, 위씨보다 강대해졌다. 이에 마침내 백 개의 성읍에
삼신(三神)의 사당을 지어 제사를 지냈으며 원과를 파견하여 곽태산 사당
의 제사를 주관하도록 하였다.

　그후 양자는 공동씨(空同氏)[107]를 아내로 얻어 다섯 아들을 낳았다. 양
자는 백로(伯魯)가 지위를 계승하지 못하였기 때문에 자신의 아들을 태자

---

100)　河宗 : 龍門河(지금의 河北省 赤城縣 지역)의 상류 지역인 嵐州(지금의 山西省
　　　嵐縣 북쪽), 勝州(지금의 내몽고 자치구 托克托縣, 包頭市 일대) 지역을 말한다.
101)　休溷 : 지금의 山西省 蓋休, 離石 일대.
102)　諸貉 : 고대 중국 북방에서 활동하던 여러 오랑캐들을 말한다. 즉 山西省, 河北
　　　省, 內蒙古 일대의 戎狄, 林胡 등의 부족을 가리킨다.
103)　黑姑 : 戎族의 한 파.
104)　三神 : 原過가 만난 세 사람을 말한다.
105)　汾水 : 지금의 山西省의 汾河를 가리킨다. 권42 「鄭世家」의 〈주 83〉 참조.
106)　三版 : '版'은 옛날 築城을 할 때 쓰던 널빤지. 1版은 2尺에 해당한다. 따라서 3
　　　版은 6尺이다.
107)　空同氏 : 거주지 空同을 성씨로 한 부족을 말한다. 空同은 지금의 甘肅省 平涼市
　　　서쪽이다.

로 세우지 않고 백로의 아들 대성군(代成君)에게 지위를 물려주려고 하였다. 대성군이 일찍 죽자 대성군의 아들 완(浣)을 태자로 세웠다. 양자가 재위 33년 만에 죽고 완이 즉위하니 그가 바로 헌후(獻侯)이다.

헌후는 어린 나이에 즉위하여 치소(治所)[108]를 중모(中牟)[109]에 설치하였다.

양자의 동생 환자(桓子)가 헌후를 내쫓고 대(代) 땅에서 스스로 자리에 올랐으나 1년 만에 죽었다. 백성들은 환자가 즉위한 것은 양자의 뜻이 아니라고 하며 다 함께 환자의 아들을 죽이고 다시 헌후를 맞이하여 즉위하게 하였다.

헌후 10년, 중산국(中山國)[110]의 무공(武公)이 처음으로 즉위하였다. 13년, 평읍(平邑)[111]에 성을 쌓았다. 15년, 헌후가 죽자 그의 아들인 열후(烈侯) 조적(趙籍)이 즉위하였다.

열후 원년, 위 문후(魏文侯)[112]가 중산국을 함락시키고 태자 격(擊)을 파견하여 지키도록 하였다. 6년, 위씨, 한씨, 조씨가 모두 서로 제후가 되고 조씨는 헌자(獻子)를 헌후(獻侯)로 추존하였다.

열후는 음악을 좋아하여 재상 공중련(公仲連)에게 "내가 좋아하는 사람이 있는데 그에게 존귀한 지위를 주어도 될까?" 하고 묻자, 공중련이 "부유하게 해주는 것은 괜찮지만 존귀하게 만들어주는 것은 안 됩니다"라고 하였다. 열후가 "옳은 말이오. 정나라 가수 창(槍)과 석(石) 두 사람에게 나는 전지(田地) 각 만 무(畝)씩을 하사하겠소"라고 하였다. 공중련은 "좋습니다"라고 대답만 하고서는 주지 않았다. 한 달이 지나 열후가 대(代) 땅에서 돌아와 공중련에게 가수에게 전지를 하사하기로 한 일에 대해서 물었다. 공중련은 "마땅한 곳을 물색하고 있는데 적합한 곳이 없습니다"라고 대답하였다. 얼마 지나서 열후가 다시 물었다. 끝내 주지 않

---

108) 治所 : 王都나 地方官署의 소재지.
109) 中牟 : 읍 이름. 지금의 河南省 湯陰縣 서쪽.
110) 中山國 : 춘추시대 전기에 白狄의 別族이 세운 나라. '鮮虞'라고도 한다. 주요 활동 지역은 지금의 河北省 定縣 일대였다.
111) 平邑 : 지금의 河南省 南樂縣 동북쪽.
112) 魏文侯(？-기원전 396년) : 이름은 斯이다. 전국시대 魏나라의 건립자. 권44 「魏世家」 참조.

324

앉던 공중련은 병을 핑계대며 조회에 나오지 않았다. 파오군(番吾君)¹¹³⁾
이 대 땅에서부터 와서 공중련에게 "그대는 진실로 선정을 베푸시려는 마
음이 있으시기는 하지만 어떻게 해야 할지 방법을 모르고 계십니다. 지금
공중련 그대가 조나라 재상의 지위에 있은 지 4년이나 되었는데 일찍이
인재를 추천한 적이 있습니까?" 하고 물으니 공중련이 "없습니다"라고
대답하였다. 파오군이 "우축(牛畜), 순흔(荀欣), 서월(徐越)은 모두 추
천할 만합니다"라고 하여 공중련은 이 세 사람을 추천하였다. 공중련이
조정에 나가자, 열후가 다시 "가수의 전지는 어떻게 되었는가?"라고 물
었다. 공중련이 "마침 좋은 곳을 고르게 하고 있습니다"라고 대답하였다.
우축은 열후를 모시면서 인의(仁義)의 도리를 충고하고 왕도(王道)로써
제약하기를 권유하니 열후는 흔쾌히 동의하였다. 다음날 순흔이 열후를
모시면서 뛰어나고 현명한 인재를 등용하고 관리로 임명할 때도 재능 있
는 사람을 쓸 것을 건의하였다. 그 다음날, 서월이 열후를 모시면서 재물
을 절약하고 씀씀이를 절제하며 신하들의 공적과 덕행을 살펴 헤아릴 것
을 건의하였다. 그들이 건의한 말은 충분한 일리가 있어 열후는 매우 기
뻐하였다. 열후는 사람을 재상에게 보내서 "가수에게 전지를 하사하는 일
은 잠시 중단하라"라고 하였다. 그리고는 우축을 사(師)¹¹⁴⁾에, 순흔을 중
위(中尉)¹¹⁵⁾에, 서월을 내사(內史)¹¹⁶⁾에 임명하고, 재상에게 옷 두 벌을
하사하였다.

9년, 열후가 죽자 동생 무공(武公)이 즉위하였다. 무공이 재위 13년
만에 죽자, 조나라는 다시 열후의 태자 장(章)을 즉위시키니 그가 바로
경후(敬侯)이다. 이해에 위 문후(魏文侯)가 죽었다.

경후 원년, 무공의 아들 조조(趙朝)가 난을 일으켰다가, 성공하지 못
하고 위(魏)나라로 도망갔다. 조나라는 처음으로 한단에 도읍을 정하였
다.

2년, 영구(靈丘)¹¹⁷⁾에서 제나라 군대를 물리쳤다. 3년, 늠구(廩丘)¹¹⁸⁾

113) 番吾君 : 番吾에 봉해진 사람의 封號. 番吾는 지금의 河北省 平山縣 동쪽이다.
114) 師 : 귀족 자제의 교육을 관장하였다. 師氏의 약칭.
115) 中尉 : 작전을 지휘하고 관리를 선임하는 책임을 가진 관직. 전국시대 趙나라에
　　　처음으로 설치되었다.
116) 內史 : 天子를 도와 爵, 祿, 廢置 등의 정무를 관리하던 직책을 말한다.
117) 靈丘 : 지금의 山東省 高唐縣 남쪽.

에서 위(魏)나라 군대를 구원하고 제나라 군대를 대파하였다. 4년, 위 (魏)나라 군대가 토대(兎臺)[119]에서 조나라 군대를 무찔렀다. 조나라에 서는 강평(剛平)[120]에 성을 쌓아서 위(衞)나라 공략의 근거지로 삼았다. 5년, 제나라와 위(魏)나라가 위(衞)나라를 대신해서 조나라를 침공하여 조나라의 강평을 점령하였다. 6년, 초나라에서 병력을 빌려서 위(魏)나 라를 공격하여 극포(棘蒲)[121]를 점령하였다. 8년, 위(魏)나라의 황성(黃 城)[122]을 함락시켰다. 9년, 제나라를 정벌하였다. 제나라가 연(燕)나라 를 공격하자 조나라는 연나라를 구원하였다. 10년, 중산국과 방자(房 子)[123]에서 교전하였다.

　11년, 위(魏), 한(韓), 조(趙) 세 나라가 공동으로 진(晉)나라를 멸망 시키고 그 땅을 나누어 가졌다. 중산국의 도성을 공격하였고, 또 중인(中 人)[124]에서 교전하였다. 12년, 경후가 죽자 아들 성후(成侯) 조종(趙種) 이 즉위하였다.

　성후 원년, 공자(公子) 조승(趙勝)이 성후에 맞서서 반란을 일으켰다. 2년 6월, 큰 눈이 내렸다. 3년, 태무우(太戊牛)[125]가 재상이 되었으며, 위(衞)나라를 공격하여 73개의 향읍(鄕邑)을 빼앗았다. 위(魏)나라는 인 (藺)[126]에서 조나라의 군대를 무찔렀다. 4년, 진(秦)나라와 고안(高 安)[127]에서 싸워 진나라를 무찔렀다. 5년, 견(甄)[128]에서 제나라를 공격 하였으며, 위(魏)나라가 회(懷)[129]에서 조나라를 무찔렀다. 정(鄭)나라 를 공격하여 무찌르고 그 땅을 한(韓)나라에게 주니 한나라는 장자(長

---

118)　廩丘：齊나라 읍 이름. 지금의 山東省 鄆城縣 서북쪽.
119)　兎臺：趙나라 지명. 지금의 河北省 大名縣 동쪽.
120)　剛平：지금의 山東省 寧陽縣 동북쪽. 일설에는 河南省 淸豐縣 서남쪽이라 한다.
121)　棘蒲：지금의 河北省 趙縣.
122)　黃城：읍 이름. 지금의 河南省 內黃縣 서북쪽.
123)　房子：趙나라의 읍 이름. 지금의 河北省 高邑縣 서남쪽.
124)　中人：中山國의 읍 이름. 지금의 河北省 唐縣 서남쪽.
125)　太戊牛：'戊'는 '成'이라고도 한다.
126)　藺：趙나라의 읍 이름. 지금의 山西省 離石縣 서쪽.
127)　高安：읍 이름. 『史記正義』에서는 河東에 있다고 하나 자세하지 않다. 일설에 의하면 지금의 山西省 永濟縣 蒲州鎭이라고 한다.
128)　甄：衛나라의 읍 이름. 후에는 齊나라의 읍이 되었다. 지금의 山東省 鄆城縣 北 舊城.
129)　懷：鄭나라의 읍 이름. 후에 魏나라에 속하게 되었다. 지금의 河南省 武陟縣 서 남쪽.

子)[130]를 조나라에 주었다. 6년, 중산국이 장성(長城)을 쌓았다. 위(魏)나라를 공격하여 탁택(涿澤)[131]에서 패배시키고 위 혜왕(魏惠王)을 포위하였다. 7년, 제나라를 침공하여 장성까지 이르렀다. 한나라와 함께 주나라를 공격하였다. 8년, 한나라와 함께 주나라를 양분(兩分)하였다. 9년, 제나라와 아성(阿城)[132] 아래에서 교전하였다. 10년, 위(衛)나라를 공격하여 견(甄)[133]을 차지하였다. 11년, 진(秦)나라가 위(魏)나라를 공격하니 조나라가 석아(石阿)[134]로 가서 위나라를 구원하였다. 12년, 진(秦)나라가 위(魏)나라의 소량(小梁)[135]을 공격하니 조나라가 위나라를 구원하였다. 13년, 진 헌공(秦獻公)이 서장(庶長) 국(國)[136]을 보내 위나라의 소량을 공격하여 태자 좌(痤)[137]를 포로로 잡아갔다. 위(魏)나라가 회수(澮水)[138]에서 조나라 군대를 무찌르고 피뢰(皮牢)[139]를 빼앗았다. 성후는 한 소후(韓昭侯)와 상당(上黨)[140]에서 만났다. 14년, 한나라와 연합하여 진(秦)나라를 공격하였다. 15년, 위(魏)나라를 도와 제나라를 공격하였다.

16년, 한(韓), 위(魏) 나라와 더불어 진(晉)나라를 나누어 가지고 진군(晉君)[141]을 단지(端氏)[142]에 봉하였다.

17년, 성후는 위 혜왕(魏惠王)과 갈얼(葛孽)[143]에서 만났다. 19년, 제

---

130) 長子 : 읍 이름. 지금의 山西省 長子縣 서남쪽.
131) 涿澤 : 魏나라의 지명. 지금의 山西省 運城縣 서쪽.
132) 阿城 : '阿'는 齊나라의 읍 이름으로 東阿를 가리킨다. 東阿는 지금의 山東省 東阿縣 서남쪽이다.
133) 甄 : 衛나라 땅으로, 지금의 山東省 甄城縣의 북쪽이다.
134) 石阿 : 지금의 山西省 隰縣의 북쪽. 권15 「六國年表」, 권5 「秦本紀」에 모두 "石門"으로 되어 있다. 石門은 일명 白徑嶺이라고 불리는 山으로 지금의 山西省 運城縣 서남쪽에 위치한다.
135) 小梁 : 魏나라의 읍 이름. 지금의 陝西省 韓城縣 남쪽에 위치한다.
136) 庶長 國 : 庶長은 秦나라의 관직 이름이다. 軍政의 대권을 장악하는 직책으로 다른 나라의 卿에 해당한다. 國은 庶長을 맡은 사람의 이름이다.
137) 痤 : 公叔痤를 가리킨다. 魏나라의 대신으로 魏 武侯와 魏 惠王의 재상을 역임하였다.
138) 澮水 : 지금의 山西省 翼城縣 동남쪽에서 나와 서쪽으로 汾河로 흘러들어간다.
139) 皮牢 : 皮牢城. 지금의 山西省 翼城縣 동북쪽.
140) 上黨 : 韓나라의 郡 이름. 지금의 山西省 長治市 북쪽.
141) 晉君 : 晉 靜公을 말한다.
142) 端氏 : 晉나라의 읍 이름. 지금의 山西省 沁水縣 동북쪽.
143) 葛孽 : 지금의 河北省 肥鄕縣 서남쪽.

(齊), 송(宋) 나라와 평륙(平陸)[144]에서 회합하고, 연(燕)나라와 아(阿) 에서 회합하였다. 20년, 위(魏)나라가 최고급 목재(木材)로 만든 서까래 를 헌상하여 이것으로 단대(檀臺)[145]를 건조하였다. 21년, 위(魏)나라가 조나라의 한단을 포위하였다. 22년, 위 혜왕이 조나라 한단을 함락시키 고 제나라 역시 계릉(桂陵)[146]에서 위(魏)나라를 무찔렀다. 24년, 위 (魏)나라가 조나라에게 한단을 돌려주어 위(魏)나라 왕과 장수(漳水)[147] 가에서 회맹하였다. 진(秦)나라가 조나라의 인(藺) 땅을 공격하였다. 25 년, 성후가 죽었다. 공자 설(緤)과 태자 숙후(肅侯)가 지위를 다투다가 조설이 패하여 한(韓)나라로 도망하였다.

숙후 원년, 진군(晉君)의 단씨현을 빼앗고 그를 둔류(屯留)[148]로 이주 시켰다. 2년, 위 혜왕과 음진(陰晉)[149]에서 만났다. 3년, 공자 조범(趙 范)이 한단을 습격하였다가 이기지 못하고 전사하였다. 4년, 주(周) 천 자를 조현(朝見)하였다. 6년, 제나라를 공격하여 고당(高唐)[150]을 빼앗 았다. 7년, 공자 조각(趙刻)이 위(魏)나라의 수원(首垣)[151]을 공격하였 다. 11년, 진 효공(秦孝公)이 상군(商君)[152]을 시켜 위(魏)나라를 정벌 하게 하여 장군인 공자 앙(卬)을 포로로 잡았다. 조나라가 위(魏)나라를 공격하였다. 12년, 진 효공이 세상을 떠나고 상군도 죽었다. 15년, 수릉 (壽陵)을 축조하였다. 위 혜왕이 죽었다.

16년, 숙후가 대릉(大陵)[153]을 유람하고 녹문(鹿門)[154]을 나서니 대무 오(大戊午)가 말고삐를 잡고서 "지금은 농사 일이 급한 때입니다. 하루 일을 하지 않으면 백일 동안 먹을 것이 없습니다"라고 하자, 숙후는 말에

---

144) 平陸: 지금의 山東省 汶上縣 북쪽.
145) 檀臺: 臺의 이름. 지금의 河北省 永年縣 서쪽에 있다.
146) 桂陵: 지금의 河南省 長垣縣 서북쪽 또는 山東省 荷澤縣 동북쪽에 위치하였다.
147) 漳水: 즉 漳河를 말한다. 山西省에서 발원하여 河南省으로 흐르는 강.
148) 屯留: 晉나라의 읍 이름. 지금의 山西省 屯留縣 남쪽.
149) 陰晉: 魏나라의 읍 이름. 지금의 陝西省 華陰縣 동남쪽.
150) 高唐: 齊나라의 읍 이름. 지금의 山東省 高唐縣 동북쪽. 권32 「齊太公世家」의
    〈주 164〉, 권39 「晉世家」의 〈주 92〉 참조.
151) 首垣: 지금의 河北省 長垣縣 동북쪽.
152) 商君: 원래 衛나라 사람으로 公孫氏였으나 秦 孝公을 보필하여 變法을 제창하고
    戰功이 있어 商에 봉해지니 商君 혹은 商鞅이라고 불렸다. 권68 「商君列傳」 참조.
153) 大陵: 지금의 山西省 文水縣 동북쪽.
154) 鹿門: 지금의 山西省 盂縣 서북쪽.

서 내려 사죄하였다.

17년, 위(魏)나라의 황성(黃城)을 포위하였으나 함락시키지 못하였다. 장성(長城)을 쌓았다.

18년, 제나라와 위(魏)나라가 조나라를 공격하자, 조나라는 황하의 물을 끌어대어 적들에게 부어대니 적병은 도망갔다. 22년, 장의(張儀)[155]가 진(秦)나라의 재상이 되었다. 조자(趙疵)[156]가 진(秦)나라와 싸워 패하니 진나라 군사는 하서(河西)[157]에서 조자를 죽이고 조나라의 인(藺)과 이석(離石) 지방을 빼앗았다. 23년, 한거(韓擧)[158]가 제나라, 위(魏)나라와 싸우다 상구(桑丘)[159]에서 전사하였다.

24년, 숙후가 죽었다. 진(秦), 초(楚), 연(燕), 제(齊), 위(魏) 각 나라가 정예 병사 만 명씩을 보내 장례에 참석하였다. 아들 무령왕(武靈王)이 즉위하였다.

무령왕 원년, 양문군(陽文君) 조표(趙豹)가 재상이 되었다. 양 양왕(梁襄王)[160]과 태자 사(嗣), 그리고 한 선왕(韓宣王)과 태자 창(倉)이 신궁(信宮)[161]에 와서 조하(朝賀)하였다. 무령왕이 어려서 정무를 처리할 수 없었기 때문에 박식한 관리 세 사람과 좌우 사과(司過)[162] 세 사람이 보좌하였다. 정무를 처리하게 되었을 때에 먼저 선왕 때의 현신(賢臣)인 비의(肥義)에게 가르침을 구하고 그의 봉록을 높여주었으며, 나라 안의 80세 이상 되는 덕망 높은 노인[163]에게 매월 선물을 보냈다.

3년, 호(鄗)[164]에 성을 건축하였다. 4년, 한나라와 우서(區鼠)[165]에서

---

155) 張儀(?-기원전 310년) : 원래 魏나라 사람인데 秦나라 재상이 되어 連橫策으로 진을 부강하게 만들었다. 권70 「張儀列傳」 참조.
156) 趙疵 : 趙나라의 장수.
157) 河西 : 지금의 山西省과 陝西省 사이의 黃河 남단의 서쪽을 가리킨다.
158) 韓擧 : 趙나라의 장수.
159) 桑丘 : 지금의 河北省 保定市 북쪽.
160) 梁 襄王 : '梁 惠王'이라야 옳다. 襄王의 이름이 嗣로 당시에는 태자였기 때문이다.
161) 信宮 : 궁궐의 이름.
162) 司過 : 군주의 과실을 사찰하는 업무를 맡은 관직.
163) 원문은 "國三老年八十"으로 '三老'는 여러 가지 뜻이 있다. 즉 노인을 연령에 따라서 나눈 세 등급(100세의 上壽, 90세의 中壽, 80세의 下壽)이라든지, 국가의 원로라는 뜻, 혹은 덕성이 높고 명망 있는 노인을 뜻하기도 한다. 여기서는 맨 나중의 뜻을 따랐다.

회합하였다. 5년, 한나라 여자를 부인으로 맞이하였다.

8년, 한나라가 진(秦)나라를 공격하였으나 이기지 못하고 돌아갔다. 다섯 나라[166]가 서로 '왕(王)'을 칭하였으나, 조나라만은 그렇게 하지 않으며 "실질적인 알맹이도 없으면서 어찌 허황된 명분에 안주하겠는가?" 라고 말하고서는 나라 사람들에게 자기를 '군(君)'이라고 부르도록 명령하였다.

9년, 한나라, 위(魏)나라와 더불어 진(秦)나라를 공격하였으나 진나라는 세 나라의 연합군을 무찌르고 8만 명의 목을 베어갔다. 제나라가 관택(觀澤)[167]에서 조나라를 무찔렀다. 10년, 진(秦)나라가 조나라의 중도(中都)[168]와 서양(西陽)[169]을 빼앗았다. 제나라가 연나라를 무찔렀다. 연나라 재상 자지(子之)가 군주가 되고 군주는 반대로 신하가 되었다.[170] 11년, 무령왕이 공자(公子) 직(職)[171]을 한나라에서 불러들여 연왕(燕王)으로 세우고 악지(樂池)[172]를 시켜 호위하게 하였다. 13년, 진(秦)나라가 조나라의 인(藺) 지방을 함락시키고 장군 조장(趙莊)을 포로로 잡아갔다. 초나라와 위(魏)나라의 왕이 한단을 방문하였다. 14년, 조하(趙何)가 위(魏)나라를 공격하였다.

16년, 진 혜왕(秦惠王)이 죽었다. 무령왕이 대릉(大陵)을 유람하였다. 어느날 왕이 꿈에 처녀가 거문고를 타며 시 한 수를 노래하는 것을 보았는데, 그 내용은 "미인이여! 광채가 눈부시도다. 그 모습 농염한 능소화(凌霄花)[173] 같아라. 운명이여! 내 가련한 운명이여, 뜻밖에 이 왜영(娃嬴)을 몰라주다니"라는 것이었다. 다른 날 왕이 술을 마시며 즐기다가 몇 번이나 꿈 이야기를 하며 꿈에 보았던 미인의 용모를 상상하였다. 이 이야기를 들은 오광(吳廣)이 부인을 통하여 그의 딸 왜영을 궁중에 들여보

---

164) 鄗 : 지금의 河北省 柏鄕縣의 북쪽.
165) 區鼠 : 지금의 河北省 大名縣 동북쪽.
166) 다섯 나라 : 魏, 韓, 趙, 燕, 中山國 등의 다섯 나라를 가리킨다.
167) 觀澤 : 지금의 山東省 陽谷縣 서남쪽, 河南省 淸豐縣 남쪽.
168) 中都 : 지금의 山西省 平遙縣 서남쪽.
169) 西陽 : 中陽을 가리킨다. 지금의 山西省 中陽縣.
170) 권34 「燕召公世家」 참조.
171) 公子 職 : 燕나라의 公子로 이름은 職이다. 당시 韓나라에 있었다.
172) 樂池 : 전국시대의 策士로서 秦 惠文王의 재상을 지냈다.
173) 凌霄花 : 능소화과에 속하는 낙엽 활엽 덩굴나무로 황적색의 꽃이 핀다.

냈는데, 이가 바로 맹요(孟姚)이다. 맹요는 왕의 총애를 듬뿍 받았으니 그녀가 바로 혜후(惠后)이다.

17년, 왕이 구문(九門)174)을 나와 조망대를 만들어 제나라와 중산국의 경내를 살피었다.

18년, 진 무왕(秦武王)이 맹열(孟說)175)과 용 무늬의 적색 정(鼎)을 들다가 정강이뼈가 부러져 죽었다. 무령왕은 대(代)의 재상 조고(趙固)를 시켜 공자 직(稷)을 연나라에서 영접하여 진(秦)나라로 호송하고 진왕(秦王)으로 세우니, 그가 바로 소왕(昭王)이다.

19년 봄 정월, 신궁(信宮)에서 성대한 조회를 개최하였다. 비의(肥義)를 불러 천하 대사를 의논하였는데 5일 후에야 끝마쳤다. 왕은 북쪽으로 중산국의 영토를 공략하고 방자(房子) 지역에 이르러 대(代) 땅으로 갔으며, 북상하여 무궁(無窮)176)에 이르고 서쪽으로는 황하에 이르러 황화산(黃華山)177) 꼭대기에 올랐다. 누완(樓緩)을 불러 의논하기를 "나의 선왕은 세사의 변화에 따라 남방 속국의 우두머리를 하시고 장수(漳水)와 부수(滏水)178)의 험난한 지세를 연결하여 장성을 쌓으셨으며, 인(藺)과 곽랑(郭狼)179)을 탈취하시고 임(荏)180)에서 임호(林胡)181)를 무찌르셨으나 대업은 아직 완수하지 못하였다. 지금 중산국은 우리나라의 중심 부분에 위치하고 있고, 북쪽으로는 연나라, 동쪽으로는 동호(東胡),182) 서쪽으로는 임호, 누번(樓煩),183) 진(秦)나라, 한나라의 국경과 접하고 있지만, 강력한 병력의 보호가 없어 이러다가는 사직이 망하게 되었으니 어찌

174) 九門 : 지금의 河北省 藁城縣 서북쪽.
175) 孟說(? -기원전 307년) : 전국시대 齊나라 사람. 일설에는 衛나라 사람이라고도 한다. 태어날 때부터 힘이 세었던 것으로 유명하다.
176) 無窮 : 지명으로 확실한 지역은 알 수 없으나 일설에는 지금의 河北省 張北縣 남쪽이라고 한다.
177) 黃華山 : 소재지가 확실하지 않은데, 지금의 河南省 林縣의 서쪽에 있다고도 한다.
178) 滏水 : 河北省 磁縣에서 발원하여 沱河와 합치는 강.
179) 郭狼 : 일설에는 '皐狼'이라고 한다. 지금의 山西省 離石縣 서북쪽.
180) 荏 : 지금의 河北省 任縣 동남쪽.
181) 林胡 : 목축에 종사하며 말 타기와 활 쏘기에 능하였던 민족. 앞의 〈주 99〉 참조.
182) 東胡 : 고대 민족 명칭으로, 후일의 鮮卑族을 가리킨다.
183) 樓煩 : 춘추시대 말기에 지금의 山西省 일부 지역에 거주하며, 기마와 활 쏘기에 능하고 목축을 위주로 하던 민족을 말한다.

하면 좋겠는가? 무릇 세상에서 뛰어난 업적을 이루려면 세상의 습속(習俗)을 위배하였다는 책망을 받기 마련이니, 나는 호복(胡服)을 입고자 한다"라고 하자, 누완은 "좋습니다"라고 대답하였다. 그러나 대신들은 모두 이를 원하지 않았다.

　이때 비의가 왕을 모시고 있었는데, 왕이 "간자와 양자 두 주군의 업적은 호(胡)와 적(狄)에 대하여 이로움을 꾀한 데 있소. 신하된 자로서, 총애를 받을 때에는 효제(孝悌)하고 장유(長幼)를 알며 명리(明理)에 순종하는 절조가 있어야 하고, 현달하였을 때에는 백성을 돕고 군주에게 이롭게 하는 업적이 있어야 하니, 이 두 가지가 신하의 본분이오. 이제 나는 양자의 업적을 계승하여 호와 적의 영토를 개척하려고 하는데, 죽을 때까지 그러한 현신(賢臣)을 만나지 못할 것 같소. (내가 호복을 입는 것은) 적을 약하게 하여 힘은 적게 들이고 공을 많이 얻을 수 있는 효과가 있으니, 백성들을 고달프게 하지 않고서도 순리적으로 간자와 양자 두 선왕의 업적을 계승할 수 있을 것이오. 무릇 세상에서 뛰어난 업적을 이루려면 세상의 습속을 위배하였다는 책망을 받기 마련이며, 심오한 지략(智略)을 지니고 있는 자는 오만한 백성들의 원망을 사기 마련이오. 이제 나는 앞으로 백성들에게 호복의 착용과 말 타고 활 쏘는 것을 가르치려고 하는데, 세상에서는 틀림없이 과인에 대하여 의론이 분분할 것이니 어찌하면 좋겠소?"라고 하였다. 그러자 비의가 "신이 듣기에 일을 하려고 할 때 머뭇거리면 성공하지 못하고 행동할 때에 주저하면 명예를 얻지 못한다고 하였습니다. 왕께서 기왕 세상의 습속을 위배하였다는 비난을 감수하시려고 결심하셨으니 세상 사람들의 의론은 생각하실 필요가 없습니다. 무릇 최고의 덕행을 추구하는 자는 세속적인 것에 부화뇌동하지 않으며, 큰 공적을 이루고자 하는 자는 범부(凡夫)와 모의하지 않는 법입니다. 옛날 순임금은 묘인(苗人)의 춤을 추어 그들을 감화시켰고[184] 우임금은 나국(裸國)에서 옷을 벗었는데,[185] 이는 욕망을 만족시키고 마음을 즐겁게 하기 위해서가 아니라 덕정을 선양하여 공적을 이루고자 하는 것입니다. 어리석은 자는 일이 이미 성사된 뒤에도 그 연유를 모르지만 현명한 자는

---

184)　舜임금이 궁정에서 苗人의 춤을 추자 苗人들이 귀순하였다고 전해진다.
185)　裸國은 고대 西方의 나라 이름으로 그곳 사람들은 옷을 입지 않았다고 전해지는데, 禹임금이 옷을 입지 않은 채 裸國에 갔었다고 한다.

일이 이루어지기도 전에 파악할 수 있는 것이거늘 왕께서는 무엇을 주저하고 계십니까?"라고 하였다. 왕이 "나는 호복을 입는 것을 주저하는 것이 아니고 천하 사람들이 나를 비웃지나 않을까 그것이 두렵소. 무지한 자의 즐거움은 현명한 자의 슬픔이며, 어리석은 자가 비웃은 일은 어진 자가 통찰하고 있는 일이오. 세상에서 나를 따르는 자가 호복의 효능을 이루 다 짐작할 수가 없을 것이니, 설사 세상 사람들이 이 일로 나를 비웃는다고 할지라도 오랑캐 땅과 중산국은 내가 꼭 차지할 것이오"라고 하였다. 이때부터 왕은 마침내 호복을 입었다.

왕은 왕설(王緤)을 파견하여 공자(公子) 성(成)[186]에게 "과인이 호복을 입고 조회에 참석할 것이니 숙부께서도 입으시기 바라오. 집 안에서는 부모의 말씀에 따라야 하고 나라 안에서는 군주의 명령에 복종해야 하는 것이 고금의 공인된 행동원칙이오. 아들은 부모에게 반대해서는 안 되고 신하는 군주를 거역해서는 안 되는 것이 상하간의 통념이오. 지금 과인이 교지(敎旨)를 내려 복장을 바꾸어 입게 하였는데 숙부께서 입지 않으시면, 천하 사람들이 비난할까 두렵소. 나라를 다스리는 데 상도(常道)가 있으니 백성을 이롭게 함이 그 근본이며, 정치에 참여하는 데 원칙이 있으니 명령에 따라 행동하는 것이 가장 중요하오. 덕정(德政)을 펴려면 먼저 평민 백성들을 이해시켜야 하며, 정령(政令)을 시행하려면 먼저 귀족들에게서 신임을 얻어야 하오. 지금 호복을 입는 목적은 욕망을 만족시키고 마음을 즐겁게 하려는 것이 아니오. 일을 하는 데에는 목적한 바에 도달하여야 공적이 이루어지며, 일이 완성되어 공적을 이룬 후에야 비로소 완벽한 것이라고 할 수 있소. 지금 과인은 숙부께서 정치참여의 원칙에 어긋나게 행동하여 세상의 비난을 자초할까 두렵소. 아울러 과인이 듣기에 국익에 관련된 일은 행함에 사악함이 없고, 귀척(貴戚)에 의지하면 명예에 손상을 입지 않는다고 하니, 나는 숙부의 위엄과 명망을 빌려서[187] 호복의 위업을 달성하고자 하오. 왕설을 시켜 숙부를 뵙도록 하오니 호복을 입어주시오"라고 하였다. 공자 성이 재배하고 머리를 조아리며 "신은 본래 이미 왕께서 호복을 입으신다는 말을 들었습니다. 신은 재주도 없고

---

186) 公子 成 : 趙나라의 귀족으로 武靈王의 숙부.
187) 원문은 "愿慕公叔之義"이다. 혹자는 '慕'를 군신이 숙부의 行義(호복을 입는 것)를 사모한다고 해석하기도 한다.

병들어 누워 있는 몸이라 조정에 나가 자주 진언을 드리지 못하였습니다. 왕께서 저에게 명령하시니 신이 감히 이에 응대함으로써 저의 우매한 충정을 다하고자 합니다. 신이 듣건대 중국은 총명하고 예지 있는 사람들이 거주하는 곳이고, 만물과 재화가 모이는 곳이며, 성현이 교화를 행한 곳이고, 인의가 베풀어진 곳이며, 『시(詩)』, 『서(書)』와 예악(禮樂)이 쓰이는 곳이고, 특이하고 우수한 기능이 시험되는 곳이며, 먼 곳의 사람들이 관람하러 오는 곳이고, 만이(蠻夷)가 모범으로 삼는 곳이라고 합니다. 지금 왕께서는 이를 버리시고 먼 나라의 복장을 입으시니 이것은 고대의 교화를 개변함이요, 고대의 도를 바꿈이며, 민심을 거스르는 것이고, 학자의 가르침을 저버리는 것이며, 중국의 풍속과는 동떨어진 것이니, 신은 왕께서 이 일을 신중히 고려하시기를 바랍니다"라고 하였다. 사자가 이 말을 왕에게 보고하자, 왕은 "내가 원래 숙부께서 병이 드셨다고 들었는데 친히 가서 부탁드려야겠다"라고 하였다.

왕은 이윽고 공자 성의 집에 친히 찾아가 다음과 같이 부탁하였다.

> 무릇 의복이란 입기에 편리하기 위한 것이고 예의란 일을 도모하는 데 편리하기 위한 것입니다. 성인은 지방의 풍속을 관찰하여 그에 적합하게 행동하고, 구체적인 상황에 따라서 예의를 제정하니 이는 국민에게 이익을 가져다주고 국가를 부강하게 하기 때문입니다. 머리를 짧게 자르고 몸에 문신을 하고 팔에 무늬를 아로새기고 옷깃을 왼쪽으로 여미는 것은 구월(甌越)[188] 일대 백성들의 습관입니다. 이를 검게 물들이고 이마에 무늬를 새기고 어피(魚皮)로 만든 모자를 쓰고 조악하게 만들어진 옷을 입는 것은 오(吳)나라의 풍습입니다. 그러므로 예법이나 복장은 같지 않으나 편리함을 추구하는 것은 마찬가지입니다. 지방이 다르기 때문에 사용함에 변화가 있고 일이 다르기 때문에 예법도 바뀌는 것입니다. 따라서 성인은 진실로 나라에 이익이 된다면 그 방법을 일치시킬 필요가 없으며, 정말로 일하는 데 편리하다면 그 예법을 동일하게 할 필요는 없다고 여겼습니다. 유자(儒者)는 동일한 스승에게서 전수받지만 예속(禮俗)은 천차만별이며, 중국에도 예의는 동일하나 교화가 서로 차별이 있는데, 하물며 산간벽지의 편리함에 대해서는 말할 것도 없습니다. 그러므로 시세에 따른 취사선택의 변화에서는 총명한 사람도 억지로 일치함을 요구할 수 없고, 먼 곳과 가까운

---

188) 甌越 : 지금의 浙江省 일대를 가리킨다. 고대 越나라의 땅으로 경내에 甌江이 있기 때문에 붙여진 이름이다.

곳의 의복에 대하여는 성인도 일치됨을 강요할 수 없습니다. 궁벽한 벽촌은 다른 풍속이 많으며 천박한 견해에는 궤변이 많은 법입니다. 알지 못하면서도 의심을 품지 않고 자기 의견과 달라도 비난하지 않는 것은, 공개적으로 널리 중지를 모아 완벽함을 추구하려고 하기 때문입니다. 지금 숙부께서 말씀하신 것은 일반적인 풍습이고 제가 말하는 것은 풍속을 조성하는 이치입니다.[189] 우리나라는 동쪽으로 황하와 장수(漳水)[190]가 있어 제나라, 중산국과 공유하고 있으나 선박 시설이 없습니다. 상산(常山)에서부터 대(代), 상당(上黨)에 이르기까지 동쪽으로는 연나라, 동호(東胡)와의 변경이 있고 서쪽으로는 누번, 진(秦)나라, 한나라와의 변경이 있거늘, 지금 기병(騎兵)과 사수(射手)의 방비가 없습니다. 따라서 과인은 선박 시설도 없는데 물가에 사는 주민들이 장차 어떻게 황하와 장수를 지킬 것인가 하는 생각을 하였습니다. 복장을 바꾸고 말 타기와 활 쏘기를 배워 연나라 삼호(三胡),[191] 진(秦)나라, 한나라의 변경을 지키자는 것입니다. 하물며 예전에 간자께서는 진양에서부터 상당에 이르는 요충지를 두절하지 않으셨고, 양자께서는 융(戎)을 병합하고 대(代)를 점거하여 오랑캐 각 부족을 물리치셨으니 이는 어리석은 자나 총명한 자나 모두 잘 알고 있는 사실입니다. 과거에 중산국이 제나라의 강력한 병력을 믿고 우리 땅을 침범하여 짓밟았으며, 우리 백성을 약탈하고 물을 끌어대어 호성(鄗城)을 포위하였는데, 만약 사직의 신령이 보우하지 않았더라면 호성은 거의 지키지 못하였을 것입니다. 선왕께서는 이를 수치스럽게 여기셨으나, 이 원한은 아직 보복하지 못하였습니다. 이제 기병과 사수로써 방비하면 가까이는 상당의 지형을 손쉽게 관찰할 수 있고 멀리는 중산국의 원한을 갚을 수 있습니다. 그런데 숙부께서는 풍속에 순종하느라 간자, 양자 두 분의 유지를 어기고 있으니 복장을 개변하였다는 평판을 싫어하여 호성의 수치를 망각하는 것은 과인이 바라는 바가 아닙니다.

그러자 공자 성은 재배하고 머리를 조아리며 "신이 어리석어 왕의 깊은 뜻을 모르고 감히 세속의 견문을 아뢰었으니 이는 신의 잘못입니다. 지금 왕께서 간자, 양자의 유지를 계승하고 선왕의 뜻에 따른다고 하시니 신이

---

189) 원문은 "吾所言者所以制俗也"이다. '制俗'을 '구습을 바꾼다' 혹은 '습속을 제지한다'라고 해석하는 수도 있다. 즉 '내가 말하는 것은 숙부가 말씀하신 그 습속을 제지하기 위한 것이다'라는 뜻이다.
190) 원문은 "薄洛"이다. 이것은 즉 薄洛津으로 漳水가에 있다. 그러므로 여기서는 '漳水'를 가리킨다.
191) 三胡 : 林胡, 樓煩, 東胡를 가리킨다.

감히 명령에 복종하지 않을 수 있겠습니까?"라고 하며 다시 재배하고 머리를 조아렸다. 왕은 이에 호복을 하사하였다. 다음날 공자 성이 호복을 입고 조회에 나가니 그제서야 호복을 입으라는 명령을 공포하였다.

조문(趙文), 조조(趙造), 주소(周紹), 조준(趙俊)은 모두 왕에게 호복을 입지 말고 옛날 방식이 편하다고 간언하며 말렸다. 그러자 왕은 다음과 같이 말하였다.

> 선왕들의 풍속이 같지 않은데 어떤 옛 방식을 본받을 것인가? 제왕들이 서로 답습하지 않는데 어떤 예법을 따를 것인가? 복희(伏羲)와 신농(神農)은 교화에 치중하고 형벌을 사용하지 않았으며, 황제(黃帝)와 요(堯), 순(舜)은 형벌을 사용하되 잔혹하지 않았소. 삼왕(三王)[192]에 이르러서는 시대의 변화에 따라 법규를 제정하였으며 실제 상황에 따라 예법을 규정하였소. 법령과 제도가 각각 실제 필요에 부합되었고, 의복과 기계는 각각 그 쓰임에 편리하였소. 그러므로 예법 또한 꼭 한 가지 방식일 필요가 없고 국가의 편의를 추구하는 데 반드시 옛 것을 본받아야 할 필요는 없소. 성인이 나타나자 서로 답습하지 않았는데도 왕이 되었으며, 하나라와 은나라가 쇠약해지자 예법을 바꾸지 않았는데도 멸망하였소. 그렇다면 옛 것을 위반했다고 해서 비난할 수는 없으며, 옛날의 예법을 따랐다고 해서 찬양할 것도 없소. 만약 기이한 의복을 입는 자는 마음이 음탕하다고 한다면 추(鄒)나라와 노(魯)나라에는 기행(奇行)[193]이 없을 것이며, 풍속이 바르지 못한 곳에서는 백성이 경솔해진다면[194] 오나라, 월나라에는 덕과 재능을 겸비한 인재가 없을 것이오. 하물며 성인께서는 신체에 편리한 것을 의복이라고 하셨고, 일할 때에는 편리한 것을 예법이라고 하셨소. 무릇 진퇴(進退)의 예절과 의복의 제도는 일반 백성을 다스리기 위한 것이지, 현자(賢者)를 논평하기 위한 것이 아니오. 그러므로 평민은 세속과 어울리고 현인은 변혁과 함께 하는 것이오. 옛 속담에 "책 속의 지식으로 말을 모는 자는 말의 속성을 다 이해할 수 없고, 옛날 법도로 지금을 다스리는 자는 사리의 변화에 통달할 수 없다"라고 하였으니, 옛날 법도만을 따라가지고는 세속을 초월하기 어렵고, 옛날 학문만을 본받아가지고는 지금을 다스리

---

192) 三王 : 일반적으로 夏禹, 商湯, 周 文王을 가리키지만 이설이 많다.
193) 奇行 : 예법에 어긋난 괴이한 행동.
194) 원문은 "俗辟者民易"이다. '易'을 '바뀌다'라고 해석하는 수도 있다. 즉 '풍속이 바르지 못하면 백성이 바뀐다'라고 할 수 있다. 여기서는 '易'을 '경솔하다'의 뜻으로 해석하였다.

기 어려운 것이오. 그대들은 이런 점에 생각이 미치지 못했던 것이오.

마침내 호복을 보급하고 기병과 사수를 모집하였다.

20년, 왕은 중산국의 영토를 공략하여 영가(寧葭)[195]에 이르렀고, 서쪽으로는 호(胡) 땅을 침략하여 유중(楡中)[196]에 이르렀다. 임호(林胡)의 왕은 말을 헌상하였다. 돌아와서 누완(樓緩)을 진(秦)나라에, 구액(仇液)을 초나라에, 부정(富丁)을 위(魏)나라에, 조작(趙爵)을 제나라에 각각 사신으로 보냈다. 대(代) 땅의 재상 조고(趙固)가 호(胡) 땅에 주둔하여 관리하며 호병(胡兵)을 모집하였다.

21년, 중산국을 공격하였다. 조소가 우군(右軍)을 거느리고 허균(許鈞)이 좌군(左軍)을 거느리며, 공자 장(章)이 중군(中軍)을 거느리고, 왕이 그들을 통괄하여 지휘하였다. 우전(牛翦)이 전차와 기병을 이끌고, 조희(趙希)는 호와 대의 병사를 통괄하여 거느렸다. 조희는 여러 군사와 더불어 골짜기를 지나[197] 곡양(曲陽)[198]에서 합류하여 단구(丹丘),[199] 화양(華陽),[200] 그리고 치(鴟)의 요새[201]를 공격하여 점령하였다. 무령왕의 군대는 호(鄗), 석읍(石邑),[202] 봉룡(封龍),[203] 동원(東垣)[204] 등지를 점령하였다. 중산국이 4개의 성읍을 바치며 강화하기를 원하자, 왕은 이를 허락하고 군대를 철수시켰다. 23년, 다시 중산국을 공격하였다. 25년, 혜후(惠后)가 죽었다. 주소로 하여금 호복을 입고 왕자 조하(趙何)

---

195) 寧葭 : '蔓葭'라고도 한다. 지금의 河北省 石家莊市 서북쪽.
196) 楡中 : 지금의 내몽고 자치구 東勝縣 서북쪽.
197) 원문은 "趙與之陘"으로, 해석에 이견이 많다. '趙'를 문장 바로 앞의 '趙希'로 보는 경우와 '趙王'으로 보는 경우가 있고, '趙與'를 하나로 합쳐 사람 이름으로 해석하는 경우도 있다. '趙'를 趙希로 볼 경우에는 '與'는 '(여러 군사와) 더불어'의 뜻으로 해석하고(趙希가 胡와 代의 군사를 거느렸으므로), 趙王으로 볼 경우에는 '與'를 '주다,' 즉 趙王이 (통과해야 할 골짜기를) '지정해주다'라고 해석할 수 있다. '陘'은 '골짜기'의 뜻 외에 '陘山'으로 보는 해석도 있다. 陘山은 지금의 河北省 常山의 '井縣'을 가리킨다.
198) 曲陽 : 지금의 河北省 曲陽縣 西沙河의 동쪽.
199) 丹丘 : 지금의 河北省 曲陽縣 서북쪽.
200) 華陽 : 지금의 河北省 唐縣 서북쪽의 恒山 일대.
201) 원문은 "鴟之塞"이다. 『史記集解』에서는 "鴻上塞"라고 하였다. 華陽의 북쪽에 위치한다.
202) 石邑 : 지금의 河北省 石家莊市 서남쪽.
203) 封龍 : 산 이름. '飛龍山'이라고도 한다. 지금의 河北省 元氏縣 서북쪽.
204) 東垣 : 지금의 河北省 石家莊市 동북쪽.

를 훈도하게 하였다. 26년, 다시 중산국을 공격하였다. 이로써 탈취한 땅이 북쪽으로는 연(燕)과 대(代)에까지 이르고, 서쪽으로는 운중(雲中)과 구원(九原)[205)에까지 이르렀다.

27년 5월 무신일(戊申日), 동궁에서 성대한 조회를 거행하고 무령왕은 왕자 하(何)에게 왕위를 물려주어 그를 왕으로 세웠다. 새 왕은 묘현(廟見)[206)의 예를 마치고 조정에 들어 정사를 처리하였다. 대부들은 모두 신하로서 복종하고, 비의는 재상이 되었으며 아울러 새 왕의 사부가 되었다. 그가 바로 혜문왕(惠文王)이다. 혜문왕은 혜후 오왜(吳娃)의 아들이다. 무령왕은 주부(主父)[207)로 자칭하였다.

주부는 아들에게 국정을 담당하도록 하고 자신은 호복을 입고 대부들을 거느려서 서북 방면의 호(胡) 땅을 공략하며 운중과 구원에서 곧바로 진(秦)나라를 습격하고자, 자신이 거짓으로 사자로 위장하여 진나라로 들어갔다. 진 소왕(秦昭王)은 (처음에는 이 사실을) 알지 못하였으나, 얼마 후 그의 모습이 매우 위풍당당하여 신하된 자의 풍채가 아니었음을 수상히 여기고 사람을 보내 추적하게 하였다. 그러나 주부는 말을 달려 이미 진나라의 관문을 벗어났다. 자세히 조사한 후에야 그가 주부라는 것을 알고서, 진나라 사람들은 매우 경악하였다. 주부가 진(秦)나라에 잠입한 이유는 친히 지형을 관찰하고 아울러 진왕(秦王)의 사람됨을 살펴보려고 한 것이었기 때문이다.

혜문왕 2년, 주부가 새로 확장한 땅을 순시하다가 곧 대(代) 땅을 떠나 서쪽으로 향하여 서하(西河)에서 누번왕(樓煩王)을 만나 그의 병사를 징발하였다.

3년, 중산국을 멸하고 그 왕을 부시(膚施)[208)로 이주시켰다. 영수궁(靈壽宮)[209)을 지었으며[210) 이로부터 북방 지역이 조나라에 귀속되어 대

205) 雲中은 지금의 내몽고 자치구 托克托縣 동북쪽이고, 九原은 내몽고 자치구 包頭市 서쪽이다.
206) 廟見 : 즉위할 때 종묘에서 조상에게 참배하는 일.
207) 主父 : 國君의 아버지를 가리킨다.
208) 膚施 : 지금의 陝西省 楡林縣 남쪽.
209) 靈壽宮 : 지금의 河北省 靈壽縣 서북쪽에 있는 궁. 일설에는 武靈王을 위해서 미리 만든 무덤이라고 한다.
210) 원문은 "起靈壽"이다. 혹자는 '靈壽를 기점으로 하여'라고 해석하기도 한다.

땅으로 향하는 길이 막힘 없이 잘 통하게 되었다. 돌아와서는 논공행상을 하고 대사면을 행하였으며, 5일 동안 주연을 베풀고 장자(長子) 장(章)을 대 땅의 안양군(安陽君)으로 봉하였다. 장은 본래 사치스러웠고 내심으로 그 동생이 왕위에 오른 것에 불복하였다. 주부는 또 전불례(田不禮)를 보내 장을 보좌하게 하였다.

이태(李兌)가 비의에게 "공자 장은 신체가 건장하고 마음이 교만하며 따르는 무리가 많고 야심이 크니, 아마도 사심(私心)이 있겠지요? 또 전불례의 사람됨은 잔인하고 오만합니다. 두 사람이 의기 투합하면 틀림없이 음모를 꾸며 반란을 일으킬 것이고 일단 일을 벌이면 요행을 바랄 것입니다. 무릇 소인에게 야심이 있으면 생각이 경솔하고 책략이 천박하여, 단지 그 이익만을 생각할 뿐 그 재난은 고려하지 않으니 유유상종하여 서로 부추김으로써 함께 재해의 심연에 빠져들게 되는 것입니다. 제가 보기에는 틀림없이 그럴 날이 멀지 않았습니다. 당신은 책임이 막중하고 권세가 크므로 변란이 당신에게서 시작되어 화가 당신에게로 모여들 것이니, 당신은 틀림없이 제일 먼저 해를 입을 것입니다. 인자(仁者)는 만물을 두루 사랑하고 지자(智者)는 재해가 아직 형성되기 전에 방비하나니, 인자하지도 않고 총명하지도 않으면 어떻게 나라를 다스릴 수 있겠습니까? 당신은 어찌하여 병을 핑계삼고 두문불출하여 정사를 공자 성(成)에게 맡기지 않습니까? 원망의 집합지가 되지도 말고 재앙의 전달자가 되지도 마십시오"라고 하였다. 그러자 비의는 "안 되오. 당초 주부께서 왕을 나에게 부탁하시면서 '너의 법도를 바꾸지 말고 너의 생각을 달리하지 말며 한마음을 굳게 지키면서 너의 일생을 마치도록 하여라'라고 하셨을 때, 나는 재배하여 명을 받고 기록해두었소. 이제 전불례의 난을 두려워하여 나의 기록을 망각한다면, 이보다 더 큰 변절이 어디 있겠소? 조정에 나가 엄숙한 사명을 받고, 물러나와 전력을 다하지 않는다면, 이보다 더 심한 배신이 어디 있겠소? 변절하고 배신한 신하는 형벌이 용납하지 않을 것이오. 속담에 '죽은 자가 다시 살아난다고 해도 산자는 그에 대해서 결코 부끄럽지 않다'라는 말이 있소. 내가 이미 말한 이상에는 나의 언약을 완전히 이루고자 하니, 어찌 일신의 안전을 구하겠소? 하물며 지조 있는 신하는 재난이 닥쳐야 절조가 나타나고 충신은 재앙에 연루되어야 행위가 분명해진다고 하였소. 당신은 이미 나에게 가르침을 베풀었고 충고도 하

였지만, 나는 이미 내가 한 말에 끝까지 거스르지 않는 행동을 할 것이
오"라고 하였다. 이태가 "좋습니다. 최선을 다하십시오. 제가 당신을 볼
수 있는 것도 올해뿐이겠군요"라고 말하고는 흐느끼며 나갔다. 이태는 여
러 차례 공자 성을 만남으로써 전불례의 반란에 방비하였다.

다른 날, 비의가 신기(信期)[211]에게 "공자 장과 신불례는 정말 우환거
리입니다. 그들은 겉으로는 좋은 말을 하지만 사실은 악독하니, 그들의
사람됨은 자식으로서는 불효하고 신하로서는 불충합니다. 제가 듣기에 간
신이 조정에 있으면 국가의 재앙이요, 참신(讒臣)이 궁중에 있으면 군주
의 좀벌레라고 하였습니다. 이러한 사람들은 탐욕스럽고 야심이 크며 안
에서는 군주의 총애를 얻으면서 밖에서는 잔악하고 포악합니다. 그들에게
는 왕명을 사칭하며 오만무례하게 굴다가 갑작스러운 명령[212]을 마음대로
내리는 것이 그리 어려운 일이 아니므로, 재난이 장차 나라에 이르게 될
것입니다. 지금 나는 이 일이 걱정되어 밤이 되어도 잘 것을 잊고 배가
고파도 먹는 것을 잊고 삽니다. 도적이 출몰하고 있으니 방비하지 않을
수 없습니다. 지금부터 왕을 뵙고 싶은 사람이 있다면 반드시 먼저 나를
만나도록 할 것이니 내가 먼저 몸으로써 그를 막아보고 변고가 없으면 왕
께 들어가게 할 것입니다"라고 하자, 신기가 "좋습니다. 제가 이런 말을
들을 수 있게 되어서요"라고 하였다.

4년, 조회를 열어 신하들을 부르니 안양군(安陽君)도 와서 조현하였
다. 주부가 왕에게 정사를 처리하게 하면서 자신은 옆에서 신하와 왕실
종친들의 예의를 살펴보았다. 그는 장자 장이 의기소침하여 오히려 신하
로서 북면(北面)하고 동생의 아래에 굴신(屈身)한 것을 보고서는 마음속
으로 불쌍히 여겼다. 그래서 조나라를 양분하여 장을 대(代)의 왕으로 봉
하려고 하였으나, 이 계획은 결정도 되지 않은 채 중지되었다.

주부가 왕과 함께 사구(沙丘)[213]에 유람을 갔을 때 서로 다른 궁에 묵
었는데, 공자 장이 그의 도당과 전불례를 믿고 난을 일으켜 주부의 명이
라고 사칭하여 왕을 불렀다. 먼저 들어간 비의가 그들에 의해서 죽임을

---

211) 信期 : 다음에 나오는 高信을 말한다.
212) 갑작스러운 명령의 원문은 "一旦之命"이다. 公子 章이 갑자기 惠文王을 살해하
     고 왕위에 오르는 것을 말한다.
213) 沙丘 : 지금의 河北省 廣宗縣 서북쪽.

당하자, 고신(高信)[214]은 즉시 왕과 함께 공자 장의 병사에 대응하여 전투를 하였다. 도성에서 달려온 공자 성과 이태가 네 개 읍의 병사를 일으켜 변란에 대항하여, 공자 장과 전불례를 죽이고 그들의 도당을 멸하여 왕실을 안정시켰다. 공자 성은 재상이 되어 안평군(安平君)이라고 불리고, 이태는 사구(司寇)가 되었다. 이에 앞서 공자 장이 패하여 주부가 있는 곳으로 달아나자 주부가 그를 받아들이니, 공자 성과 이태는 주부의 궁을 포위하였다. 결국 공자 장이 죽자, 공자 성과 이태는 "공자 장 때문에 주부를 포위하였는데 만약 군대를 철수시킨다면 우리는 멸족을 당할 것이다"라고 의논하고는 여전히 주부를 포위하고 있었다. 궁중 사람들에게 "궁에서 늦게 나오는 자는 멸족시키겠다"라고 명을 내리니 궁중 사람들이 모두 나왔다. 주부는 나오고 싶었지만 그럴 수가 없었고 또한 먹을 것이 없어서 참새 새끼를 구해 먹다가 세 달여 후에 사구궁(沙丘宮)에서 죽었다. 주부가 죽은 것이 확실해지자, 비로소 발상(發喪)하고 제후들에게 부음을 전하다.

그 당시에 혜문왕이 어렸던 관계로, 공자 성과 이태가 대권을 장악하고 주살될 것이 두려워 주부를 포위하였던 것이다. 주부는 원래 장자 장을 태자로 삼았으나, 후에 오왜를 얻자 그녀를 총애하였다. 그래서 몇년을 그녀의 궁에서 떠나지 않다가 아들 하(何)를 낳자, 태자 장을 폐위시키고 하를 왕으로 세웠던 것이다. 오왜가 죽자, 하에 대한 사랑이 식고 원래의 태자를 불쌍히 여겨, 두 사람을 모두 왕으로 삼으려다가 우물쭈물 결정하지 못하였던 것이다. 이에 난이 일어나서 부자가 모두 죽는 지경에 이르러, 후세 사람들의 비웃음을 사니, 어찌 애석하지 않으리오!

5년, 막(鄚)[215]과 역(易)[216]을 연나라에게 주었다. 8년, 남행당(南行唐)[217]에 성을 쌓았다. 9년, 조량(趙梁)이 장군이 되어 제나라 군사와 연합, 한나라를 공격하여 노관(魯關)[218] 아래까지 이르렀다. 10년이 되자, 진(秦)나라는 스스로 서제(西帝)[219]로 자칭하였다. 11년, 동숙(董

---

214) 高信 : 앞에서 肥義와 이야기한 信期를 가리킨다.
215) 鄚 : 지금의 河北省 任丘縣 북쪽 鄚州鎭.
216) 易 : 지금의 河北省 雄縣 서북쪽.
217) 南行唐 : 지금의 河北省 行唐縣 북쪽.
218) 魯關 : 지금의 河南省 魯山縣 서남쪽에 있는 관문 이름.

叔)[220]은 위씨(魏氏)[221]와 송나라를 정벌하여, 위(魏)나라에게서 하양
(河陽)[222]을 얻었다. 진(秦)나라가 경양(梗陽)[223]을 탈취하였다. 12년,
조량이 군대를 이끌고 제나라를 공격하였다. 13년, 한서(韓徐)는 장군이
되어 제나라를 공격하였다. 공주(公主)[224]가 죽었다. 14년, 재상 악의
(樂毅)[225]가 조(趙), 진(秦), 한(韓), 위(魏), 연(燕) 나라의 연합군을
이끌고 제나라를 공격하여 영구(靈丘)를 빼앗았다.[226] 진(秦)나라와 중
양(中陽)[227]에서 회합하였다. 15년, 연 소왕(燕昭王)이 와서 회견하였
다. 조나라는 한(韓), 위(魏), 진(秦) 나라와 함께 제나라를 공격하여
제나라가 패퇴하니 연나라 군대는 단독으로 깊숙이 진공하여 임치(臨菑)
를 점령하였다.

 16년, 진(秦)나라가 다시 조나라와 여러 차례 제나라를 공격하니, 제
나라 사람들이 매우 걱정하였다. 소려(蘇厲)[228]가 제나라를 위하여 조나
라 왕에게 서신을 올려 다음과 같이 말하였다.

  신이 듣건대, 고대의 현군(賢君)은 그의 덕행이 천하에 퍼지지도 않았고,
  교화가 모든 백성에게 널리 베풀어지지도 않았으며, 사시사철의 제사 공품
  (供品)도 항상 조상에게 바쳐지는 것도 아니었지만, 감로(甘露)가 내리고
  때에 알맞게 비가 오며 오곡이 풍성하고 백성들은 역질에 걸리지 않아, 모
  든 사람이 이를 찬양하였지만, 오히려 현명한 군주는 더욱더 분발하였다고
  합니다.
   지금 물론 대왕에게는 선행과 공로가 있습니다만 그것들이 은혜로서 항
  상 진(秦)나라에게 베풀어지는 것이 아니며, 또 진나라도 제나라에 대해서
  원래 그렇게 심한 원망이나 쌓인 분노가 특별히 심한 것은 아닙니다. 진

---

219) 西帝 : 秦 昭王을 가리킨다. 권44「魏世家」에 "(魏 昭王) 8년에는 秦 昭王이 西
     帝라고 칭하고, 齊 湣王이 東帝라고 칭하였다"라고 하였다.
220) 董叔 : 趙나라의 將軍.
221) 魏氏 : 魏나라 군대를 말한다.
222) 河陽 : 즉 河雍을 말한다. 지금의 河南省 孟縣 서쪽.
223) 梗陽 : 趙나라의 읍 이름. 지금의 山西省 太原市 서남쪽에 있는 淸徐縣을 말한
     다.
224) 公主 : 趙 武靈王의 딸이자 惠文王의 누이를 가리킨다.
225) 樂毅 : 燕나라의 재상. 권80「樂毅列傳」 참조.
226) 이에 관한 사적은 권34「燕召公世家」, 권46「田敬仲完世家」, 권80「樂毅列傳」
     참조.
227) 中陽 : 지금의 山西省 中陽縣 동쪽.
228) 蘇厲 : 전국시대의 縱橫家로서 齊나라의 대신이다.

(秦), 조(趙) 양국은 서로 연합하여 강제로 한(韓)나라에 출병하기를 요구하였는데, 이것이 진나라가 진실로 조나라를 사랑하는 것입니까? 그리고 진나라가 정말로 제나라를 증오하는 것입니까? 일이 너무 도에 지나치다면 현명한 군주는 냉정하게 관찰해보아야 할 것입니다. 진나라는 결코 조나라를 사랑하거나 제나라를 증오하는 것이 아니고, 한나라를 멸망시켜 동주(東周), 서주(西周)의 두 소국을 집어삼키기 위하여 제나라를 미끼로 삼아 천하를 유혹하고 있는 것입니다. 그리고 일이 성공하지 못할까 두려워서, 군대를 동원하여 위(魏)나라와 조나라를 협박하고 있으며, 천하의 제후들이 자기를 경외할까 걱정되자 인질을 보내 신임을 얻고, 또 천하의 제후들이 금방 반기를 들가 두려워서 한나라에서 군사를 징집하여 위협하였습니다. 겉으로는 우방(友邦)[229]에 덕을 베푼다고 하지만, 사실은 병력이 비어 있는 한나라를 정벌하기 위한 것이니, 신은 진(秦)나라의 계책이 틀림없이 이러한 생각에서 나온 것이라고 생각합니다. 무릇 세상 일은 본래 형세가 다르면서도 우환은 같은 법이라, 초나라가 오랫동안 공격을 당하였으나 중산국이 멸망하였는데,[230] 이제 제나라가 오랫동안 공격을 당하니 한나라는 틀림없이 멸망할 것입니다. 제나라를 무찌르면 왕께서는 여섯 나라와 그 이익을 나누게 될 것입니다. 그러나 한나라를 멸망시키면 진(秦)나라에서 그것을 독점할 것이며, 또 동주와 서주를 점령하고 서쪽으로 주(周) 왕실의 제기(祭器)를 빼앗으면[231] 진나라가 혼자 그것을 소유할 것입니다. 전지(田地)를 백성들에게 나누어주는 일이라도 그 효과를 따지는 법이거늘, 왕께서 얻는 이익은 진(秦)나라와 비교하여 어느 쪽이 더 많겠습니까?

유사(游士)의 분석에 의하면 "한나라가 삼천(三川)[232]을 잃고 위(魏)나라가 원래 진(晉)나라 땅이었던 지역을 잃으면, 얼마 안 있어[233] 재앙이 이미 조나라에 미칠 것이다"라고 하였습니다. 연나라가 제나라의 북부 지역을 모두 점령하면, 조나라의 사구(沙丘), 거록(鉅鹿)[234]까지는 300리도

---

229) 友邦 : 여기서는 趙나라를 가리킨다.
230) 원문은 "楚久伐而中山亡"이다. 中山國은 원래 齊나라와 魏나라에 의존하여 趙나라에 대항하고 있었는데, 齊나라와 魏나라가 몇년 동안 楚나라를 공격하느라고 中山國을 원조해줄 겨를이 없게 되자 中山國은 결국 趙나라에 의해서 멸망당하였다.
231) 周 왕실의 제기를 빼앗는다는 것은 周나라를 멸망시킴을 말한다.
232) 三川 : 韓나라의 郡 이름. 경내에 黃河, 洛水, 伊水가 있어서 붙은 이름이다.
233) 원문은 "市朝未變"이다. '市朝'는 많은 사람들이 모이는 곳 혹은 저잣거리이므로, '市朝未變'은 아주 빠른 것을 가리킨다.
234) 鉅鹿 : 趙나라의 현 이름. 지금의 河北省 平鄕縣 서남쪽.

되지 않으며, 한나라의 상당(上黨)에서 조나라의 한단까지는 100리이니, 연나라와 진(秦)나라가 왕의 영토를 빼앗으려 한다면 지름길로 300리이면 통할 수 있을 것입니다. 진(秦)나라의 상군(上郡)[235]은 정관(挺關)[236]에서 가까우며, 유중(楡中)까지는 1,500리이니 진나라가 삼군(三郡)[237]의 병력으로써 왕의 상당(上黨)[238]을 공격한다면 양장(羊腸)[239] 서쪽과 구주산(句注山)[240] 남쪽의 땅은 왕의 소유가 되지 못할 것입니다. (진나라가) 구주산을 넘어 상산을 차단하고 그곳에 주둔한다면 300리 거리로 연나라와 직통할 수 있으며 대 땅의 준마와 호 땅의 양견(良犬)은 더 이상 동쪽 조나라로 내려오지 못하고, 곤산(昆山)[241]의 옥 또한 조나라로 운반되어 나오지 못할 것이니, 이 세 가지 보물도 역시 왕의 소유가 되지 못할 것입니다. 왕께서는 오랫동안 제나라를 정벌하셨고 강력한 진(秦)나라를 따라 한나라를 공격하였으니 그 화가 틀림없이 이런 지경에까지 이를 것입니다. 원컨대 대왕께서는 이 문제를 깊이 고려해주시기 바랍니다.

하물며 제나라가 정벌을 당한 이유는 (제나라가) 대왕[242]을 섬겼기 때문이며, 천하의 제후들이 연합하여 군대를 일으킨 것은 대왕을 도모하기 위한 것입니다. 연나라와 진(秦)나라가 맹약하여 출병할 날이 멀지 않았습니다. 머지 않아 다섯 나라[243]가 대왕의 토지를 삼분(三分)하려고 할 것입니다. 그러나 제나라는 다섯 나라의 맹약을 어기고 대왕의 우환을 없애드리기 위해서 희생하겠습니다. 즉 서쪽으로 출병하여 강한 진(秦)나라를 제압하고, 진나라로 하여금 제호(帝號)를 폐지하게 하고 고평(高平)[244]과 근유(根柔)[245]를 위(魏)나라에 돌려주도록 하며 경분(巠分)[246]과 선유(先俞)[247]를 조나라에 돌려주도록 하겠습니다. 제나라는 대왕을 섬기는 것이

---

235) 上郡 : 지금의 陝西省 楡林縣 동남쪽.
236) 挺關 : 趙나라 서쪽에 있던 關塞.
237) 三郡 : 혹은 '三軍'의 誤記라고도 한다.
238) 上黨 : 당시 上黨은 韓나라와 趙나라가 나누어 점유하였다.
239) 羊腸 : 太行山의 비탈길로 남쪽으로 山西省 晉城縣 남쪽, 북쪽으로 壺關縣 동남쪽에 이르는데 양의 창자처럼 꼬불꼬불하여 붙은 이름이다.
240) 句注山 : 일명 '西陘山' 혹은 '雁門山'이라고도 한다. 지금의 山西省 代縣 서북쪽.
241) 昆山 : 지금의 昆侖山. 玉의 산지로 유명하다.
242) 大王 : 趙나라 왕을 말한다.
243) 다섯 나라 : 秦, 齊, 韓, 魏, 燕 나라를 가리킨다.
244) 高平 : 지금의 河南省 孟縣 서북쪽.
245) 根柔 : 지금의 어느 지역인지 확실하지 않다.
246) 巠分 : '分'은 '山'의 誤字이다. 巠山은 바로 句注山이다.
247) 先俞 : 즉 西俞를 가리킨다. 지금의 山西省 代縣 서북쪽.

최상의 친교(親交)가 틀림없는데, 지금 대왕께서는 오히려 우리를 치죄하시니 신은 후에 대왕을 섬기려는 천하 사람들이 자신있게 실행하지 못할까 두렵습니다. 원컨대 대왕께서는 이 점을 깊이 생각해주십시오.

이제 대왕께서 천하 제후들과 더불어 제나라를 공격하지 않으신다면, 천하는 틀림없이 대왕께서 정의롭다고 여길 것입니다. 제나라는 사직을 보존하였으므로 더욱더 충실히 대왕을 받들 것이며, 천하 제후들은 틀림없이 대왕의 정의로우심을 존중할 것입니다. 대왕께서는 천하의 제후를 거느리고서 진(秦)나라와 우호를 다지실 수 있으며, 만약 진나라가 포악하게 굴면 천하의 제후들을 거느리고서 그 나라를 제지하실 수도 있으니, 이는 일대의 영예와 영광이 모두 대왕께서 마음먹기에 달려 있다는 것입니다.

그러자 조나라는 군대를 철수시키고, 진(秦)나라의 제의를 거절하여 제나라를 공격하지 않았다.

조나라 왕은 연나라 왕과 만났다. 염파(廉頗)가 장수가 되어 제나라의 석양(昔陽)[248]을 공격하여 탈취하였다.

17년, 악의가 조나라의 군대를 이끌고 위(魏)나라의 백양(伯陽)[249]을 공격하였다. 진(秦)나라는 조나라가 자기 나라와 함께 제나라를 공격하지 않은 것을 원망하여 조나라를 공격하고 두 개의 성을 빼앗았다. 18년, 진나라가 조나라의 석성(石城)[250]을 빼앗았다. 조나라 왕은 다시 위(衛)나라의 동양(東陽)[251]으로 가서 황하의 물줄기를 터서 위(魏)나라를 공격하였다. 큰 비가 내려 장수(漳水)가 범람하였다. 진(秦)나라의 위염(魏冉)이 와서 조나라의 재상이 되었다. 19년, 진(秦)나라가 조나라의 두 개 성을 탈취하였다. 조나라가 백양을 위(魏)나라에게 돌려주었다. 조사(趙奢)가 장수가 되어 제나라의 맥구(麥丘)[252]를 공격하여 점령하였다.

20년, 염파가 장수가 되어 제나라를 공격하였다. 조나라 왕은 진 소왕(秦昭王)과 서하(西河)에서 만났다.[253]

21년, 조나라는 장수의 물줄기를 바꾸어 무평(武平)[254] 서쪽으로 흐르

248) 昔陽 : 지금의 河北省 晉縣 서북쪽.
249) 伯陽 : 지금의 河南省 安陽市 서북쪽.
250) 石城 : 지금의 河南省 林縣 서남쪽. 일설에는 '石邑'이라고 한다.
251) 東陽 : 지금의 河北省 淸河縣 일대.
252) 麥丘 : 지금의 山東省 商河縣 서북쪽.
253) 趙 惠文王과 秦 昭王이 澠池에서 회맹한 것을 말한다.

게 하였다. 22년, 역질이 크게 유행하였다. 공자 단(丹)을 태자로 삼았다.

23년, 누창(樓昌)이 장수가 되어 위(魏)나라의 기(幾)²⁵⁵⁾를 공격하였으나 점령하지 못하였다. 12월, 염파가 장수가 되어 기를 공격하여 점령하였다. 24년, 염파가 장수가 되어 위(魏)나라의 방자(房子)를 공격하여 빼앗고 거기에 성을 쌓은 다음 돌아왔다. 또 안양(安陽)²⁵⁶⁾을 공격하여 점령하였다. 25년, 연주(燕周)가 장수가 되어 제나라의 창성(昌城)²⁵⁷⁾과 고당(高唐)을 공격하여 탈취하였다. 위(魏)나라와 함께 진(秦)나라를 공격하였다. 진(秦)나라의 장수 백기(白起)는 조나라 군사를 화양(華陽)²⁵⁸⁾에서 쳐부수고 장수 한 명을 포로로 잡았다. 26년, 동호(東胡)에게 점령당하였던 대(代) 땅을 도로 빼앗았다.

27년, 장수의 물줄기를 바꾸어 무평의 남쪽으로 흐르게 하였다. 조표(趙豹)²⁵⁹⁾를 평양군(平陽君)²⁶⁰⁾으로 봉하였다. 황하가 범람하여 큰 홍수가 났다.

28년, 인상여(藺相如)²⁶¹⁾가 제나라를 공격하여 평읍(平邑)에 이르더니, 행진을 멈추고는 북쪽 구문(九門)에 큰 성을 쌓았다. 연나라 장수 성안군(成安君) 공손조(公孫操)²⁶²⁾가 그의 왕을 시해하였다. 29년, 진(秦)나라와 한나라가 연합하여 조나라를 공격하여 연여(閼與)²⁶³⁾를 포위하였다. 조나라는 조사를 장수로 삼아²⁶⁴⁾ 진(秦)나라를 공격하여 연여성 아래에서 진나라 군사를 대파하니 왕은 조사에게 마복군(馬服君)이라는 호를 하사하였다.

33년, 혜문왕이 죽고 태자 단이 즉위하니 그가 바로 효성왕(孝成王)이다.

---

254) 武平 : 즉 武平亭을 가리킨다. 지금의 河北省 文安縣 동북쪽.
255) 幾 : 지금의 河北省 大名縣 동남쪽.
256) 安陽 : 魏나라의 읍 이름. 지금의 河南省 安陽市 서남쪽.
257) 昌城 : 지금의 山東省 淄博市 동남쪽.
258) 華陽 : 지금의 河南省 新鄭縣 북쪽.
259) 趙豹 : 趙나라의 귀족으로, 陽文君에 봉해졌다. 武靈王 때에는 相國을 지냈다.
260) 平陽은 지금의 河北省 臨漳縣 서남쪽이다.
261) 藺相如 : 권81 「廉頗藺相如列傳」 참조.
262) 公孫操 : 燕나라의 大臣. 惠王 때 相을 역임하였다.
263) 閼與 : 지금의 山西省 和順縣 서북쪽.
264) 자세한 것은 권81 「廉頗藺相如列傳」 참조.

효성왕 원년, 진(秦)나라가 조나라를 공격하여 세 개의 성을 빼앗았다. 조나라 왕이 막 즉위하여 태후(太后)²⁶⁵⁾가 정권을 장악하자, 진(秦)나라가 (이 기회를 틈타) 재빨리 공격해온 것이다. 조나라가 제나라에 구원을 요청하자, 제나라 왕은 "장안군(長安君)²⁶⁶⁾을 인질로 보내주어야만 구원병을 파견할 수 있다"라고 하였다. 태후가 이에 응하려고 들지 않자 대신들이 극력 간언하였다. 태후는 좌우 사람들에게 명백히 밝히기를 "또다시 장안군을 인질로 삼자는 말을 하는 사람에게는 노부(老婦)²⁶⁷⁾가 그의 얼굴에 침을 뱉고야 말겠다"라고 하였다. 좌사(左師)²⁶⁸⁾ 촉룡(觸龍)이 태후를 뵙고 싶다고 말하자, 태후는 노기등등하여 그를 기다렸다. 촉룡이 입궁하여 천천히 잰걸음으로 걸어와 앉은 후 사죄하기를 "노신이 발에 병이 있어 빨리 걸을 수가 없었기 때문에 오랫동안 뵙지 못하였습니다. 노쇠해진 제 몸으로 미루어보니, 태후님의 옥체 또한 불편하지나 않으신지 걱정되어 태후님을 뵙고자 하였습니다"라고 하였다. 그러자 태후가 "노부는 가마를 타고 다니오"라고 대답하였다. 촉룡이 "식사량은 줄지 않으셨습니까?"라고 묻자, 태후가 "죽을 좀 먹을 뿐이오"라고 하였다. 촉룡이 "노신은 근래 식욕이 매우 좋지를 않아 하루에 억지로 3-4리를 걸어 다소 식욕을 증진시키고 있는데, 이것이 몸에도 좋은 것 같습니다"라고 하자, 태후가 "노부는 그렇게 할 수가 없소"라고 대답하였다. 태후의 불쾌하였던 기색이 약간 누그러졌다. 좌사공(左師公)이 "노신의 아들 서기(舒祺)는 나이가 가장 어리고 불초합니다만 신이 이미 노쇠하여 마음속으로 그를 매우 사랑하고 있사오니, 원컨대 혹의(黑衣)²⁶⁹⁾의 결원을 보충하여 왕궁을 지키도록 하여주시기를 황공함을 무릅쓰고 아뢰옵니다"라고 하였다. 태후가 "알았소. 나이가 얼마나 되었소?"라고 묻자, "15세입니다. 아직 어립니다만 제가 죽기 전에 그애를 부탁드리고자 합니다"라고 대답하였다. 태후가 "당신네 남자들도 어린 자식을 사랑하오?"라고 묻자, 좌사공은 "부인네들보다 더합니다"라고 대답하였다. 태후가 웃으며 "부인네들은 각별히 더하다오"라고 하니, 좌사공은 "노신이 개인적으로

---

265) 太后 : 趙 惠文王의 왕비인 威后, 즉 孝成王의 모친을 가리킨다.
266) 長安君 : 趙 太后인 惠文王妃 威后가 가장 사랑하던 작은아들을 가리킨다.
267) 老婦 : 太后가 자신을 지칭하는 말.
268) 左師 : 관직 이름. 뒤에 나오는 '左師公'과 같다. '公'은 경칭이다.
269) 黑衣 : 왕궁의 衛士가 입는 복장. '宮廷侍衛'를 가리킨다.

생각하기에 태후께서는 장안군보다 연후(燕后)[270]를 훨씬 더 사랑하시는
것 같습니다"라고 하였다. 그러자 태후가 "틀렸소. 장안군보다 더 사랑하
지는 않소"라고 하였다. 좌사공이 "부모로서 자식을 사랑한다면 그들을
위하여 심원하게 생각하여야 합니다. 태후께서 연후를 시집 보내실 때 그
녀의 발뒤꿈치를 붙잡고 그녀를 위하여 우셨는데, 딸이 멀리 떠나가는 것
을 생각하면 마음 아프기도 하셨겠지요. 이미 시집을 가버린 후에도 그리
워하지 않은 것은 아니지만 제사를 지낼 때 축원하기를 '절대로 연후가
돌아오지 않도록 하여주십시오'라고 하실 것이니, 그것은 생각을 멀리하
여 그녀의 자손이 대를 이어 연나라의 왕이 되기를 바라시는 것이 아닙니
까?"라고 묻자, 태후가 "그렇소"라고 하였다. 좌사공이 "지금으로부터 3
대 이전에 조나라 역대 군주의 자손으로서 후(侯)에 봉해진 사람의 후사
(後嗣) 가운데 아직 재위하는 자가 있습니까?"라고 물으니, 태후가 "없
소"라고 하였다. 좌사공이 "조나라뿐만 아니라 여러 다른 제후국 자손의
후사 가운데 아직도 재위하는 자가 있습니까?"라고 묻자, 태후가 "노부
는 들어본 적이 없소"라고 대답하였다. 좌사공이 "이는 가까이 있는 화는
자신에게 미치고 멀리 있는 화는 자손에게 미치기 때문입니다. 어찌 군주
의 자손으로서 후(侯)에 봉해진 자 모두가 악하겠습니까? 이는 그들이
지위는 존귀하면서도 공훈이 없고, 봉록이 후하면서도 공적이 없으며, 단
지 진귀한 보물만을 많이 소유하고 있기 때문입니다. 이제 태후께서 장안
군의 지위를 올려주시고 비옥한 토지를 봉해주시며 귀중한 보물을 많이
주셨으나, 지금 그로 하여금 나라를 위해서 공을 세우게 하지 않으신다면
태후께서 돌아가시고 난 후에 장안군이 어떻게 조나라에서 몸을 보전할
수 있겠습니까? 노신은 태후께서 장안군을 위하여 세운 계획이 너무 짧
다고 생각하여 그를 사랑하심이 연후만 못하다고 한 것입니다"라고 말하
였다. 그러자 태후가 "알았소. 그대 마음대로 그를 파견하시오"라고 하였
다. 그리하여 장안군을 위해서 백 대의 마차를 준비하여 제나라에 인질로
보내니 제나라는 비로소 구원군을 보내주었다.

　자의(子義)[271]가 이 일을 듣고 "군주의 아들은 군주와 서로 피를 나눈
사이인데도 불구하고 공훈 없이 누리는 존귀한 지위나 공로 없이 받는 봉

---

270)　燕后 : 燕나라 왕에게 시집 간 趙 太后의 딸을 가리킨다.
271)　子義 : 趙나라의 賢士.

록으로는 자신의 귀중한 보물²⁷²⁾을 지킬 수 없으니 하물며 나 같은 사람에게는 말할 것도 없겠구나"라고 하였다.

제나라 안평군(安平君) 전단(田單)이 조나라 군대를 이끌고 연나라의 중양(中陽)²⁷³⁾을 공격하여 점령하였다. 또한 한(韓)나라의 주인(注人)²⁷⁴⁾을 공격하여 점령하였다. 2년, 혜문후가 죽었다. 전단이 조나라의 재상이 되었다.

4년, 왕이 꿈에 좌우 색깔이 다른 옷²⁷⁵⁾을 입고 비룡(飛龍)을 타고 하늘로 올라가다가 끝까지 이르지 못하고 떨어졌는데 금과 옥이 산더미처럼 쌓여 있는 것을 보았다. 다음날 왕은 서사(筮史)²⁷⁶⁾ 감(敢)을 불러 점을 치게 하니, 감이 해석하기를 "꿈에 좌우 색깔이 다른 옷을 입은 것은 불완전함을 뜻합니다. 비룡을 타고 날다가 이르지 못하고 떨어진 것은 기세는 있지만 힘이 없음을 상징합니다. 금과 옥이 산처럼 쌓여 있음을 본 것은 우환이 있음을 뜻합니다"라고 하였다.

그로부터 3일 후, 한나라 상당(上黨)의 태수 풍정(馮亭)의 사자가 와서 "한나라는 상당을 지킬 수가 없어서 진(秦)나라에 편입시키려고 하는데, 상당의 관리와 백성들은 모두 조나라에 귀속되기를 희망하며 진나라에 편입되는 것을 원하지 않습니다. 상당에 성읍 17개²⁷⁷⁾가 있는데, 재배(再拜)하며 조나라에 귀속되기를 원하오니 왕께서는 상당의 관리와 백성들의 요구를 들어주실지의 여부를 결정해주시기 바랍니다²⁷⁸⁾"라고 하였다. 왕은 크게 기뻐하며, 평양군(平陽君) 표(豹)를 불러 "풍정이 성읍 17개를 바친다고 하니 받는 게 어떠한가?"라고 묻자, 표는 "성인은 이유 없는 이익을 큰 재앙으로 생각합니다"라고 대답하였다. 왕이 "그곳 사람들이 내 덕을 사모하여 그러는데 왜 이유 없다고 말하는가?"라고 하니, "진(秦)나라가 한나라의 토지를 잠식하여 중간에서 도로를 단절하고 양쪽

---

272) '귀중한 보물'은 권력이나 財富를 가리킨다.
273) 中陽 : 中人亭을 말한다. 燕나라 소속으로 지금의 河北省 唐縣 서쪽이다.
274) 注人 : 즉 注城을 가리킨다. 지금의 河南省 臨汝縣 서북쪽.
275) 원문은 "偏裻之衣"이다. '偏'은 좌우가 다른 색, '裻'은 등솔기를 가리킨다.
276) 筮史 : 蓍草로 길흉을 점치는 史官.
277) 『戰國策』「趙策」一에는 "70개"라고 되어 있다.
278) 원문은 "財王所以賜吏民"이다. '財'는 '裁'와 통하는 것으로 '결정하다'의 뜻이다.

을 서로 통하지 못하게 하였는데, 그럼으로써 본래 가만히 앉아서 상당의 토지를 얻겠거니 생각하였을 것입니다. 그런데 한나라가 진나라에 편입시키지 않으려는 이유는 화를 조나라에게 뒤집어씌우겠다는 의도입니다. 진나라가 수고를 하였는데 조나라가 앉아서 그 이익만 얻다니, 강대한 나라라고 하더라도 약소 국가에서 손쉽게 이익을 얻지 못하거늘 하물며 약소 국가로서 강대한 나라로부터 이익을 얻을 수가 있겠습니까? 그러니 이것을 어찌 이유 없는 이익이 아니라고 말할 수 있겠습니까? 하물며 진나라는 우전(牛田)²⁷⁹⁾의 수로를 이용하여 양식을 운반하고 한나라를 잠식하며, 가장 좋은 말과 정예 군사로 상국(上國)²⁸⁰⁾을 분할하고 있습니다. 그들의 이러한 정책이 이미 실행되고 있는 마당에 진(秦)나라에 대적해서는 아니 되오니 절대로 받지 마십시오”라고 하였다. 왕이 “지금 우리가 백만 대군을 출동시켜 공격해도 여러 해를 넘기도록 성 하나 얻을 수 없었소. 그런데 지금 성읍 17개를 우리나라에 바친다고 하니, 이는 크나큰 이익이오”라고 하였다.

조표가 나가자 왕은 평원군(平原君)²⁸¹⁾과 조우(趙禹)를 불러 이 이야기를 하였다. 그러자 그들은 “백만 대군을 출동시켜 공격해도 여러 해가 지나도록 성 하나 얻을 수 없는데 지금 앉아서 성읍 17개를 얻으니 이렇게 큰 이익을 포기할 수 없습니다”라고 대답하였다. 이에 왕이 “좋소” 하며, 곧 평원군 조승(趙勝)을 보내 토지를 받게 하였다. 조승이 풍정에게 “저는 폐국(敝國)의 신하 조승이온대, 폐국의 군주께서 명령을 전달하도록 저를 파견하셨습니다. 저희 나라 군주께서는 만 호(萬戶)의 성읍 3개를 태수에게 봉하시고 1,000호의 성읍 3개를 각 현령에게 봉하시며 모두 대대로 후(侯)가 되게 하셨습니다. 또 관리와 백성에게는 모두 세 계급씩

---

279) 牛田 : 上黨과 가까운 秦나라의 지명. 혹자는 지명으로 보지 않고 문자 그대로 해석하여 소를 사용하여 밭을 간다고 하기도 한다. 즉 가을이 되면 수확을 하니 秦나라가 韓나라를 집어삼킬 준비를 열심히 하여 그 시기가 무르익었다는 것을 의미한다. 따라서 원문의 “牛田之水通糧蠶食”을 ‘소를 사용하여 밭을 갈고 수로를 이용하여 양식을 운반하고 韓나라를 잠식함’이라고 해석하는데, 이것은 『史記集解』나 『戰國策』 「趙策」一에서와 같이 중간의 ‘之’자가 없는 것을 근거로 한다.
280) 上國 : 춘추시대 中原의 제후국을 일컫는다. 여기서는 韓나라를 가리킨다.
281) 平原君 : 趙 武靈王의 아들이며, 惠文王의 아우인 趙勝(?-기원전 251년)을 가리킨다. 魏나라의 信陵君, 齊나라의 孟嘗君, 楚나라의 春申君과 함께 전국시대의 ‘四公子’라고 불린다.

작위를 올려주고 그들이 모두 평안하게 지내도록 모두에게 여섯 근의 황금을 하사하셨습니다"라고 하자, 풍정이 눈물을 흘리며 사자를 보지 않은 채로 "저는 세 가지 불의(不義)를 저지르고 싶지 않습니다. 군주를 위하여 토지를 지키는 데 목숨을 바쳐 고수하지 못하였으니 이것이 첫번째 불의요, 진(秦)나라에 귀속시키라고 하였는데 군주의 명령을 듣지 않았으니 이것이 두번째 불의이며, 군주의 토지를 팔아서 상을 받으니 이것이 세번째 불의입니다"라고 대답하였다. 조나라는 마침내 군대를 출동시켜 상당을 점령하였다. 염파는 군대를 이끌고 장평(長平)[282]에 주둔하였다.[283]

7월,[284] 염파가 면직당하고 조괄(趙括)이 대신 군대를 지휘하였다. 진(秦)나라 군대가 조괄을 포위하자 조괄은 군대를 이끌고 항복하였는데, 군사 40만여 명이 모두 생매장당하였다.[285] 왕은 조표의 의견을 듣지 않아 장평의 화(禍)가 일어나게 된 것을 후회하였다.

왕이 한단으로 돌아와 진(秦)나라의 요구를 들어주지 않자 진나라는 한단을 포위하였다. 무원(武垣)[286]의 현령 부표(傅豹)와 왕용(王容), 소석(蘇射) 등은 연나라 백성을 이끌고 연나라로 되돌아갔다. 조나라는 영구(靈丘)[287]를 초나라 재상 춘신군(春申君)[288]에게 봉해주었다.

8년, 평원군이 초나라에 가서 구원을 요청하였다. 그가 귀국한 뒤 초나라에서 구원병이 왔고, 위(魏)나라 공자 무기(無忌)[289]도 역시 도와주러 오자 진(秦)나라는 한단의 포위망을 비로소 풀었다.

10년, 연나라가 창장(昌壯)[290]을 공격하여 5월에 점령하였다. 조나라

282) 長平 : 지금의 山西省 高平縣 서북쪽. 권34 「燕召公世家」의 〈주 62〉 참조.
283) 『史記志疑』에는 이 문장에 "六年"이라는 두 자가 있어야 한다고 되어 있다.
284) 7月 : 7年의 잘못이라는 설도 있고, 혹은 趙 孝成王 6年의 7月이라는 설도 있다.
285) 권81 「廉頗藺相如列傳」에 따르면 趙括이 먼저 죽은 후에 趙나라 군사들이 투항하여 생매장당한 것이다.
286) 武垣 : 燕나라와 접경한 趙나라의 읍 이름. 지금의 河北省 河間縣.
287) 靈丘 : 지금의 山東省 高唐縣 남쪽. 혹은 지금의 山東省 滕縣 남쪽이라는 설과 蔚州의 靈丘(지금의 山西省 靈丘縣 동쪽)라는 설도 있다. 앞의 〈주 117〉 참조.
288) 春申君 : 권40 「楚世家」의 〈주 343〉, 권78 「春申君列傳」 참조.
289) 無忌 : 信陵君을 말한다. 권77 「魏公子列傳」 참조.
290) 昌壯 : 즉 昌城을 말한다. 이때는 趙나라에 속해 있었으므로 燕나라가 공격한 것이다.

장수 악승(樂乘)[291]과 경사(慶舍)는 진(秦)나라 장수 신량(信梁)의 군대를 공격하여 무찔렀다. 태자가 죽었다. 진(秦)나라는 서주(西周)[292]를 공격하여 점령하였다. 도보기(徒父祺)가 군대를 이끌고 출경(出境)하였다. 11년, 원지(元氏)[293]에 성을 쌓고 상원(上原)[294]을 현으로 삼았다. 무양군(武陽君) 정안평(鄭安平)[295]이 죽자 그 봉지를 회수하였다. 12년, 한단의 사료(飼料) 창고에 불이 나서 타버렸다. 14년, 평원군 조승이 죽었다.

  15년, 위문(尉文)[296] 지방을 재상 염파에게 봉하고, 그의 봉호를 신평군(信平君)이라고 하였다. 연왕(燕王)[297]은 승상 율복(栗腹)을 보내 조나라와 우호를 다짐하고 황금 500근을 조나라 왕에게 예물로 보냈다.[298] 율복이 돌아가 연나라 왕에게 "조나라의 장정들은 모두 장평에서 죽었고, 그들의 고아들은 아직 크지 않았으니 정벌할 수 있을 것입니다"라고 보고하자, 왕이 창국군(昌國君) 악간(樂間)[299]을 불러 이 일에 대해서 물어보았다. 악간이 "조나라는 사방에서 적과 싸우는 국가이므로 그 백성들은 병법을 익히 알고 있는 터이니 정벌할 수가 없을 것입니다"라고 대답하였다. 왕이 "나는 다수의 병사로써 소수의 병졸을 치려고 하는데 두 사람이 한 사람을 대항하여 싸우면 되겠는가?"라고 하자, 악간이 "안 됩니다"라고 대답하였다. 그러자 왕은 "그렇다면 내가 다섯 사람으로써 한 사람과 싸우면 되겠는가?"라고 물었으나, 또 역시 "안 됩니다"라고 대답하자 왕이 매우 노하였다. 여러 신하들이 모두 가능하다고 생각하자, 연나라 왕은 마침내 상군과 하군 두 부대와 전차 2,000승을 출동시키고, 율복은 장수가 되어 호성(鄗城)을 공격하였으며, 경진(卿秦)도 장수가 되어 대

---

291) 樂乘 : 樂毅의 아들.

292) 西周 : 작은 제후국인 西周國을 말한다.

293) 元氏 : 지금의 河北省 元氏縣 서북쪽.

294) 上原 : 즉 上元城을 말한다. 지금의 河北省 元氏縣 서쪽.

295) 鄭安平 : 魏나라 사람으로 范雎에 의해서 秦나라 장수로 발탁되어 趙나라의 邯鄲을 공격하였다가 趙나라에 항복하자, 趙나라는 그를 武陽君에 봉하였다. 武陽은 지금의 河北省 易縣 동남쪽이다.

296) 尉文 : 趙나라의 읍으로 지금의 어디인지 확실하지 않다. 『史記正義』에서는 蔚州에 속한 지방이라고 하였다.

297) 燕王 : 燕王 喜를 말한다. 기원전 254년에서 기원전 222년까지 재위하였다.

298) 원문은 "以五百金爲趙王酒"이다. '酒'는 주연을 열 비용으로, 禮物을 지칭한다.

299) 樂間 : 樂毅의 아들.

(代) 지방을 공격하였다. 염파는 조나라 장수로서 연나라 군대를 대파하고 율복을 죽였으며 경진과 악간을 포로로 붙잡았다.

16년, 염파가 연나라를 포위하였다. 악승을 무양군(武襄君)으로 봉하였다. 17년, 임시 재상인 대장(大將) 무양군이 연나라를 공격하여 그 수도를 포위하였다. 18년, 연릉(延陵)³⁰⁰⁾의 장수 균(鈞)이 군사를 이끌고 재상 신평군을 따라서 위(魏)나라를 도와 연나라를 공격하였다. 진(秦)나라가 조나라 유차(楡次)³⁰¹⁾의 37개 성을 빼앗았다. 19년, 조나라와 연나라는 토지를 교환하여 용태(龍兌), 분문(汾門),³⁰²⁾ 임락(臨樂)³⁰³⁾을 연나라에게 주고, 연나라는 갈(葛),³⁰⁴⁾ 무양(武陽),³⁰⁵⁾ 평서(平舒)³⁰⁶⁾를 조나라에게 주었다.

20년, 진왕(秦王) 정(政)이 처음으로 즉위하였다. 진(秦)나라가 조나라의 진양(晉陽)을 빼앗았다.

21년, 효성왕이 죽었다. 염파가 장수가 되어 위(魏)나라의 번양(繁陽)³⁰⁷⁾을 공격하여 점령하였다. 악승을 파견하여 염파를 대신하게 하였는데, 염파가 악승을 공격하니 악승은 패주하고 염파는 위(魏)나라로 도망하였다. 효성왕의 아들 언(偃)이 즉위하니 그가 바로 도양왕(悼襄王)이다.

도양왕 원년, 성대한 의식을 거행하여 위(魏)나라와 친선을 도모하였다.³⁰⁸⁾ 평읍(平邑)과 중모(中牟) 사이의 도로를 개통시키려 하였으나 성공하지 못했다.

2년, 이목(李牧)³⁰⁹⁾이 장수가 되어 연나라를 공격하고 무수(武遂)³¹⁰⁾

---

300) 延陵 : 지금의 內蒙古 興和縣에 해당된다.
301) 楡次 : 지금의 山西省 太原市 동남쪽.
302) 龍兌는 지금의 河北省 徐水縣 서남쪽이고, 汾門은 徐水縣 서북쪽과 易水의 북쪽이다.
303) 臨樂 : 지금의 河北省 固安縣 서남쪽.
304) 葛 : 지금의 河北省 高陽縣 동북쪽.
305) 武陽 : 지금의 河北省 易縣 동남쪽.
306) 平舒 : 지금의 河北省 大城縣 동쪽.
307) 繁陽 : 지금의 河南省 內黃縣 서북쪽. 권34 「燕召公世家」의 〈주 75〉참조.
308) 원문은 "大備魏"이다. '大備'를 '대대적으로 방비하다'의 뜻으로 해석하는 수도 있다. 즉 魏나라의 공세에 대비하여 대대적으로 변경의 수비를 재정비하다라는 뜻이다.
309) 李牧(?-기원전 228년) : 전국시대 말기 趙나라의 장수.
310) 武遂 : 지금의 河北省 徐水縣 서쪽. 일설에는 河北省 武强縣 동북쪽이라고도 한

와 방성(方城)³¹¹⁾을 탈취하였다. 진(秦)나라는 춘평군(春平君)³¹²⁾을 불러들여 그를 억류하였다. 설균(泄鈞)³¹³⁾이 그를 위해서 문신후(文信侯)³¹⁴⁾에게 "춘평군은 조나라 왕이 매우 총애하여 낭중(郞中)³¹⁵⁾들이 시기하는 인물이므로, 낭중들이 서로 상의하기를 '춘평군이 진(秦)나라로 들어가면 진(秦)나라는 틀림없이 그를 억류할 것이다'라고 하며 공모하여 그를 진나라로 떠밀어넣은 것입니다. 이제 당신께서 그를 억류하시면 조나라와의 관계가 단절되고 낭중들의 계략에 빠지는 것입니다. 당신께서는 차라리 춘평군을 돌려보내시고 평도(平都)³¹⁶⁾를 억류하십시오. 춘평군의 언행은 조나라 왕의 신임을 받고 있습니다. 왕은 틀림없이 후하게 조나라를 떼어내어 (우리에게 주고) 평도를 되찾아갈 것입니다"라고 하니, 무신후가 "좋소"라고 하며 춘평군을 보내주었다. 조나라는 한고(韓皋)³¹⁷⁾에 성을 쌓았다.

3년, 방훤(龐煖)이 장수가 되어 연나라를 공격하고, 연나라 장수 극신(劇辛)을 포로로 잡았다. 4년, 방훤은 조(趙), 초(楚), 위(魏), 연(燕)나라의 정예 부대를 이끌고 진(秦)나라의 최(蕞)³¹⁸⁾를 공격하였으나 함락시키지 못하자, 군사를 이동하여 제나라를 공격, 요안(饒安)³¹⁹⁾을 탈취하였다. 5년, 부저(傅抵)가 장수가 되어 평읍(平邑)에 군대를 주둔시키고, 경사는 동양(東陽)³²⁰⁾과 황하의 남쪽에 있던 군사를 거느리고 황하의 교량을 지켰다. 6년, 장안군(長安君)에게 요(饒)³²¹⁾를 봉해주었다. 위(魏)나라는 조나라에게 업(鄴)³²²⁾을 주었다.

다. 권34 「燕召公世家」의 〈주 78〉 참조.
311) 方城 : 지금의 河北省 固安縣 서남쪽. 권32 「齊太公世家」의 〈주 92〉, 권34 「燕召公世家」의 〈주 79〉 참조.
312) 春平君 : 趙나라 悼襄王의 태자.
313) 泄鈞 : 秦나라의 대신.
314) 文信侯 : 즉 呂不韋를 말한다. 권85 「呂不韋列傳」 참조.
315) 郞中 : 전국시대 國君의 近侍를 일컫는 관직의 이름.
316) 平都 : 平都侯를 가리킨다. 이름은 전해지지 않는데, 春平君과 동시에 秦나라에 인질로 잡힌 趙나라의 귀족이라고 한다. 平都는 趙나라의 縣으로 지금의 陝西省 安定縣 혹은 山西省 和順縣 서쪽이라는 설도 있으나 그 지역이 확실하지 않다.
317) 韓皋 : 지명. 지금의 어디인지 확실하지 않다.
318) 蕞 : 지금의 陝西省 臨潼縣 동북쪽.
319) 饒安 : 지금의 河北省 鹽山縣 서남쪽.
320) 東陽 : 지금의 山東省 武城縣 동쪽. 앞의 〈주 251〉 참조.
321) 饒 : 지금의 河北省 饒陽縣 동북쪽.

354

9년, 조나라가 연나라를 공격하여 이양성(貍陽城)[323]을 탈취하였다. 군대가 아직 철수하기도 전에 진(秦)나라가 업을 공격하여 빼앗았다. 도양왕이 죽고 아들 유목왕(幽繆王) 천(遷)이 즉위하였다.

유목왕 조천 원년, 백인(柏人)에 성을 쌓았다. 2년, 진(秦)나라가 무성(武城)[324]을 공격하자, 호첩(扈輒)이 군대를 이끌고 구원하였으나 군대는 패하고 호첩은 전사하였다.

3년, 진(秦)나라가 적려(赤麗)[325]와 의안(宜安)[326]을 공격하자, 이목이 군대를 이끌고 진(秦)나라 군과 비(肥)[327] 성 아래에서 싸워 그들을 물리치니 그는 무안군(武安君)에 봉해졌다. 4년, 진(秦)나라가 파오(番吾)[328]를 공격하였으나 이목이 그들과 싸워 물리쳤다.

5년, 대(代) 땅에 대지진이 일어나 악서(樂徐)[329] 서쪽에서부터 북쪽으로 평음(平陰)[330]에 이르기까지 누대, 가옥, 담벽 등이 대부분 무너지고 땅이 동서로 130보 정도 갈라졌다. 6년, 대기근이 들어 백성들의 요언(謠言)에 "조나라 사람은 크게 울고 진(秦)나라 사람은 크게 웃네. 믿지 못하겠거든 땅에 난 농작물을 보소"라는 것이 유행하였다.

7년, 진(秦)나라가 조나라를 공격하였으나 조나라 대장 이목과 장군 사마상(司馬尙)이 장수가 되어 반격하였다. 후에 이목은 죽임을 당하고 사마상은 면직당하자, 조총(趙忩)과 제나라 장수 안취(顔聚)가 그들을 대신하였다. 조총의 군대가 패배하고 안취는 도망쳐버리니, 조나라 왕 천(遷)은 항복하였다.

8년 10월, 한단은 진(秦)나라의 영토가 되었다.

태사공은 말하였다.

322) 鄴 : 지금의 河北省 臨漳縣 서남쪽.
323) 貍陽城 : 어디인지 확실하지 않다. 『史記正義』에 따르면 燕나라에는 '貍陽'이 없으므로 '貍'는 오자이며 '漁陽'이 옳다고 한다. 漁陽은 지금의 北京市 密雲縣 서남쪽이다.
324) 武城 : 東武城이라고도 한다. 지금의 山東城 武城縣 서북쪽.
325) 赤麗 : 어디인지 확실하지 않다.
326) 宜安 : 지금의 河北省 藁城縣 서남쪽.
327) 肥 : 지금의 河北省 晉縣 서쪽.
328) 番吾 : 지금의 河北省 平山縣 동쪽.
329) 樂徐 : 지금의 河北省 淶源縣 동남쪽.
330) 平陰 : 지금의 山西省 陽高縣 동남쪽.

"내가 풍왕손(馮王孫)[331]이 말하는 것을 들으니 '조나라 왕 천(遷)의 어머니는 창기(倡妓)로서 도양왕(悼襄王)의 총애를 받았다. 도양왕은 적자 가(嘉)를 폐하고 천을 태자로 세웠다. 천은 원래부터 품행이 단정하지 못하였고 참언을 믿어 훌륭한 장수 이목(李牧)을 죽이고 곽개(郭開)[332]를 기용하였다'라고 하였다. 이 어찌 황당한 행동이 아니랴! 진(秦)나라가 이미 천(遷)을 포로로 잡자, 도망쳤던 조나라 대신들이 함께 가(嘉)를 왕으로 옹립하여 대(代) 땅에서 6년 동안 칭왕(稱王)하였다. 진(秦)나라 군대가 진격하여 가(嘉)를 대파하니 마침내 조나라는 멸망하여 진(秦)나라의 군(郡)이 되었다."

---

331) 馮王孫 : 司馬遷과 같은 시대 사람으로 학문에 밝았다.
332) 郭開 : 趙나라 왕 遷의 寵臣. 秦나라에서 황금으로 郭開를 매수하여 趙나라 왕에게 李牧과 司馬尙이 모반하였다고 무고하게 하였다. 상세한 내용은 권81 「廉頗藺相如列傳」 참조.

권44 「위세가(魏世家)」 제14

위(魏)나라의 선조는 필공(畢公) 희고(姬高)의 후손이다. 필공 희고와 주(周)나라의 왕족은 성이 같았다.[1] 주 무왕(周武王)[2]이 상(商)나라의 주(紂)를 정벌하고, 희고를 필(畢)[3]에 봉하여서 성을 필로 썼다. 그의 후손은 관직에 오르지 못하고 평민이 되어 어떤 이는 중원에 살았고, 어떤 이는 변방 오랑캐 땅에 살았다. 그의 후손 중에 필만(畢萬)이라는 자가 있었는데, 그는 진 헌공(晉獻公)을 섬겨 벼슬을 하였다.

헌공 16년에 조숙(趙夙)이 어자(御者)[4]가 되고 필만은 우위(右衛)[5]가 되어 곽(霍), 경(耿), 위(魏)를 공격하여 멸망시켰다. 경 땅에는 조숙을 대부로 봉하였고, 위 땅에는 필만을 대부로 봉하였다. 복언(卜偃)[6]이 말하기를 "필만의 후손은 반드시 크게 번창할 것이다. '만(萬)'자는 만수(滿數)이고, '위(魏)'자는 높고 큰 것을 의미한다. 이로 볼 때 이는 개천(開天)의 뜻이 담겨 있는 것이다. 천자는 억만 명의 백성을 거느린다고 하고, 제후는 만 명의 백성을 거느린다고 한다. 지금 이름의 크기가 만수(滿數)이니 반드시 많은 백성이 모일 것이다." 처음에 필만이 진(晉)나라를 섬길 때 얻은 점괘는 "둔(屯)" 괘에서 "비(比)" 괘로 변하였다. 신료(辛廖)[7]가 이를 풀어 말하기를 "길하다. '둔괘'는 견고함을 뜻하고, '비괘'는 진입을 뜻하는데, 이보다 더 좋은 점괘가 또 어디에 있으리오? 그의 후손이 반드시 번창하리라!"라고 하였다.

필만이 녹봉(錄封)을 받은 지 11년 되던 해에 진 헌공이 죽었고, 그의

---

1) 周 왕조의 성은 姬이고, 畢公은 姬高로 같은 姬氏이다. 권4 「周本紀」 참조.
2) 周 武王 : 姬發을 가리킨다. 권4 「周本紀」 참조.
3) 畢 : 나라 이름으로, 지금의 陝西省 咸陽市 북쪽에 위치하였다.
4) 御는 戰車로 전쟁을 할 때에 지휘관의 좌측에 있는 사람이다.
5) 右衛 : 戰車로 전쟁을 할 때에 지휘관의 우측에 있는 사람이다.
6) 卜偃 : 晉나라에서 占을 관장하는 大夫로서, 이름이 郭偃이다.
7) 辛廖 : 晉나라 大夫이다.

358

네 아들이 왕위를 쟁탈하느라 나라가 어지러웠다. 필만의 자손들은 날로 번창하여 자신들이 제후로 봉해진 곳의 지명을 따서 위씨(魏氏)로 하였다. 필만의 후손이 무자(武子)를 낳았고, 위 무자는 위씨 집안의 자손 자격으로 진(晉)나라의 공자 중이(重耳)를 섬겼다. 진 헌공 21년에 무자가 중이를 따라서 도망하였다. 19년 뒤에 돌아와서 중이가 즉위하여 진 문공(晉文公)이 되어, 위 무자로 하여금 위씨 집안의 봉토를 세습하게 하였다. 또 그를 대부(大夫)의 대열에 올려주고, 위 땅을 통치하도록 하였다. 위 무자는 위 도자(魏悼子)를 낳았다.

위 도자는 위의 통치구역을 곽 땅으로 옮겼다. 그는 아들 위강(魏降)을 낳았다.

위강은 진 도공(晉悼公)을 섬겼다. 도공 3년에 제후들과 회맹하였다. [8] 도공의 동생 양간(楊干)의 군대 대열이 문란하자, 위강이 양간에게 모욕을 주었다. 도공이 노하여 말하기를 "제후들을 회맹한 것이 명예 때문인데, 지금 과인의 동생을 욕되게 하였도다!"라고 하며, 위강을 죽이려고 하였다. 어떤 이가 도공을 설득하여 도공이 멈추었다. 마침내 위강을 행정관에 임명하여 그로 하여금 융족(戎族), 적족(狄族)과 화약을 맺도록 하여, 융족과 적족을 속국으로 삼았다. 진 도공 11년, 도공이 말하기를 "과인이 위강을 임용한 이래 8년 동안에 수없이 제후들을 규합하고 융족, 적족과 화약을 맺었으니, 이는 그대의 공이로다"라고 하며 악기를 하사하니, 그가 재삼 사양한 연후에 악기를 받았다. 그후 안읍(安邑)으로 옮겨서 통치하였다. 위강이 죽은 후 시호를 소자(昭子)라고 하였다. 그는 위영(魏嬴)을 낳았다. 위영은 위 헌자(魏獻子)를 낳았다.

헌자는 진 소공(晉昭公)을 섬겼다. 소공이 죽고 나서 육경(六卿) [9]이 강해졌고, 공실은 약해졌다.

진 경공(晉頃公) 12년에 한선자(韓宣子) [10]가 퇴임하였고, 위 헌자가 국정을 맡게 되었다. 진나라의 종족(宗族)인 기씨(祁氏)와 양설씨(羊舌

8) 晉 悼公과 제후들이 鷄津에서 會盟하였다.
9) 六卿:范氏, 中行氏, 智氏, 韓氏, 趙氏, 魏氏의 6대 가족으로 여러 세대 晉나라를 섬겨서 六卿이라고 칭한다. 권33「魯周公世家」의 〈주 149〉, 권34「燕召公世家」의 〈주 33〉, 권42「鄭世家」의 〈주 90〉, 권43「趙世家」의 〈주 50〉 참조.
10) 韓宣子:韓起를 가리킨다. 권40「楚世家」의 〈주 169〉, 권42「鄭世家」의 〈주 91〉 참조.

氏)가 서로 증오하며 공격하여, 육경들이 그들을 죽이고, 그들의 봉읍 (封邑)을 모두 빼앗아 10현(十縣)으로 나누고, 육경들이 각기 자신들의 자식들로 하여금 현의 대부가 되게 하였다. 헌자와 더불어서 조간자(趙簡子), 중항문자(中行文子), 범헌자(范獻子)[11]가 함께 진경(晉卿)으로 있었다.

그후 14년이 지나서 공자(孔子)가 노(魯)나라에서 국정을 도왔다. 또 4년이 지나서는 조간자가 진양(晉陽)의 난[12]으로 인하여 한(韓), 위(魏)와 같이 범씨(范氏), 중항씨(中行氏)를 공격하였다. 위 헌자는 위치(魏侈)를 낳았다. 위치는 조앙(趙鞅)과 함께 범씨와 중항씨를 공격하였다.

위치의 손자가 위 환자(魏桓子)인데, 한강자(韓康子),[13] 조양자(趙襄子)[14]와 더불어서 지백(知伯)[15]을 멸하고 그 땅을 나누어 가졌다.

환자의 손자는 문후도(文侯都)이다. 위 문후(魏文侯) 원년은 진 영공 (秦靈公) 원년이다. 이는 한무자(韓武子), 조환자(趙桓子), 주 위왕(周威王)[16] 등과 같은 시대이다.

위 문후 6년에는 소량(少梁)에 성을 축성하였다. 13년에는 자격(子擊)[17]으로 하여금 번(繁), 방(龐) 땅을 공격하게 하여 그곳 주민들을 몰아냈다. 16년에는 진(秦)나라를 정벌하여, 임진(臨晉), 원리(元里)에 성을 축조하였다.

17년에는 중산(中山)[18]을 토벌하여 자격(子擊)으로 하여금 이를 지키게 하였고, 조창당(趙倉唐)으로 하여금 보좌하도록 하였다. 자격이 조가 (朝歌)에서 위 문후의 사부 전자방(田子方)을 만났다. 자격이 수레를 비

11) 趙簡子는 趙鞅이고, 中行文子는 荀寅이고, 范獻子는 范吉射이다.
12) 晉陽의 난은 기원전 497년에 中行氏, 范氏가 趙簡子를 포위 공격하였는데, 趙簡子가 晉陽으로 물러나 수호함으로써 그들이 실패한 사건을 말한다. 이 때문에 晉陽의 난이라고 부른다.
13) 韓康子 : 韓虔으로 晉나라의 大夫이다.
14) 趙襄子 : 趙無恤로, 晉나라의 大夫이다.
15) 知伯 : 荀瑤로 晉나라의 大夫이다. 권33 「魯周公世家」의 〈주 174〉, 권42 「鄭世家」의 〈주 101〉 참조.
16) 韓武子는 韓啓章으로 趙桓子와 같이 晉나라의 大夫이다. 周 威王은 姬午를 가리키는데, 그는 기원전 425년에서 기원전 402년까지 재위하였다.
17) 子擊 : 魏 文侯의 太子로, 그가 바로 魏 武侯이다.
18) 中山 : 나라 이름으로 춘추시대에는 鮮虞國이었는데, 전국시대에 中山國이라고 하였다. 처음에는 魏나라에 의하여 멸망당하였으나, 靈壽로 遷都하여 재건하였다. 기원전 296년에 趙나라에 의하여 멸망당하였다. 권43 「趙世家」의 〈주 10〉 참조.

키게 하고, 수레에서 내려서 그를 배알하였다. 전자방이 답례를 하지 않았다. 자격이 그에게 물어 말하기를 "부귀한 사람이 남을 교만하게 대합니까? 아니면 빈천한 사람이 남을 교만하게 대합니까?"라고 물으니, 자방이 말하기를 "원래는 빈천한 사람만이 남을 교만하게 대할 뿐입니다. 대저 제후가 남을 교만하게 대한다면 그 나라를 잃을 것이며, 대부가 남을 교만하게 대한다면 제 집을 잃을 것입니다. 빈천한 사람은 행동함에 그 왕의 뜻에 합치하지 못하며, 진언을 함에 왕의 쓰임을 받지 못하니, 그를 떠나서 초(楚), 월(越) 나라로 가기를 마치 신을 벗듯이 할 것입니다. 그러니 어떻게 이들을 같게 볼 수 있겠습니까!"라고 하였다. 자격이 불쾌해하며 그를 떠났다. 이해에 위나라는 서쪽으로 진(秦)나라를 공격하여, 정(鄭) 땅에 이르러서 철군하였다. 낙음(洛陰), 합양(合陽)에 성을 축조하였다.

위 문후 22년에는 위(魏), 조(趙), 한(韓)이 제후의 대열에 들었다.

위 문후 24년에는 진(秦)나라가 위(魏)나라를 공격하여 양호(陽狐)까지 진격하였다.

위 문후 25년에는 자격이 자앵(子罃)을 낳았다.

위 문후가 자하(子夏)로부터 경서를 수학하였고, 단간목(段干木)을 객(客)[19]으로 대접하면서, 그의 고을을 지날 때면 목례를 하지 않은 적이 없었다. 진(秦)나라가 위(魏)나라를 공격하려고 한 적이 있는데, 어떤 이가 말하기를 "위나라의 왕은 예로써 현인(賢人)을 환대하여 나라 사람들이 모두 어질다고 하고, 윗사람과 아랫사람이 서로 잘 융화되어 침략할 만하지 않습니다"라고 하였다. 문후는 이 때문에 제후들 사이에서 명성을 얻었다.

위 문후는 서문표(西門豹)로 하여금 업(鄴)[20] 땅을 통치하게 하여 하내(河內)가 잘 다스려졌다.

위 문후가 이극(李克)에게 말하기를 "선생께서 일찍이 과인을 가르치시

19) 客 : 귀빈의 예로서 접대함을 말한다.
20) 鄴 : 지금의 河北省 臨漳縣 서북쪽에 위치해 있었다. 西門豹가 이곳에서 장수를 이용하여 농업생산을 발전시켰다. 권34 「燕召公世家」의 〈주 80〉, 권43 「趙世家」의 〈주 322〉 참조.

며 말씀하시기를 '집안이 가난하면 양처를 그리게 되고, 나라가 혼란하면 훌륭한 재상을 그리게 된다'라고 하셨습니다. 지금 위나라의 재상을 임명함에 성자(成子)²¹⁾ 아니면 적황(翟璜)²²⁾인데, 두 사람이 어떠합니까?" 이극이 대답해 말하기를 "제가 듣기로는 비천한 자가 존귀한 사람을 평하지 않고, 소원한 사람이 가까운 사람을 평하지 않는다고 합니다. 저는 궐문 밖에 있는데, 감히 왕의 명을 받들 수 없습니다"라고 하니, 문후가 말하기를 "선생께서는 일에 임하여서 사양하지 마십시오"라고 하였다. 이극이 말하기를 "왕께서 세밀히 관찰하지 않으신 까닭입니다. 평소에 지낼 때에는 그의 가까운 사람들을 살피고, 부귀할 때에는 그와 왕래가 있는 사람을 살피고, 관직에 있을 때에는 그가 천거한 사람을 살피고, 곤궁한 상황에서는 그가 하지 않는 일을 살피고, 어려울 때에는 그가 취하지 않는 것을 살피십시오. 이 다섯 가지만 살피면 족히 인선을 하실 수 있으신데, 어찌 저의 조언을 기다리십니까!"라고 하니, 문후가 말하기를 "선생께서는 관부로 돌아가십시오. 과인의 재상은 정해졌습니다"라고 하였다. 이극이 급히 나와서, 적황의 집을 방문하였다. 적황이 말하기를 "지금 듣자하니 왕께서 선생을 불러 재상선임 문제를 물었다고 하는데, 도대체 누구를 재상으로 정하였습니까?"라고 하니, 이극이 말하기를 "위 성자(魏成子)가 재상이 되었습니다"라고 하였다. 이에 적황이 분노한 기색을 하며 말하기를 "귀로 듣고 눈으로 볼 때, 제가 어찌 위 성자보다 못합니까? 서하(西河)의 군수는 제가 천거하였습니다. 왕께서 내심 업 땅 때문에 근심하실 때, 제가 서문표를 추천하였습니다. 왕께서 중산을 정벌하려고 하실 때, 제가 악양(樂羊)²³⁾을 천거하였습니다. 중산을 토벌한 후에는 이를 지킬 사람을 찾지 못하여, 제가 선생을 추천하였습니다. 태자가 사부(師傅)가 없어, 제가 굴후부(屈侯鮒)를 추천하였습니다. 제가 어찌 위 성자만 못하겠습니까!"라고 하니, 이극이 말하기를 "그대가 그대의 왕에게 나를 진언한 것이 어찌 장차 큰 벼슬을 구하기 위함이었겠습니까? 왕께서 재상 정하는 문제에 대해서 물으시기를 '성자(成子) 아니면 적황인데, 두 사람이 어떠합니까?'라고 하셔서 제가 대답해 말하기를 '임

---

21) 成子 : 魏 成子로 魏 文侯의 동생이다.
22) 翟璜 : 당시 上卿이었다.
23) 樂羊 : 魏나라의 장수이다.

금께서 세밀히 관찰하지 않으신 까닭입니다. 평소에 지낼 때에는 그의 가까운 사람들을 살피고, 부귀할 때에는 그와 왕래가 있는 사람을 살피고, 관직에 있을 때에는 그가 천거한 사람을 살피고, 곤궁한 상황에서는 그가 하지 않는 일을 살피고, 어려울 때에는 그가 취하지 않는 것을 살피십시오. 이 다섯 가지만 살피면 족히 인선을 하실 수 있으신데, 어찌 저의 조언을 기다리십니까!'라고 하였습니다. 이 때문에 위 성자가 재상이 된 것을 알았습니다. 또한 그대가 어찌 위 성자와 견줄 만하다는 말입니까? 위 성자는 식록(食祿)이 천종(千鍾)인데, 그중 10분의 9는 밖에서 쓰고, 10분의 1만을 집에서 사용하였기에 동쪽에서 복자하(卜子夏), 전자방(田子方), 단간목(段干木) 등 세 사람을 얻었습니다. 이 세 사람은 모두 왕께서 스승으로 삼았습니다. 그대가 올린 다섯 사람은 왕께서 모두 신하로 삼았습니다. 그대가 어찌 위 성자와 비교할 수 있다는 말입니까?"라고 하였다. 적황이 멈칫거리다 절을 두 번 올리며 말하기를 "제가 비천한 사람입니다. 선생에 대한 대답이 부당하였습니다. 원컨대 평생토록 선생님의 제자가 되겠습니다"라고 하였다.

26년에는 곡산(鵠山)이 무너져서 황하를 막아버렸다.

32년에는 정(鄭)나라를 공격하였다. 산조(酸棗)에 성을 축조하였다. 주(注)[24] 읍에서는 진(秦)나라 군사를 물리쳤다. 35년에는 제나라 군이 위나라의 양릉(襄陵)을 점령하였다. 36년에는 진나라 군사가 위나라의 음진(陰晉)을 침공하였다.

38년에는 진나라를 공격하여 무하성(武下城)에서 패전하였으나, 진나라 장수 식(識)을 생포하였다. 이해에 위 문후가 죽고, 자격(子擊)이 즉위하니, 그가 무후(武侯)이다.

위 무후 원년에는 조 경후(趙敬侯)가 새로 즉위하였고, 공자 삭(朔)[25]이 난을 일으켰으나 실패하자, 위나라로 도망하여 위나라 군과 더불어 한단(邯鄲)을 습격하였으나 역시 실패하고 철수하였다.

2년에는 안읍(安邑)과 왕원(王垣)에 성을 쌓았다.

7년에는 제나라를 공격하여 상구읍(桑丘邑)에까지 이르렀다. 9년에는 적(狄)이 회(澮)에서 위나라 군을 패퇴시켰다. 오기(吳起)로 하여금 제

---

24) 注: 지명으로 지금의 河南省 臨汝縣 서북쪽에 있다.
25) 公子 朔: 권15 「六國年表」, 권43 「趙世家」에 의거하여 "公子 朝"로 고쳐야 한다.

(齊)나라를 공격하게 하여 영구(靈丘)에까지 이르렀다. 제 위왕(齊威王)이 즉위하였다.

11년에는 한, 조와 더불어서 진(晉)나라 땅을 삼분하고 진나라를 멸망시켰다.

13년에는 진 헌공(秦獻公)이 역양(櫟陽)으로 천도하였다. 15년에는 북린(北藺)에서 조나라 군사를 물리쳤다.

16년에는 초(楚)나라를 공격하여 노양(魯陽)을 취하였다. 무후가 죽고 자앵(子罃)이 즉위하니 그가 바로 혜왕(惠王)이다.

혜왕 원년 초에 무후가 죽고, 자앵과 공중완(公中緩)[26]이 태자(太子) 자리를 다투었다. 공손기(公孫頎)가 송(宋)나라로부터 조(趙)나라로, 다시 조나라에서 한(韓)나라로 들어와서 한 의후(韓懿侯)에게 이르기를 "위앵과 공중완이 태자 자리를 다투는데, 왕께서도 들으셨습니까? 지금 위앵은 왕착(王錯)[27]을 얻어 상당(上黨)[28]을 통제하고 있으니, 실로 이것은 위나라의 반을 차지한 것입니다. 그러므로 그를 제거한다면 위나라를 무너뜨리는 것은 정해진 것입니다. 이 기회를 잃어서는 안 됩니다"라고 하였다. 의후가 기뻐하며 이에 조 성후(趙成侯)와 연합하여 위나라를 공격하니, 탁택(濁澤)에서 전투가 벌어져 위씨가 대패하였고, 위나라 군이 포위당하였다. 조(趙)나라가 한(韓)나라에게 이르기를 "위나라 왕을 제거하고 공자 완을 즉위시킨 후에 위나라 땅을 떼어 가지고 철수하면 우리에게 이롭습니다"라고 하니, 한(韓)나라가 말하기를 "안 됩니다. 위나라 왕을 살해하면 남들이 우리를 잔악하다고 말할 것이며, 땅을 떼어 가지면 남들이 우리를 탐욕스럽다고 할 것입니다. 이것은 위나라를 둘로 나누는 것만 못합니다. 위나라를 둘로 나누면 송, 위(衛) 나라보다도 강하지 못하니, 우리는 영원토록 위나라로부터의 우환이 없을 것입니다"라고 하였으나, 조 성후가 듣지 않았다. 한 의후가 불쾌해하여, 정예 부대를 이끌고 한밤에 철수하였다. 혜왕(惠王)이 죽지 않고, 나라가 둘로 나뉘

---

26) 公中緩 : 魏 武侯의 아들로서 惠王과 왕위를 다투다가 趙나라로 도망쳤다.
27) 王錯 : 魏나라의 大夫로 후에 韓나라로 도망쳤다.
28) 上黨 : 지명. 후에 秦나라가 上黨郡을 설치하였다. 지금의 山西省 長治市 북쪽이다. 권40 「楚世家」의 〈주 275〉, 권43 「趙世家」의 〈주 140〉 참조.

364

지 않은 까닭은 두 집의 모의가 불화를 일으켰기 때문이다. 만약에 한 집29)의 모의를 따랐다면 위나라는 반드시 나누어졌을 것이다. 그러므로 "왕이 적자가 없으면, 그 나라는 쳐부술 만하다"라고 하는 것이다.

2년에는 위나라가 마릉(馬陵)30)에서 한(韓)나라를 패배시켰고, 회 (懷)31)에서 조(趙)나라를 패배시켰다. 3년에는 제나라가 위나라의 관 (觀) 땅에서 위나라 군을 물리쳤다. 5년에는 한 의후와 택양(宅陽)에서 회동하였다. 무도(武堵)32)에 성을 축조하였다. 한나라, 위나라 군대가 진(秦)나라에게 패배당하였다. 6년에는 송(宋)나라의 의대(儀臺)를 공격 하여 취하였다. 9년에는 회(澮) 땅에서 한나라를 패배시켰다. 진나라와 소량(少梁)에서 회전하였는데, 진나라는 위장(魏將) 공손좌(公孫座)를 포로로 잡아갔고, 방(龐) 땅을 취하였다. 진 헌공이 죽자 아들 효공(孝 公)이 즉위하였다.

10년에는 조나라를 공격하여 피뢰(皮牢)를 취하였다. 혜성이 나타났 다. 12년에는 유성이 낮에 떨어져 큰 소리가 났다.

14년에는 조 성후와 호(鄗) 땅에서 회맹하였다. 15년에는 노(魯), 위 (衞), 송(宋), 정(鄭) 나라의 군주33)가 위 혜왕을 알현하러 왔다. 16년 에는 진 효공(秦孝公)과 두평(杜平)34)에서 만났다. 송나라를 침공하여 황지(黃池)35)를 빼앗았다가, 다시 송나라에 빼앗겼다.

17년에는 진나라와 원리(元里)에서 전투하여, 진나라가 위나라의 소량 을 차지하였다. 위나라가 조나라의 한단을 포위하였다. 18년에는 한단을 함락하였다. 조나라가 제나라에 구원을 요청하여, 제나라는 전기(田忌), 손빈(孫臏)36)으로 하여금 조나라를 구원하게 하여 계릉(桂陵)에서 위나

29) 韓나라를 가리킨다.
30) 馬陵 : 춘추시대에는 衞나라 땅이었고, 전국시대에는 齊나라에 속하였다. 지금의 河北省 大名縣 북쪽이다. 권32 「齊太公世家」의 〈주 153〉 참조.
31) 懷 : 전국시대에 魏나라의 읍 이름. 권43 「趙世家」의 〈주 129〉 참조.
32) 武堵 : 권15 「六國年表」에 의거하여 "武都"라고 해야 한다.
33) 魯나라는 魯 恭侯, 衞나라는 衞 成侯, 宋나라는 宋 桓侯, 鄭나라는 鄭 釐侯(바로 韓 昭侯)를 각각 가리킨다.
34) 杜平 : 읍 이름으로 지금의 陝西省 澄城縣 동쪽이다.
35) 黃池 : 지금의 河南省 封丘縣 서남쪽이다. 권31 「吳太伯世家」의 〈주 123〉, 권39 「晉世家」의 〈주 98〉, 권41 「越王句踐世家」의 〈주 18〉, 권43 「趙世家」의 〈주 90〉 참조.

라 군을 격퇴시켰다.

19년에는 제후들이 위나라의 양릉(襄陵)을 포위하였다. 위나라는 장성을 축성하고, 고양(固陽)[37]에 관새(關塞)를 만들었다.

20년에는 한단을 조나라에 되돌려주고, 장수(漳水) 위에서 맹약을 맺었다. 21년에는 동(彤)[38]에서 진나라와 회동하였다. 조 성후가 죽었다. 28년에는 제 위왕이 죽었다. 중산군(中山君)이 위나라의 재상이 되었다.

30년에는 위나라가 조나라를 공격하자, 조나라가 제나라에 급히 고하였다. 제 선왕(齊宣王)이 손자병법을 사용하여 조나라를 구하고 위나라를 격퇴시켰다. 위나라는 이에 군대를 크게 동원하여 방연(龐涓)을 장수로 삼고, 태자 신(申)을 상장군으로 삼았다. 위나라 군대가 외황(外黃)을 지날 때, 외황 사람인 서자(徐子)가 태자에게 이르기를 "신에게는 백전백승의 전략이 있습니다"라고 하니, 태자가 말하기를 "들을 수 있겠습니까?"라고 하였다. 서자가 말하기를 "본디 태자께 들려드리고자 하였습니다"라고 하며 말하기를 "태자께서 친히 장군으로써 제나라를 공격하여 대승을 거두고 거(莒) 땅을 병점한다면, 이는 위나라의 부를 차지하는 것에 불과하고, 귀함도 위나라 왕이 되는 것에 불과합니다. 만약에 제나라에 승리하지 못한다면, 차후로는 위나라가 없는 것입니다. 이것이 신이 말하는 백전백승의 전략입니다"라고 하니, 태자가 말하기를 "좋소. 반드시 공의 말에 따라서 철군하도록 하겠소"라고 하였다. 서자가 말하기를 "태자께서 비록 철퇴하고자 하여도 그럴 수가 없습니다. 태자로 하여금 전쟁을 하도록 권한 이들 중에는 공을 세우고자 하는 이들이 많습니다. 태자께서 비록 철수하고자 하여도, 아마 그리 되지는 않을 듯싶습니다." 과연 태자가 철수하려고 하니, 그의 어자(御者)가 말하기를 "출정하려다가 귀환하는 것은 패배하는 것과 같습니다"라고 하였다. 태자는 결국 제나라 군과 교전을 하였고, 마릉(馬陵)에서 패하였다. 제나라 군이 태자 신을 포로로 삼고, 장수 방연을 죽임으로써 위나라 군은 이에 대패하였다.

36) 田忌는 齊나라의 장군이고, 孫臏은 군사가로 桂陵과 馬陵에서의 魏나라 군을 격퇴하기 위한 전략을 세웠다. 저서로는 『孫臏兵法』이 있다.
37) 固陽: 魏나라의 읍 이름으로 지금의 內蒙古 자치구 固陽縣 북쪽이다.
38) 彤: 秦나라의 지명으로 지금의 陝西省 華縣 서남쪽이다.

31년에는 진(秦), 조(趙), 제(齊) 삼국이 합동으로 위나라를 공격하였다. 진나라의 장수 상앙(商鞅)[39]이 위나라의 장군 공자 인(印)을 속여 그의 군대를 빼앗고, 그를 격파하였다. 진나라가 상앙을 임용하여, 국토가 동으로는 황하에 이르렀다. 제와 조 두 나라가 위나라를 여러 차례 격파하니 안읍(安邑)이 진나라에 가까워서 대량(大梁)으로 천도하였다. 공자 혁(赫)을 태자로 삼았다.

위 혜왕 33년에는 진 효공(秦孝公)이 죽고, 상앙이 진나라에서 도망하여 위(魏)나라에 투항하려고 하였다. 위 혜왕이 노하여 받아들이지 않았다. 35년에는 제 선왕과 평아(平阿)[40]의 남쪽에서 회맹하였다.

혜왕이 여러 차례 전쟁에서의 고배를 마신 뒤 공손한 예절과 후한 하사품으로 현자(賢者)들을 초빙하였다. 추연(鄒衍),[41] 순우곤(淳于髡),[42] 맹가(孟軻) 등이 모두 대량(大梁)에 모였다. 양 혜왕(梁惠王)[43]이 말하기를 "과인이 재주가 없어서 세 번에 걸쳐서 장병들을 잃고, 태자가 포로가 되었으며, 상장(上將)이 전사하였으니, 나라가 공허하고, 선왕과 종묘사직에 치욕을 주어 과인이 심히 부끄럽소. 노인장께서 천리를 멀다 하지 않으시고 우리 나라에 왕림하여주셨으니, 장차 이 나라에 이로움이 있겠소?"라고 하니, 맹가가 말하기를 "왕께서는 이와 같이 이(利)에 대해서 말씀하지 마십시오. 왕께서 이를 바라신다면, 대부들이 이를 바랄 것이며, 대부들이 이를 바란다면, 평민들도 이를 바랄 것이니, 상하가 서로 이를 다툰다면, 나라가 위태로울 것입니다. 왕이 되는 데에는 인(仁)과 의(義)가 있을 따름이지, 어찌 이(利)를 바라십니까?"라고 하였다.

36년에는 제나라 왕과 견(甄)에서 다시 회맹하였다. 이해에 혜왕이 죽고,[44] 아들 양왕(襄王)이 즉위하였다.

---

39) 商鞅 : 즉 商君은 公孫鞅으로 衛나라 사람이다. 그가 秦 孝公을 도와서 變法을 실행하여 商에 錄封을 받았기 때문에 商鞅이라고도 칭한다. 권43 「趙世家」의 〈주 152〉 참조.

40) 平阿 : 齊나라의 읍 이름으로 지금의 安徽省 懷遠縣 서남쪽이다.

41) 鄒衍(기원전 305-기원전 240년) : 齊나라 사람으로 陰陽家의 대표적인 인물이다. 권34 「燕召公世家」의 〈주 54〉 참조.

42) 淳于髡 : 齊나라의 학자로 박학하기로 유명하다.

43) 梁 惠王 : 바로 魏 惠王을 가리킨다. 권40 「楚世家」의 〈주 240〉 참조.

44) 『戰國策』에 따르면, 魏나라 惠王은 36년에 죽지 않았으며, 연호를 바꾸어 다시 16년이 지난 후에 죽었다.

양왕 원년에는 제후들과 서주(徐州)에서 회맹하여, 서로 '왕'으로 칭하였다. 부친 혜왕을 왕으로 추존하였다.

5년에는 진(秦)나라가 조음(雕陰)에서 위나라 장군 용고(龍賈)의 군대 4만 5,000명을 격퇴시켰고, 초(焦)와 곡옥(曲沃)⁴⁵⁾을 포위하였다. 진나라에 하서(河西) 땅을 넘겨주었다.

6년에는 진나라와 응(應)에서 회동하였다. 진나라가 위나라의 땅 분음(汾陰), 피지(皮氏),⁴⁶⁾ 초(焦)를 취하였다. 위나라가 초나라를 공격하여 형산(陘山)⁴⁷⁾에서 격퇴시켰다. 7년에는 위나라가 상군(上郡) 전체를 진나라에게 바쳤다. 진나라가 위나라의 포양(蒲陽)을 함락시켰다. 8년에는 진나라가 초와 곡옥을 돌려주었다.

12년에는 초나라가 위나라의 양릉(襄陵)을 격파하였다. 제후들이 집권하면서 진나라의 재상 장의(張儀)와 설상(齧桑)⁴⁸⁾에서 회맹하였다. 13년에는 장의가 위나라의 재상이 되었다. 위나라에는 여자에서 남자로 변한 사람이 있었다. 진나라가 위나라의 곡옥과 평주(平周)⁴⁹⁾를 차지하였다.

16년에는 양왕이 죽고, 아들 애왕(哀王)이 즉위하였다. 장의가 다시 진나라로 돌아갔다.

위 애왕 원년에는 5개 국⁵⁰⁾이 합동으로 진나라를 공격하였으나, 이기지 못하고 철수하였다.

2년에는 제나라가 위나라의 관진(觀津)⁵¹⁾을 함락시켰다. 5년에는 진나라가 저리자(樗里子)⁵²⁾로 하여금 위나라의 곡옥을 공격하여 취하도록 하였는데, 안문(岸門)에서 서수(犀首)⁵³⁾를 쫓아버렸다. 6년에는 진나라가

---

45) 焦와 曲沃은 魏나라의 지명으로 각기 지금의 河南省 三門峽市 서북쪽과 서남쪽이다.
46) 汾陰과 皮氏는 魏나라의 읍 이름으로 지금의 山西省 萬榮縣과 河津縣에 있다.
47) 陘山 : 楚나라의 지명. 권40 「楚世家」의 〈주 69〉 참조.
48) 齧桑 : 지금의 江蘇省 沛縣 서남쪽에 있다. 권39 「晉世家」의 〈주 22〉, 권40 「楚世家」의 〈주 256〉 참조.
49) 平周 : 魏나라의 읍 이름으로 지금의 山西省 介休縣 서쪽에 있다.
50) 5개 국은 바로 韓, 魏, 楚, 趙, 燕이다.
51) 觀津 : 원래는 趙나라의 읍이었으나, 당시에는 魏나라에 속해 있었다. 지금의 河北省 武邑縣 동남쪽에 있다.
52) 樗里子 : 嬴疾을 가리킨다. 秦나라의 왕자가 樗里에 살아서 樗里子라고 칭한다.
53) 犀首 : 魏나라의 관직 이름으로 당시에 犀首를 맡은 사람은 公孫衍이다. 公孫衍은 縱橫家이다.

공자 정(政)을 태자로 세웠다. 진나라와 임진(臨晉)에서 회맹하였다. 7년에는 제나라를 공격하였다. 진나라와 같이 연나라의 정벌에 나섰다.

8년에는 위(衛)나라를 정벌하여, 인접한 성 두 곳을 점령하였다. 위(衛)나라 왕이 이를 근심하였다. 위(魏)나라의 여이(如耳)[54]가 위(衛)나라 왕을 알현하고 말하기를 "청컨대 군사를 철수시키십시오. 성릉군(成陵君)을 면직시켜도 되겠습니까?"라고 하니, 위(衛)나라 왕이 말하기를 "선생께서는 과연 유능하십니다. 저는 세세대대로 선생을 위(衛)나라에서 섬기고자 합니다." 여이가 성릉군을 보고 말하기를 "전에 위(魏)나라가 조(趙)나라를 공격하여 양장(羊腸)[55] 길을 끊어놓았고, 연여(閼與)[56]를 함락시켰으며, 조나라의 분할을 도모하여, 조나라를 둘로 나누고도 멸망시키지 않은 이유는 위나라를 연맹의 종주국으로 삼은 때문입니다. 지금 위(衛)나라가 이미 멸망에 임박하여, 장차 서쪽으로 진나라를 섬기고자 합니다. 진으로 하여금 위(衛)나라를 관용하게 하는 것은 위(魏)나라로 하여금 위(衛)나라를 관용하게 하여, 위(衛)나라가 위(魏)나라에 대한 감은을 그지없게 하느니만 못합니다"라고 하니, 성릉군이 말하기를 "좋습니다"라고 하였다. 여이가 위(魏)나라 왕을 알현하고 말하기를 "제가 위(衛)나라를 대변하여 아뢸 말씀이 있습니다. 위(衛)나라는 본디 주왕실과는 별개로서 소국(小國)으로 칭해지면서, 진귀한 기물들이 많이 있습니다. 지금 나라가 어려움에 처해 있으면서 진귀한 기물들을 헌납하지 않는 것은, 그들은 위(衛)나라를 공격하든지 위나라를 풀어주든지 간에 왕께서 주간하지 않는다고 믿기 때문이니, 이런즉 진귀한 기물이 비록 나온다고 하더라도 왕의 손에는 들어오지 않을 것입니다. 저의 작은 소견으로는 먼저 위(衛)나라를 풀어주겠다고 말하는 자가 바로 위(衛)나라의 뇌물을 받은 자일 것입니다"라고 하였다. 여이가 나가고, 성릉군이 들어와서 위(魏)나라 왕에게 위(衛)나라에서의 철군 건의를 하였다. 왕이 그 말을 듣고는 그의 군대를 철수하게 하고 성릉군을 면직시키고, 평생토록 보지 않았다.

---

54) 如耳 : 魏나라의 大夫이다.
55) 羊腸 : 太行山의 坂道로 지금의 山西省 晉城縣 남쪽에 있다. 권43 「趙世家」의 〈주 239〉 참조.
56) 閼與 : 韓나라의 읍 이름으로 후에 趙나라에 속하였다. 지금의 山西省 和順縣에 있다. '閼與'의 『史記正義』의 讀音은 "閼, 於連反. 與音豫"로 '연여'로 읽힌다.

9년에는 진(秦)나라 왕과 더불어 임진에서 회동하였다. 장의와 위장(魏章)[57] 등은 모두 위(魏)나라로 돌아왔다. 위나라의 재상 전수(田需)가 죽은 후에 초(楚)나라에서는 장의, 서수, 설공(薛公)[58] 등을 경계하였다. 초나라 재상 소어(昭魚)가 소대(蘇代)[59]에게 말하기를 "전수가 죽었으니 나는 장의, 서수, 설공 중의 한 사람이 위나라의 재상이 될까 염려됩니다"라고 하니, 대(代)가 말하기를 "그렇다면 누가 재상이 되면 당신에게 유리합니까?"라고 하였다. 소어가 말하기를 "저는 태자께서 친히 재상이 되기를 바랍니다"라고 하니, 대가 말하기를 "저는 당신을 위하여 북으로 가서 위나라 왕을 뵙고, 반드시 그로 하여금 재상이 되도록 하겠습니다"라고 하였다. 소어가 말하기를 "어떻게 합니까?"라고 하자, 대가 대답해 말하기를 "당신께서 양왕(梁王)이라면, 제가 당신을 양왕이라고 생각하고 설명하겠습니다"라고 하였다. 소어가 말하기를 "어떻게요?"라고 하니, 대답해 말하기를 "대(代)는 초(楚)나라에서 왔는데, 소어가 매우 근심하며 말하기를 '전수가 죽었으니, 나는 장의, 서수, 설공 중의 한 사람이 위나라의 재상이 될까 염려됩니다'라고 하자, 대답해 말하기를 '양왕은 현명한 왕이시니, 반드시 장의를 재상으로 삼지는 않을 것입니다. 장의가 재상이 된다면, 반드시 진(秦)을 중시하고 위(魏)를 경시할 것입니다. 서수가 재상이 된다면, 필히 한(韓)을 중시하고 위를 경시할 것입니다. 설공을 재상으로 삼는다면, 필히 제를 중시하고 위를 경시할 것입니다. 양왕께서는 현명한 왕입니다. 절대로 불리하게 하지는 않을 것입니다'라고 하였습니다. 왕이 말하기를 '그러면 과인은 누구를 재상으로 해야 하오?'라고 하면, 대답해 말하기를 '태자께서 친히 재상이 되는 것이 낫습니다. 태자가 재상이 되면, 이 세 사람은 모두 태자를 영원한 재상으로 여기지 않기 때문에 모두 힘써 자기 나라로 하여금 위나라를 섬기게 하여, 재상이 되고자 할 것입니다. 위나라의 강력한 힘에다가, 세 나라의 만승지국(萬乘之國)[60]이 보필한다면, 위나라는 절대로 안전합니다. 그러

---

57) 魏章:魏나라의 장수였는데, 후에 秦나라에서 벼슬을 하였다.
58) 薛公:孟嘗君 田文을 지칭한다. 그러나 이때에 孟嘗君은 齊나라의 재상을 하고 있었으며, 26여 년 후에 魏나라로 갔다. 여기서는 魏나라에 또 다른 田文이라는 사람을 薛公으로 誤認한 것으로, 田文은 武侯의 재상을 지낸 적이 있다.
59) 蘇代:游說家로 蘇秦의 동생이다.
60) 萬乘之國:大國을 지칭한다. 乘은 네 마리 말이 끄는 전차이다.

므로 태자로 하여금 친히 재상이 되게 하는 편이 낫습니다"라고 하고, 이에 북으로 가서 양왕을 만나서 이 말들을 고하였다. 태자가 과연 위나라의 재상이 되었다.

10년에는 장의가 죽었다. 11년에는 진 무왕(秦武王)[61]과 응(應)에서 회맹하였다. 12년에는 태자가 진(秦)나라에 입조(入朝)하였다. 진나라가 위나라의 피지(皮氏)를 공격하였으나, 함락시키지 못하고 철수하였다. 14년에는 진나라가 무왕후(武王后)[62]를 위나라에 돌려보냈다. 16년에는 진나라가 위나라의 포반(蒲反), 양진(陽晉), 봉릉(封陵)[63] 땅을 함락시켰다. 17년에는 진나라와 임진에서 회맹하였다. 진나라가 위나라의 포반을 돌려주었다. 18년에는 진나라와 같이 초나라를 공격하였다. 21년에는 제(齊), 한(韓) 나라와 더불어서 함곡(函谷)[64]에서 진나라 군을 격퇴시켰다.

23년에는 진나라가 다시 하외(河外)와 봉릉 땅을 위나라에 돌려주고 강화를 맺었다. 애왕이 죽고 아들 소왕(昭王)이 즉위하였다.

위 소왕 원년에는 진나라가 위나라의 양성(襄城)을 함락시켰다. 2년에는 진나라와 전쟁하여 위나라가 열세에 몰렸다. 3년에는 한(韓)나라를 도와서 진나라를 공격하였으나 진나라의 장수 백기(白起)[65]가 이궐(伊闕)[66]에서 위나라 군 24만 명을 죽였다.[67] 6년에는 진나라에게 하동(河東) 지방 400리의 땅을 주었다. 제나라 사람 망묘(芒卯)는 지략을 가지고 있기에 위나라에 중용되었다. 7년에는 진나라가 위나라의 크고 작은 성을 61곳을 함락시켰다. 8년에는 진 소왕(秦昭王)이 서제(西帝)라고 칭하고, 제 민왕(齊湣王)이 동제(東帝)라고 칭하였으나, 한 달여가 지나서 모두 제호를 포기하고 다시 왕으로 칭하였다. 9년에는 진나라가 위나라의

61) 秦 武王 : 嬴蕩이다.
62) 武王后 : 魏 公室의 여자였다.
63) 蒲反은 '蒲坂'이라고도 하며, 이곳은 지금의 山西省 永濟의 서쪽에 있다. 陽晉은 의당 '晉陽'이어야 하며, 이곳은 永濟縣 동쪽이다. 封陵은 山西省 風陵渡의 동쪽이다. 이상 세 곳은 모두 魏나라의 읍이다.
64) 函谷 : 函谷關을 말한다. 권40 「楚世家」의 〈주 258〉 참조.
65) 白起 : 일명 公孫起로 秦나라의 명장이다. 후에 范雎의 시기를 받아서 자살하였다. 권40 「楚世家」의 〈주 297〉 참조.
66) 伊闕 : 산 이름. 지금의 河南省 洛陽市 남쪽. 권40 「楚世家」의 〈주 298〉 참조.
67) '24만'이 권5 「秦本紀」, 권72 「穰侯列傳」, 권73 「白起王翦列傳」에는 "斬首二十四萬"으로 되어 있다.

신원(新垣)과 곡양(曲陽)[68] 성을 함락시켰다.

　10년에는 제나라가 송나라를 멸망시키고, 송왕(宋王)[69]이 위나라의 온(溫)[70] 땅에서 죽었다. 12년에는 진(秦), 조(趙), 한(韓), 연(燕) 나라와 합동으로 제나라를 공격하여, 제서(濟西)[71]에서 제나라 군을 물리치자, 제 민왕은 도망하였다. 연나라 군이 홀로 임치(臨菑)에까지 이르렀다. 진나라 왕과 서주(西周)[72]에서 회맹하였다.

　13년에는 진나라가 위나라의 안성(安城)을 함락시켰다. 진나라의 군사들이 대량(大梁)까지 왔다가 철수하였다. 18년에는 진나라가 초(楚)나라의 수도 영(郢)을 함락시켰고, 초 경양왕(楚頃襄王)은 진읍(陳邑)으로 천도하였다.

　19년에는 소왕이 죽고, 아들 안희왕(安釐王)이 즉위하였다.

　안희왕 원년에는 진나라가 위나라의 두 성을 함락시켰다. 2년에는 또다시 위나라의 두 성을 함락시켰고, 대량성(大梁城)에 군대를 주둔시켰다. 한(韓)나라가 구원병을 보내왔고, 온성(溫城)을 떼어주고 평화협상을 맺었다. 3년에는 진나라가 위나라의 4개 성을 함락시켜, 4만 명의 목을 베었다. 4년에는 진나라가 위나라와 한(韓), 조(趙) 나라를 연파하고, 15만 명을 죽였으며, 위나라의 장수 망묘(芒卯)를 쫓아버렸다. 위나라의 장수 단간자(段干子)가 진나라에게 남양(南陽)을 주고 휴전을 청하였다. 소대(蘇代)가 위나라 왕에게 이르러 말하기를 "작위(爵位)를 노리는 자는 단간자요, 땅을 탐내는 자는 진나라입니다. 지금 왕께서 땅을 탐내는 자로 하여금 작위를 노리는 자를 장악하게 하고, 작위를 노리는 자로 하여금 땅을 탐내는 자를 장악하게 하면, 이것은 위나라의 땅을 완전히 잃지 않는 한 그치지 않을 것입니다. 하물며 땅을 바치면서 진나라를 섬긴다면, 이는 마치 장작을 안고서 불을 끄러 가는 것이니, 장작이 모두 타버리지 않으면 불은 꺼지지 않을 것입니다"라고 하니, 왕이 말하기를 "사

---

68)　新垣과 曲陽은 魏나라의 읍 이름으로 지금의 河南省 濟源縣 서남쪽이다.
69)　宋王 : 宋 康子 子偃을 가리킨다.
70)　溫 : 魏나라의 읍 이름으로 지금의 河南省 溫縣 서남쪽이다. 권34 「燕召公世家」의 〈주 26〉, 권37 「衛康叔世家」의 〈주 18〉, 권39 「晉世家」의 〈주 49〉, 권42 「鄭世家」의 〈주 43〉 참조.
71)　濟西 : 濟水의 서쪽으로 黃河의 지류이다.
72)　西周 : 전국시대의 작은 나라이다.

372

실인즉 그러하오. 그러나 일이 이미 행해졌으니, 다시 바꿀 수는 없소"라고 하였다. 소대가 대답해 말하기를 "왕께서는 박국희(博局戲)에서 효(梟)을 중시하는 것[73]을 보지 못하셨습니까? 유리하면 말을 먹어버리고, 불리하면 멈춥니다. 지금 왕께서 말씀하시기를 '일이 이미 행해졌으니, 다시 바꿀 수는 없다'라고 하시면, 이는 왕께서 지혜를 쓰심이 효(梟)을 사용하는 지혜만도 못한 것 아니십니까?"라고 하였다.

9년에는 진나라가 위나라의 회(懷) 읍을 함락시켰다. 10년에는 진 태자가 위나라에 인질로 있다가 죽었다. 11년에는 진나라가 위나라의 처구(郪丘)를 함락시켰다.

진 소왕(秦昭王)이 측근들에게 이르기를 "지금 한과 위 나라가 초기와 비교해볼 때 언제가 더 강한가?"라고 하자, 대답해 말하기를 "초기가 더 강합니다"라고 하였다. 왕이 묻기를 "지금의 여이(如耳), 위제(魏齊)와 예전의 맹상군, 망묘는 누가 더 현명한가?"라고 하자, 대답해 말하기를 "예전만 못합니다"라고 하였다. 왕이 말하기를 "맹상군, 망묘가 현명함을 가지고서, 강한 한과 위 나라 군을 이끌고 진나라를 공격한다 해도, 과인을 어찌하지 못하였소. 지금 무능한 여이, 위제가 약한 한과 위 나라 군을 이끌고 진나라를 공격한다면, 과인을 어찌하지 못하는 것은 자명한 일일 것이오"라고 하였다. 측근들이 모두 말하기를 "정말 맞는 말씀입니다"라고 하였는데, 중기(中旗)[74]가 거문고에 기대어서 대답해 말하기를 "왕의 추측은 천하의 형세를 잘못 판단한 것입니다. 진(晉)나라의 육경(六卿)이 지배하던 시기에는 지씨(知氏)가 가장 강하여 범씨(范氏), 중항씨(中行氏)를 멸하고, 한, 위 나라의 군대를 이끌고서 진양에서 조 양자(趙襄子)를 포위하여, 결진수(決晉水)[75]로서 진양성을 잠기게 하니, 잠기지 않은 곳이 세 판(版)[76] 넓이뿐이었습니다. 지백(知伯)이 수세(水勢)를 순시하였는데 위 환자(魏桓子)가 수레를 몰고, 한 강자(韓康子)가 동승

73) 博局戲는 나무로 梟(올빼미), 盧(사냥개), 雉(꿩), 犢(송아지), 塞(주사위)의 다섯 가지 모양을 조각하여, 장기와 흡사하게 行馬를 하는 놀이인데, 이중 梟가 가장 강한 것으로 이것이 장기의 '將'과 같은 역할을 한다.
74) 中旗: '中期'라고도 하는 것으로, 琴瑟을 관장하는 관직 이름이다. 일설에는 사람 이름으로 鍾子期라고도 한다.
75) 決晉水: 晉水를 晉陽으로 몰아서 잠기게 함을 말한다.
76) 版: '板'이라고도 하며, 이것은 건축용 夾板이다. 1板은 2尺 높이이다. 권43「趙世家」의 〈주 106〉 참조.

하였습니다. 지백이 말하기를 '내가 전에는 물이 나라를 망하게 할 수 있다는 것을 몰랐는데, 지금에서야 이를 알았다'라고 하였습니다. 분수(汾水)는 안읍(安邑)을 잠기게 할 수 있으며, 강수(絳水)는 평양(平陽)을 잠기게 할 수 있습니다. 위 환자는 한 강자를 팔꿈치로 치고, 한 강자는 위 환자를 발로 밟으니, 팔꿈치와 발이 수레에서 서로 마주치자[77] 지씨는 그 땅은 나뉘고, 몸은 죽고, 나라는 망하여 세상의 웃음거리가 되었습니다. 지금 진나라 군이 비록 강하지만 지씨보다 낫다고 할 수 없으며, 한, 위 나라가 비록 약하나 진양성의 아래 있는 것보다는 낫습니다. 지금이 바로 그들이 연합하여 진나라에 공격할 때로서, 청컨대 왕께서는 그들을 가볍게 보지 마십시오!"라고 하자 진나라 왕이 두려워하였다.

  제와 초 나라가 연합하여 위나라를 공격하니, 위나라는 사람을 시켜서 진나라에 구원을 요청하러 오가는 사신이 이어졌으나, 진나라의 구원병은 오지 않았다. 위나라에는 당저(唐雎)라는 나이가 90여 세 된 사람이 있었는데, 그가 왕에게 이르기를 "늙은 이몸이 서쪽으로 가서 진나라 왕을 설득하여, 신보다 먼저 진나라의 구원병이 출발하도록 하겠습니다"라고 하였다. 왕이 거듭 인사를 하고, 수레를 준비하여 당저를 진나라에 파견하였다. 당저가 도착하여 진나라 왕을 알현하였다. 진나라 왕이 말하기를 "노인장께서 아득히 멀리 이곳까지 오시느라 심히 고생하셨구려! 위나라에서 구원요청이 수 차례 있었는데, 과인은 위나라의 다급함을 잘 알고 있소"라고 하였다. 당저가 대답해 말하기를 "왕께서 이미 위나라의 다급함을 아시고도 구원병을 보내지 않는 것이, 신의 소견으로는 왕을 위하여 정책을 행하는 신하의 무능함 때문이라고 생각됩니다. 대저 위나라는 만승(萬乘)의 나라입니다. 그러면서도 서면(西面)하여 진나라를 섬기며, 동쪽의 속국으로 칭하고, 관제(官制)를 받아들이고, 봄 가을로 조공을 바치는 까닭은 진나라가 강대하여 족히 혈맹국이 될 만하다고 믿기 때문입니다. 지금 제, 초 나라의 군대가 이미 연합하여 위나라의 근교에 모였는데 진나라의 구원병이 이르지 않는다면, 다급하지 않다고 핑계삼을 뿐입니다. 위나라가 아주 화급을 다투게 되면 위나라는 땅을 떼어주고 협약을 맺을 것인데, 왕께서는 무엇을 구하시렵니까? 끝까지 다급할 때를 기

---

77) 韓, 魏 나라가 연합하여, 知伯의 협약을 파기하기로 한 것이 기정 사실임을 의미한다.

다려서 그들을 구하시려면, 이는 동쪽의 속국인 위나라를 잃고, 두 개의 적 제와 초 나라를 강하게 하는 것으로, 그때는 왕께 무슨 이익이 있겠습니까?"라고 하였다. 이리하여 진 소왕이 바로 군대를 보내어 위나라를 구원하였다. 위나라는 다시 안정을 찾았다.

조나라에서 사람을 시켜서 위나라 왕에게 이르기를 "저희 나라를 위하여 범좌(范痤)[78]를 죽여주신다면, 사방 40리의 땅을 왕께 헌상하겠습니다"라고 하니, 위나라 왕이 말하기를 "좋다"라고 하였다. 사람을 시켜서 그를 잡도록 하여 그의 집을 포위하였으나 죽이지는 않았다. 좌가 지붕 위로 올라가서 지붕을 타고 사자(使者)에게 말하기를 "죽은 범좌를 가지고서 교역을 하느니, 차라리 살아 있는 범좌를 가지고서 교역을 하는 편이 낫습니다. 만약 내가 죽는다면 조나라는 왕께 땅을 떼어주지 않을 것인데 왕께서는 어찌하시겠습니까? 그러니 먼저 땅을 떼어받은 연후에 저를 죽여도 됩니다"라고 하니, 위나라 왕이 말하기를 "그렇다"라고 하였다. 범좌가 신릉군(信陵君)[79]에게 상소를 올려 말하기를 "저는 본디 재상에서 면직된 사람인데, 조나라는 위나라 왕에게 땅을 주고서 저를 죽이려고 하며, 위나라 왕은 이를 들어주었으니, 만약에 강력한 진(秦)나라가 조나라를 답습하여 군(君)을 죽이려고 한다면, 군께서는 어찌하시겠습니까?"라고 하였다. 이리하여 신릉군이 왕에게 진언하여 범좌를 석방시키게 하였다.

위나라 왕은 진나라가 구원해주었기 때문에 진나라와 가까이하고, 한(韓)나라를 공격하여 전에 빼앗긴 땅을 찾으려고 하였다. 무기(無忌)가 위나라 왕에게 말하였다.

> 진나라는 융족(戎族), 적족(狄族)과 풍습이 같고, 호랑이나 늑대와 같은 마음을 가지고 있어 잔폭하고 이익만을 추구하며, 신용이 없으며, 예의과 덕행도 모릅니다. 만약 이익이 있다면 친척이나 형제도 돌보지 않을 것이며, 금수와 같음은 천하가 모두 아는 바로 그들은 후덕한 행동을 한 적이 없습니다. 그러므로 진왕의 어머니이신 선태후(宣太后)가 이를 우려하여 죽었으며, 진왕의 외삼촌인 양후(穰侯)는 공로가 지대한데도 결국에는 쫓

---

78) 范痤 : 魏나라 사람으로 魏나라의 재상을 지낸 바 있다.
79) 信陵君 : 魏無忌이다. 魏 安釐王의 동생으로 信陵君에 봉해졌으며, 그에게는 食客이 3,000명 있었다. 권77 「魏公子列傳」 참조.

겨났으며, 두 동생은 무고하게 그들의 봉읍(封邑)을 빼앗겼습니다. 그가 친척에게도 이와 같은데, 황차 원수의 나라에게는 어떠하리오! 지금 왕께서 진나라와 함께 한(韓)나라를 공격하면 진나라의 화(禍)에 더욱 가까워지는 것이니, 신은 그것이 매우 의심스럽습니다. 왕께서 이를 모르신다면 이는 곧 명석하지 못한 것이요, 신하들이 이러한 이치를 왕께 설명드리지 않는다면 이는 곧 불충인 것입니다.

지금 한나라는 한 여자가 나약한 왕을 보좌하고 있으니,[80] 안으로는 큰 내란이 있고, 밖으로는 강력한 진(秦), 위(魏) 나라의 군사와 교전하고 있는데, 왕께서는 한나라가 망하지 않을 것으로 여기십니까? 한나라가 망하면, 진나라가 정(鄭) 땅을 차지하고, 대량(大梁)과 인접하게 되는데,[81] 왕께서는 안전하다고 여기십니까? 왕께서 옛 땅을 찾고자 하시면, 지금 강력한 진나라와의 친분에 의지하면 이익이 된다고 여기십니까?

진이 섬길 만한 나라가 아닌 것은 아니지만, 한나라를 멸망시킨 후에는 반드시 다른 일을 찾을 것이고, 다른 일은 바로 가장 쉽고 가장 이로운 것인데, 쉽고 이로운 일은 분명 초나 조 나라를 공격하는 것은 아닐 것입니다. 이는 어째서입니까? 대저 산을 넘고 강을 건너서, 한나라의 강한 곳을 뚫고 지나서 강력한 조나라를 공격하는 것은 연여(閼與)의 일[82]을 답습하는 것으로, 진나라는 절대로 그렇게 하지 않을 것입니다. 만약 하내(河內)를 지나 업성(鄴城), 조가(朝歌)를 등지고, 장수(漳水), 부수(滏水)를 건너서, 조나라 군과 한단(邯鄲)의 교외에서 교전하는 것은 지백(智伯)의 화(禍)를 재연하는 것으로, 진나라는 이 또한 하지 않을 것입니다. 초나라를 공격하려면 협곡을 지나서 3,000리를 행군하여, 명액(冥阨)의 요새를 공격해야 되는데, 가야 할 길이 매우 멀고, 공격할 곳이 매우 어려우니, 진나라는 이 또한 하지 않을 것입니다. 만약 하외(河外)를 지나서 대량을 등지고, 우측으로는 상채(上蔡), 소릉(召陵)을 끼고서 초나라 군과 진읍(陳邑)의 교외에서 전투를 벌이는 것도 진나라는 감행하지 않을 것입니다. 그러므로 진나라는 분명 초와 조 나라를 공격하지 않을 것이요, 또한 위(衛), 제(齊) 나라도 공격하지 않을 것입니다.

대저 한나라가 멸망한 후에 진나라 군이 출동하는 날에는 반드시 위나라

---

80) 韓 桓惠王이 나이가 어려서 王母가 聽政을 한 것을 일컫는다.
81) 大梁은 魏나라를 가리키는 것이고, 원문의 "鄭"은 『史記索隱』, 『史記會注考證』에 따라서 '隣'의 오기로 처리하였다.
82) 閼與는 韓나라의 읍 이름이다. 기원전 270년에 秦나라가 胡陽을 시켜서 韓나라를 공격하였는데, 이때 閼與를 포위하였다. 趙나라가 趙奢를 시켜서 閼與를 구원하고 秦나라 군을 대패시켰다.

를 공격하지 않으면 안 됩니다. 진나라는 본래 회(懷), 모(茅), 형구(邢丘) 등지를 가지고 있었는데, 궤진(垝津)에 축성하였다가 또다시 하내(河內)까지 핍박하니 하내의 공(共), 급(汲)⁸³⁾ 읍도 위태롭습니다. 진나라가 정(鄭) 땅을 차지하고, 원옹(垣雍)을 얻었으며, 형택수(榮澤水)를 몰아서 대량성을 수몰시키면, 대량은 반드시 망할 것입니다. 왕의 사신이 진나라로 향하여 진나라에서 안릉군(安陵君)⁸⁴⁾을 중상(中傷)하니, 진나라가 안릉군을 죽이려고 한 것이 오래되었습니다. 진나라의 섭양(葉陽), 곤양(昆陽)⁸⁵⁾은 위나라의 무양(舞陽)과 인접해 있으니, 사신의 중상을 듣는다면 안릉씨는 망할 것이고, 무양 이북을 돌아서 동으로 허(許) 땅에 이르면 남쪽 지역이 반드시 위태로울 것이니, 위나라에 해가 없겠습니까?

대저 한나라를 증오하고 안릉군을 좋아하지 않는 것은 무방하나, 진나라가 남방의 나라를 아끼지 않는 것을 염두에 두지 않는 일은 잘못입니다. 전에 진나라가 하서(河西)의 옛 진(晉)나라 땅에 있을 때는 대량과 천리나 떨어져 있었으며, 산하가 막고 있었고, 주(周)와 한(韓) 나라를 사이에 두고 있었습니다. 임향전(林鄕戰)⁸⁶⁾ 이후로 지금까지 진나라가 위나라를 일곱 차례 공격하여, 5차에 걸쳐서 그들은 위나라의 유(囿)⁸⁷⁾ 안까지 들어왔고, 변경 지방의 성읍들을 모두 함락시켰고, 문대(文臺)도 부수었고, 수도(垂都)⁸⁸⁾도 불태웠으며, 산림을 벌채하였고, 산 짐승을 모두 잡아갔고, 수도 대량도 포위하였습니다. 또한 빠른 속도로 대량성 북쪽을 지나 동으로 도(陶), 위(衛)⁸⁹⁾의 근교에 이르렀고, 북으로는 평감(平監)⁹⁰⁾에 이르렀습니다. 이로써 진나라에게 잃은 땅이 화산(華山)의 남북, 하외·하내로 큰 현이 수십 개이고, 명도(名都)가 수백 개입니다. 진나라가 하서의 옛 진(晉) 땅에 있으면서, 대량과 천리 길을 떨어져 있을 때에도 화가 이와 같았습니다. 또 하물며 진나라를 섬기고 한(韓)나라가 없고, 정(鄭) 땅을 진나라가 가지고 있으며, 산하의 가로막음도 없는 상황에서 주, 한 나라의 간격도 없고, 대량으로부터 백리 길 떨어져 있으니, 화는 반드시 여기서

83) 共, 汲은 楚나라의 읍 이름으로 지금의 河南省 輝縣과 汲縣이다.
84) 安陵君 : 魏 襄王의 동생이다.
85) 葉陽, 昆陽은 秦나라의 읍 이름으로 지금의 河南省 葉縣에 있다.
86) 林鄕戰 : 秦나라 군이 林鄕을 공격하여 벌어진 전투를 말한다. 林鄕은 지금의 河南省 新鄭縣 동쪽이다.
87) 囿 : 못 이름으로 바로 囿田澤을 말한다.
88) 垂都 : 魏나라의 읍 이름이다.
89) 衛 : 읍 이름으로 지금의 河南省 滑縣이다.
90) 平監에서 '平'은 의당 '乎'가 되어야 하며, '監'은 읍 이름으로 지금의 山東省 汶上縣 서남쪽이다.

올 것입니다.

　일찍이 합종(合縱)이 실패한 것은 초와 위(魏) 나라가 서로 의심하고 한나라가 참여하지 않은 때문입니다. 지금 한나라가 진나라의 공격을 3년이나 받고, 진나라가 한나라를 꺾으며 협상을 요구하나, 한나라가 망할 줄을 알면서도 이를 듣지 않고, 조나라에 인질을 보내어 천하의 제후들과 합종하여 진나라에 대항하기를 원하고 있습니다. 이런 상황하에서 초와 조는 반드시 군대를 모아야 됩니다. 왜냐하면 모두 진나라의 욕심이 무궁하여, 온 천하를 다 멸망시키고, 중원이 진에게 속국이 되지 않으면 그치지 않을 것을 알기 때문입니다. 그러므로 신은 합종의 책략으로 왕을 섬기고자 하니, 왕께서는 빨리 초, 조 나라의 맹약을 받아들이고, 한나라의 인질을 잡고서 한나라를 살려두어, 옛 땅을 요구하면 한나라는 반드시 이를 돌려줄 것입니다. 이는 군민을 힘들이지 않고 잃은 땅을 되찾는 것으로, 그 공은 진나라와 더불어서 한나라를 공멸하고, 강력한 진나라와 이웃하는 화를 초래하는 것보다 낫습니다.

　한나라를 지키고 위나라를 안정하여 천하를 이롭게 하는 것에는 지금이 왕께 주어진 절호의 기회입니다. 한나라의 상당(上黨)을 지나 공(共), 영(寧)[91] 읍에 이르는 길을 개방하여, 그들로 하여금 안성(安城)[92]을 지나게 하고, 출입세를 받으면, 이는 한나라의 상당을 저당잡는 것입니다. 지금 이와 같은 세수(稅收)가 있으면 우리는 한나라와 함께 족히 부국이 됩니다. 한나라는 반드시 위나라에 감격하게 되어 위나라를 사랑하게 되고, 위나라를 존중하게 되며, 위나라를 두려워하게 되어, 감히 위나라를 배반하려 하지 않을 것입니다. 이는 한나라가 위나라의 속현(屬縣)이 되는 것입니다. 위나라가 능히 한나라를 속현으로 삼으면 위(衛), 대량(大梁), 하외(河外)는 분명 안정될 것입니다. 지금 한나라가 존재하지 않으면 동주(東周), 서주(西周)[93]와 안릉(安陵)이 위태롭습니다. 초와 조 나라를 대파하면 위(衛)나라와 제(齊)나라가 심히 두려워할 것이고, 천하의 제후들이 서쪽으로 진나라에 달려가서, 진왕을 알현하고 속국이 될 날도 멀지 않습니다.

20년에는 진나라가 조나라의 한단을 포위하여 신릉군 위무기가 왕명을

---

91)　寧 : 魏나라의 읍 이름으로 지금의 河南省 獲嘉縣이다.
92)　安城 : 魏나라의 읍 이름으로 지금의 河南省 原陽縣 서남쪽이다.
93)　원문은 "二周"로 東周와 西周는 전국시대 말기의 小國이다. 후에 秦나라에 멸망당하였다.

가탁하여 장군 진비(晉鄙)의 군대를 이끌고 조나라를 구원하여 조나라가
온전할 수 있었다. 위무기가 이에 조나라에 머물렀다. 26년에는 진 소왕
(秦昭王)이 죽었다.

30년에는 위무기가 위나라로 돌아와서 다섯 나라의 군대를 이끌고 진나
라를 공격하여, 하외(河外)에서 진나라를 격파하고 몽오(蒙驁)를 쫓아버
렸다. 위 태자 증(增)이 진나라에 인질로 있었으므로, 진나라 왕이 노하
여 위 태자 증을 가두려고 하였다. 어떤 이가 증을 위하여 진나라 왕에게
말하기를 "공손희(公孫喜)가 일찍이 위나라의 재상에게 말하기를 '청컨대
위나라 군을 신속하게 파견하여 진나라를 공격하십시오. 진나라 왕이 화
가 나서 반드시 태자 증을 가둘 것입니다. 위나라 왕은 또 이 때문에 화
가 나서 진나라를 공격할 것이고, 진나라는 반드시 태자 증을 해칠 것입
니다'라고 하였답니다. 지금 왕께서 증을 가두는 것은 공손희의 음모가
실현되는 것입니다. 그러므로 증을 환대하여 위나라와 화약을 맺고, 위나
라로 하여금 제, 한 나라의 의심을 받도록 하십시오"라고 하였다. 진나라
왕은 비로소 증을 가두지 않았다.

31년에는 진왕(秦王) 정(政)이 새로이 즉위하였다.

34년에는 안희왕(安釐王)이 죽고 태자 증이 즉위하니, 이가 바로 경민
왕(景湣王)이다. 신릉군 위무기가 죽었다.

위 경민왕 원년에는 진나라 군이 위나라의 20여 개 성을 함락시키고,
진나라의 동군(東郡)으로 삼았다. 2년에는 진나라 군이 위나라의 조가
(朝歌)를 함락시켰다. 위(衛)나라는 야왕(野王)[94]으로 수도를 옮겼다. 3
년에는 진나라 군이 위(魏)나라의 급읍(汲邑)을 함락시켰다. 5년에는 진
나라 군이 위나라의 원읍(垣邑), 포양(蒲陽), 연읍(衍邑)을 함락시켰다.
15년에는 위 경민왕이 죽고, 아들 위 왕가(魏王假)가 즉위하였다.

위 왕가 원년에는 연나라의 태자 단(丹)이 형가(荊軻)를 보내어 진나
라 왕을 자해(刺害)하려다가 진나라 왕에게 발각되었다.

3년에는 진나라 군이 물을 끌어서 대량을 수몰시키고, 위 왕가를 포로
로 삼았다. 이리하여 위나라는 멸망당하였고 그 땅은 진나라의 군현(郡
縣)이 되었다.

---

94) 野王 : 지금의 河南省 沁陽縣.

태사공은 말하였다.

"내가 일찍이 옛날의 대량성 (大梁城)을 찾았는데, 그곳 사람이 말하기를 '진 (秦)나라 군이 대량을 공격할 때, 강물을 끌어들여서 대량성을 수몰시키는데, 3개월이 지나자 성이 물에 잠겼고, 위나라 왕이 투항함으로써 위나라가 멸망하였다'라고 하였는데, 평론가들이 말하기를 '위나라가 신릉군 (信陵君)을 등용하지 않은 까닭에 나라가 쇠약해졌고, 멸망에 이르렀다'라고 하였으나, 내 생각은 그러하지 않다. 당시에 하늘의 뜻이 진나라 하여금 천하를 평정하게 한 것으로, 아직 그 과업이 완수되지 못하였기 때문에 위나라가 비록 아형 (阿衡)류의 현신 (賢臣)의 보좌를 받았다고 한들 무슨 소용이 있었으리요 ?"

권45 「한세가(韓世家)」 제15

한(韓)나라의 조상은 주(周) 왕조와 동성인 희씨(姬氏)이다.[1] 후에 그후예들이 진(晉)나라를 섬겨서, 한원(韓原)에서 봉토를 받아 한 무자(韓武子)라고 하였다. 한 무자의 3대 후손 중에 한궐(韓厥)이 있었는데, 그는 봉토의 이름을 좇아서 한씨(韓氏)라고 하였다.

진 경공(晉景公) 3년에 진나라의 사구(司寇) 도안고(屠岸賈)가 난을 일으켜서,[2] 진 영공(晉靈公)의 적신(賊臣)인 조순(趙盾)[3]을 죽이려고 하였다. 조순은 이미 죽었으므로, 그의 아들 조삭(趙朔)을 죽이려고 하였다. 한궐이 고를 멈추게 하였으나, 고가 듣지 않았다. 궐이 조삭에게 알리어 도망치도록 하였다. 삭이 말하기를 "그대는 분명 조(趙)나라의 사직이 끊어지도록 하지는 않을 것이니, 내가 죽어도 여한은 없겠지요?"라고 하니, 한궐이 이를 들어주었다. 고가 조씨를 죽일 때에 궐은 아프다고 하고 나가지 않았다. 정영(程嬰), 공손저구(公孫杵臼)[4]가 조씨 집안의 고아 조무(趙武)를 숨겨둔 것을 궐은 알고 있었다.

경공 11년에는 궐과 극극(郤克)[5]이 800승(乘)[6]의 전차를 이끌고 제나라를 공격하여, 제 경공(齊頃公)을 안(鞍)[7]에서 패배시키고 봉축보(逢丑

---

1) 韓나라는 기원전 11세기에 周나라로부터 봉토를 받은 姬姓의 제후국이다. 지금의 陝西省 韓城縣에 위치해 있으며, 晉나라에 의하여 멸망당하였다. 춘추시대에는 晉나라가 韓나라의 후예인 韓 武子를 韓原에 봉하여, 晉나라의 大夫로 삼았다.
2) 司寇는 관직 이름으로 刑獄을 관장하였다. 屠岸賈의 亂은 권43 「趙世家」 참조.
3) 晉 靈公은 晉나라의 國君으로 姬夷皐이다. 기원전 620년부터 기원전 607년까지 재위하였다. 趙盾은 趙宣子로 晉나라의 執政大臣이다. 자세한 것은 권43 「趙世家」 참조.
4) 程嬰은 晉나라 사람으로 趙朔의 친구이다. 公孫杵臼는 晉나라 사람으로 趙朔의 門客이다.
5) 郤克:郤獻子를 가리킨다. 晉나라의 執政大臣이다.
6) 乘:고대에 네 마리의 말로 만들어진 戰車를 말한다. 권40 「楚世家」의 〈주 154〉 참조.
7) 鞍:齊나라의 지명으로 지금의 山東省 濟南市 서북쪽이다.

父)⁸⁾를 생포하였다. 이때 진(晉)나라는 육경(六卿)⁹⁾을 두었는데, 한궐이 한 자리를 차지하고, 헌자(獻子)라고 불렸다.

진 경공 17년에는 경공이 병에 걸려서 점을 쳐보니, 대업(大業)을 잇지 않아서 귀신이 들린 것이라고 나왔다. 한궐이 조성계(趙成季)¹⁰⁾의 공을 찬양하며, 지금 제사 지낼 후사가 없음을 말하면서 경공을 감동시켰다. 경공이 묻기를 "그에게도 아직 후손이 있는가?"라고 하니, 궐이 이에 조무(趙武)를 말하자, 경공이 다시금 그에게 옛 조씨의 전읍(田邑)을 주어 계속 조씨의 제사를 이어가도록 하였다.

진 도공(晉悼公) 7년에는 한 헌자가 은퇴하였다. 헌자가 죽고, 아들 선자(宣子)가 그의 직책을 이었다. 선자는 주(州)로 옮겨 살았다.

진 평공(晉平公) 14년에는 오(吳)나라의 계찰(季札)¹¹⁾이 진나라에 사신으로 가서 말하기를 "진나라의 정치가 결국에는 한(韓), 위(魏), 조(趙)에 돌아갔군요"라고 하였다. 진 경공(晉頃公) 12년에는 한 선자(韓宣子)가 조, 위와 함께 기씨(祁氏), 양설씨(羊舌氏)의 10개 현을 나누어 가졌다. 진 정공(晉定公) 15년에는 선자와 조 간자(趙簡子)가 범씨(范氏), 중항씨(中行氏)를 공격하였다. 선자가 죽고, 아들 정자(貞子)가 대를 이었다. 정자는 평양(平陽)¹²⁾으로 옮겨 살았다.

정자가 죽고 아들 간자(簡子)가 대를 이었다. 간자가 죽고, 아들 장자(莊子)가 대를 이었다. 장자가 죽고, 아들 강자(康子)가 대를 이었다. 강자와 조 양자(趙襄子), 위 환자(魏桓子)가 합동으로 지백(知伯)을 공격하여 그 땅을 나누어 가졌는데, 그 땅이 너무 커서 제후들보다도 컸다.

강자가 죽고, 아들 무자(武子)가 대를 이었다. 무자 2년에는 정(鄭)나라를 공격하여 정 유공(鄭幽公)을 죽였다. 16년에는 무자가 죽고, 아들

---

8) 逢丑父 : 齊나라의 大夫로 전쟁에 참여하였다가 齊 敬公과 자리를 바꾸어 앉아서, 齊 敬公으로 오인되어 韓闕에게 체포되었다.

9) 『左傳』成公 3年에는 "12월 갑술일에 晉나라에서는 六軍을 만들었다. 韓闕, 趙括, 鞏朔, 韓穿, 荀騅, 趙旃이 모두 卿이 된 것은 鞌鞍의 공로이다(十二月甲戌, 晉作六軍. 韓闕, 趙括, 鞏朔, 韓穿, 荀騅, 趙旃, 皆爲卿, 賞鞍之功也)"라고 되어 있다.

10) 바로 趙衰(?-기원전 622년)를 가리키는 것으로, 그는 晉나라의 大臣이다. 그는 晉 文公과 19년간 유랑생활을 하다가, 文公의 즉위를 도왔다.

11) 季札 : 吳王 壽夢의 넷째 아들이다. 延陵에 봉해져, 延陵季子라고 한다.

12) 平陽 : 춘추시대 때의 晉나라의 읍으로 전국시대 때에는 韓나라에 속하였다. 지금의 山西省 臨汾市 서남쪽이다.

경후(景侯)가 즉위하였다.

경후 건(虔) 원년에는 정나라를 공격하여 옹구(雍丘)[13]를 탈취하였다. 2년에는 정나라가 한나라의 부서(負黍)[14]를 함락시켰다.

6년에는 조, 위 나라와 함께 제후의 열에 들었다. 9년에는 정나라가 한나라의 양책(陽翟)[15]을 포위하였다. 경후가 죽고, 아들 열후(列侯) 취(取)가 즉위하였다.

열후 3년에는 섭정(聶政)[16]이 한나라의 재상 협루(俠累)[17]를 죽였다. 9년에는 진(秦)나라가 한나라의 의양(宜陽)[18]을 공격하여 6개 읍을 탈취하였다. 13년에는 열후가 죽고, 아들 문후(文侯)가 즉위하였다.

문후 2년에는 정나라를 공격하여 양성(陽城)[19]을 탈취하였다. 송나라를 공격하여 팽성(彭城)[20]에 이르러서 송나라의 군주를 잡았다. 7년에는 제(齊)나라를 공격하여 상구(桑丘)[21]에까지 이르렀다. 정나라가 진(晉)나라에 반란을 일으켰다. 9년에는 제나라를 공격하여 영구(靈丘)[22]에까지 이르렀다. 10년에는 문후가 죽고, 아들 애후(哀侯)가 즉위하였다.

애후 원년에는 조, 위 나라와 더불어 진(晉)나라를 나누어 가졌다. 2년에는 정나라를 멸하고, 정읍(鄭邑)으로 천도하였다.

6년에는 한엄(韓嚴)이 애후를 시해하여, 아들 의후(懿侯)[23]가 즉위하였다.

의후 2년에는 위나라가 마릉(馬陵)에서 한나라를 패배시켰다. 5년에는 위 혜왕(魏惠王)과 택양(宅陽)에서 회맹하였다. 9년에는 위나라가 회수(澮水)[24]가에서 한나라를 격퇴시켰다. 12년에는 의후가 죽고, 아들 소후

---

13) 雍丘 : 宋나라의 읍 이름으로 지금의 河南省 杞縣이다.
14) 負黍 : 지금의 河南省 登封縣 서남쪽이다.
15) 陽翟 : 都邑 이름으로 지금의 河南省 禹縣이다.
16) 聶政 : 韓나라 사람으로 嚴遂를 도와 俠累를 죽이고 자신도 자살하였다.
17) 俠累 : 韓 列侯의 叔父로 聶政에 의해서 살해되었다.
18) 宜陽 : 韓나라의 읍 이름으로 지금의 河南省 宜陽縣 서쪽이다.
19) 陽城 : 鄭나라의 읍 이름으로 지금의 河南省 登封縣 동남쪽에 있는 告成鎭이다.
20) 彭城 : 宋나라의 읍 이름으로 지금의 江蘇省 徐州市이다.
21) 桑丘 : 지금의 河北省 保定市 북쪽. 권43 「趙世家」의 〈주 159〉 참조.
22) 靈丘 : 齊나라의 읍 이름. 지금의 山東省 高唐縣 남쪽. 권43 「趙世家」의 〈주 287〉 참조.
23) 懿侯 : 권15 「六國年表」에는 懿侯가 "莊侯"로 되어 있다.

(昭侯)가 즉위하였다.

소후 원년에는 진(秦)나라가 서산(西山)²⁵⁾ 일대에서 한나라를 함락시켰다. 2년에는 송나라가 한나라의 황지(黃池)²⁶⁾를 탈취하였다. 위나라가 한나라의 주(朱)²⁷⁾를 빼앗았다. 6년에는 동주(東周)를 공격하여 능관(陵觀), 형구(邢丘)²⁸⁾를 취하였다.

8년에는 신불해(申不害)²⁹⁾가 한나라의 재상이 되었다. 11년에는 소후가 진(秦)나라에 갔다. 22년에는 신불해가 죽었다. 24년에는 진(秦)나라가 한나라의 의양을 함락시켰다.

25년에는 가뭄이 들어 고문(高門)을 세우기 시작하였다. 굴의구(屈宜臼)³⁰⁾가 말하기를 "소후는 이 문을 나가지 않는다. 왜냐하면 때에 맞지 않기 때문이다. 내가 말하는 때라는 것은 시일이 아니라, 사람에게 본디 존재하는 이로운 때와 이롭지 못한 때를 말하는 것이다. 소후가 일찍이 이로웠다면 이 문을 세우지 않았을 것이다. 몇년 전에 진(秦)나라가 한나라의 의양을 함락시켰고, 지금은 가뭄이 들었으니, 소후는 이때에 백성들의 어려움을 돌보지 않을 것이고 오히려 더욱 사치스러울 것이니, 이를 이르러서 '어려운 때일수록 여유 있게 행동한다'라는 것이다"라고 하였다. 26년에는 고문이 완성되었고, 소후가 죽었다. 그는 끝내 이 문을 나가지 않았다. 그의 아들 선혜왕(宣惠王)이 즉위하였다.

선혜왕 5년에는 장의(張儀)가 진(秦)나라의 재상이 되었다. 8년에는 위나라가 한나라의 장수 한거(韓擧)³¹⁾를 패배시켰다. 11년에는 군(君)의 호칭을 왕이라고 하였다. 조(趙)나라와 우서(區鼠)³²⁾에서 회맹하였다.

24) 澮水 : 물 이름으로 江西省 翼城縣 동쪽에서 시작되어 서로 흘러서 汾河로 들어간다. 권43 「趙世家」의 〈주 138〉 참조.
25) 西山 : 지금의 河南省 宜陽縣, 魯山縣 등의 주변 산을 말한다.
26) 黃池 : 지금의 河南省 鞏縣이다.
27) 朱 : 韓나라의 지명으로 현재 위치는 분명하지 않다. 일설에는 지금의 河南省 沁陽縣 부근이라고 한다.
28) 魏나라의 읍 이름들로, 陵觀은 위치가 불분명하고, 邢丘는 지금의 河南省 溫縣 동북쪽이다.
29) 申不害(기원전 약 385-기원전 337년) : 鄭나라의 國京(지금의 河南省 滎陽縣 동남쪽) 사람이다. 그는 法治를 주장하였고, '術'로서 중앙집권의 강화를 강조하였다.
30) 屈宜臼 : 楚나라의 大夫인데, 이때에는 魏나라에 있었다.
31) 韓擧 : 韓나라의 장수로 처음에는 趙나라의 將軍이었다가, 후에 韓나라로 들어왔다. 권43 「趙世家」의 〈주 158〉 참조.
32) 區鼠 : 지금의 河北省 大名縣 동북쪽. 권43 「趙世家」의 〈주 165〉 참조.

14년에는 진(秦)나라가 한나라의 언(鄢)³³⁾을 함락시켰다.

16년에는 진나라가 수어(脩魚)³⁴⁾에서 한나라 군을 격퇴시키고, 탁택(濁澤)³⁵⁾에서 한나라의 장수 수(鰒), 신치(申差)를 포로로 삼았다. 한나라가 다급해지자, 공중(公仲)³⁶⁾이 한나라 왕에게 말하기를 "동맹국을 믿을 수 없습니다. 지금 진(秦)나라가 초를 공격하고자 한 것이 오래인데, 왕께서는 장의로 하여금 진나라와 화친을 맺고, 진나라에 유명한 성 하나를 뇌물로 준 연후에 병력을 정비하여, 진나라와 남쪽의 초나라를 공격하시면, 이것이 바로 하나로서 둘을 얻는 계략입니다"라고 하니, 한나라 왕이 말하기를 "좋소"라고 하였다. 공중치(公仲侈)에게 몰래 길을 떠나게 하고, 서쪽으로 진나라와 강화를 맺을 작정이었다. 초나라 왕이 이를 듣고는 몹시 화가 나서, 진진(陳軫)을 불러 이 소식을 전하였다. 진진이 말하기를 "진나라가 초나라를 공격하고자 한 것이 오래되었는데, 지금 다시 한나라의 유명한 성 하나를 얻고, 군대를 준비한다면 진과 한 나라가 합동으로 초나라를 공격할 것이고, 이는 진나라가 기구하던 바입니다. 지금 이미 그들은 이것을 얻었으니, 초나라는 반드시 공격당할 것입니다. 왕께서는 진나라의 말을 들어서 국경 사방에 경계를 시키고, 군사를 일으켜 한나라를 구원한다고 말씀하시고, 전차를 길거리에 가득 채우도록 하시고, 사신을 한나라에 보내는데, 수레를 몇대 더 보내고, 그 속에 재물을 많이 넣어, 왕께서 한나라를 구원하고자 하는 뜻을 믿도록 하십시오. 한나라가 우리 뜻을 따를 수는 없다고 해도, 한나라 왕이 왕께 대한 고마움을 가지고, 제나라와 합심하여 공격해오지는 않을 것입니다. 이는 진, 한 나라에게 서로 불화를 조장하는 것으로, 비록 공격을 받을지라도 크게 위태롭지 않을 것입니다. 저의 말을 듣고서 진나라와 우호를 끊는다면, 필경 진나라가 대노하여, 한나라에게 크게 원한을 가질 것입니다. 한나라는 남쪽으로 초나라와 친교를 맺고, 진나라를 가벼이 볼 것이며, 진나라를 가벼이 보면 진나라를 대하는 태도도 불경스러울 것인즉, 이것이 바로 진, 한 양국의 모순을 이용하여 우리나라가 화를 면하는 길입니다"라고

---

33) 鄢：韓나라의 읍 이름으로 지금의 河南省 鄢陵縣 서북쪽이다.

34) 脩魚：지금의 河南省 原陽縣 서남쪽이다.

35) 濁澤：韓나라의 지명으로 지금의 河南省 長葛縣이다.『史記正義』에는 "觀澤"으로 되어 있다.

36) 公仲：公仲侈를 말한다. 韓나라의 相國이다.

하였다. 초나라 왕이 말하기를 "좋소"라고 하고, 이에 국경 사방을 경계하도록 하고, 군사를 일으켜서 한나라를 구원한다고 말하였다. 전차를 온 길가에 가득 채우고, 사신을 한나라에 보냈는데, 수레를 많이 추가하여 재물을 많이 보냈다. 한나라 왕에게 이르기를 "저희 나라가 비록 작으나, 모든 군대를 출동시켰습니다. 원컨대 왕께서 진나라와의 전쟁에서 뜻대로 하시면 저희는 사력을 다하여 지원하겠습니다"라고 하니, 한나라 왕이 이를 듣고는 크게 기뻐하여 공중치의 행차를 멈추게 하였다. 공중치가 말하기를 "안 됩니다. 실제로 우리를 공격하는 것은 진나라이고, 명목상으로 우리를 돕겠다고 하는 것은 초나라입니다. 왕께서는 초나라의 헛소리에 강력한 진나라와 가벼이 절교하고 그들과 적이 된다면, 반드시 천하의 웃음거리가 될 것입니다. 황차 초나라와 우리는 형제 나라도 아니고, 또한 평소에 진나라를 공격할 모의를 한 것도 아닙니다. 이미 진과 한 나라가 초나라를 공격할 움직임이 있자, 군사를 출병하여 한나라를 지원하겠다고 말하는 것은, 필시 진진의 음모입니다. 더욱이 왕께서 이미 사람을 보내어 진나라에 알렸는데, 지금 가지 않는다면, 이는 진나라를 기만하는 것입니다. 대저 왕께서 강력한 진나라를 가벼이 속이고, 초나라의 신하 말을 믿는다면 반드시 후회할 것입니다"라고 하였다. 한나라 왕이 이를 듣지 않고, 이에 진나라와 절교하였다. 진나라가 이 때문에 대노하여 군사를 보충하여 한나라를 공격하였다. 큰 전쟁이 벌어졌으나, 초나라의 지원군은 오지 않았다. 19년에는 진나라 군이 안문(岸門)[37]에서 한나라 군을 대파하였다. 태자 창(倉)이 인질로 잡히고 강화를 맺었다.

21년에는 진나라와 함께 초나라를 공격하여, 초나라의 장수 굴개(屈丐)[38]를 격침시키고, 단양(丹陽)에서 초나라 군 8만 명을 죽였다. 이해에 선혜왕이 죽고 태자 창이 즉위하니, 그가 바로 양왕(襄王)이다.

양왕 4년에는 진 무왕(秦武王)과 임진(臨晉)에서 회맹하였다. 그해 가을에 진나라가 감무(甘茂)를 시켜서 한나라의 의양을 공격하였다. 5년에는 진나라가 한나라의 의양을 함락시키고, 군사 6만 명을 죽였다. 진 무

---

37) 岸門 : 지금의 山西省 河津縣 남쪽이다.
38) 屈丐 : 楚나라 장수이다. 楚 懷王 17년(기원전 312년)에 군대를 이끌고 丹陽에서 회전하였으나, 패전하고 포로가 되었다.

왕이 죽었다. 6년에는 진나라가 한의 무수(武邃)[39]를 다시 돌려주었다. 9년에는 진나라가 다시 한나라의 무수를 빼앗았다. 10년에는 태자 영(嬰)이 진나라에 입조(入朝)하고 돌아왔다. 11년에는 진나라가 한나라를 공격하여 양(穰)[40]을 빼앗았다. 진나라와 함께 초나라를 공격하여, 초나라의 장수 당매(唐昧)를 격퇴시켰다.

12년에는 태자 영이 죽었다. 공자 구(咎)와 공자 기슬(蟣蝨)이 서로 태자 자리를 다투었다. 이때 기슬은 초나라에 인질로 있었다.

소대(蘇代)[41]가 한구(韓咎)에게 이르기를 "기슬이 초나라에 잡혀 있는데, 초나라 왕은 그를 돌려보내고 싶어합니다. 지금 초나라 군사 10만여 명이 방성(方城)[42] 밖에 있는데, 당신은 왜 초나라 왕에게 옹지(雍氏) 옆으로 만호의 성읍을 만들라고 하지 않습니까? 한나라가 분명히 군사를 일으켜서 옹지를 구원할 것이고, 그대는 장수가 될 것입니다. 그대는 한과 초 양국의 군대를 이용하여 기슬을 도와 그를 데려오면, 그가 필경 당신의 말을 들을 것이므로, 초와 한 나라 경계의 땅을 당신에게 봉할 것입니다"라고 하여, 한구가 그 계획에 따랐다.

초나라가 옹지를 포위하고, 한나라가 진나라에 구원을 요청하였다. 진나라가 한나라를 도와 출병하지 않고, 공손매(公孫昧)를 시켜 한나라로 가게 하였다. 공중치가 말하기를 "그대는 진나라가 한나라를 도와줄 것 같습니까?"라고 하니, 대답해 말하기를 "진나라 왕께서 말씀하시기를 '남정(南鄭), 남전(藍田)을 지나서 초나라로 출병하여 그대를 기다리겠다'라고 하셨으니, 단지 언행이 일치하지 않을까 염려될 뿐입니다"라고 하였다. 공중치가 말하기를 "그대는 그럴 것이라고 생각하십니까?"라고 하니, 대답해 말하기를 "진나라 왕은 반드시 장의(張儀)의 낡은 수법을 쓸 것입니다. 초 위왕(楚威王)이 양(梁)을 공격할 때, 장의가 진나라 왕에게 아뢰기를 '초나라와 함께 위(魏)나라를 공격하면 위나라는 꺾여서 초나라에 항복할 것이고, 한나라는 본디 그의 동맹이니, 진나라만 고립될 것입니다. 출병하여 그들을 기만시키면 위와 초 나라가 크게 싸울 것이

---

39)   武邃 : 韓나라의 지명으로 지금의 河南省 鄭縣이다.
40)   穰 : 지금의 河南省 鄭縣 부근이다.
41)   蘇代 : 洛陽 사람. 蘇秦의 동생이며, 縱橫家이다. 권44 「魏世家」의 〈주 59〉 참조.
42)   方城 : 산 이름으로 지금의 河南省 葉縣 서남쪽이다.

고, 진나라는 이를 이용하여 서하(西河) 밖의 땅을 탈취하는 편이 나을
것입니다'라고 하였는데, 지금의 상황이 바로 진나라가 거짓으로 한나라
를 지지한다고 말하는 것이니, 그들은 실질적으로는 암암리에 초나라와
우호를 다질 것입니다. 그대는 진나라 군이 올 때까지 기다렸다가 초나라
와 가볍게 교전하십시오. 초나라는 암암리에 진나라가 그대를 위하여 출
병하지 않을 것을 알고, 가볍게 그대의 군대를 대할 것입니다. 공이 전쟁
에서 초나라에 승리하면, 진(秦)나라는 공과 함께 초나라를 통제할 것이
고, 삼천(三川)[43] 지역까지 위세를 떨친 후에 돌아오십시오. 공이 전쟁
에서 초나라에 승리하지 못하면, 초나라는 삼천 지역을 봉쇄하여 지킬 것
이고, 그렇게 되면 그대를 도울 방도가 없습니다. 저는 사력을 다하여 그
대를 염려하고 있습니다. 사마경(司馬庚)이 세 차례에 걸쳐서 영(郢)을
드나들고, 감무와 소어(昭魚)가 상(商), 오(於)[44]에서 만나서, 말로는
군부(軍符)를 거두어들여 초나라의 한나라에 대한 공격을 금지시키기 위
함이라지만, 실제로는 다른 약속이 되어 있는 것입니다"라고 하니, 공중
치가 두려워하며 말하기를 "그러면 어떻게 합니까?"라고 하였고, 대답해
말하기를 "공께서는 반드시 한나라를 먼저 생각하고 진나라를 뒤에 생각
해야 하며, 본인의 책략을 먼저 고려한 연후에 장의의 권모술수를 생각하
십시오. 공께서는 즉각 제, 초와 연합하면 제와 초는 분명히 먼저 공에게
국사를 맡길 것입니다"라고 하였다. 이때에 초나라는 옹지에 대한 포위망
을 풀었다.

소대는 또 진 태후(秦太后)[45]의 아우 미융(羋戎)에게 이르기를 "공숙
백영(公叔伯嬰)[46]은 진, 초 양국이 기슬의 귀환을 지지할까 두려워하는
데, 공께서는 어찌하여 한나라를 대신하여 초나라에 질자(質子) 기슬을
귀환시키고 다른 사람으로 대체하라고 하지 않습니까? 만약에 초나라 왕
이 기슬을 한나라로 돌려보내지 않으면, 공숙 백영은 진, 초가 기슬을 안
중에도 두고 있지 않음을 알 수 있으므로, 반드시 한이 진, 초와 연합하
게 할 것입니다. 진, 초가 한나라를 끼고서 위나라를 궁지에 몰면, 위나

라는 제나라와 감히 연합하지 못할 것이고, 이에 제나라는 고립될 것입니다. 공께서는 또다시 진나라를 위하여 초나라에 기슬의 귀환을 청하고, 초나라가 승낙하지 않으면, 한나라의 원한을 사는 것이 됩니다. 한나라가 제, 위를 끼고서 초나라를 포위하면, 초나라는 반드시 공을 중시할 것입니다. 공께서 진, 초의 권위를 등에 업고 한나라에 덕을 쌓는다면, 공숙백영은 반드시 공에 의지하여 국정을 운영할 것입니다"라고 하였다. 이렇게 하였지만 기슬은 끝내 한나라로 귀국하지 못하였다. 한나라는 구(咎)를 태자로 삼았다. 제와 위 나라 왕이 한나라를 방문하였다.

14년에는 한나라 왕과 제와 위 나라의 왕이 합동으로 진나라를 공격하여, 함곡관(函谷關)에 이르러서 병력을 주둔시켰다. 16년에는 진나라가 한나라에 황하 이남 지역과 무수를 주었다. 양왕이 죽고, 태자 구(咎)가 즉위하니, 그가 바로 희왕(釐王)이다.

희왕 3년에는 공손희(公孫喜)로 하여금 주(周), 위(魏) 나라 군을 이끌고서 진나라를 공격하게 하였다. 진나라가 한나라 군 24만 명을 격퇴시켰고, 이궐산(伊闕山)[47]에서 희를 포로로 잡았다. 5년에는 진나라가 한나라의 완성(宛城)[48]을 함락시켰다. 6년에는 진나라에 무수 지역 200리 땅을 떼어주었다. 10년에는 진나라가 한나라의 군대를 하산(夏山)에서 격파하였다. 12년에는 진 소왕(秦昭王)과 서주(西周)에서 회맹하여, 진나라를 도와서 제나라를 공격하였다. 제나라가 패배하자 제 민왕(齊湣王)이 도망쳤다. 14년에는 진나라와 동주, 서주[49] 사이에서 회맹하였다. 21년에는 폭원(暴蒚)[50]을 시켜서 위나라를 구원하게 하였으나, 진나라에 패배하여, 원이 개봉(開封)으로 도망쳤다.

23년에는 조와 위 나라가 한나라의 화양산(華陽山)[51]을 공격하였다. 한나라가 급히 진나라에 알렸으나, 진나라가 구원하지 않았다. 한나라의 상국이 진서(陳筮)에게 말하기를 "일이 급하니, 공이 비록 병중이나, 밤을 세워서 진나라에 한번 다녀오십시오"라고 하여, 진서가 양후(穰侯)를

---

47) 伊闕山 : 지금의 河南省 洛陽市 남쪽에 있다. 권40「楚世家」의 〈주 298〉, 권44「魏世家」의 〈주 66〉 참조.

48) 宛城 : 당시에는 韓나라의 읍이었다. 지금의 河南省 南陽市.

49) 東周는 전국시대에 西周에서 분리된 小國으로 鞏에 도읍을 정하였다.

50) 暴蒚 : 韓나라의 將帥이다.

51) 華陽山 : 지금의 河南省 鄭州市 남쪽에 있다.

만났다. 양후가 말하기를 "일이 급합니까? 그러니 그대를 보냈겠지요"라고 하니, 진서가 말하기를 "급하지 않습니다"라고 하였다. 양후가 화가 나서 말하기를 "그대가 이와 같이 말하면서 그대 나라 왕의 사신이라고 할 수 있소? 대저 한나라의 사신은 왕래가 빈번한 법인데, 이는 우리나라에 다급한 상황을 알리려고 하기 때문이오. 그대가 와서 급하지 않다고 하는 것은 어떤 이유에서요?"라고 하니, 진서가 말하기를 "한나라가 다급해지면, 입장을 바꾸어서 다른 나라에 구원을 요청하겠습니다. 상황이 급하지 않기 때문에 제가 다시 한번 온 것입니다"라고 하였다. 양후가 말하기를 "그대는 진나라 왕을 만날 필요가 없소. 지금 출병하여 한나라를 구원하겠소"라고 하고, 8일 만에 진나라 군이 와서 조, 위 나라의 군대를 화양산 아래에서 격퇴시켰다. 이해에 희왕이 죽고, 아들 환혜왕(桓惠王)이 즉위하였다.

환혜왕 원년에는 연(燕)나라를 공격하였다. 9년에는 진나라가 한나라의 형(陘)[52] 땅을 빼앗았고, 분수(汾水)가에 성을 세웠다. 10년에는 진나라가 태행산(太行山)에서 한나라 군을 공격하여, 한나라의 상당군(上黨郡)[53]의 군수가 상당군을 바치고 조나라에 투항하였다. 14년에는 진나라가 상당을 빼앗았고, 장평(長平)에서 마복군(馬服君)의 아들[54]의 졸병 40만여 명을 죽였다. 17년에는 진나라가 한나라의 양성, 부서를 함락시켰다. 22년에는 진 소왕이 죽었다. 24년에는 진나라가 한나라의 성고(城皋), 형양(滎陽)을 함락시켰다. 26년에는 진나라가 한나라의 상당군을 완전히 차지하였다. 29년에는 진나라가 한나라의 13개 성을 함락시켰다.

34년에는 환혜왕이 죽고, 아들 왕안(王安)이 즉위하였다.

왕안 5년에는 진나라가 한나라를 공격하여, 한나라가 다급해지자, 한비(韓非)[55]를 진나라에 사신으로 보냈고, 진나라 왕은 비를 억류시키고는 기회를 틈타서 그를 죽였다.

9년에는 진나라가 안왕을 포로로 하여, 그 땅 전체를 거두어들이고, 영

---

52) 陘 : 지금의 山西省 聞喜縣 서북쪽이다.
53) 上黨郡 : 지금의 山西省 동남부.
54) 바로 趙括(? -기원전 260년)을 가리킨다. 馬服君은 趙奢를 가리킨다. 馬服은 산 이름으로 지금의 河北省 邯鄲市 서북쪽이다.
55) 韓非(기원전 약 280-기원전 233년) : 전국시대의 韓나라의 公子이다. 李斯와 함께 荀卿에게서 수학하였고, 저서로 『韓非子』가 있다.

천(穎川)⁵⁶⁾이라고 하였다. 한나라는 이로써 멸망하였다.

태사공은 말하였다.

"한궐(韓厥)이 진 경공(晉景公)의 마음을 움직여, 조씨의 고아 조무 (趙武)로 하여금 조씨의 대를 잇게 함으로써 정영(程嬰)과 공손저구(公 孫杵臼)의 뜻이 이루어졌으니, 이는 천하의 음덕(陰德)이다. 한씨의 공 로가 진(晉)나라에는 그다지 크게 보이지 않았으나 한씨가 조씨, 위씨와 더불어서 10여 대 동안 제후를 지낸 것은 마땅하도다 ! "

---

56) 穎川 : 군 이름으로 지금의 河南省 중부 지방이다. 陽翟에 군청을 두고 있다.

권46 「전경중완세가(田敬仲完世家)」¹⁾ 제16

  진완(陳完)은 진 여공(陳厲公) 타(他)의 아들이다.²⁾ 완이 태어났을 때, 마침 주(周)나라 태사(太史)³⁾가 진(陳)나라를 지나가니, 진 여공이 그로 하여금 완의 점을 치게 하여, "관(觀)"괘에서 "비(否)"괘⁴⁾로 넘어가는 점괘를 얻었다. 괘의 대의는 다음과 같았다. "이것은 나라의 빛을 보고서, 왕의 중신(重臣)으로 쓰임이 적합한 괘입니다. 이는 그의 대에 진씨가 나라를 가지는 것인가, 아니면 이곳이 아닌 다른 곳에서 나라를 세우는 것인가, 아니면 자기의 대에서가 아니라 그의 자손 대에서 나라를 세우는 것인가 하는 것입니다. 만약에 다른 나라에서라면, 필시 강씨(姜氏) 성의 나라일 것입니다. 강씨 성은 사악(四嶽)⁵⁾ 중의 한 후예입니다. 어떤 사물이든지 양강(兩姜)이 병존할 수 없으니, 진이 쇠하면, 그가 창성할 것입니다."

  진 여공은 진 문공(陳文公)의 작은아들로, 그의 어머니는 채(蔡)⁶⁾나라 사람이다. 문공이 죽은 후에 여공의 형인 포(鮑)가 즉위하니, 그가 바로 환공(桓公)이다. 환공은 그와 이복 형제이다. 환공이 병에 걸렸을 때, 채나라 사람이 그를 위하여 환공 포와 태자 면(免)을 죽이고 타(他)를 즉위시켜 여공이 되었다.⁷⁾ 여공은 즉위한 뒤에 채나라 여인을 아내로 취하

---

1) 「田敬仲完世家」에서 '敬仲'은 부연된 것으로, 『漢書』「司馬遷傳」과 『史記志疑』에 의거하여 삭제함이 옳다.
2) 陳은 周 武王 때에 제후국으로 봉해졌다. 陳 厲公은 陳나라의 13대 國君이다.
3) 太史 : 관직 이름으로 典籍, 天文曆法, 占卜, 祭祀 등을 관장하였다.
4) "觀," "否"는 64卦 중의 卦 이름으로 '觀'은 길한 괘로 國君이 될 만하나, '否'는 흉한 괘로 왕위에 오르지 못하고, 멸망할 것을 예측하게 한다.
5) 四嶽 : 堯임금 때의 사방의 부락, 또는 그 부락의 수령을 지칭한다.
6) 蔡 : 나라 이름으로 周 武王의 동생 叔度이 처음 봉해진 이후, 기원전 447년에 楚나라에 의하여 멸망당하였다.
7) 이에 관한 기록은 『左傳』, 『史記志疑』, 권36 『陳杞世家』와 다르다. 『春秋』, 『左傳』에 의하면 다음과 같다. 蔡나라 사람이 죽인 사람은 他이고, 그는 厲公 躍의 형이다. 躍이 즉위하니 厲公이 되었고, 그는 利公이라고도 한다.

였다. 그녀가 채나라 남자와 간음하며, 여러 차례 채나라로 돌아가니, 여공도 자주 채나라에 가서 음란한 행동을 하였다. 환공의 작은아들 임(林)이 여공이 자신의 아버지와 형을 죽인 것에 원한을 품고, 채나라 사람으로 하여금 여공을 유혹하게 하여 살해하였다. 임이 스스로 즉위하여, 장공(莊公)이 되었다. 이렇게 해서 진완은 즉위하지 못하고, 진나라의 대부(大夫)가 되었던 것이다. 여공이 살해된 것은 음란하여 출국하였기 때문으로, 『춘추(春秋)』에는 "채나라 사람이 진타(陳他)를 죽였다"라고 하여, 그를 책하는 내용이 쓰여 있다.

장공이 죽고, 동생 저구(杵臼)가 즉위하니, 그가 바로 선공(宣公)이다. 선공 11년에는 태자 어구(禦寇)를 죽였다. 어구는 진완과 관계가 친밀하였으므로, 진완도 화가 자신에게 미칠까 두려워하여 제(齊)나라로 도망갔다. 제 환공(齊桓公)이 그를 경(卿)으로 삼으려 하자, 사양하며 말하기를 "떠돌이 객이 된 신이 요행히 경제적인 부담을 면한 것도 왕의 은혜인데, 감히 높은 직책을 맡을 수 없습니다"라고 하니, 환공이 그를 공정(工正)으로 삼았다. 제나라의 대부 의중(懿仲)이 여식을 진완에게 아내로 주려고 점을 쳤더니, 점괘에 이르기를 "이는 봉황이 비상하는 듯하고, 화음이 조화를 이루어서 내는 기쁨의 소리이다. 유규씨(有嬀氏)의 후예로서 장차 강씨(姜氏) 성의 나라에서 성장할 것이다. 5대 이후로 창성하여, 경(卿)의 지위에 이를 것이다. 8대 이후에는 그보다 더 높은 지위가 없을 것이다"라고 하였다. 결국 의중은 자신의 여식을 완(完)에게 시집 보냈다. 완이 제나라로 도망한 것이 제 환공 14년의 일이다.

완이 죽자 경중(敬仲)이라는 시호(諡號)가 추증되었다. 경중은 치맹이(穉孟夷)를 낳았다. 경중이 제나라로 도망하면서, 성을 진(陳)에서 전(田)으로[8] 바꾸었다.

전치맹이(田穉孟夷)는 민맹장(湣孟莊)을 낳았고, 전민맹장은 문자수무(文子須無)를 낳았다. 전문자(田文子)가 제 장공(齊莊公)을 섬겼다.

진(晋)나라의 대부 난령(欒逞)이 진나라에서 난을 일으키고, 제나라로 도망하자, 제 장공이 그를 후히 대접하였다. 안영(晏嬰)[9]과 전문자가 간

---

8) 『說文解字』와 『齊民要術』에 의하면, 田은 陳이고, 田과 陳의 음과 뜻은 상통한다고 되어 있다.
9) 晏嬰(? -기원전 500년) : 춘추시대 齊나라의 大夫이다. 권62 「管晏列傳」 참조.

언하였으나, 장공이 듣지 않았다.

문자가 죽었는데, 그는 환자무우(桓子無宇)를 낳았다. 전환자 무우는 제 장공을 섬겼는데, 힘이 세어 아주 총애를 받았다.

무우가 죽었는데, 그는 무자개(武子開)와 희자기(釐子乞)를 낳았다. 전희자기는 제 경공(齊景公)을 섬겨 대부가 되었고, 백성들로부터 조세를 거둘 때에는 소두(小斗)로 거두고, 백성들에게 베풀 때에는 대두(大斗)로 하여, 은연중 백성들에게 덕을 베풀었고, 경공도 이를 멈추게 하지 않았다. 이리하여 전씨가 제나라의 민심을 얻었고, 전씨 일족은 날로 강대해져, 민심은 전씨에게로 갔다. 안자(晏子)가 수 차례 경공에게 간언을 하였으나, 경공이 듣지 않았다. 얼마 후 안자가 진(晉)나라에 사신으로 가서, 숙향(叔向)[10]과 사담으로 말하기를 "제나라의 정권은 결국에 가서는 전씨에게 돌아갈 것이다"라고 하였다.

안영이 죽은 후에 범씨(范氏), 중항씨(中行氏)[11]가 진(晉)나라를 배반하였다. 진나라의 공격이 극심해지자 범씨, 중항씨가 제나라에 식량을 청하였다. 전기(田乞)가 반란에 뜻이 있어서, 제후들과 결속하여, 경공을 설득하여 말하기를 "범씨, 중항씨가 우리에게 수 차례에 걸쳐서 덕을 행하였는데, 우리가 구해주지 않으면 안 됩니다"라고 하니, 제나라는 전기로 하여금 그들을 돕게 하여 식량을 보냈다.

경공의 태자가 죽었다. 경공에게는 후에 예자(芮子)라고 불린 총희(寵姬)가 있었다. 그녀가 아들 다(荼)를 낳았다. 경공은 병이 들자, 재상 국혜자(國惠子)와 고소자(高昭子)에게 명하여 다를 태자로 세웠다. 경공이 죽고, 두 재상이 다를 즉위시키니, 그가 바로 안유자(晏孺子)이다. 전기는 이를 불쾌히 여기고, 경공의 다른 아들 양생(陽生)을 옹립하려고 하였다. 양생은 평소에 전기와 사이가 좋았다. 안유자가 즉위하자, 양생은 노(魯)나라로 도망쳤다. 전기는 거짓으로 고소자와 국혜자를 섬기고, 매양 입조(入朝)할 때면 수행하며 말하기를 "처음에는 여러 대부들이 유자를 옹립하려 하지 않았는데, 유자가 이미 즉위하였고, 그대가 재상이 되니, 대부들이 두려워 모두 반란을 일으키려고 합니다"라고 하는 동시

---

10)   叔向 : 춘추시대 때의 晉나라 大夫로, 羊舌氏이다.
11)   范氏는 范獻子이고, 中行氏는 中行寅이다. 두 사람은 모두 晉나라의 大夫이다.

396

에, 대부들에게 말하기를 "고소자는 무서운 사람이니, 그가 움직이기 전
에 우리가 먼저 그를 처치합시다"라고 하여, 여러 대부들이 그를 따랐다.
전기, 포목(鮑牧)과 대부들이 군대를 이끌고 공실(公室)로 들어가서, 고
소자를 공격하였다. 소자가 이를 듣고, 국혜자와 더불어서 안유자를 구하
려고 했지만, 공실의 군대가 패배하였다. 전기의 무리가 국혜자를 쫓아냈
고, 혜자는 거(莒)¹²⁾나라로 도망쳤다. 이에 전기의 무리가 다시 돌아와
서 고소자를 죽였다. 안영의 아들 안어(晏圉)는 노(魯)나라로 도망쳤다.
　전기가 사람을 노나라로 보내어, 양생을 영접하였다. 양생은 제나라로
돌아와서 전기의 집에 숨어 있었다. 전기가 제후들에게 청하기를 "전상
(田常)¹³⁾의 어머니가 차례상을 차렸으니, 와서 드시면 영광이겠습니다"
라고 하니, 대주들이 전씨 집에 와서 회식을 하였다. 전기가 양생을 자루
에 넣어 자리의 한가운데에 놓았다. 자루를 풀었더니, 양생이 나오며 말
하기를 "내가 바로 제나라의 군주이다"라고 하였다. 대부들이 모두 엎드
려 조아렸다. 곧 그를 옹립하려는데, 전기가 거짓으로 말하기를 "나와 포
목이 양생을 옹립하기로 모의하였다"라고 하니, 포목이 노하여 말하기를
"대부께서는 경공의 명을 잊었소?"라고 하여, 여러 대부들이 돌이키려고
하였고, 양생은 이에 머리를 조아리며 말하기를 "가능하면 나를 옹립하
고, 불가능하면 그만두시오"라고 하였다. 포목은 자신에게 닥칠 화를 두
려워하여, 다시 말하기를 "모두가 경공의 아들인데, 어찌 안 되리오!"라
고 하고, 이에 전기의 집에서 양생을 옹립하니, 그가 바로 도공(悼公)이
다. 이에 사람을 시켜서 안유자를 태(駘)¹⁴⁾로 보내어, 어린 다(荼)를 죽
였다. 도공이 즉위하자 전기가 재상이 되어, 제나라의 정권을 전횡하였
다.
　4년에는 전기가 죽고, 아들 상(常)이 아버지의 대를 이었으니, 그가
바로 전성자(田成子)이다.
　포목이 제 도공과 불화가 생겨서, 도공을 시해하였다. 제나라 사람들이
함께 그의 아들 임(壬)을 옹립하니, 그가 바로 간공(簡公)이다. 전상성

12)　莒 : 옛 나라 이름으로 처음에 玆與期가 君으로 봉해졌고, 춘추시대 때에 計斤에
　　서 莒나라로 옮겼다. 기원전 431년에 楚나라에 의하여 멸망당하였다.
13)　田常 : 田乞의 아들이다.
14)　駘 : 齊나라의 지명으로 지금의 山東省 臨朐縣이다.

자(田常成子)와 감지(監止)가 좌우 상(相)이 되어 간공을 보필하였다. 전상은 감지를 시기하였지만, 감지가 간공의 총애를 받아서, 권세를 빼앗을 수 없었다. 이리하여 전상은 다시 희자(釐子)의 정치를 재현하여, 대두(大斗)로 대여하고, 소두(小斗)로 거두어들였다. 제나라 사람들이 이를 노래로 부르기를 "할머니가 뜯어온 나물들은 모두 전성자에게 보내리!"라고 하였다. 제나라의 대부들이 입조하자 어앙(御鞅)[15]이 간공에게 간언하기를 "전(田), 감(監)을 같이 재상으로 두어서는 안 됩니다. 임금께서는 하나를 선택하셔야 됩니다"라고 하였으나, 간공이 듣지 않았다.

  자아(子我)[16]라는 사람은 감지의 동족인데, 늘상 전씨와 사이가 나빴다. 그런데 전씨의 먼 동족 전표(田豹)는 자아를 섬기며 그의 총애를 받았다. 자아가 말하기를 "나는 전씨의 친족들을 모두 멸족시키려 하니, 표가 전씨의 종가를 대신하라"라고 하니, 표가 말하기를 "저는 전씨와 멉니다"라고 하며 이를 듣지 않았다. 이리하여 표가 전씨에게 이르기를 "자아가 전씨를 죽이려고 하는데, 전씨가 먼저 손을 쓰지 않으면 화를 당할 것입니다"라고 하였다. 자아가 공실에 들었을 때, 전상의 4형제가 공궁(公宮)에 들어가서 자아를 죽이려고 하였다. 자아가 급히 문을 닫았다. 간공은 부인과 단대(檀臺)[17]에서 술을 마시고 있었는데 이 소식을 듣고, 군대를 보내어 전상을 공격하려고 하였다. 그런데 태사(太史) 자여(子余)가 말하기를 "전상은 감히 난을 일으키지 못합니다. 해를 제거하려는 것입니다"라고 하여, 간공이 멈추었다. 전상이 물러나와서 간공이 진노하였다는 말을 듣고는 죽임을 당할까 두려워서, 도망치려고 하였다. 전자행(田子行)이 말하기를 "늦추세요. 이는 일을 망치는 것입니다"라고 하여, 전상이 이에 자아를 공격하였다. 자아가 자기를 따르는 무리와 전씨를 공격하였으나, 이기지 못하고 도망쳤다. 전씨의 무리들이 그들을 쫓아서 자아와 감지를 죽였다.

  간공이 도망치자, 전씨의 무리들은 서주(徐州)[18]까지 간공을 쫓아가서

---

15) 御는 관직 이름이고, 鞅은 사람 이름이다. 鞅은 田氏이다.
16)   子我:『史記索隱』에 의하면 바로 "監止"인데,『史記』에서는 "宗人"으로 잘못 쓰고 있다. 권32「齊太公世家」의〈주 213〉참조.
17)   檀臺: 궁중에 있다. 일설에는 지금의 靑州 臨淄縣 동북쪽에 있다고 한다.
18)   徐州: 齊나라의 읍 이름으로 지금의 山東省 騰縣 남쪽에 있다.

잡았다. 간공이 말하기를 "전에 어앙의 말을 들었던들 지금의 재난은 오지 않았을 것이다"라고 하였다. 전씨의 무리들은 간공이 복위하여, 자신들을 죽일 것을 두려워하여, 간공을 죽였다. 이로써 간공은 즉위 4년 만에 죽은 것이다. 이리하여 전상은 간공의 동생인 오(鰲)를 옹립하였으니, 그가 바로 평공(平公)이다. 평공이 즉위하고, 전상이 재상이 되었다.

전상은 이미 간공을 죽였으므로, 제후들이 공모해서 자신을 죽일 것이 두려워서 노(魯), 위(衛) 나라로부터 빼앗은 땅을 모두 돌려주고, 서쪽으로는 진(晋), 한(韓), 위(魏), 조(趙) 나라와 화약을 맺고, 남쪽으로는 오(吳), 월(越) 나라에 사절을 보내어 우호를 다졌으며, 논공행상을 백성들에게 베풀어서, 제나라는 다시금 안정을 되찾았다.

전상이 제 평공(齊平公)에게 말하기를 "덕치는 백성들의 바람입니다. 임금께서는 그것을 행하십시오. 형벌은 백성들이 싫어하는 것이니, 신이 집행하겠습니다"라고 하였다. 이렇게 시행한 지 5년에 되어서 제나라의 정권은 모두 전상에게 귀속되었다. 전상은 이리하여 포(鮑), 안(晏), 감지(監止)와 공족(公族)들 중의 강자를 모두 죽이고, 제나라의 영토 중 안평(安平)[19]의 동쪽에서 낭야(郎邪)[20]에 이르는 땅을 자신의 봉읍으로 하였다. 그 봉읍은 평공의 식읍보다도 컸다.

전상은 이리하여 제나라의 여인 중에서 키가 7척 이상 되는 이를 후궁으로 삼으니, 후궁이 100여 명이나 되었고, 빈객과 친속들로 하여금 후궁에게 드나드는 것을 금지시키지 않았다. 전상이 죽을 때에는 아들이 70여 명이나 되었다.

전상이 죽고, 아들 양자반(襄子盤)이 대를 이어 제나라의 재상이 되었다. 상의 시호는 성자(成子)이다.

전양자(田襄子)가 이미 제 선공(齊宣公)의 재상이 되었고, 삼진(三晋)[21]이 지백(知伯)을 죽이고 그 땅을 나누어 가졌다. 양자는 그의 형제 친족들로 하여금 모두 제나라의 도시와 지방의 대부가 되게 하여, 삼진과

---

19) 安平 : 지금의 山東省 益都縣 서북쪽에 있다.
20) 郎邪 : 지금의 山東省 諸城縣 郎邪臺 서북쪽에 있다.
21) 三晋 : 춘추시대 말기에 晋나라의 韓, 趙, 魏 三卿이 晋나라를 나누어 가졌다. 이를 三晋이라고 한다.

서로 사신 왕래를 함으로써 온 제나라 땅을 차지한 듯하였다.

양자가 죽고, 아들 장자(莊子) 백(白)이 대를 이었다. 전장자(田莊子)는 제 선공의 재상이 되었다. 선공 43년에 진(晉)나라를 공격하여, 황성(黃城)²²⁾을 함락시키고, 양호(陽狐)²³⁾를 포위하였다. 다음해에는 노(魯)나라의 갈(葛)과 안릉(安陵)을 공격하였다. 다음해에는 노나라의 성 하나를 탈취하였다.

장자가 죽고, 아들 태공화(太公和)가 대를 이었다. 전태공은 제 선왕의 재상이 되었다. 선왕 48년에는 노나라의 성(郕) 땅을 탈취하였다. 다음해에 선공은 정(鄭)나라 사람과 서성(西城)에서 회맹하였다. 또 위(衞)나라를 공격하여, 무구(毋丘)²⁴⁾를 취하였다. 선공은 51년에 죽었고, 전회(田會)가 늠구(廩丘)²⁵⁾에서 반란을 일으켰다.

선공이 죽고, 아들 강공(康公) 대(貸)가 즉위하였다. 대(貸)는 14년 동안 재위에 있으면서, 술과 여자에 빠져서 정치를 돌보지 않았다. 태공은 이에 강공을 해상(海上)으로 쫓고, 성 하나를 식읍으로 주어, 조상들을 받들게 하였다. 다음해에는 노나라가 제나라의 평륙(平陸)²⁶⁾을 함락시켰다.

3년에는 태공과 위 문후(魏文侯)²⁷⁾가 탁택(濁澤)²⁸⁾에서 회맹하여, 전씨를 제후로 올려줄 것을 청하였다. 위 문후는 이에 사자(使者)로 하여금 주 천자(周天子)와 제후들에게 알리어, 제나라의 재상 전화(田和)를 제후로 올릴 것을 청하였다. 주 천자가 이를 허락하였다. 강공 19년에는 전화가 제나라의 제후로 봉해졌고, 주 왕실의 제후에 올라 개원(改元)하여 원년으로 삼았다.

제후(齊侯) 태공 화가 즉위한 지 2년 만에 죽고, 아들 환공(桓公) 오

---

22) 黃城 : 晉나라의 읍 이름으로 지금의 山東省 冠縣 남쪽이다.
23) 陽狐 : 晉나라의 읍 이름으로 지금의 河北省 大名縣 동북쪽이다.
24) 毋丘 : 옛 나라 이름으로 毋는 '貫'의 殘缺字로 바로 옛 貫國을 말한다. 지금의 山東省 曹縣 서남쪽이다.
25) 廩丘 : 지금의 河南省 范縣 동남쪽이다.
26) 平陸 : 지금의 山東省 汶上縣 북쪽. 권43 「趙世家」의 〈주 144〉 참조.
27) 魏 文侯 : 전국시대에 魏나라를 건립한 사람으로 이름은 斯이다. 후에 전국7웅 중의 하나가 되었다.
28) 濁澤 : 지금의 山西省 運城市 서쪽. 권45 「韓世家」의 〈주 35〉 참조.

(午)가 즉위하였다. 환공 5년에는 진(秦), 위(魏) 나라가 한(韓)나라를 공격하여, 한나라가 제나라에 구원을 요청하였다. 제 환공(齊桓公)이 대신들을 소집하여 모의하여 말하기를 "한나라를 일찍 구해줄 것인가, 아니면 늦게 구원할 것인가?"라고 하니, 추기(騶忌)가 말하기를 "구원하지 않느니만 못합니다"라고 하였고, 단간붕(段干朋)[29]이 말하기를 "구원하지 않으면, 한나라를 쪼개어 위(魏)에 넘길 것이므로, 구원하는 것만 못합니다"라고 하였는데, 전신사(田臣思)[30]는 말하기를 "군(君)들의 모의는 지나침이 있군요! 진, 위 나라가 한나라를 공격하면, 초나라와 조나라가 분명히 구원할 것이므로, 이는 하늘이 제나라에게 연나라를 주는 것입니다"라고 하였다. 환공이 말하기를 "맞소"라고 하고, 이에 한나라의 사자(使者)에게 구원할 것을 몰래 알려주고, 그를 돌려보냈다. 한나라도 제나라의 지원을 받을 것으로 알고서, 진(秦), 위(魏) 나라와 교전하였다. 초나라와 조나라에서 이를 듣고는, 과연 군사를 일으켜 한나라를 도왔다. 제나라는 이때를 이용하여 군사를 일으켜 연나라를 습격하여, 연나라의 상구(桑丘)[31]를 취하였다.

6년에는 위(衛)나라를 구원하였다. 제 환공이 죽고,[32] 아들 위왕(威王) 인제(因齊)가 즉위하였다. 이해에 원래 있던 제 강공이 죽고, 그의 후손이 없어서, 봉읍이 모두 전씨에게 들어왔다. 제 위왕(齊威王) 원년에는 삼진(三晉)이 제나라의 상사(喪事)를 틈타서 제나라의 영구(靈丘)[33]를 침공하였다. 3년에는 삼진이 진(晉)나라를 멸망시킨 후에 그 땅을 나누어 가졌다. 6년에는 노나라가 제나라를 공격하여, 양관(陽關)[34]까지 들어왔다. 진(晉)나라가 제나라를 공격하여, 박릉(博陵)[35]에 이르렀다. 7년에는 위(衛)나라가 제나라를 공격하여, 설릉(薛陵)[36]을 차지하

29) 『戰國策』에는 "段干綸"으로 되어 있다.
30) 田臣思 : 田忌를 가리킨다. 『戰國策』에는 "田期思"라고 하였고, 『竹書紀年』에는 "徐州子期"라고 하였다. 권44 「魏世家」의 〈주 36〉 참조.
31) 桑丘 : 敬城이라고도 하는데, 지금의 河北省 徐水縣 서남쪽이다.
32) 『竹書紀年』에는 桓公이 19년에 죽은 것으로 되어 있다.
33) 靈丘 : 지금의 山東省 高唐縣 남쪽이다. 권43 「趙世家」의 〈주 287〉, 권45 「韓世家」의 〈주 22〉 참조.
34) 陽關 : 춘추시대 때의 魯나라 땅으로 후에 齊나라 땅이 되었다. 지금의 山東省 寧陽縣 동북쪽이다. 권33 「魯周公世家」의 〈주 157〉 참조.
35) 博陵 : 지금의 山東省 陽谷縣 서북쪽이다.
36) 薛陵 : 춘추시대 때의 薛國의 유적지이다. 지금의 山東省 陽谷縣 동북쪽이다.

였다. 9년에는 조(趙)나라가 제나라를 공격하여, 견(甄)[37]을 차지하였다.

위왕(威王)이 처음 즉위한 이래로 국정을 잘 다스리지 못해서, 경대부(卿大夫)들에게 국정을 위탁하는데, 9년 동안에 제후들이 서로 공격하여 나라가 잘 다스려지지 않았다. 이리하여 위왕이 즉묵(卽墨)[38]의 대부를 불러서 말하기를 "그대가 즉묵을 다스린 뒤로, 그대를 비방하는 말이 매일 끊이지 않았소. 그러나 과인이 사람을 시켜서 즉묵을 보니, 밭을 개간하여 백성들에게 주고, 관에 공무가 쌓인 일도 없이, 동쪽은 태평하였소. 이는 그대가 과인의 측근들에게 명예를 구하지 않았기 때문이오"라고 하고, 그에게 만호의 식읍을 봉하였다. 아(阿)[39]의 대부를 불러 말하기를 "그대가 아를 통치하는데, 칭찬의 소리가 날마다 들렸으나, 사람을 시켜서 아를 지켜보니, 밭은 개간하지 않고, 백성들은 빈곤하였소. 전에 조나라가 견(甄)을 공격했을 때에도, 그대는 구원하지 못하였소. 위(衞)나라가 설릉을 차지했을 때에도 그대는 알지 못하였소. 이는 그대가 과인의 측근들에게 뇌물을 주어 명예를 구한 것이오"라고 하고, 이날 아의 대부를 팽형(烹刑)[40]에 처하였다. 아울러서 그를 칭찬했던 측근들도 모두 팽형에 처하였다. 이리하여 군사를 일으켜 서쪽으로 조(趙), 위(衞) 나라를 공격하였고, 위(魏)나라를 탁택(濁澤)에서 패배시키고 위 혜왕(魏惠王)을 포위하였다. 혜왕이 관(觀) 땅을 헌납하고 협상을 청하였고, 조나라는 제나라에 장성(長城)[41]을 돌려주었다. 이리하여 제나라는 국위를 떨치고, 사람들은 모두 가식과 잘못을 저지르지 않고, 성심껏 임무를 다하였다. 비로소 제나라가 잘 다스려졌다. 제후들이 이를 듣고는 20여 년 동안 제나라에 군사를 일으킬 생각을 하지 않았다.

추기자(騶忌子)[42]가 거문고를 가지고서 위왕(威王)을 만나니, 위왕이

---

37) 甄 : 지금의 山東省 甄城縣 북쪽. 권32 「齊太公世家」의 〈주 76〉 참조.

38) 卽墨 : 전국시대 때의 齊나라의 읍 이름으로 지금의 山東省 平度縣 동남쪽이다.

39) 阿 : 東阿縣을 말한다. 지금의 山東省 陽谷縣 동북쪽에 있는 阿城鎭을 가리킨다.

40) 烹刑 : 중국 고대의 처형 방식으로, 큰 솥에 삶아 죽이는 처형이다.

41) 長城 : 齊나라의 長城을 가리킨다. 춘추시대 때에는 楚나라가 장성을 쌓았는데, 이는 方城이라고 한다. 전국시대 때에는 齊, 燕, 魏, 趙, 秦, 楚 나라가 모두 장성을 쌓은 바 있다. 권40 「楚世家」의 〈주 316〉 참조.

42) 騶忌子 : 鄒忌를 말한다. 그가 齊 威王 때에 齊나라의 政界에 입문하였다면, 앞에서 齊 桓公 5년에 忌 등을 불러서 大臣들과 모의하였다는 기록은 誤記로 보인다.

기쁘게 그를 궁내 우실(右室)에 머물게 하였다. 얼마 있지 않아서, 왕이 거문고를 타니, 추기자가 문을 열고 들어와서 말하기를 "거문고를 정말 잘 타십니다"라고 하였다. 왕이 불끈 화를 내면서, 거문고를 놓고, 대검을 잡고 말하기를 "대저 그대는 들어온 지 얼마 되지도 않았는데, 어찌 잘 타는 줄 아시오?"라고 하니, 추기자가 말하기를 "대저 대현(大弦)은 넓으면서도 봄과 같이 온화하여 군(君)에 비유되며, 소현(小弦)은 청렴하고 맑으니 재상에 비유됩니다. 잡을 때에는 깊게 잡고 놓을 때에는 서서히 풀어주니 법령에 비유되고, 모두 함께 소리를 내지만 크고 작음이 서로 다르며 굴절을 일으키면서 서로의 음을 해치지 않음이 4계절과 같으니, 제가 이로써 훌륭한 것을 알았습니다"라고 하였다. 왕이 말하기를 "그대는 음률을 잘 구별하는구려"라고 하였고, 추기자가 말하기를 "어찌 음률만이겠습니까? 대저 국가를 다스리고 백성을 안정시키는 것도 이 속에 있습니다"라고 하였다. 왕이 불끈 화를 내며 말하기를 "그렇다면 과인이 5음(五音)[43]을 다스림이, 그대만 못할 것이오. 그런데 과인이 나라를 다스리고 백성들을 안정시키는 것이 어찌 거문고를 타는 것과 같다고 말할 수 있소?"라고 하였다. 추기자가 말하기를 "대저 대현(大弦)은 넓으면서도 봄과 같이 온화하여 군(君)에 비유되며, 소현(小弦)은 청렴하고 맑으니 재상에 비유됩니다. 잡을 때에는 깊게 잡고 놓을 때에는 서서히 풀어주니 법령에 비유되고, 모두 함께 소리를 내지만 크고 작음이 서로 다르며 굴절을 일으키면서 서로의 음을 해치지 않음이 4계절과 같습니다. 대저 반복되면서도 어지럽지 않은 까닭은 국가가 잘 다스려지고 창성함이요, 상하좌우가 잘 이어지는 것은 보존되고 멸망하지 않는 것입니다. 그러므로 거문고의 음이 다스려지면 천하가 다스려지는 것입니다. 대저 나라가 다스려지고 백성들이 무고한 것은 바로 5음을 다스리는 이치와 같지 않습니까?"라고 하니, 왕이 말하기를 "그렇소"라고 하였다.

추기자가 위왕을 만난 지 3개월 만에 재상의 인(印)을 받았다. 순우곤(淳于髡)[44]이 그를 보고 말하기를 "말을 참 잘하시는군요! 제게 소견이

---

43) 五音 : 宮, 商, 角, 徵, 羽를 말한다. 권31 「吳太伯世家」의 〈주 42〉 참조.

44) 淳于髡 : 齊나라 학자로 박학하기로 유명하며, 여러 차례에 걸쳐서 齊 威王과 鄒忌로 하여금 내정을 개혁할 것을 권유하였다. 후에 魏나라로 갔는데, 上卿의 자리를 권하자 사양하고, 魏나라를 떠났다. 권44 「魏世家」의 〈주 42〉 참조.

있는데, 선생 앞에서 진설(陳說)하고자 합니다"라고 하니, 추기자가 말하기를 "삼가 가르침을 받겠습니다"라고 하였다. 순우곤이 말하기를 "신하된 자가 군(君)에 대한 예절을 다하면, 몸과 명예가 창성할 것이고, 그렇지 않으면 모두 잃을 것입니다"라고 하니, 추기자가 말하기를 "삼가 가르침을 받겠습니다. 절대로 그 말씀을 마음에서 멀리하지 않겠습니다"라고 하였다. 순우곤이 말하기를 "돼지기름을 가시나무에 발라서 바퀴축에다가 칠하는 것은 바퀴의 회전을 원활하게 하기 위함인데, 만약에 구멍을 각지게 뚫으면 돌아가지를 않습니다"라고 하니, 추기자가 말하기를 "삼가 가르침을 받겠습니다. 측근들로 하여금 잘 받들도록 하겠습니다"라고 하였다. 순우곤이 말하기를 "활을 만들 때 잘 마른 나무에 아교를 칠하는 것은, 잘 맞게 하기 위함인데, 공간이 비고 틈새가 생기면 메울 수가 없습니다"라고 하니, 추기자가 말하기를 "삼가 가르침을 받겠습니다. 스스로를 온 백성과 거리가 없도록 하겠습니다"라고 하였다. 순우곤이 말하기를 "늑대 가죽옷이 해어졌다고, 누런 개가죽으로 기우면 안 됩니다"라고 하니, 추기자가 말하기를 "삼가 가르침을 받겠습니다. 임명할 때에는 군자를 선택하도록 하고, 잡소인배가 그 속에 끼지 못하도록 하겠습니다"라고 하였다. 순우곤이 말하기를 "큰 수레일지라도 균형을 바로잡지 않으면 본래 실을 수 있는 능력만큼 싣지 못하고, 현악기는 음을 맞춰놓지 않으면 5음을 이룰 수 없습니다"라고 하니, 추기자가 말하기를 "삼가 가르침을 받겠습니다. 법률을 잘 다듬고, 간사한 관리들을 잘 감독하겠습니다"라고 하였다. 순우곤이 말을 마친 후에 급히 나가면서, 대문에 이르러서 하인을 모아놓고 말하기를 "내가 5 가지 비유를 했는데도, 이 사람이 질문에 대답한 말들이 모두 꼭 맞는 대답이었으니, 이 사람은 멀지 않아서 봉상(封賞)을 받을 것이로다"라고 하였다. 그로부터 1년이 지나서 추기자는 과연 하비(下邳)를 받았고, 성후(成侯)[45]로 불렸다.

위왕(威王) 23년에는 조나라 왕과 평륙에서 회맹하였다. 24년에는 위(魏)나라 왕과 교외에서 사냥 회동을 하였다. 위(魏)나라 왕이 묻기를 "왕께서도 보물이 있습니까?"라고 하니, 위왕(威王)이 말하기를 "없습니다"라고 하였다. 양왕(梁王)이 말하기를 "과인과 같이 작은 나라에서도 1촌(寸) 되는 진주가 수레 앞뒤에서 번뜩이는 것이 열두 수레요, 매 수레

---

45) 齊나라 임금이 왕으로 칭하였기 때문에 신하를 侯로 봉할 수 있었다.

마다 열 개씩 있습니다. 어찌하여 만승의 나라에서 보석이 없단 말입니까?"라고 하니, 위왕(威王)이 말하기를 "과인이 보물이라고 여기는 것은 왕과 다릅니다. 과인의 신하 중에 단자(檀子)라는 사람이 있는데, 그로 하여금 남쪽의 성을 지키게 하면, 초나라가 감히 동쪽의 땅을 쳐들어오지 못하고, 사수(泗水) 가의 12제후(十二諸侯)[46]가 모두 조공(朝貢)을 합니다. 또 과인의 신하 중에는 반자(盼子)[47]라는 사람이 있는데, 그에게 고당(高唐)[48] 지방을 지키도록 하면, 조나라 사람들이 감히 동쪽으로 와서 고기를 잡지 못합니다. 과인의 신하 중에는 검부(黔夫)[49]라는 사람이 있는데, 그로 하여금 서주(徐州)[50]를 지키게 하면, 우리가 침입할까 두려워서 연(燕)나라 사람들이 북문에 제사를 올리고, 조나라 사람들이 서문에 제사를 올리며, 그를 쫓는 무리가 7,000여 호에 이릅니다. 과인의 신하 중에는 종수(種首)라는 사람이 있는데, 그에게 도적들을 막도록 하면, 길거리 떨어진 것도 주워가지 않습니다. 이는 천리를 밝히는 것인데, 어찌 열두 수레만을 밝힐 뿐이겠습니까!"라고 하였다. 양 혜왕(梁惠王)이 부끄러워서, 흥을 잃고 가버렸다.

26년에는 위 혜왕(魏惠王)이 한단(邯鄲)[51]을 포위하여, 조나라가 제나라에 구원을 요청하였다. 제 위왕이 대신들을 소집하여, 모의하여 말하기를 "구원하는 것이 좋겠소, 안 하는 게 좋겠소?"라고 하니, 추기자가 말하기를 "구하지 않는 것이 좋습니다"라고 하였고, 단간붕(段干朋)은 말하기를 "구원하지 않으면 의롭지 못할 뿐 아니라, 이롭지도 못합니다"라고 하였다. 왕이 말하기를 "어째서 그러한가?"라고 하니, 단간붕이 대답하여 말하기를 "위씨(魏氏)가 한단을 병점한다면, 우리에게 무슨 이익이 있습니까? 차라리 조나라를 구원하여 조나라의 교외에 군대를 주둔시키고

---

46) 十二諸侯 : 齊, 魏 나라 사이의 淮水, 泗水 유역에 살고 있는 鄒, 魯, 陳, 蔡 등의 12개의 작은 나라를 가리킨다. 권40 「楚世家」의 〈주 323〉 참조.

47) 盼子 : 田盼을 가리킨다. 보통은 성씨의 뒤에 '子'자를 붙이나, 이름의 뒤에 붙여서 높이기도 한다.

48) 高唐 : 옛 읍 이름으로 지금의 山東省 高唐縣 동북쪽이다.

49) 黔夫 : 齊나라의 신하이다.

50) 徐州 : 지금의 山東省 騰縣에 있는 薛縣의 옛 성으로 바로 薛國을 말한다. 전국시대에는 '徐州'라고 하였다.

51) 邯鄲 : 옛 도읍이다. 기원전 386년에 趙 敬侯가 晉陽에서 이곳으로 천도하였다. 지금의 河北省 邯鄲市이다.

조나라를 공격하지 않으면, 위나라의 군대는 온전하게 보전됩니다. 그러므로 남으로 양릉(襄陵)[52]을 공격하여, 위(魏)나라 군을 괴롭히고, 한단이 함락되면, 위나라 군이 지쳐 있는 틈을 이용해야 합니다"라고 하였다. 위왕(威王)이 이 계략을 따랐다.

그후로 성후(成侯) 추기(騶忌)와 전기(田忌)의 사이가 나빠졌고, 공손열(公孫閱)[53]이 성후 추기에게 말하기를 "공은 어찌하여 위(魏)나라를 공격하려고 모의하지 않습니까? 전기가 반드시 수장이 될 것입니다. 전쟁에서 승리하여 공이 있다면 그대의 모의가 적중한 셈이고, 전쟁에서 승리하지 못한다면 앞으로 나아가서 전사하거나, 뒤로 후퇴하여 패배할 것인즉, 전기의 목숨은 공의 손에 달려 있습니다"라고 하였다. 이리하여 성후가 위왕(威王)에게 진언하여, 전기로 하여금 남으로 양릉을 공격하도록 하였다. 10월에 한단을 함락시켰다. 제나라가 군사를 일으켜 위(魏)나라를 공격하여, 계릉(桂陵)[54]에서 대파하였다. 이리하여 제나라는 제후 중에서 가장 강하게 되었고, 스스로 왕으로 칭하며, 천하를 호령하기 시작하였다.

33년에는 그의 대부(大夫) 모신(牟辛)[55]을 죽였다.

35년에는 공손열이 또 성후 기에게 이르기를 "공은 어찌하여 사람을 시켜서 황금 200냥을 가지고 시장에 가서 점을 치면서 말하기를 '나는 전기(田忌)의 사람이다. 우리는 삼전삼승하여, 명성을 천하에 떨치고 있다. 큰 일을 행하고자 하는데, 점괘가 길한가 불길한가?'라고 하시지 않습니까?" 성후는 그의 말을 따랐다. 그는 점을 치고 나와서, 사람을 시켜 점 치는 이를 잡아들여, 점괘의 내용을 왕이 듣게 하였다. 전기가 이를 듣고 부하를 이끌고서 임치(臨淄)를 습격하였다. 그러나 성후를 찾다가 이기지 못하고 도망쳤다.

36년에는 위왕이 죽고, 아들 선왕(宣王) 벽강(辟疆)이 즉위하였다.

선왕 원년에는 진(秦)나라가 상앙(商鞅)[56]을 임용하였다. 주 천자가

---

52) 襄陵 : 魏나라의 읍 이름으로 지금의 河南省 雎縣이다.
53) 公孫閱 : 齊나라의 신하이다. 『戰國策』「齊策」에는 "公孫宏"으로 되어 있다.
54) 桂陵 : 지금의 河南省 長垣縣 서북쪽. 권43 「趙世家」의 〈주 146〉 참조.
55) 齊나라의 大夫로 牟辛은 그의 성이다. 다른 본에는 '大夫'가 "夫人"으로 되어 있다.

진 효공(秦孝公)에게 패주(覇主)의 칭호를 주었다.

　2년에는 위(魏)나라가 조(趙)나라를 공격하였다. 조와 한(韓) 나라가
친하여, 함께 위나라를 공격하였다. 조나라가 불리하게도 남량(南梁)[57]
에서 전쟁을 하였다. 선왕이 전기를 불러 원래의 직위를 회복시켰다.[58]
한(韓)나라가 제나라에 구원을 요청하였다. 선왕이 대신들을 소집하여,
모의하여 말하기를 "일찍 도와주어야 하나, 늦게 도와주어야 하나?"라고
하니, 추기자가 말하기를 "구원하지 않는 것만 못합니다"라고 하였고, 전
기는 말하기를 "구원하지 않으면, 한나라는 더욱 굴욕적으로 위(魏)나라
에 들어갈 것입니다. 일찍 구원하는 것만 못합니다"라고 하였고, 손자(孫
子)[59]가 말하기를 "한과 위 나라의 군대가 지치기 전에 그들을 구원하는
것은 우리가 한나라를 대신해서 위나라 군과 싸우는 것으로, 돌이켜보건
대 그것은 한나라의 명령을 듣는 것입니다. 황차 위나라가 한과 조에 대
한 공격의 뜻이 있고, 한나라가 멸망에 직면하면, 반드시 동쪽으로 제나
라에 호소할 것입니다. 우리는 이로써 한나라와 깊은 연맹을 맺고 위나라
의 피로한 군대를 뒤늦게 맞이할 것인즉, 이익은 크고 명성 또한 얻을 것
입니다"라고 하니, 선왕이 "옳다"라고 하였다. 이에 한나라의 사자(使者)
에게 몰래 알려주고, 그를 보냈다. 한나라는 제나라에 의지하여 위(魏)
나라와 전쟁을 하였으나, 다섯 번 싸워서 이기지 못하자 동쪽으로 제나라
에 의탁하였다. 제나라는 이로써 군사를 일으켜, 전기와 전영으로 하여금
장수가 되게 하고, 손자를 지휘관으로 삼아, 한과 조 나라를 구원하여 위
나라를 공격하니, 마릉(馬陵)[60]에서 그들을 대파하였고, 적장 방연(龐
涓)[61]을 살해하였고, 위나라 태자 신(申)을 포로로 삼았다. 그후로 삼진

56)　商鞅(기원전 390-기원전 338년): 전국시대의 정치가로 衞나라 사람이다. 성은
　　公孫이고, 이름은 鞅이다. '衞鞅'이라고도 하며, 秦나라에서 벼슬하면서 戰功으로 商
　　땅에 봉해져서 商鞅이라고도 한다. 권68「商君列傳」참조.
57)　南梁: 옛 성으로 지금의 河南省 臨汝縣 서남쪽이다.
58)　이해에는 이러한 사건이 없었다. 『史記』의 誤記로 보인다.
59)　孫子: 전국시대의 兵家 孫臏을 가리킨다. 齊나라의 阿 사람으로 孫武의 후손이
　　다. 1972년에 山東省 臨沂縣에 있는 銀雀山에서 『孫臏兵法』이 출토되었다. 권44「魏
　　世家」의 〈주 36〉, 권65「孫子·吳起列傳」참조.
60)　馬陵: 옛 지명으로 춘추시대에는 衞나라에 속하였고, 전국시대에는 齊나라에 속
　　하였다. 馬陵戰의 시기는 齊 宣王 2년(기원전 318년), 周 顯王 29년(기원전 340
　　년), 魏 惠王 27년(기원전 343년) 등의 설이 있다.
61)　龐涓: 전국시대의 魏나라 장수이다. 일찍이 孫臏과 함께 병법을 배웠고, 후에 孫

(三晉)의 왕이 모두 전영을 통하여 박망성(博望城)[62]에서 제왕(齊王)에게 입조(入朝)하여 맹서하고 갔다.

　7년에는 위(魏)나라 왕과 평아(平阿)[63]의 남쪽에서 회맹하였다. 다음해에는 견(甄)에서 다시 만났다. 위 혜왕(魏惠王)[64]이 죽었다. 다음해에는 위 양왕(魏襄王)과 서주(徐州)에서 회맹하여, 제후들간에 서로 왕으로 칭하기로 승인하였다. 10년에는 초나라 군이 제나라의 서주를 포위하였다. 11년에는 위(魏)나라와 함께 조나라를 공격하였고, 조나라 군이 황하를 끌어들여서 제와 위 나라 군을 잠기게 하여, 양국이 철군하였다. 18년에는 진 혜왕(秦惠王)이 왕으로 칭하였다.

　선왕(宣王)이 문학유사들을 좋아하여, 추연(騶衍),[65] 순우곤(淳于髠), 전병(田駢),[66] 접여(接予),[67] 신도(愼到),[68] 환연(環淵)[69] 같은 무리들 76명 모두에게 집을 하사하여, 상대부(上大夫)[70]로 삼고, 관직에 얽매이지 않고 자유로이 토론하게 하였다. 이리하여 제나라의 직하(稷下)[71]에는 학자들이 많아져서, 그 수가 수백명에서 천명을 넘어섰다.

　19년에는 선왕이 죽고, 아들 민왕(湣王) 지(地)가 즉위하였다.

　민왕 원년에는 진(秦)나라가 장의(張儀)[72]를 시켜서 제후들의 재상들과 설상(齧桑)[73]에서 회맹하게 하였다. 3년에는 설(薛) 땅을 전영(田嬰)

臏을 毒刑으로 음해하였다. 馬陵戰에서 孫臏의 전략에 패배하여 자살하였다.

62) 博望城 : 옛 지명으로 지금의 山東省 荏平縣 서북쪽이다. 『史記正義』에는 "鄭州"라고 하나, 불명확하다.
63) 平阿 : 沛郡 平阿縣을 말한다.
64) 권44 「魏世家」에는 魏 惠王이 죽은 해가 惠王 36년으로 되어 있고, 여기서는 8년인데, 이는 모두 사실과 다르고, 실제 죽은 해는 惠王 17년(기원전 319년)이다.
65) 騶衍(기원전 약 305-기원전 240년) : 전국시대 중기 陰陽家의 대표인물이다.
66) 田駢 : 齊나라 사람으로 호는 口駢이다. 『漢書』 「藝文志」에 『田子』 25편이 전한다.
67) 接予 : 齊나라 사람으로 『漢書』 「藝文志」에 『接子』 2편이 전한다. 그는 田駢과 함께 道家者流에 속한다.
68) 愼到 : 趙나라 사람으로 法家이다. 『漢書』 「藝文志」에 『愼子』 42편이 전한다.
69) 環淵 : 楚나라 사람이다.
70) 上大夫 : 고대의 관직 이름이다. 周 왕실에는 제후들이 있는데, 卿 아래 大夫가 있고, 大夫는 다시 上中下로 나뉘었다. 권40 「楚世家」의 〈주 81〉 참조.
71) 稷下 : 齊나라의 都城인 臨淄 稷門 부근이다.
72) 張儀 : 전국시대의 縱橫家. 魏나라 귀족의 후손으로 『漢書』 「藝文志」에 『張子』 10편이 전한다. 권40 「楚世家」의 〈주 251〉, 권43 「趙世家」의 〈주 155〉 참조.

408

에게 봉하였다. 4년에는 진나라에서 부인을 맞아들였다. 7년에는 송(宋)나라와 함께 위(魏)나라를 공격하여, 관택(觀澤)[74]에서 격퇴시켰다.

12년에는 위(魏)나라를 공격하였다. 초나라 군이 옹지(雍氏)[75]를 포위하였고, 진나라가 초나라 장수 굴개(屈丐)를 격퇴시켰다. 소대(蘇代)[76]가 전진(田軫)[77]에게 이르기를 "제가 선생을 배알하고자 함은 선생을 위하여 멋진 일을 한 가지 할 것인즉, 초나라로 하여금 당신께 이익이 되도록 할 것이니, 그것이 성사가 되어도 복을 얻는 것이요, 성사가 되지 않아도 복을 받을 것입니다. 근자에 제가 문에 서 있는데, 어떤 손님이 위(魏)나라 왕이 한풍(韓馮), 장의(張儀)에게 한 이야기를 이르기를 '자조(煮棗)[78]는 곧 함락될 것이고, 제나라 군이 계속 진군하면, 그대들이 와서 과인을 구해주면 되오. 과인을 구해주지 않으면, 과인은 함락시킬 수가 없소'라고 하였습니다. 이 말이 특별히 전한 말입니다. 진과 한 나라의 군사들이 동으로 위나라를 구원하러 가기 전에, 10여 일 지나면, 위나라는 한나라를 떠나서 진나라에 복종할 것이고, 진나라는 장의의 계획을 좇아서 손을 잡고 제와 초 나라에 대처할 것이니, 이것이 바로 선생이 성공하는 것입니다"라고 하니, 전진이 말하기를 "어떻게 진나라로 하여금 동쪽으로 출병하지 않게 할 수 있습니까?"라고 물었다. 소대가 이렇게 대답하였다. "한풍이 위나라를 구원하기 위해서 한 말은 필경 한나라 왕에게 '풍이 위나라를 구원하기 위하여'가 아니고, '풍이 진과 한의 군대를 이용하여, 동쪽의 제와 송을 격퇴시키고, 풍은 삼국의 군사를 규합하여, 초나라 장수 굴개가 지쳐 있는 틈을 타서, 남쪽 초나라의 땅을 빼앗으면, 옛 땅을 완전히 되찾는 것입니다'라는 것입니다. 장의가 위나라를 구원하기 위해서 필경 진나라 왕에게 '의(儀)가 위나라를 구원하기 위하여'라고 말하지 않고, '의가 진과 한 나라의 군대로서 동쪽의 제와 송 나라의 군대에 저항하도록 하고, 의가 삼국의 군대를 취합하여, 굴개가 실패한 틈

---

73) 齧桑 : 전국시대의 魏나라의 땅으로 지금의 江蘇省 沛縣 서남쪽이다.
74) 觀澤 : 觀地이다. 지금의 河南省 淸豊縣 남쪽이다.
75) 雍氏 : 옛 지명으로 韓나라의 땅이다. 지금의 河南省 南禹縣 동북쪽이다.
76) 蘇代 : 전국시대에 東周 洛陽 사람으로 蘇秦의 동생이다.
77) 田軫 : 陳軫이라고도 하며, 처음에는 秦나라의 신하였고, 이어서 楚나라에서 벼슬을 하다가, 후에 齊나라에서 벼슬하였다. 권40「楚世家」의 〈주 254〉 참조.
78) 煮棗 : 魏나라의 땅으로 지금의 山東省 荷澤縣 서쪽이다.

을 타서, 남쪽의 초나라 땅을 빼앗아야 합니다. 이것은 명목상으로는 망하는 나라를 보존하기 위함이나, 실질적으로는 한나라의 삼천(三川)[79] 땅을 되찾는 것으로, 이것이 왕업입니다'라고 말할 것입니다. 선생께서는 초나라 왕으로 하여금 한나라의 영토를 주게 하고, 진나라로 하여금 강화 조약을 맺도록 하며, 진나라 왕에게 말하기를 '초로 하여금 한나라 땅을 주게 하십시오. 왕께서는 삼천 지역에 군대를 포진하고, 한나라의 군대는 쓰지 않고 초나라의 땅을 얻는 것입니다'라고 하십시오.” 한풍이 동쪽으로 진군하는 것은 진나라 왕에게 어떻게 말합니까?” 대답해 말하였다. “'진나라의 군대는 쓰지 않고서 삼천을 얻고, 초와 한 나라를 공격하여 위나라를 궁하게 하니, 위나라의 군대가 감히 동쪽으로 진군하지 못할 것이니, 이는 제나라를 고립시키는 것입니다'라고 하십시오.” “장의가 군대를 동쪽으로 진군시키는 것이 대해서는 또 어떻게 설명하겠습니까?”라고 하니, 이렇게 대답하였다. “'진과 한 나라가 땅을 얻기 위해서 군대를 주둔시키고, 위나라에 성위(聲威)를 떨칠 것이고, 위나라는 제와 초 나라의 지원을 잃지 않고, 의지하려 할 것입니다'라고 하십시오. 위나라가 진과 한 나라로 돌아서려 하면서, 한편으로는 제와 초 나라와도 우호를 지키려는 것은, 초나라 왕이 위나라로 하여금 자신을 받들도록 하는 욕심은 있으면서도 한나라의 땅은 주려고 하지 않기 때문으로, 선생께서 진과 한 나라의 군대를 쓰지 않고 땅을 얻을 수 있게 한다면, 양국에 커다란 은혜를 베푸는 것입니다. 진과 한 나라의 국왕이 한풍과 장의의 속임수를 받아들여서 동쪽으로 군대를 파병하여 위나라로 하여금 순종하도록 하면, 선생께서는 주도권을 잡고서 진과 한 나라에서 중책을 맡을 것으로, 이것이 바로 왕께서 선생을 좋아하고, 장의의 군사력 낭비를 증오하게 하는 것입니다.”

13년에는 진 혜왕(秦惠王)이 죽었다. 23년에는 진나라와 함께 중구(重丘)[80]에서 초나라 군을 격퇴시켰다. 24년에는 진나라가 경양군(涇陽君)을 제나라에 인질로 보냈다. 25년에는 경양군이 진나라로 돌아왔다. 맹상군(孟嘗君) 설문(薛文)이 진나라에 들어와서 재상에 임명되었지만 다

79) 三川 : 전국시대의 周 왕실의 城都로 黃河, 洛水, 伊水를 끼고 있어 三川이라고 한다.
80) 重丘 : 지금의 河南省 泌陽縣 동북쪽이다. 권40 「楚世家」의 〈주 287〉 참조.

410

시 진에서 도망쳤다. 26년에는 제와 한, 위 세 나라가 합동으로 진나라를 공격하여, 함곡관(函谷關)[81]에 이르러 주둔하였다. 28년에는 진나라가 한나라에게 하외(河外)의 땅을 주고 강화를 맺어 군대를 철수시켰다. 29년에는 조나라 사람이 주부(主父) 무령왕(武靈王)을 죽였다. 제나라가 조나라를 도와서 중산국(中山國)을 멸망시켰다.[82]

36년에는 제나라 왕이 동제(東帝)라고 칭하였고, 진 소왕(秦昭王)이 서제(西帝)라고 칭하였다. 소대(蘇代)가 연나라에서부터 제나라로 들어오다 장화궁(章華宮)의 동문(東門)에서 왕을 만났다. 제나라 왕이 말하기를 "아! 잘됐소. 선생이 오셨구려! 진나라가 위염(魏冉)[83]을 시켜서 제호(帝號)를 가지고 오게 하였는데, 선생은 어떻게 생각하오?"라고 하니, 대답해 말하기를 "왕께서 신에게 하신 질문이 갑작스럽습니다. 화가 닥치는 것은 언제나 희미하고 서서히 오는 것이니, 왕께서는 제호를 받으시되 즉각 사용하지는 마십시오. 진나라가 제(帝)로 칭하여 천하가 조용하면, 왕께서 제로 칭하셔도 늦지 않습니다. 황차 제(帝)를 사양해도 손해될 것이 없습니다. 진나라가 제(帝)로 칭하여서 천하가 증오하면, 왕께서는 제로 칭하지 마십시오. 그러면 천하의 인심을 받을 것으로 큰 밑천이 됩니다. 황차 천하에 두 명의 제(帝)가 있다면, 왕께서는 천하가 제나라를 받들 것으로 생각하십니까? 아니면 진(秦)나라를 받들 것으로 생각하십니까?"라고 하였다. 왕이 말하기를 "진나라를 존경할 것이오"라고 하였다. 대답해 말하기를 "제호를 포기하면, 천하가 제나라를 사랑하겠습니까? 아니면 진나라를 사랑하겠습니까?"라고 하니, 왕이 말하기를 "제나라를 사랑하고, 진나라를 증오할 것이오"라고 하였다. 소대가 묻기를 "양제(兩帝)가 협약을 맺고서 조나라를 공격하는 것이 이롭습니까? 아니면 송나라의 폭군을 공격하는 것이 이롭습니까?"라고 하니, 왕이 말하기를 "송나라의 폭군을 공격하는 것이 이롭소"라고 하였다. 소대가 대답해 말하기를 "대저 맹약은 균등하지만, 진나라와 함께 제(帝)라고 칭하면 천

81) 函谷關 : 옛 關 이름으로 험하기가 函과 같다고 하여 函谷이라고 하였다. 동쪽의 崤山에서 서쪽의 潼津까지를 函谷이라 칭한다. 지금의 河南省 靈寶縣 동북쪽이다.
82) 이 일은 권15「六國年表」의 기록과 다르다.「六國年表」에는 趙와 齊, 燕 나라가 함께 中山國을 멸망시켰다고 쓰여 있다. 연도 또한 '29년'이 아니다.
83) 魏冉 : 秦나라의 大臣으로 昭王을 옹립하여 재상에 임명되었다. 穰 땅을 봉받아 穰侯라고 하였다.

하는 진나라만을 존경하고, 제나라는 가벼이 대할 것이나, 제 칭호를 포
기하면, 제나라를 사랑하고, 진나라를 증오할 것입니다. 조나라를 공격
하는 것이 송나라의 폭군을 공격하는 것보다 이로울 것이 없으므로, 원컨
대 왕께서는 제 칭호를 포기하고 천하의 인심을 거두어서, 맹약을 어기고
진나라에 항거하여, 두번째 제 칭호를 다투지 마십시오. 그리고서 기회를
보아 송나라를 공격하십시오. 송나라를 차지하면 위(衛)나라의 양지(陽
地)[84]가 위험하며, 제서(濟西)를 차지하면 조나라의 아(阿) 땅이 위험하
며, 회북(淮北)을 차지하면 초나라의 하동(河東)이 위협을 받을 것이며,
도(陶)[85]와 평륙(平陸)을 차지하면, 위나라가 성문을 감히 열지 못할 것
입니다. 제 칭호를 포기하고, 대신 송나라의 폭군을 공격하면, 나라의 지
위도 높아지고 명성도 높아져서, 연과 초 나라가 위세에 복종하게 되고,
천하에 저항하는 나라가 없을 것이니, 이는 탕왕(湯王), 주 무왕(周武
王)의 업적과 같은 것입니다. 제가 진나라를 존경한다는 미명하에 천하로
하여금 진나라를 증오하게 한다면, 이는 낮은 지위로서 높은 명예를 얻는
것입니다. 원컨대 왕께서는 심사숙고하십시오”라고 하였다. 이리하여 제
나라는 제 칭호를 포기하고 다시 왕으로 복귀하였고, 진나라도 제위를 포
기하였다.

   38년에는 송나라를 공격하였다. 진 소왕이 분노하여 말하기를 “과인이
송나라를 사랑하는 것이 신성(新城), 양진(陽晉)[86]과 같다. 한섭(韓聶)
은 과인과 친구인데, 과인이 좋아하는 바를 공격한 것은 무엇 때문인
가?”라고 하니, 소대가 위나라를 위하여 진나라 왕에게 이르기를 “한섭
이 송나라를 공격한 것은 왕을 위한 것입니다. 제나라는 강한데, 송나라
가 제나라를 돕는다면, 초와 위 나라가 반드시 두려워할 것이고, 두려우
면 그들은 필시 서쪽의 진나라를 섬길 것이니, 이는 왕께서 병력의 소모
나 병사의 희생 하나 없이, 아무 일도 하지 않고 안읍(安邑)[87]을 차지하

---

84) 陽地 : 전국시대의 衛나라 땅으로 지금의 河南省 濮陽縣이다.
85) 陶 : 定陶(지금의 山東省 定陶縣 서북쪽)를 가리킨다.   권41 「越王句踐世家」의
     〈주 48〉참조.
86) 新城은 전국시대의 宋나라 땅으로 지금의 河南省 商丘市 남쪽이다. 陽晉은 衛나
     라 땅으로 지금의 山東省 鄆城縣 동북쪽이다.
87) 安邑 : 魏나라의 都城으로 지금의 山西省 夏縣 서북쪽이다. 秦나라 昭王 21년에
     秦나라에 귀속되었다.

는 것으로, 그것은 한섭이 왕께 기대하는 바입니다"라고 하였다. 진나라
왕이 말하기를 "과인은 제나라가 알지 못할 것을 걱정하는 것이오. 때로
는 합종(合縱)88)하고, 때로는 연횡(連橫)89)하는 것을 어떻게 말해야 되
는가?"라고 하니, 대답해 말하기를 "천하의 모든 나라들의 명령을 어찌
제가 다 알 수 있습니까? 제나라가 이미 송나라를 공격함으로써, 진나라
를 섬기는 데는 만승지국(萬乘之國)의 역량으로 스스로를 무장해야 하
고, 서쪽으로 진나라를 섬기지 않으면 송나라 땅은 안정을 꾀할 수 없음
을 알 것이기 때문입니다. 중원(中原) 각국의 능구렁이같이 늙고 간사한
유사(遊士)들이 모두 지혜를 모아 제와 진 사이의 관계를 이간질시키려고
하고, 빈번하게 서쪽으로 달려가는 무리들은 어느 사람도 제나라를 좋게
말하는 사람이 없으며, 빈번하게 동쪽으로 달려가는 사람들은 어느 사람
도 진나라를 좋게 말하는 사람이 없습니다. 왜냐하면 모두가 제와 진(秦)
나라의 연합을 바라지 않기 때문입니다. 어찌하여 진(晉)과 초 나라가 지
혜로운데, 제와 진(秦) 나라가 우매하겠습니까! 진(晉)과 초 나라가 합
치면 반드시 제와 진(秦) 사이의 연합을 해치려고 모의할 것이며, 제와
진(秦) 나라가 합치면 반드시 진(晉)과 초 나라를 칠 것입니다. 이러한
원리에 의거하여 대사를 결행하십시오"라고 하니, 진나라 왕이 말하기를
"좋다"라고 하였다. 이리하여 제나라가 송나라를 정벌하고, 송나라 왕이
도망하여 온(溫)90) 땅에서 죽었다. 제나라는 남쪽으로는 초나라의 회북
(淮北)을 탈취하고, 서쪽으로는 삼진(三晉)을 침공하여, 주 왕실과 나란
히 천자가 되려고 하였다. 사수(泗水)가의 제후인 추(鄒), 노(魯) 나라
의 군주들은 모두 자신을 제나라의 신하로 칭하였고, 천하의 제후들이 모
두 제나라를 두려워하였다.

　39년에는 진(秦)나라가 제나라를 공격하여, 제나라의 성읍 9개를 함락
시켰다.

　40년에는 연(燕), 진(秦), 초(楚), 삼진(三晉)이 공모하여, 각기 정예
부대를 출병시켜서 제나라를 공격하여, 제서(濟西)에서 제나라를 물리쳤

---

88)　合縱 : 전국시대에 약한 나라들이 연합하여 강한 나라를 공격하는 것을 말한다.
89)　連橫 : 약한 나라가 강한 나라를 따라서 다른 약한 나라를 공격하는 것을 말한다.
90)　溫 : 옛 나라 이름으로 원래는 '蘇'라고 하였다. 宋나라가 溫에 도읍을 정하였는데
　　전국시대에는 魏나라 땅이 되었다. 지금의 河南省 溫縣 서남쪽이다.

다.[91] 제나라 왕의 군대가 와해되어 퇴각하였다. 연나라 장수 악의(樂毅)가 임치(臨淄)에 들어가 제나라의 보물들을 모두 탈취하였다. 민왕이 도망하여 위(衛)나라로 갔다. 위(衛)나라 군주가 스스로 궁을 피하여 민왕이 묵도록 하고, 민왕을 신하로 칭하면서 기물들을 함께 썼다. 민왕이 불손하여, 위(衛)나라 사람이 그를 습격하였다. 민왕이 위(衛)나라를 떠나서 추, 노 나라로 도망갔는데, 교만한 기색이 있자, 추와 노 나라의 군주도 그를 거두지 않았고, 이에 거(莒)나라로 갔다. 초나라는 요치(淖齒)의 군사로 하여금 제나라를 구원하도록 하여, 그가 제 민왕의 재상이 되게 하였다. 요치가 민왕을 죽이고서 연나라와 함께 제나라의 영토와 보물들을 나누어 가졌다.

민왕이 죽임을 당하고, 그의 아들 법장(法章)이 이름을 바꾸어 거(莒)나라의 태사 교(敫)의 하인이 되었다. 태사 교의 여식이 법장의 용모를 보고는 그가 범상하지 않음을 알고서 흠모하여 몰래 그에게 의식(衣食)을 제공하였고, 그와 정을 통하였다. 요치가 이미 거나라를 떠나고, 거나라 사람들과 제나라의 유신(遺臣)들이 민왕의 아들을 찾아서 즉위시키려고 하였다. 법장은 그들이 자신을 죽일 것을 두려워하여, 한참 뒤에야 "내가 민왕의 아들이다"라고 스스로 말할 수 있었다. 이리하여 거나라 사람들이 함께 법장을 즉위시키니, 그가 바로 양왕(襄王)이다. 양왕은 거나라 성을 지키고서 제나라 백성들에 알리기를 "왕은 이미 거나라에서 즉위하셨도다"라고 하였다.

양왕이 즉위한 뒤에 태사의 여식을 왕후로 삼으니, 그가 바로 군왕후(君王后)로 그녀는 아들 건(建)을 낳았다. 태사 교가 말하기를 "여식이 중매인도 없이 스스로 시집을 갔으니, 내 자식도 아니다. 우리 가문의 명예를 더럽혔다"라고 하고, 평생토록 군왕후를 보지 않았다. 군왕후는 어진 여인이라, 이로 인하여 자식의 예를 벗어난 적이 없다.

양왕이 거나라에서 산 지 5년이 되었을 때, 전단(田單)[92]이 즉묵(卽墨)의 군대를 근거지로 하여 연나라 군을 격파하였고, 거나라에서 양왕을 맞이하여 임치로 들어갔다. 제나라의 옛 땅은 모두 다시금 제나라에 귀속

---

91) 권15 「六國年表」에 의하면 이때 楚나라는 공격에 가담하지 않았다.

92) 田單 : 전국시대의 齊나라의 將師로 臨淄 사람이며, 戰功으로 齊나라 相國이 되었고 安平君에 봉해졌다. 권34 「燕召公世家」의 〈주 60〉 참조.

414

되었다. 제나라는 전단을 안평군(安平君)으로 삼았다.

14년에는 진(秦)나라가 제나라의 강(剛)과 수(壽)[93]를 공격하였다. 19년에는 양왕이 죽고, 아들 건(建)이 즉위하였다.

제나라 왕 건이 즉위한 지 6년이 되어서, 진(秦)나라가 조나라를 공격하여, 제와 초 나라가 조나라를 구원하였다. 진나라에서는 모의하여 말하기를 "제와 초 나라가 조나라를 구원하는데, 그들의 관계가 친밀하면 철군시키고, 친밀하지 않으면 공격하기로 합시다"라고 하였다. 조나라는 식량이 부족하여 제나라에 곡식을 청하였으나 제나라가 승낙하지 않았다. 주자(周子)가 말하기를 "승낙하여 진나라 군이 퇴각하도록 하는 것이 낫습니다. 승낙하지 않아서 진나라 군이 철수하지 않는다면, 진나라의 계략이 적중하는 것이고, 제와 초 나라의 계략이 실패하는 것입니다. 황차 조나라는 제와 초 나라에는 방해물로서, 치아가 입술을 얻는 격으로, 입술이 상하면 치아가 시리게 됩니다. 오늘 조나라가 망하면, 훗날 화가 제와 초 나라에 미칩니다. 또한 조나라를 구하는 일은 마치 새는 항아리를 들고서 달구어진 솥단지에 물을 부어야 하듯 다급한 일입니다. 대저 조나라를 구하는 것은 고매한 일이고, 진나라 군을 물리치는 것은 명성을 떨치는 일입니다. 망하는 나라를 의롭게 구원하고, 강력한 진나라 군대를 물리치는 것은 위세를 떨치는 것인데, 이에 힘쓰지 않고서 곡식을 아끼는 일에 힘쓴다면, 나라를 위하여 계획하는 이의 잘못이 되는 것입니다"라고 하였다. 그러나 제나라 왕이 듣지 않았다. 진나라가 장평(長平)[94]에서 조나라 군 40만여 명을 무찌르고, 한단을 포위하였다.

16년에는 진(秦)나라가 주(周)나라를 멸망시켰다. 군왕후가 죽었다. 23년에는 진나라가 동군(東軍)을 설치하였다. 28년에는 제나라 왕이 진나라에 입조(入朝)하였고, 진왕(秦王) 정(政)이 함양(咸陽)에서 술상을 차려놓고 그를 환대하였다. 35년에는 진나라가 한나라를 멸망시켰다. 37년에는 진나라가 조나라를 멸망시켰다. 38년에는 연나라가 형가(荊軻)[95]

---

93) 剛은 지금의 山東省 寧陽縣 동북쪽이고, 壽는 山東省 東平縣 서남쪽이다.
94) 長平 : 지금의 山西省 高平縣 서북쪽이다. 秦나라의 장수 白起가 이곳에서 趙나라의 투항군 40만 명을 묻어 죽였다. 권43 「趙世家」의 〈주 282〉 참조.
95) 荊軻 : 전국시대 말기의 刺客이다. 자세한 것은 권86 「刺客列傳」 참조.

를 시켜서 진왕을 자살(刺殺)하게 하려다, 진왕에게 발각되어, 진왕이 가(軻)를 죽였다. 다음해에는 진나라가 연나라를 격파하고, 연나라 왕은 요동(遼東)으로 도망쳤다. 그 다음해에는 진나라가 위(魏)나라를 멸망시키고, 진나라 군을 역하(歷下)에 주둔시켰다. 42년에는 진나라가 초나라를 멸망시켰다. 다음해에는 대왕(代王)[96] 가(嘉)를 생포하였고, 연나라 왕 희(喜)를 죽였다.

44년에는 진나라 군이 제나라를 공격하였다. 제나라 왕은 재상 후승(后勝)의 책략을 듣고서, 전쟁을 하지 않고 군대를 이끌고서 진나라에 투항하였다. 진나라가 제나라 왕 건을 생포하여, 공(共)[97]으로 보냈다. 이에 제나라를 멸망시키고 군(郡)으로 삼았다. 이윽고 천하는 진나라 하나로 통일되었고, 진왕 정(政)이 즉위하여 황제(皇帝)로 불렸다. 초기에는 군왕후가 현명하여, 진나라를 섬김이 근엄하였고, 제후들과도 믿음이 깊었다. 또 제나라는 동쪽 해변가에 위치하고 있어서 진나라와는 멀리 떨어져 있었다. 진나라는 날마다 삼진(三晉), 연(燕), 초(楚)를 공격하였고, 다섯 나라는 각기 진나라의 공격으로부터 자신들을 구하기 바빠서, 제나라 왕 건이 즉위한 지 40여 년이 되도록 적군의 침공을 받지 않았다. 군왕후가 죽은 후에 후승이 재상이 되어, 진나라 첩자의 뇌물을 많이 받았고, 자주 빈객들을 진나라에 입조하게 하였으니, 진나라는 금품을 더 많이 주어, 객들이 돌아와서 첩자가 되게 하였다. 그들은 왕에게 진나라에 입조하도록 권유하였다. 침공에 대한 대비를 하지 말고, 5개 국이 서로 도와 진나라를 공격하지 않게 함으로써 진나라가 5개 국을 멸망시킬 수 있었다. 5개 국이 이미 멸망하고, 진나라 군이 끝내 임치에 들어오니, 백성들이 감히 저항하지 못하였다. 제나라 왕 건이 이내 항복하고, 공(共)으로 옮겨갔다. 그리하여 제나라 사람들은 건이 일찌감치 제후들과 합종(合縱)하여 진나라를 공격하지 않고, 간신과 빈객들의 말을 듣고 나라를 망하게 한 것을 원망하여, 노래하기를 "소나무인가? 잣나무인가? 왕 건을 공(共)에서 살게 한 사람은 빈객들인가?"라고 하며, 왕 건이 빈객들

---

96) 代는 옛 나라 이름으로 지금의 河北省 蔚縣 동북쪽에 있었다. 권43 「趙世家」의 〈주 67〉 참조.

97) 共 : 옛 나라 이름으로 西周 때에 共伯에 봉해진 나라이다. 후에 衛나라에 합병되었다. 지금의 河南省 輝縣에 있었다. 권42 「鄭世家」의 〈주 19〉 참조.

을 신중하게 살피지 못한 것을 한하였다.

　태사공은 말하였다.

　"공자(孔子)는 만년(晚年)에 『주역(周易)』을 즐겨 읽었다. 역(易)이라
는 학문은 너무도 심오하여, 사물에 통달하고 전적(典籍)에 정통하지 못
한 사람이 이에 주의를 기울일 수 있겠는가! 그러므로 주나라의 태사가
전경중완(田敬仲完)에게 점을 쳐서, 10대 이후의 일까지 추산한 것이다.
완이 제나라로 도망쳤을 때, 의중(懿仲)이 그에게 이와 같은 점을 쳤다.
전기(田乞)와 전상(田常)이 연이어서 제나라의 두 왕을 살해하고, 제나
라의 정권을 장악한 것은, 형세가 점차 진행되었다기보다는 점괘의 예언
에 따라서 진행된 듯싶다."

권47 「공자세가(孔子世家)」¹⁾ 제17

공자(孔子)는 노(魯)²⁾나라 창평향(昌平鄕)³⁾ 추읍(陬邑)⁴⁾에서 태어났다. 그의 선조는 송(宋)⁵⁾나라 사람으로 공방숙(孔防叔)⁶⁾이다. 방숙은 백하(伯夏)를 낳았고 백하는 숙양흘(叔梁紇)을 낳았다. 흘은 안씨(顔氏)⁷⁾와 야합(野合)하여 공자를 낳았는데, 이구(尼丘)⁸⁾에서 기도를 한 뒤, 공자를 얻게 되었다. 노 양공(魯襄公) 22년에 공자가 태어났다.⁹⁾ 그가 태어났을 때 머리 중간이 움푹 패어 있었기 때문에 구(丘)라고 이름하였다. 자는 중니(仲尼)이고 성은 공씨(孔氏)이다.

구가 태어난 후 숙양흘이 세상을 떠나¹⁰⁾ 방산(防山)¹¹⁾에서 장사를 지

---

1) 「孔子世家」: 孔子 본인은 결코 제후왕공이 아니다. 비록 魯나라에서 벼슬을 지냈으나 봉지를 얻지는 못했다. 일생의 대부분을 평민에 가까운 '士'로 지냈다. 司馬遷이 孔子를 위해서 世家를 지은 이유는 孔子가 학술 사상, 문화 교육 방면에서 막대한 공적이 있고, 그 학문이 후세에 오래 전수되어 쇠퇴하지 않아, 후세에 儒家에 의해서 받들어졌기 때문에 世家에 포함시켜 추앙하고자 했던 데에 있다.

2) 魯: 기원전 11세기에 周 武王이 봉한 姬氏 姓의 제후국의 하나이다. 개국한 군주는 周公 旦의 아들 伯禽이고, 曲阜에 수도를 정하였다. 나라는 지금의 山東省 서남쪽에 있었고, 전국시대 때 楚나라에 의해서 멸망당하였다.

3) 昌平鄕: 고을 이름. 魯나라 땅으로 지금의 山東省 曲阜市 동남쪽에 있었으며, 昌平山 때문에 이런 이름을 얻었다.

4) 陬邑: 고을 이름. 지금의 山東省 曲阜市 동남쪽 陬城을 가리킨다. 城의 서쪽에 闕里가 있다. 尼丘 역시 이곳에 있다. 이곳은 孔子의 출생지이다. 孔子는 자라서 曲阜로 옮겨갔으나 그곳도 역시 闕里라고 불렀다.

5) 宋: 기원전 11세기에 周 武王이 봉한 나라로서, 子氏 姓의 제후국이다. 개국한 국왕은 商나라 紂王의 서형 微子 啓이다. 봉지는 商나라의 옛 수도의 주변인 지금의 河南省 동부, 山東省・江蘇省・安徽省 사이의 지역으로, 수도는 商丘이다. 전국시대에 齊나라에 의해서 멸망당하였다.

6) 孔防叔: 宋나라 귀족. 孔子의 증조부로, 후에 宋나라에서 魯나라로 옮겼다.

7) 顔氏: 『禮記』「檀弓」에는 孔子 어머니의 이름이 "徵在"라고 되어 있다.

8) 尼丘: 尼山 또는 尼丘山이라고도 한다. 지금의 山東省 曲阜市 동남쪽에 있다.

9) 孔子 출생에는 두 가지 설이 있는데, 『公羊傳』과 『穀梁傳』에는 魯 襄公 21년에 孔子가 태어났다고 되어 있다. 賈逵, 何休, 劉恕, 崔述, 錢大昕 등이 이 설을 따른다. 『左傳』이나 『史記』에는 魯 襄公 22년에 孔子가 태어났다고 되어 있다. 杜預, 袁樞, 鄭樵, 朱熹, 黃宗羲, 梁玉繩 등이 이 설을 따른다.

냈다. 방산은 노나라의 동부에 있어서 공자는 아버지의 묘소가 어디에 있는지 몰라 의심하였지만 어머니는 그것을 숨기었다. 공자는 어려서 소꿉장난을 할 때, 늘 제기(祭器)[12]를 펼쳐놓고 예를 올렸다. 공자는 어머니가 죽자 곧 오보지구(五父之衢)[13]에 빈소를 차렸는데, 이는 대개 (부모를 함께 매장하는 풍속을 지키기 위해서) 신중을 기하기 위함이었다.[14] 추읍 사람 만보(輓父)의 어머니가 공자 아버지의 묘소를 알려주어 그후에야 비로소 방산에 합장하였다.[15]

공자가 아직 상복[16]을 입고 있을 때, 계씨(季氏)[17]가 명사(名士)들에게 연회를 베풀었다. 공자도 참석하러 갔다. 양호(陽虎)[18]가 가로막고 말하였다. "계씨는 명사들에게 연회를 베풀려고 한 것이지 당신[19]에게 베풀려는 것은 아니오." 이에 공자는 물러나고 말았다.

공자 나이 17세 때의 일이다. 대부 맹희자(孟釐子)가 병이 나서 곧 죽

---

10) 『史記索隱』에는 『孔子家語』를 인용하여 "孔子는 세 살 때에 아버지를 여의었다"라고 하였다.

11) 防山 : 산 이름. 지금의 山東省 曲阜市 동쪽 20리 지점에 위치한다. 筆架山이라고도 한다. 孔子의 부모가 이곳에 합장되었고, 후세 사람들이 啓聖林이라고 하였다.

12) 원문은 "俎豆"이다. '俎'는 고대에 고기를 썰 때 쓰는 도마로서 나무로 만들었으며 방형이다. '豆'는 식기인데, 나무로 만든 것과 동으로 만든 것, 그리고 도자기로 만든 것, 이렇게 세 가지 종류가 있으며, 원형이다. '俎豆'는 일반적으로 祭器를 말한다.

13) 五父之衢 : 魯나라 성내의 큰길 이름.

14) 고대의 습관과 풍속으로, 부부는 당연히 합장해야 한다. 孔子는 아버지를 매장한 곳을 알지 못하였다. 그래서 어머니가 돌아가셨는데 염을 하고 입관하였으나 매장하지 못하고, 아버지의 매장 장소를 알게 된 후에야 합장하였다.

15) 후세 사람들은 防山에 합장하였다는 일설에 대해서 아주 의심스러워한다. 『孔叢子』, 何晏, 王肅은 모두 이런 일이 없었던 것으로 여겼고, 淸代의 학자 梁玉繩은 『史記志疑』, 『瞥記』에서 여러 학설에 대해서 수정을 가하여 합장하였다는 말은 곧 자손을 조상들이 묻힌 선영에 함께 묻었다는 말로 이해하였다. 그래서 『史記』의 기록도 잘못된 것이고 그런 일이 없었다고 한 것도 잘못된 것이라고 인식하였다.

16) 원문은 "要絰"으로 고대 상복 중의 마대를 일컫는다. 머리에 매는 것은 '首絰,' 허리에 매는 것은 '要絰'이라고 한다. '要'는 '腰'와 通한다.

17) 季氏 : 춘추시대 후기 魯나라에서 정권을 장악한 귀족. 魯 桓公의 막내 아들 季友의 후예이다. 魯 襄公 11년(기원전 562년) 三軍을 설립하고, 季孫氏, 叔孫氏, 孟孫氏가 각각 一軍씩을 장악하고 公室을 분할하였다. 이후 魯나라는 季氏에 의해서 통치되었다.

18) 陽虎 : 陽貨라고도 한다. 季孫氏의 가신. 季桓子를 협박하여, 陽關(지금의 山東省 泰安 남쪽)에 거하고, 국정을 독점하여, 권세가 매우 컸다.

19) 원문은 "子"이다. 이것은 고대의 남자에 대한 美稱 혹은 존칭이다.

게 되었을 때, 그는 후계자인 의자(懿子)에게 훈계하며 말하였다. "공구(孔丘)는 성인의 후손인데, 그 조상은 송나라에 있을 때 멸망당하였다. [20] 그 조상 불보하(弗父何)[21]는 원래 송나라의 후계자였으나, 아우 여공(厲公)에게 양보하였다. 정고보(正考父)[22]에 이르러 대공(戴公), 무공(武公), 선공(宣公)을 섬길 때, 세 번 명을 받았는데,[23] 매번 명을 받을 때마다 더욱 공손하였다고 한다. 그래서 정(鼎)에 새겨놓은 명문(銘文)에 이르기를 '첫번째 명에 몸을 숙이고, 두번째 명에 허리를 굽혀 절하고, 세번째 명에는 큰 절을 한 뒤 받았다. 길을 걸을 때는 중앙을 걷지 않고 담장가를 따라 다녀서 누구도 감히 나를 경멸하지 않았다. 이 솥에 풀과 죽을 쑤어서 청렴하게 살아왔다'라고 하였다. 그 공손함이 이와 같았다. 내가 듣기로 성인의 후손은 비록 국왕의 지위에 오르지는 못해도 반드시 재덕(才德)에 통달한 자가 있다. 지금 공구는 나이는 어리나 예를 좋아하니 그가 바로 통달한 자가 아니겠느냐? 내가 죽거든 너는 반드시 그를 스승으로 모시거라." 희자(釐子)가 죽자 의자는 노나라 사람 남궁경숙(南宮敬叔)[24]과 더불어 공자를 찾아가 예를 배웠다. 이해에 계무자(季武子)[25]가 죽고 계평자(季平子)[26]가 대를 이어 경(卿)의 자리에 올랐다.

공자는 가난하고 천하였다. 커서 일찍이 계씨(季氏)의 위리(委吏)[27]로 있을 때, 그의 저울질은 공평하였고, 그가 직리(職吏)[28]의 일을 맡고 있을 때 가축은 번성하였다. 이로 말미암아 그는 사공(司空)[29]이 되었다.

---

20) 孔子의 선조 孔父嘉가 宋나라 華督에게 죽임을 당하였고, 그 아들은 魯나라로 달아났다.
21) 弗父何 : 宋 襄公의 아들. 孔父嘉의 4대 선조이고, 孔子의 10대 선조이다. 예법에 의하면 마땅히 왕위를 계승해야 하나, 후에 아우에게 왕위를 양보하니, 그가 바로 宋 厲公이다.
22) 正考父 : 弗父何의 증손. 孔父嘉의 부친.
23) 세 번 명을 받는다는 말은 관직이 높아져 上卿에 이르는 것을 말한다.
24) 南宮敬叔 : 懿子와 더불어 孟釐子의 아들이다. 懿子의 동생.
25) 季武子 : 춘추시대 때 魯나라를 다스렸다. 魯나라의 大夫이다.
26) 季平子 : 季武子의 손자. 孟釐子는 魯 昭公 24년에 죽었는데, 이때 孔子는 34세였다. 司馬遷은 孔子가 17세일 때 孟釐子가 죽었다고 말하였으나 이것은 실제에 부합되지 않는 말이다. 권33「魯周公世家」의 〈주 132〉 참조.
27) 원문은 "史"이다. 이것은 창고를 관리하는 말단 관리이다. 일설에는 '委吏'라고 하였다. 孟子도 "孔子는 일찍이 委史를 지냈다"라고 하였다.
28) 孔子가 맡았던 '乘田' 직을 가리키는데, 이는 목축을 주관하던 직책이다.
29) 司空 : 周代에 설립한 관직으로, 주로 工事를 관장하였다.

그후 얼마 되지 않아 노나라를 떠났다. 제 (齊)[30]나라에서 배척되고, 송과 위 (衞)[31] 나라에서 쫓겨나고, 진 (陳)[32]과 채 (蔡)[33] 나라 사이에서 곤궁에 빠지자 이에 노나라로 되돌아왔다. 공자는 키가 9척 6촌[34]이어서 사람들이 모두 그를 '키다리'라고 부르고 그를 괴이하게 여겼다. 노나라가 다시 그를 잘 대우하니 이에 노나라로 되돌아왔던 것이다.

노나라 사람 남궁경숙이 노나라 군주에게 말하였다. "공자와 더불어 주 (周)나라에 가기를 청합니다." 노나라 군주는 그에게 수레 하나, 말 두 필, 시자 한 명을 주어 주나라에 가서 예를 묻게 하였다. 이리하여 이때에 노자 (老子)를 만났다고 한다. 공자가 작별 인사를 하고 떠날 때, 노자가 그를 송별하며 말하였다. "내가 들으니 부귀한 자는 사람을 전송할 때 재물로써 하고, 어진 자는 사람을 전송할 때 말로써 한다고 합니다. 나는 부귀하지 못하나 인자 (仁者)라고 자처하기를 좋아하니 다음 말로써 그대를 전송하겠습니다. '총명하고 깊게 관찰하는 사람에게는 죽음의 위험이 따르는데 이는 남을 잘 비판하기 때문이요, 많은 지식을 지니고 재능이 뛰어난 사람은 그몸이 위태로운데 이는 남의 결점을 잘 지적해내기 때문입니다. 사람의 자녀된 자는 아버지 뻘 되는 사람 앞에서 자기를 낮추고,

---

30) 齊 : 기원전 11세기에 周 武王이 분봉한 姜氏 姓의 제후국. 개국한 군주는 姜太公 呂尙이다. 지금의 山東省 북부에 있었다. 권32 「齊太公世家」 참조. .

31) 衞 : 개국한 군주는 周 武王의 아우 康叔이다. 기원전 11세기에 周公이 武庚의 반란을 평정한 뒤 殷나라 백성 7족을 그에게 분봉해주었다. 이는 당시의 大國의 하나이며, 朝歌(지금의 河南省 淇縣)에 수도를 정하였다. 기원전 209년 마침내 秦나라에 멸망당하였다. 권37 「衞康叔世家」 참조.

32) 陳 : 나라 이름. 周 武王이 商나라를 멸한 후 나라로 봉하였다. 개국한 군주는 胡公으로, 전해오는 바에 의하면 그는 舜임금의 후손이다. 봉지는 지금의 河南省 동부와 安徽省 일부분에 있었다. 宛丘(지금의 河南省 淮陽縣)에 도읍을 정하였다. 기원전 479년 楚나라에 멸망당하였다.

33) 蔡 : 나라 이름. 기원전 11세기에 봉해졌다. 국왕은 周 武王의 아우 叔度이다. 그가 후에 武庚의 반란에 참가한 것으로 인하여 周公에게 쫓겨나서, 그 아들 蔡仲으로 고쳐 봉하였으며, 上蔡(지금의 河南省 上蔡縣 서남쪽)에 수도를 정하였다. 춘추시대 吳와 楚 나라에게 핍박당하여 여러 차례 수도를 옮겼다. 平侯가 新蔡(지금의 河南省에 속한다)로 옮겼다. 昭侯가 州來(지금의 安徽省 鳳臺縣)로 옮겼으며, '下蔡'라고 불렀다. 기원전 447년 楚나라에 의해서 멸망당하였다.

34) 周代에는 10寸이 1尺이 되는 것과 8寸이 1尺이 되는 두 가지의 길이 기준이 있었다. 孔子의 키는 8寸을 1尺으로 하는 계산으로 셈한다면, 곧 7尺 8寸으로, 이는 9尺 6寸에 비해서 합리적이다. 周나라 제도에서는 8寸이 1尺이 되며, 이것은 지금의 6寸 2分 2厘에 해당한다.

사람의 신하된 자는 임금 앞에서 자기를 치켜세우지 않는 법입니다.'" 공자가 주나라에서 노나라로 돌아오니 제자들이 더욱 늘어났다.

이때에 진 평공(晉平公)[35]이 음탕하였으므로 육경(六卿)[36]이 권력을 잡고 동쪽으로 제후들을 공격하였다. 초 영왕(楚靈王)[37]은 군대가 강하여서 중국(中國)[38]을 침략하였다. 제나라는 대국으로 노나라와 경계를 접하고 있었다. 노나라는 약소하여 초(楚)나라에 붙으면 진(晉)나라가 노하였고, 진(晉)나라에 붙으면 초나라가 침공하였고, 제나라를 경계하지 않으면 제나라 군대가 노나라를 침략하였다.

노 소공(魯昭公) 20년, 공자는 나이가 서른이 되었다. 제 경공(齊景公)[39]이 안영(晏嬰)[40]과 함께 노나라에 갔는데, 경공이 공자에게 물었다. "옛날 진 목공(秦穆公)[41]은 나라도 작고 외진 지역에 위치하였지만 패자(霸者)가 된 것은 무엇 때문입니까?" 공자가 대답하였다. "진(秦)[42]

---

35) 晉 平公 : 춘추시대 晉나라 국왕. 기원전 557년에서 기원전 532년까지 재위하였다. 晉나라는 기원전 11세기에 분봉되었고, 처음으로 즉위한 사람은 周 成王의 동생 叔虞이다. 봉토는 지금의 山西省 서남쪽에 있었고, 唐(지금의 山西省 翼城縣 서쪽)에 도읍을 정하였다.

36) 六卿 : 춘추시대 때 晉나라는 韓, 趙, 魏, 范, 中行, 智 6家를 卿이라고 하고 이를 六卿이라고 하였다. 六卿이 전권을 휘두른 결과 마침내 晉나라는 趙, 魏, 韓의 세 제후국으로 분할되는 사태를 가져왔다.

37) 楚 靈王 : 춘추시대 楚나라 임금으로, 기원전 540년에서 기원전 529년까지 재위하였다.

38) 中國 : 여기서는 中原이라는 뜻. 고대에는 華夏族과 漢族이 사는 지역을 '中國'이라고 하고, 소수민족이 사는 사방 주위를 일컬어 '四夷'라고 하였는데, 이는 四夷의 가운데 거하였기 때문에 中國이라고 하였다. '中土,' '中原,' '中州,' '中華'와 그 뜻이 같다. 처음에는 河南省 일대를 일컬었고, 후에는 黃河 중하류를 모두 中國으로 칭하였다. 19세기 중엽 이래로 中國은 처음으로 전국토를 지칭하게 되었다.

39) 齊 景公 : 姓은 姜氏이고, 이름은 杵臼이다. 기원전 547년에서 기원전 490년까지 재위하였다.

40) 晏嬰 : 춘추시대 齊나라 大夫로 자는 仲平이고, 夷維(지금의 山東省 高密縣) 사람이다. 靈公, 莊公, 景公 삼대에 걸쳐 大夫를 지냈다. 『晏子春秋』는 그와 관계된 전국시대 사람들의 언행을 모아서 만든 책이다.

41) 秦 穆公 : 춘추시대 秦나라 국왕으로 기원전 659년에서 기원전 612년까지 재위하였다. 百里奚, 蹇叔, 由余를 謀臣으로 임용하여 일찍이 晉나라를 격파하고 한 시기를 재패하여 5霸의 하나가 되었다.

42) 秦 : 나라 이름. 嬴氏 姓이다. 전하는 바에 의하면 伯益의 후대이다. 周 孝王 때 秦(지금의 甘肅省 張家川 동쪽)에 봉해져 속국이 되었다. 秦 襄公이 周 平王을 호송하여 동쪽으로 옮기는 데 공이 있어서 周나라에 의해서 제후국으로 분봉되었다. 孝公이 商鞅을 임용하여 變法을 써서 부강해졌고, 咸陽(지금의 陝西省 咸陽 동북쪽)으

나라는 비록 나라는 작아도 그 뜻이 원대하였고, 비록 외진 곳에 처하였어도 정치를 베푸는 것이 매우 정당하였습니다. (목공은) 백리해(百里奚)[43]를 몸소 등용하여 대부(大夫)의 벼슬자리를 내리고 감옥에서 석방시켜 더불어 3일간 대화를 나눈 뒤 그에게 정사를 맡겼습니다. 이로써 천하를 다스렸다면 (목공은) 왕(王)[44]도 될 수 있었는데, 패자가 된 것은 오히려 대단치 않은 것입니다."[45] 경공은 매우 기뻐하였다.

공자가 35세 되었을 때, 계평자(季平子)가 후소백(郈昭伯)[46]과 닭싸움 끝에 노 소공에게 죄를 지었다. 소공이 군대를 이끌고 평자를 공격하자 평자는 맹씨(孟氏), 숙손씨(叔孫氏)[47]와 연합하여 3가(家)가 함께 소공을 공격하였다. 소공의 군대는 패해서 제나라로 달아났고, 제나라는 소공을 간후(乾侯)[48]에 거하도록 하였다. 그후 얼마 안 되어 노나라가 어지러워졌다. 공자는 제나라로 가서 고소자(高昭子)[49]의 가신이 되어 경공(景公)과 통하려고 하였다. 공자는 제나라의 태사(太師)[50]와 음악을 토

로 천도하여 戰國 7雄의 하나가 되었다. 기원전 221년 秦王 政이 중국을 통일하여, 중국 역사상 처음으로 전제주의 중앙집권적 봉건왕조를 건립하였다.

43) 百里奚:原文은 "五羖"이다. 다섯 장의 숫양 가죽을 몸값으로 치르고 되찾아왔기 때문에 그를 '五羖大夫'라고 칭한다.

44) 王:분봉된 제후는 단지 公, 侯라고 칭하였지 王이라고 할 수 없다. 그러나 周 왕실이 쇠미해져 열국의 제후들이 멋대로 王이라고 칭하기 시작하였다.

45) 『春秋』에는 景公, 晏子가 魯나라에 왔다고 쓰여 있지 않다. 후세 학자는 이 일을 의심하여, 梁玉繩은 이 일은 6국 사람에 의해서 위조되었으며, 『史記』가 사료를 잘못 이용했다고 지적하였다.

46) 郈昭伯:魯나라의 귀족.

47) 季平子, 孟氏, 叔孫氏는 춘추시대 후기 魯나라에서 정권을 장악한 三家의 귀족인데, 역사에서는 이를 '三桓'이라고 칭한다. 三族은 魯 桓公의 아들 仲慶父, 叔牙, 季友의 후예로부터 나왔다. 그래서 '三桓'이라고 하였다. 기원전 562년 魯나라 정권은 三家에 의해서 분할되었는데 역사에서는 '三分公室'이라고 한다. 기원전 537년 또 '四分公室'의 사건이 발생하여 이로부터 魯나라는 季孫氏에 의해서 장악되었다.

48) 乾侯:춘추시대 때 晉나라 고을. 옛 터는 지금의 河北省 安縣 동남쪽 30리에 있다. 권33 「魯周公世家」의 〈주 130〉, 권39 「晉世家」의 〈주 95〉참조.

49) 高昭子:齊나라 귀족으로, 이름은 張이다. 景公이 병이 위급하였을 때에 그에게 부탁하여 막내 아들을 태자로 책봉하게 하였다. 후에 내란으로 죽었다.

50) 太師:西周 때 처음으로 둔 관직으로, 원래는 고급 무관이다. 춘추시대 때 晉, 楚 등의 나라가 이 관직 이름을 계속 사용하여 국왕을 보좌하는 관직이 되었다. 周나라 때에는 樂官을 '太師'라고 일컬었다. 여기서는 孔子가 齊나라 太師, 즉 樂官과 음악을 논한 것이다.

론하였는데 "소(韶)"⁵¹⁾ 음악을 듣고 그것을 배워, 3개월 동안 고기 맛을
잊을 정도로 심취하자 제나라 사람들이 그를 칭송하였다.

경공이 공자에게 정치에 대하여 묻자 공자가 말하였다. "군주는 군주답
고 신하는 신하답고 아버지는 아버지답고 자식은 자식다워야 합니다." 경
공이 말하였다. "옳은 말이오! 만약 군주가 군주답지 못하고 신하가 신
하답지 못하고 아버지가 아버지답지 못하고 자식이 자식답지 못하면 비록
곡식이 있은들 내 어찌 그것을 먹을 수 있겠소!" 다른 날 경공이 다시
공자에게 정치를 물었을 때 공자가 말하였다. "정치의 요점은 재물을 절
제하는 데 있습니다." 경공은 기뻐하며 장차 이계(尼谿)의 땅에 공자를
봉하려고 하였다. 안영이 나서며 말하였다. "무릇 유학자는 말재간이 있
고 융통성을 잘 부려 법으로 규제할 수 없으며, 거만하고 제멋대로 하니
아랫사람으로 두기 어려우며, 상례를 중시하여 슬픔을 다한다며 파산까지
하면서 큰 장례를 치르니 그들의 예법을 풍속으로 삼기 어렵고, 도처에
유세 다니며 관직이나 후한 녹을 바라니 나라의 정치를 맡길 수도 없습니
다. 현자(賢者)가 사라진 이래로 주(周) 왕실이 쇠미해졌고 예악(禮樂)
이 붕괴된 지 오래되었습니다. 지금 공자는 용모를 성대히 꾸미고 의례절
차를 번거롭게 하고 세세한 행동규범을 강조하고 있으나 그것은 몇 세대
를 배워도 다 배울 수 없으며 평생을 다해도 그 예를 터득할 수 없습니
다. 군주께서 그를 채용하여 제나라의 풍속을 바꾸려고 하신다면 이것은
백성을 다스리는 좋은 방법이 아닙니다." 그후 경공은 공자를 공손히 접
견하였으나 다시는 예를 묻지 않았다. 훗날 경공이 공자를 붙잡고 말하였
다. "내가 그대를 계씨(季氏)와 똑같은 지위로 대우하는 것은 할 수가 없
소"라고 하며 공자에게 계씨와 맹씨(孟氏) 중간에 해당하는 대우를 해주
었다. 제나라 대부들이 공자를 해치려고 하였는데 공자도 이 소문을 들었
다. 경공이 말하였다. "나는 늙었소. 그대를 등용할 수가 없소이다." 이
리하여 공자는 드디어 그곳을 떠나서 노나라로 돌아왔다.

공자의 나이 42세 때, 노 소공이 간후에서 죽고 뒤를 이어 정공(定
公)⁵²⁾이 즉위하였다. 정공 5년 여름, 계평자가 죽고 환자(桓子)⁵³⁾가 자

---

51) "韶": 虞舜시대의 음악 이름. '韶'는 계승한다는 뜻으로, "韶" 음악은 舜임금이
堯임금의 미덕을 능히 계승할 수 있음을 노래한 것이다.
52) 定公: 魯 昭公의 동생으로, 이름은 宋이다. 기원전 509년에서 기원전 495년까지

리를 이었다. 계환자(季桓子)는 우물을 파다가 흙으로 만든 그릇을 얻었다. 그 안에 양(羊)과 같은 것이 있었는데 공자에게 "개를 얻었다"라고 말하였다. 공자가 말하였다. "제가 들은 바로는 그것은 양입니다. 제가 듣기로 산의 요괴는 기(夔)[54]와 망량(罔閬)[55]이고, 물의 요괴는 용(龍)과 망상(罔象)[56]이며, 흙의 요괴는 분양(墳羊)[57]입니다."

오(吳)[58]나라가 월(越)[59]나라를 공격해서 수도 회계(會稽)[60]를 격파하여 수레 하나에 가득 찰 만큼 큰 해골을 얻었다. 오왕이 사자(使者)를 보내어 공자에게 물었다. "해골은 누구의 것이 가장 큽니까?" 공자가 말하였다. "우(禹)[61]임금이 회계산(會稽山)[62]에서 여러 신(神)들을 불러보았을 때 방풍씨(防風氏)[63]가 늦게 오자 우임금이 그를 죽였는데 그 해골이 수레 하나에 가득 찼다고 하는데 그것이 가장 큰 해골이오." 오나라의 사자가 말하였다. "누가 신입니까?" 공자가 말하였다. "산천의 신령은 구름을 부르고 비를 내려서 천하에 복을 가져올 수 있으니 그 산천을 지키고 제사를 책임지는 것이 신이며, 토신(土神)과 곡신(穀神)을 지키는 것

재위하였다.
53) 桓子 : 季桓子로, 季平子의 아들이다.
54) 夔 : 고대 전설 중의 동물로, 다리가 하나인데 용과 비슷하다.
55) 罔閬 : '罔兩'과 '方良'이라고도 한다. 『孔子家語』에는 "魍魎"으로 쓰여 있는데, 이것은 고대 전설상의 산에 사는 요괴이다.
56) 罔象 : 고대 전설상의 물에 사는 요괴이다.
57) 墳羊 : 고대 전설상의 암수컷의 구별이 없는 괴물 양을 말한다. '土精'이라고도 한다.
58) 吳 : 춘추시대 나라 이름. 句吳라고도 부르며, 姬氏 姓의 나라이다. 시조는 周 太王의 아들 太伯과 仲雍이다. 지금의 江蘇省, 上海, 安徽省, 浙江省의 일부분에 위치해 있었다. 吳(지금의 江蘇省 蘇州市)에 도읍하였다. 기원전 473년에 越나라에게 멸망당하였다.
59) 越 : 춘추시대 나라 이름. 于越이라고도 칭하며, 姒氏 姓의 나라이다. 시조가 夏나라 少康의 서자 無余라고 전해지며, 會稽(지금의 浙江省 紹興縣)에 도읍하였다. 기원전 494년 吳나라 왕 夫差에게 패하였다. 越나라 왕 句踐은 臥薪嘗膽하고, 국력을 키우는 데 온 힘을 기울여 마침내 吳나라를 멸망시키고 맹주가 되었다. 越나라 국토는 후에 楚나라에 의해서 멸망당하였다.
60) 會稽 : 춘추시대 越나라 수도로, 지금의 浙江省 紹興縣에 있다.
61) 禹 : 전설 속의 고대 부락연맹의 우두머리이다. 성은 姒氏이다. 大禹, 夏禹, 戎禹라고도 불린다. 권2「夏本紀」참조.
62) 會稽山 : 浙江省 중부 紹興縣 부근에 있다. 전하는 바에 의하면, 禹임금이 이곳에서 제후를 모아놓고 功을 따져 爵을 봉하였기에 비로소 會稽라고 불렀다고 하는데, 이것은 '會計'의 뜻이다.
63) 防風氏 : 부락의 수령.

이 공후(公侯)인데 이는 모두 왕자(王者)에 속하오." 사자가 말하였다.
"방풍씨는 무엇을 지켰습니까?" 공자가 말하였다. "왕망씨(汪罔氏)[64]의
군장(君長)은 봉산(封山)과 우산(禺山)[65]을 지켰는데 그는 성이 희씨(釐
氏)였소. 우(虞),[66] 하(夏),[67] 상(商)[68] 나라 때에는 왕망(汪罔), 주
(周)[69]나라 때에는 장적(長翟)이라고 하였고, 지금은 대인(大人)이라고
하오." 사자가 말하였다. "사람들의 키는 어느 정도입니까?" 공자가 말
하였다. "초요씨(僬僥氏)[70]는 3척(尺)으로 가장 작고, 가장 큰 사람이라
도 이것의 10배를 넘지 않는데 이것이 가장 큰 키요." 이에 오나라의 사
자가 말하였다. "정말 훌륭하신 성인이십니다!"

환자(桓子)가 총애하는 신하 중에 중양회(仲梁懷)라는 사람이 있었는
데, 양호(陽虎)와 사이가 좋지 않았다. 양호는 중양회를 내쫓으려고 하
였으나 공산불뉴(公山不狃)[71]가 그것을 말렸다. 그해 가을, 중양회가 더
욱 교만해지자 양호는 그를 체포하였다. 환자가 노하자 양호는 환자마저

---

64) 汪罔氏 : 상고시대의 부락 이름.
65) 封山과 禺山 : 지금의 浙江省 德縣 서남쪽 武康縣에 있다.
66) 虞 : 전설 속의 부락 이름. 虞氏가 薄阪(지금의 山西省 永濟縣 서쪽의 蒲州鎭)에
    살았고, 그 수령은 舜임금이다.
67) 夏 : 옛날 왕조 이름. 夏氏 부락 수령 禹임금의 아들 啓가 세웠다고 전한다. 陽城
    (지금의 河南省 登封縣 동쪽), 斟鄩(지금의 登封縣 서북쪽), 安邑(지금의 山西省 夏
    縣 서북쪽) 등에 도읍하였다. 桀이 商나라 湯王에게 멸망당할 때까지 도합 13대 16
    왕이 전한다. 대략 기원전 21세기에서 기원전 16세기에 해당한다.
68) 商 : 부락과 왕조의 이름. 契이 시조이며, 商(지금의 河南省 商丘)에서 살았다.
    相土(사람 이름) 때에 이르러 활동 범위가 渤海 일대에 이르렀다. 湯에 이르러 夏나
    라를 멸하고 商 왕조를 세웠다. 桀부터 湯에 이르기까지 무릇 14대에 이르렀다. 湯
    王은 亳(지금의 山東省 曹縣 남쪽)에 도읍하였고, 일찍이 여러 번 수도를 옮겼다.
    후에 盤庚이 殷(지금의 河南省 安陽縣 小屯村)으로 천도하면서, 殷 왕조라고도 부른
    다. 紂王에 이르러 周 武王에게 멸망당하였는데, 무릇 17대 31왕이 전한다. 대략 기
    원전 16세기에서 기원전 11세기에 해당한다.
69) 周 : 옛날 부족과 왕조의 이름. 시조는 后稷이다. 원래 邰(지금의 陝西省 武功縣
    서남쪽)에 거주하였다. 公劉에 이르러 豳(지금의 陝西省 彬縣)으로 옮겼다. 古公亶
    父는 岐山에서 정착하여 부족을 형성하였다. 周 文王은 豐(지금의 陝西省 西安 灃水
    西岸)으로 도읍을 옮겼다. 周 武王이 商나라를 멸하고 周 왕조를 세웠다. 鎬(지금의
    灃水 동쪽 언덕)에 도읍을 정하였다. 기원전 771년 平王은 동쪽으로 옮겨 洛邑에 도
    읍을 정하였는데, 역사상 이것을 東周로 칭한다. 따라서 平王 이전은 西周라고 칭한
    다. 기원전 256년 秦나라에게 멸망당하였다. 도합 34왕 800여 년 동안 지속되었다.
70) 僬僥氏 : 고대 전설 속의 난쟁이. 서남쪽 오랑캐의 다른 이름.
71) 公山不狃 : 季氏의 家臣이다. 『論語』에는 "公山弗狃"라고 쓰여 있고, 『左傳』에는
    "公山不狃"라고 쓰여 있다.

가두었는데, 더불어 맹약을 한 연후에야 그를 풀어주었다. 양호는 이로 인해서 더욱 계씨(季氏)를 가볍게 여겼다. 계씨 또한 분수를 모르고 공실 (公室)보다 지나치게 행동하였기 때문에 배신(陪臣)[72]이 국정을 잡은 꼴이 되었다. 이에 노나라에서는 대부(大夫) 이하 모두가 정도에서 벗어난 행동을 하기 시작하였다. 그래서 공자는 관직에 나아가지 않고 물러나 『시(詩)』,[73] 『서(書)』,[74] 『예(禮)』,[75] 『악(樂)』[76]을 편찬하였다. 제자들은 더욱 늘어나고 먼 곳에서까지 찾아와 글을 배우지 않은 자가 없었다.

노 정공 8년, 공산불뉴는 계씨에게 뜻을 얻지 못하자 양호에게 의탁하여 함께 반란을 일으켜 삼환(三桓)[77]의 적장자를 폐하고 평소 양호와 사이가 좋은 서자를 세우고자 하여 마침내 계환자를 체포하였다. 환자는 그를 속여 도망칠 수 있었다. 정공 9년, 양호는 계획이 실패하자 제나라로 도망갔다. 이때 공자의 나이는 50세였다.

공산불뉴는 계씨의 비(費)[78]에서 계씨에게 반기를 들고, 사람을 시켜 자기를 도와달라고 공자를 불렀다. 공자는 도를 추구한 지 오래되었고, 시험해볼 곳이 없음을 답답해하였으나 아무도 자신을 등용하려고 하지 않았다. 이때 공자는 "주나라의 문왕(文王)과 무왕(武王)은 풍(豐)[79]과 호

---

72) 陪臣 : 제후에 속하는 大夫를 가리킨다. 天子에 대해서 스스로를 陪臣이라고 칭한다. 魯나라에서는 季氏가 즉 陪臣이 된다.

73) 『詩』: 『詩經』을 말하는 것으로 이것은 305편으로 되어 있다. 중국 고대 최초의 시가총집이다.

74) 『書』: 『尙書』의 최초의 명칭으로, 『書經』이라고도 한다. 先秦시대에 『書』라고 하였고, 漢代 이후 『尙書』 혹은 『書經』이라고 불렀다. 유가 경전의 하나로, 孔子는 일찍이 『書』로써 제자를 가르쳤다. 『書』는 上古 역사 문헌총집이다.

75) 『禮』: 『儀禮』, 『周禮』, 『禮記』를 포괄하여 '三禮'라고 칭한다. 『儀禮』는 禮制總集이다. 전하는 바에 의하면 周公이 제작하고 孔子가 수정한 것이라고 한다. 『周禮』는 『周官』이라고도 칭하는 것으로 周代의 官制總集이다. 전하는 바에 의하면 周公이 제작하였다고도 한다. 今文 經學家들은 전국시대에 나왔다고 하고, 어떤 사람은 西漢시대에 劉歆의 僞作으로부터 나왔다고 여긴다. 결국 근대 사람의 고증을 거쳐서 전국시대 작품으로 인정되었다. 『禮記』는 秦漢 이전의 여러 禮儀 論著選集이다. 전하는 바로는 西漢시대에 戴氏의 편찬이라고 한다. 뒤의 〈주 161〉 참조.

76) 『樂』: 중국 고대 음악에 관한 경전. 지금은 전하지 않는다.

77) 三桓 : 季孫氏, 叔孫氏, 孟孫氏를 말한다. 三家의 귀족은 魯 桓公에서 나왔으므로 '三桓'이라고 칭한다. 앞의 〈주 17〉, 〈주 47〉 참조.

78) 費 : 季氏의 고을 이름. 지금의 山東省 費縣 서남쪽. 권40 「楚世家」의 〈주 305〉 참조.

79) 豐 : 周 文王 때의 수도로, 豐京이라고도 한다. 지금의 陝西省 灃河 서쪽에 있었

(鎬)[80]처럼 그렇게 작은 지방에서 왕업을 일으켰다. 지금 비 땅은 비록 작기는 하지만 대체로 (풍, 호와) 같지 않겠는가！"라고 말하면서 가려고 하였다. 그러나 자로(子路)[81]는 기뻐하는 기색이 없이 공자를 말렸다. 공자가 말하였다. "나를 부르는 것이 어찌 무용한 일이겠는가? 그가 만약 나를 등용한다면 나는 훌륭한 동방의 주나라를 세울 수 있을 것이다！" 그러나 공자는 결국 가지 않았다.

그후 정공(定公)은 공자를 중도(中都)[82]의 장(長)으로 삼았는데, 1년 만에 사방이 모두 공자의 통치방법을 따랐다. 공자는 중도의 장에서 사공 (司空)이 되었고, 사공에서 다시 대사구(大司寇)[83]가 되었다.

정공 10년 봄, 제나라와 화친을 맺었다. 그해 여름, 제나라의 대부 여서(黎鉏)가 경공(景公)에게 말하였다. "노나라가 공구(孔丘)를 중용하였으니 그 세가 반드시 제나라를 위태롭게 할 것입니다." 이에 노나라에 사자를 보내 친목을 도모하기로 하고 협곡(夾谷)[84]에서 만나기로 하였다. 노 정공은 장차 수레를 타고 아무런 방비 없이 그곳에 가려고 하였다. 그때 공자는 재상(宰相)의 일을 임시로 보고 있었는데, 다음과 같이 말하였다. "신이 듣기에 문사(文事)에는 반드시 무(武)를 갖추어야 하며, 무사 (武事)에는 반드시 문(文)을 갖추어야 한다고 하였습니다. 옛날에는 제후가 국경을 나설 때 반드시 문무관원을 수행시켰다고 합니다. 좌우사마 (左右司馬)를 대동하고 가십시오." 정공이 "그렇게 하겠소"라고 말하고 좌우사마를 데리고 갔다. 정공이 협곡에서 제 경공과 만났다. 제사에 쓸 고대(高臺)를 마련하고 흙 계단을 3단 만든 뒤 제 경공과 노 정공은 예에 따라 상견례를 하였다. 서로 읍하고 사양하면서 대 위에 올라 술잔을 주고받는 예가 끝나자 제나라의 관리가 앞으로 달려나와 말하였다. "사방의

___

다. 文王 초에 岐山에 도읍을 세웠고, 崇侯를 정벌한 후에 豐으로 옮겼다.

80) 鎬：武王 때의 수도이고, 豐에서 鎬로 옮겼으나, 豐은 여전히 전국시대의 정치와 문화의 중심이 된다. 鎬는 지금의 陝西省 長安縣 韋曲鄉의 서북쪽에 있다.

81) 子路：孔子의 제자. 성품이 소탈하고 용감하였다. 孔子가 魯나라 司寇라는 벼슬을 맡고 있을 때, 子路는 季氏의 家臣이 되었고, 후에 衛나라 대부 孔悝의 家臣이 된다. 후에 귀족의 내란중에 죽는다.

82) 中都：춘추시대 魯나라 고을 이름. 옛 성은 지금의 山東省 汶上縣 서쪽에 있다.

83) 大司寇：관직 이름. 周나라 때에 만든 것으로, 형벌과 규찰 등의 일을 맡았다. 후에 大司寇는 刑部尙書가 된다.

84) 夾谷：지금의 山東省 蕪萊縣에 夾谷峽이 있는데, 顧炎武의 『肇域志』에는 魯 定公이 會盟한 곳이라고 쓰여 있다.

428

음악을 연주하게 하옵소서." 경공이 말하였다. "좋다." 그랬더니 깃발과
우불(羽祓),85) 창칼과 방패를 든 무리가 북을 치고 시끄럽게 떠들면서
나왔다. 공자가 빨리 앞으로 나와 한 발에 한 계단씩 빠른 걸음으로 대에
오르더니86) 마지막 한 계단을 오르지 않고 긴 소매를 쳐들고 말하였다.
"두 군주께서 친목을 위해서 만나셨는데 어찌하여 여기서 이적(夷狄)의
음악을 연주하는가! 물러가게 명하시오!" 관리가 그들을 물러나게 하였
으나 그들이 물러가지 않자 좌우의 수행원들이 안자(晏子)와 경공의 눈치
를 살폈다. 경공은 마음속으로 부끄러워하면서 그들을 물러가게 하였다.
조금 후 제나라의 관리가 앞으로 달려나와 말하였다. "청컨대 궁중의 음
악을 연주하게 하옵소서." 경공이 말하였다. "그렇게 하라." 광대와 난쟁
이가 재주를 부리며 앞으로 나왔다. 공자가 빨리 달려나아가 한 발에 한
계단씩 빠른 걸음으로 대에 오르더니 마지막 한 계단을 오르지 않고 말하
였다. "필부로써 제후를 현혹케 하는 자는 마땅히 처형해야 합니다! 아
무쪼록 처형할 것을 명하시기를 바랍니다!" 관리가 그들의 허리를 두 동
강을 내고 말았다. 공자의 이와 같은 모습을 보자 경공은 도의나 이론 면
에서 상대방에 미치지 못한다는 사실을 알고 두려워하면서도 감탄하였다.
돌아와서는 크게 두려워하며 군신들에게 말하였다. "노나라의 신하는 군
자의 도로써 그 군주를 보필하는데, 그대들은 오로지 이적(夷狄)의 도로
써 과인을 가르쳐서 노군(魯君)에게 죄를 짓게 하였으니, 이를 어찌하면
좋겠소?" 한 관리가 나와서 말하였다. "군자는 과오를 범하면 실질적인
물증으로써 사죄하는데, 소인은 과실을 저지르면 허례적인 말로만 사죄한
다고 합니다. 군주께서 그 일로 마음이 편하지 않으시거든 실질적인 물건
을 내놓고 사과하십시오." 이에 제 경공은 곧 노나라로부터 빼앗은 운
(鄆),87) 민양(汶陽),88) 구음(龜陰)89)의 땅을 반환함으로써 노나라에 사

85) 羽祓 : 꿩털로 장식한 떨이개처럼 생긴 용구. 무당이 춤출 때 쓰이기도 한다.
86) 고대 예법에는 계단을 오를 때 반드시 두 발이 한 계단에 오른 후, 비로소 다시
   그 다음 계단을 오를 수 있었다. 이렇게 해야 두 발이 서로 가지런히 하는 시간을
   가질 수 있다. 孔子가 한 발에 한 계단씩 빠른 걸음으로 오른 것은 상황이 급하여
   예법을 돌볼 여유가 없었던 것이다.
87) 鄆 : 고대 마을 이름. 지금의 山東省 沂水縣의 북쪽에 있는데, 이를 東鄆이라고
   한다. 기원전 616년 季孫行父가 군사를 지휘하여 성을 쌓았는데 후에 莒에게 점령당
   하였다. 西鄆은 지금의 山東省 鄆城의 동쪽에 있었는데, 기원전 588년 魯 成公에 의
   해서 쌓아졌다. 齊나라가 魯나라에게 돌려준 鄆은 바로 西鄆이다.

죄하였다.

　정공 13년 여름, 공자는 정공에게 말하였다. "신하는 무기를 비축해서는 안 되고, 대부는 100치(雉)[90]의 성을 쌓아서는 안 됩니다." 이에 중유(仲由)를 계씨의 가신으로 임명시켜 삼도(三都)를 파괴하려고 하였다.[91] 숙손씨(叔孫氏)가 먼저 후(郈)[92]를 허물었고, 계씨가 곧 비(費)를 파괴하려고 하였고, 공산불뉴와 숙손첩(叔孫輒)은 비인(費人)들을 이끌고 노나라를 습격하였다. 정공은 세 아들과 더불어 계씨의 궁으로 피신하여 계무자(季武子)의 누대에 올랐다. 비인(費人)들이 그곳을 공격하여 함락시키지는 못하였으나 이미 정공의 누대 옆에까지 들어왔다. 공자는 신구수(申句須)와 악기(樂頎)[93]에게 명해서 격퇴하도록 하자 비인들이 패퇴하였다. 노나라 사람들이 그들을 추격하여 고멸(姑蔑)[94]에서 격파하였다. 공산불뉴와 숙손첩은 제나라로 도망쳤고, 드디어 비를 함락시켰다. 장차 성(成)[95]을 격파하려고 할 때 공렴거보(公斂處父)[96]가 맹손(孟孫)에게 말하였다. "성읍을 격파하면 제나라 사람들이 반드시 북문까지 쳐들어올 것입니다. 또 성읍은 맹씨(孟氏)의 보루라, 성읍이 없으면 맹씨가 없는 것과 같습니다. 우리는 성읍의 성을 파괴하지 말아야 합니다." 12월, 노 정공은 성읍의 성을 포위하였으나 함락시키지는 못하였다.

　정공 14년, 공자는 56세의 나이로 대사구(大司寇)로서 재상의 일을 맡

88)　汶陽: 춘추시대 때 魯나라 땅으로 汶水의 북쪽에 있으므로 이런 이름이 붙었다. 지금의 山東省 泰安의 서남쪽 일대에 있었다. 여러 차례 齊나라에 의해서 점령당하였다. 권33 「魯周公世家」의 〈주 89〉 참조.

89)　龜陰: 龜山 북쪽의 땅. 龜山은 지금의 山東省 泗水縣의 동북쪽에 있는데 蒙山과 서로 이어져 있다. 춘추시대에는 蒙山의 서북쪽을 龜山, 동남쪽을 蒙山이라고 불렀는데, 후세 사람은 龜山을 蒙山으로 여겨서 龜山의 이름은 없어지게 되었다. 지금의 山東省 蒙山의 主峰이 龜蒙山이다.

90)　雉는 고대에 성벽의 면적을 계산하는 단위로서, 1雉는 길이가 3丈, 높이가 1丈이다.

91)　三都는 季孫氏, 叔孫氏, 孟孫氏 三家의 성벽을 가리킨다. '三都'를 함락시킨 사건은 『左傳』, 『穀梁傳』에는 定公 12년에 일어난 일로 되어 있다. 그리고 梁玉繩이 말한 바에 의하면 季孫氏, 叔孫氏가 스스로 도모한 일이지 孔子의 의견으로 성사된 것은 아니라고 한다.

92)　郈: 고을 이름. 叔孫氏에 속하며 지금의 山東省 東平縣의 동남쪽에 있다.

93)　申句須, 樂頎: 둘 다 魯나라의 大夫이다.

94)　姑蔑: 지금의 山東省 泗水縣의 동쪽에 있다.

95)　成: 孟孫氏의 屬地. 읍 이름으로 지금의 山東省 寧陽縣의 북쪽에 있다.

96)　公斂處父: 孟孫氏의 家臣으로 成의 지방관이다.

게 되자 얼굴에는 희색이 돌았다. 제자가 물었다. "제가 듣기에, 군자는 화가 닥쳐도 두려워하지 않고, 복이 찾아와도 기뻐하지 않는다고 하였습니다." 공자가 말하였다. "그런 말이 있다. 그러나 '귀한 신분으로 신분이 낮은 사람을 공손하게 대하는 데에 낙이 있다'라고도 하지 않았는가?" 그리하여 얼마 후, 공자는 노나라의 정사를 문란케 한 대부 소정묘(少正卯)를 주살하였다.[97] 공자가 정치를 맡은 지 3개월이 지나자 양과 돼지를 파는 사람들이 값을 속이지 않았다. 남녀가 길을 갈 때 따로 걸었으며, 길에 떨어진 물건을 주워가는 사람도 없어졌다. 사방에서 읍에 찾아오는 여행자도 관리에게 허가를 받을 필요가 없었고, 모두 잘 접대해서 만족해하며 돌아가게 하였다.

제나라 사람들이 이 소문을 듣고 두려워하며 말하였다. "공자가 정치를 하면 노나라는 반드시 패권을 잡을 것이다. 노나라가 패권을 잡게 되면 우리 땅이 가까우니 우리가 먼저 병합될 것이다. 그런데도 어찌하여 먼저 약간의 땅을 노나라에 내주지 않는가?" 여서(黎鉏)가 말하였다. "먼저 시험삼아 (노나라의 선정을) 방해해보시기 바랍니다. 방해해보아도 되지 않으면 그때 가서 땅을 내놓아도 늦지 않을 것입니다!" 그래서 제나라는 미녀 80명을 뽑아 모두 아름다운 옷을 입히고 "강락무(康樂舞)"[98]를 가르쳐서 무늬 있는 말 120필과 함께 노나라 군주에게 보냈다.

무녀들과 아름다운 마차들을 우선 노나라의 도성 남쪽 높은 문 밖에 늘어놓았다. 계환자(季桓子)는 평복 차림으로 몰래 몇 차례 가서 그것을 살펴보고, 장차 접수하려고 하였으며, 이에 노나라 군주와 각 지역을 순회한다는 핑계를 대고, 실제로는 그곳으로 가서 하루 종일 관람하고, 정사는 게을리 하였다. 자로가 말하였다. "선생님이 노나라를 떠날 때가 왔습니다." 공자가 말하였다. "노나라 군주는 이제 곧 교제(郊祭)[99]를 지낼

---

97) 孔子가 少正卯를 죽였다고 한 기록에 대해서는 역대로 학설이 분분하다. 가장 먼저 이 일이 기록된 문헌은 『荀子』「宥坐」편과 『尹文子』「大道」下이며, 『呂氏春秋』, 『說苑』, 『孔子家語』, 『史記』 등은 모두 『荀子』의 의견을 좇았다. 金나라의 王若虛는 『五經辨惑』에서 이 일에 대하여 의심을 제기하였다. 그후 閻若璩의 『四書釋地』, 崔述의 『洙泗考信錄』, 梁玉繩의 『史記志疑』 등은 모두 孔子가 少正卯를 죽인 일은 없다고 변증하였다.

98) "康樂舞": '康樂'은 舞曲의 이름이다. "康樂舞"는 이 舞曲에 맞추어 추는 춤을 말한다.

99) 郊祭 : 남쪽 교외에서 하늘에 제사 지내는 것은 郊이다. 북쪽 교외에서 하늘에 제

텐데 만약 그때 군주가 희생 제물[100]을 대부들에게 나누어주면 나는 그대로 여기에 남을 것이다."환자(桓子)는 결국 제나라의 무녀들을 받아들이고는 사흘 동안 정사를 돌보지 않았으며, 교제를 지내고도 그 희생 제물을 대부들에게 나누어주지 않았다. 공자는 드디어 노나라를 떠나 둔(屯)[101]에서 하루를 묵었다. 악사 기(己)가 공자를 전송하며 말하였다. "선생에게는 아무 잘못이 없는데 왜 떠나십니까?"공자가 말하였다. "내가 노래로 대답해도 괜찮겠는가?"공자는 다음과 같이 노래를 불렀다.

> 군주가 여인의 말을 믿으면 군자는 떠나가고,
> 군주가 여인을 너무 가까이하면 신하와 나라는 망하도다.
> 유유히 자적하며 이렇게 세월이나 보내리라.

악사 기가 돌아오자 환자가 물었다. "공자는 또 무엇이라고 하던가?"기가 사실대로 고하였다. 환자는 크게 탄식하며 말하였다. "공자는 내가 제나라의 무녀를 받아들인 것을 가지고 나를 책망하고 있구나!"

공자가 드디어 위(衛)나라에 도착해서 자로의 처형인 안탁추(顏濁鄒)의 집에 머물렀다. 위 영공(衛靈公)이 공자에게 물었다. "노나라에 있을 때 봉록을 얼마나 받았소?"공자가 대답하였다. "조(곡식) 6만 두(斗)를 받았습니다."위(衛)나라에서도 역시 조 6만 두의 봉록을 주었다. 공자가 이곳에 거한 지 얼마 안 되어 누가 위 영공에게 공자를 참소하였다. 영공이 공손여가(公孫余假)에게 무장한 채 출입하며 공자를 감시하게 하였다. 공자는 억울한 누명이나 쓰지 않을까 두려워하며 10달을 머문 뒤 위(衛)나라를 떠났다.

공자가 장차 진(陳)나라로 가려고 광(匡)[102]을 지나갔다. 이때 안각(顏刻)[103]이 말을 몰았는데 말 채찍으로 한 곳을 가리키며 말하였다. "전

사 지내는 것은 社이다. 고대에는 郊社의 제례가 있었다.
100) 원문은 "膰"이다. 이것은 고대에 제사 지낼 때 사용하는 구운 고기를 말한다. 고대에는 제사를 마치고, 신하들에게 이 고기를 하사함으로써 신하들에 대한 존중을 표시하였다.
101) 屯 : 지명. 魯나라 남부에 있었다. 孔子가 衛나라로 가던 도중에 있던 곳이었으므로, 魯나라의 남쪽이 아니라고 하는 설도 있다.
102) 匡 : 衛나라에 속한 옛날 고을 이름. 지금의 河南省 長垣縣에 있다.
103) 顏刻 : 孔子의 제자.

에 제가 이곳에 왔을 때는 저 파손된 성곽의 틈 사이로 들어왔었습니다." 광(匡) 지역 사람들은 이 말을 듣고 노나라의 양호(陽虎)가 또 온 것이라고 여겼다. 양호는 일찍이 광 지역 사람들에게 포악하게 대하였었다. 광 지역 사람들은 이에 드디어 공자의 앞길을 막았다. 공자의 모습이 양호와 비슷하였기 때문에 공자는 5일간이나 포위당해 있었다. 안연(顏淵)[104]이 뒤따라 도착하자 공자가 말하였다. "나는 자네가 난중에 이미 죽은 줄로 알았어." 안연이 말하였다. "선생님이 계시는데 제가 어찌 감히 무모하게 죽겠습니까?" 광 지역 사람들이 공자를 향하여 더욱 급박하게 포위망을 좁혀오자 제자들이 두려워하기 시작하였다. 공자가 말하였다. "문왕(文王)은 이미 돌아가셨으나 문(文)은 여기에 있지 않은가? [105] 하늘이 이 문(文)을 없애려고 하셨다면 우리들로 하여금 이 문(文)을 전승할 수 없게 하였을 것이다. 하늘이 이 문(文)을 없애려고 하지 않으시는데 광 지역 사람들이 나를 어찌하겠는가!" 공자는 사자를 영무자(寧武子)[106]에게 보내어 위(衛)나라의 신하가 되게 한 후에야 비로소 그곳을 떠날 수 있었다.

공자는 광 땅을 떠난 뒤 곧 포(蒲)[107]에 도착하였다. 여기서 한 달 남짓 머문 후 다시 위(衛)나라로 돌아와 거백옥(蘧伯玉)[108]의 집에 머물렀다. 위 영공에게는 남자(南子)라는 부인이 있었는데 그녀는 사람을 시켜 공자에게 일렀다. "사방의 군자들은 우리 군주와 친하게 사귀고 싶은 생각이 있으면 반드시 그 부인을 만납니다. 우리 부인께서 뵙기를 원합니다." 공자는 사양하다가 나중에는 부득이 가서 만났다. 부인은 휘장 안에 있었다. 공자가 문을 들어가 북쪽을 향하여 절을 하자, 부인도 휘장 안에서 답례하였는데 이때 허리에 찬 구슬 장식이 맑고 아름다운 소리를 냈다. 돌아와서 공자가 말하였다. "나는 원래 만나고 싶지 않았는데, 기왕에 부득이해서 만났으니 이제는 예로 대접해주어야겠다." 자로는 역시 기뻐하

---

104) 顏淵 : 孔子의 저명한 제자. 이름은 回, 字는 淵이다.
105) 文은 周代의 禮樂制度로서 文化의 道統을 의미한다. 孔子 자신이 그 文化의 道統을 계승하였다는 말이다.
106) 寧武子 : 衛나라의 大夫. 『左傳』에 의하면 이때 寧武子는 죽은 지 이미 100여 년이 되었으니, 이것은 司馬遷의 착오일지도 모른다.
107) 蒲 : 읍 이름. 衛나라의 匡城 부근(지금의 河南省 長垣縣 동쪽)에 위치한다.
108) 蘧伯玉 : 衛나라의 大夫.

지 않았다. 공자는 단호하게 말하였다. "내가 만일 잘못하였다면 하늘이 나를 버릴 것이다. 하늘이 나를 버릴 것이다!" 위(衛)나라에 머문 지 한 달 남짓 되었을 때, 영공은 부인과 함께 수레를 타고 환관인 옹거(雍渠)를 시위관으로 옆에 태우고 궁문을 나서서 가는데, 공자는 뒷차를 타고 따라오게 하면서 거드럼을 피우고 뽐내며 시내를 지나갔다. 공자가 말하였다. "나는 덕을 좋아하기를 색을 좋아하는 것과 같이 하는 자를 보지 못하였다." 이에 이곳의 정치환경에 실망하고 위나라를 떠나서 조(曹)[109]나라로 갔다. 이해에 노 정공(魯定公)이 죽었다.

공자는 조(曹)나라를 떠나 송(宋)[110]나라로 갔다. 공자는 제자들과 큰 나무 아래에서 예의에 대해서 강습하였다. 송나라 사마(司馬) 환퇴(桓魋)가 공자를 죽이려 하였고[111] 그 나무도 뽑아버렸다. 이에 공자는 그곳을 떠날 수밖에 없었다. 제자들이 말하였다. "빨리 떠나는 것이 좋겠습니다." 공자가 말하였다. "하늘이 나에게 덕을 이을 사명을 주셨는데 환퇴가 나를 어찌하겠는가!"

공자가 정(鄭)[112]나라에 갔는데 제자들과 서로 길이 어긋나서 홀로 성곽(城郭)의 동문에 서 있었다. 정나라 사람 누군가가 자공(子貢)[113]에게 말하였다. "동문에 어떤 사람이 있는데 그 이마는 요(堯)임금과 닮았고, 그 목덜미는 요(陶)[114]와 닮았고, 그 어깨는 자산(子産)[115]과 닮았어요.

109) 曹 : 周 武王이 姬氏 姓에게 봉한 나라이다. 처음 군주는 武王의 동생 叔振鐸이다. 陶丘(지금의 山東省 定陶縣의 서남쪽)에 도읍하였다. 기원전 487년 宋나라에게 멸망당하였다.
110) 宋 : 周나라가 봉한 나라이다. 睢陽(지금의 河南省 商丘市 남쪽)에 도읍하였다.
111) 桓魋는 石槨을 만든 일로 孔子의 책망을 받은 일이 있었기 때문에 孔子를 죽이려는 마음이 생겼다.
112) 鄭 : 周나라가 봉한 나라로 新鄭(지금의 河南省 新鄭縣)에 도읍하였다. 자세한 것은 권42 「鄭世家」에 보인다. 孔子가 鄭나라에 갔었던 일에 대해서는 자고로 학자들의 의견이 분분하여 이를 전면적으로 부정하는 사람도 있다.
113) 子貢 : 孔子의 제자. 姓은 端木, 이름은 賜이다. 衛나라 사람이다. 辭令에 능하였고 장사를 하여 富는 千金에 달하였고 정치 활동에도 참여하였다. 권67 「仲尼弟子列傳」참조.
114) 陶 : 皐陶를 가리킨다. 전하는 말에 의하면 그는 東夷族의 우두머리인데 舜임금 때에 형법을 관장하였다. 일찍이 禹임금에 의해서 후계자로 정해졌으나 일찍 죽었기 때문에 자리를 잇지 못하였다.
115) 子産 : 公孫僑를 가리킨다. 춘추시대의 정치가로, 鄭나라 귀족의 자제이다. 鄭 簡公 12년(기원전 554년)에 卿이 되었고, 23년에 政權을 잡았고 개혁을 진행하여 일찍이 鄭나라를 한 차례 부강하게 하였다.

그러나 허리 이하는 우(禹)임금보다 3촌(寸)이 짧으며, 풀 죽은 모습은 마치 상가(喪家)의 개와 같았습니다." 자공은 이 말을 그대로 공자에게 고하였다. 공자는 흔쾌히 웃으며 말하였다. "한 사람의 모습이 어떠냐 하는 것은 그리 중요한 것이 아니다. 그런데 '상가의 개'와 같다고 하였다는데, 그것은 정말 그랬었지! 그랬었구말구!"

공자는 드디어 진(陳)나라에 이르러 사성정자(司城貞子)의 집에 머물렀다. 1년 남짓 되었을 때 오왕(吳王) 부차(夫差)[116]가 진(陳)나라를 쳐서 세 읍을 빼앗아 돌아갔다. 진(晉)나라의 조앙(趙鞅)[117]은 조가(朝歌)[118]를 공격하였다. 초나라는 채(蔡)나라를 포위하였고, 채나라는 오나라의 땅으로 옮겨가서 오나라의 보호를 받았다. 오나라는 월왕(越王) 구천(句踐)[119]을 회계(會稽)에서 패배시켰다.

어느날 매 한 마리가 진(陳)나라 궁정에 떨어져 죽었는데 싸리나무로 만든 화살이 몸에 꽂혀 있었고 그 화살촉은 돌로 되어 있었으며, 화살의 길이는 1척 8촌이었다. 진 민공(陳湣公)이 사자를 보내어서 공자에게 물었다. 공자가 말하였다. "매는 멀리서 왔습니다. 이것은 숙신(肅愼)[120]의 화살입니다. 옛날 무왕(武王)이 상(商)나라를 멸한 후에 여러 소수민족들과 교통하고 각각 그 지방의 특산물을 조공하게 함으로써 그들의 직책과 의무를 잊지 않게 하였습니다. 이에 숙신은 싸리나무로 만든 화살과 돌로 만든 화살촉을 바쳤는데 길이가 1척 8촌이었습니다. 선왕께서는

---

116) 夫差 : 춘추시대 吳王 闔閭의 아들. 기원전 495년에서 기원전 473년까지 재위하였고 일찍이 越과 齊 나라를 패배시키기도 하였다. 기원전 482년 黃池(지금의 河南省 封丘縣의 서남쪽)에서 제후와 맹약한 뒤 晉나라와 패권을 다투었다. 뒤에 越王句踐이 허점을 노려 吳나라의 수도에 침입하였다. 결국 越나라에게 멸망하게 되자夫差는 자살하였다.

117) 趙鞅 : 趙簡子를 가리킨다. 晉나라의 卿. 志父라고도 하며 다른 이름은 趙孟이다. 내란중 范氏, 中行氏를 물리쳐 봉지를 확대하고 趙나라를 세우기 위한 토대를 닦았다.

118) 朝歌 : 춘추시대 衛나라의 도성.

119) 句踐 : 춘추시대 말기의 越王으로 기원전 497년에서 기원전 465년까지 재위하였다. 일찍이 吳王에게 패하자 굴복하여 화해를 청하였다. 그는 와신상담하여 발분하며 나라를 강성하게 만들어 마침내 吳나라를 멸망시키고 이어 徐州에서 제후들을 크게 소집한 후 맹주가 되었다.

120) 肅愼 : 옛 부족 이름으로 뒤의 女眞族을 가리킨다. 長白山 북쪽에 거하였는데 동쪽으로는 大海에 인접하였고 북쪽으로는 黑龍江 중하류에 이르렀으며, 수렵에 종사하였다.

그의 미덕을 표창하고자 숙신의 화살을 큰딸 대희(大姬)에게 나누어주었습니다. 그후 장녀를 우(虞)의 호공(胡公)과 결혼을 시키고, 우 호공을 진(陳)나라에 봉하였지요. 동성 제후들에게는 진귀한 옥을 나누어주어 친척의 도리를 다하게 하였고, 이성 제후들에게는 먼 지방에서 들어온 조공품을 나누어주어 무왕에게 복종할 것을 잊지 않게 하였습니다. 그리하여 진(陳)나라에게는 숙신의 화살을 나누어주었던 것입니다." 진 민공이 시험삼아 옛 창고에서 그 화살을 찾아보게 하였는데 과연 그것이 있었다.

공자가 진(陳)나라에 머문 지 3년, 때마침 진(晉)과 초(楚) 나라가 강함을 다투며 서로 차례로 진(陳)나라를 침범하였고, 오나라가 진(陳)나라를 침범할 때까지, 진(陳)나라는 항상 침공을 당하였다. 공자가 말하였다. "돌아가자, 돌아가자! 내 고장의 젊은이들은 뜻은 크지만 단지 일을 함에는 소홀함이 있다. 그러나 그들에게는 진취성이 있고, 그들은 초지를 잊지 않고 있다." 이에 공자는 진(陳)나라를 떠났다.

포(蒲)를 지날 때,[121] 때마침 공숙씨(公叔氏)가 포에서 반란을 일으켰다. 포의 사람들이 공자의 앞길을 막았다. 제자 중에 공양유(公良孺)라는 자가 있어 개인의 수레 다섯 대를 가지고 공자를 따라 주유하고 있었다. 그는 키가 크고 사람됨이 어질며 용기와 힘이 있었는데, 그가 말하였다. "내 이전에 선생님을 모시고 광(匡)에서 난을 당했었는데, 오늘 또다시 여기서 위험에 부딪히니 실로 운명인가보다. 내 선생님과 함께 다시 위험에 빠지니 차라리 싸우다 죽겠다." 싸움이 심히 격해졌다. 포의 사람들이 두려워서 공자에게 말하였다. "만일 위(衛)나라로 가지 않는다면 그대를 놓아주겠소." 공자가 맹약하자 그들은 공자 일행을 동문(東門)으로 내보냈다. 그러나 공자는 끝내 위나라로 갔다. 자공이 말하였다. "맹약을 저버려도 됩니까?" 공자가 말하였다. "강요된 맹약은 신(神)도 인정하지 않는다."

위 영공(衛靈公)은 공자가 온다는 소식을 듣고 기뻐하며 교외까지 나가 영접하며 물었다. "포(蒲)를 공격할 수 있습니까?" 공자가 대답하여 말하였다. "있습니다." 영공이 말하였다. "우리 대부(大夫)들은 불가능하

---

121) 孔子가 蒲를 지날 때의 일은 후세 많은 학자들이 孔子가 匡을 지날 때의 일과 별개의 사건으로 인식해왔으나 陳秉才는 이것을 蒲와 匡은 지척에 있는 곳으로 같은 시기에 일어난 일련의 사건으로 보고 있다.

다고 여깁니다. 오늘날 포는 위(衛)나라가 진(晉)과 초 나라를 방어하는 요지인데 위나라가 직접 그곳을 공격한다는 것은 무리가 있지 않겠습니까?"공자가 말하였다. "그곳의 장정들은 모두 위나라를 위해서 목숨을 바칠 의지가 있으며, 부녀자들도 그들의 서하(西河) 땅을 지키려는 의지가 있습니다. [122] 따라서 우리가 토벌하려는 사람은 반란을 일으킨 우두머리 4-5명에 불과합니다."영공이 말하였다. "좋습니다."그러나 영공은 포를 공격하지 않았다.

영공은 늙어 정사에 태만하였고, 또한 공자를 등용하지도 않았다. 공자는 크게 탄식하며 말하였다. "만약 나를 등용하는 자가 있으면, 그 나라는 단 일년 동안에 자리가 바로잡힐 것이요, 3년이면 구체적인 성과가 나타날텐데."공자는 위나라를 떠났다.

불힐(佛肸)은 중모(中牟) 고을의 지방장관으로 있었다. 진(晉)나라의 조간자(趙簡子)가 범씨(范氏)와 중항씨(中行氏)를 격파하려 하자 중모에서 조간자에게 불복하였으므로 간자는 이 지역을 공격하였다. 불힐이 이에 중모를 근거지로 반기를 들었다. 그리고 사람을 보내 협조를 구하고자 공자를 초빙하였다. 공자는 이에 응하려고 하였다. 자로가 말하였다. "제가 선생님께 듣기로는 '스스로 좋지 못한 일을 한 자에게 군자는 가지 않는다'라고 하셨는데, 지금 불힐은 친히 중모에서 반기를 들었는데도 선생님께서 가려고 하시니 이는 어찌 된 연유입니까?"공자가 말하였다. "내 그런 말을 한 적이 있었다. 그러나 내 또한 진정으로 강한 것은 갈아도 얇아지지 않고, 진정으로 하얀 것은 물들여도 검어지지 않는다고 말하지 않았던가! 내 어찌 쓸모없는 박[匏]이 되란 말이냐? 어찌 매달려 있기만 하고 사람에게 먹히지 않을 수 있는가 말이다."

공자가 경(磬)[123]을 연주하였다. 그때 망태를 메고 문 앞을 지나가던 자가 듣고 말하였다. "깊은 생각에 빠졌구나, 경을 연주하는 이여! 쨍강 쨍강, 세상에 자기를 알아주는 이가 없으면 그것으로 그만이지!"

공자가 사양자(師襄子)[124]로부터 거문고 타기를 배웠는데 열흘 동안 진

---

122) 이 구절은 公叔氏는 蒲 땅을 가지고 몸을 다른 나라에 의탁하려 하는 데 비해서 남자들은 차라리 죽을지언정 그것을 따르지 않음을 가리킨다. 西河는 衛나라 땅으로 지금의 河南省 浚縣, 滑縣 일대를 가리킨다.
123) 磬 : 돌이나 옥 조각을 사용하여 만든 고대의 타악기.
124) 師襄子 : 魯나라의 石磬을 치는 악관. 이름은 襄, 師는 樂師이다. 그는 거문고도

전이 없었다. 사양자가 말하였다. "이제는 다른 곡을 배워도 되겠습니다." 공자가 말하였다. "나는 이미 그 곡조는 익혔으나 아직 그 연주하는 술수는 터득하지 못하였습니다." 얼마 후에 사양자가 말하였다. "이제는 그 연주하는 술수를 익혔으니 다른 곡을 배워도 되겠습니다." 공자가 말하였다. "나는 아직 그 곡조의 뜻을 터득하지 못하였습니다." 얼마 후에 사양자가 말하였다. "이제는 곡조의 뜻을 익혔으니 다른 곡조를 배워도 되겠습니다." 공자가 말하였다. "나는 아직 이 곡중인(曲中人)의 사람됨을 터득하지 못하였습니다." 얼마 뒤에 공자는 엄숙하고 경건하게 깊이 생각하였고, 또 유쾌하게 원대한 뜻을 바라보게 되었다. 공자가 말하였다. "이제야 나는 그 곡중인의 사람됨을 알았습니다. 피부는 검고, 키는 크며, 눈은 빛나고 멀리 바라보는데 마치 사방 제후국을 다스리는 것 같았으니, 이는 문왕(文王)이 아니면 그 누구겠습니까!" 사양자가 자리에서 일어나 재배하며 말하였다. "원래 나의 은사님께서도 이것은 "문왕조(文王操)"[125]라고 이르셨습니다."

　공자는 위(衛)나라에서 등용되지 못하자 장차 서쪽으로 가서 진(晉)나라의 조간자를 만나려고 하였다. 황하에 이르러서 두명독(竇鳴犢)과 순화(舜華)가 피살된 소식을 듣고서 탄식해서 말하였다. "아름답구나 황하여, 넓고 넓도다! 내가 이 황하를 건너지 못하는 것은 또한 운명이로다!" 자공이 달려나아가 물었다. "이제 하신 말씀은 무슨 뜻입니까?" 공자가 말하였다. "두명독과 순화는 진(晉)나라의 어진 대부였다. 조간자가 아직 뜻을 얻지 못했을 때 모름지기 이 두 사람의 도움으로 정치를 하였다. 그런데 지금은 그가 뜻을 이루자 도리어 그들을 죽이고 정권을 장악하고 있다. 내가 듣기로 배를 갈라 어린 것을 죽이면 기린(麒麟)이 교외에 이르지 아니하고, 연못을 마르게 하여 고기잡이를 하면 교룡(蛟龍)이 운우(雲雨)를 일으켜 음양의 조화를 이루려 하지 않고, 둥지를 뒤엎어 알을 깨뜨리면 봉황이 날아오지 않는다고 한다. 왜냐하면 군자는 자기와 같은 무리가 상하는 것을 꺼리기 때문이다. 대저 조수(鳥獸)도 그 의롭지 못한 것을 오히려 피할 줄 아는데 하물며 이 공구(孔丘)에게서랴!" 이에 추향(陬鄉)에 되돌아가 쉬면서 "추조(陬操)"[126]를 지어 두명

잘 탔다.
125) "文王操": 文王을 찬양하는 내용의 거문고 곡을 말한다.

438

독과 순화를 애도하였다. 후에 공자는 위(衛)나라로 돌아가 거백옥(蘧伯玉)의 집에서 살았다.

어느날 위 영공(衛靈公)이 군대의 진법(陣法)을 물었다.[127] 공자가 말하였다. "제사 지내는 일은 일찍이 들었으나, 군사의 일은 배우지 못하였습니다." 다음날 영공이 공자와 더불어 이야기하다가 날아가는 기러기를 보자 그것을 우러러보며 공자의 말에는 열중하지 않았다. 공자는 드디어 그곳을 떠나 다시 진(陳)나라로 갔다.

이해 여름 위 영공이 죽자 손자 첩(輒)을 세웠는데, 그가 위 출공(衛出公)이다.[128] 6월, 조앙(趙鞅)이 태자 괴외(蒯聵)를 척(戚)[129]으로 받아들였다. 조앙의 명을 받은 양호(陽虎)가 태자에게 문(絻)을 입히고, 여덟 명에게 최질(衰絰)을 입혀[130] 위(衛)나라에서 온 영접자로 가장하여 울며 척으로 들어와 드디어 거기에서 머물러 살게 되었다. 겨울에 채(蔡)나라는 주래(州來)[131]로 천도하였다. 그 이듬해는 노 애공(魯哀公) 3년으로 이때 공자의 나이는 60세였다. 제나라의 도움으로 위나라는 척을 포위하였는데, 그것은 위나라의 태자 괴외가 그곳에 있었기 때문이었다.

같은 해 여름, 노나라의 환공(桓公)과 희공(釐公)의 묘에 불이 났다. 남궁경숙(南宮敬叔)이 불을 껐다. 그때 공자는 진(陳)나라에 있었는데 이 소식을 듣고 말하였다. "재해는 틀림없이 환공과 희공의 묘에서 났을

126) "陬操": 거문고 곡의 이름이다.
127) 靈公이 전쟁에 관한 일을 물었는데, 그것은 衛나라 태자가 南子를 살해하는 데 실패하고 晉나라로 도망가 있었기 때문에 靈公이 용병하고자 孔子에게 군을 배치하고 陣을 치는 것을 물었던 것이다. 孔子는 싸움의 이유가 정당하지 못하고, 또한 父子의 싸움은 간섭하는 것이 좋지 않다고 여겨서 아예 배우지 못하였다고 대답하였던 것이다. 이 일은 권37「衛康叔世家」와,『論語』「衛靈公」에 보인다.
128) 衛 靈公이 죽은 뒤에 南子는 靈公의 유언에 의하여 靈公의 작은아들 郢으로 하여금 公位를 잇게 하였다. 그러나 郢은 사양하고 靈公의 손자 輒으로 하여금 자리를 잇게 하였다. 그가 바로 衛 出公이며, 그는 기원전 492년에서 기원전 481년까지 재위하였다.
129) 戚 : 衛나라의 읍 이름으로, 지금의 河南省 濮陽縣 북쪽이다.
130) 絻은 고대 상복의 일종이고, 衰絰도 상복이다. '衰'는 가슴 앞의 마로 된 천을 말하고, '絰'은 머리나 허리에 두르는 느슨한 삼으로 만든 노끈을 가리킨다. 앞의 〈주 16〉참조.
131) 州來 : 춘추시대에는 楚나라의 읍이었으나 기원전 519년에 吳나라의 수중에 들어갔다. 기원전 493년 吳王 夫差가 蔡나라의 昭侯를 州來로 옮겼는데 그곳이 바로 下蔡이다. 옛 터는 지금의 安徽省 鳳台縣에 있다. 권35「管蔡世家」의 〈주 39〉 참조.

것이다. "과연 뒤에 알아보니 그러하였다.

　가을에 계환자(季桓子)가 병이 들었는데, 마차에 올라 노나라의 도성을 바라보고 탄식하며 말하였다. "이전에 이 나라는 거의 흥성할 수가 있었는데 내가 공자를 등용해서 그의 말을 듣지 않았던 까닭에 흥성하지 못하였다[132]" 그는 또 후계자인 강자(康子)[133]를 돌아보고 말하였다. "내가 죽으면 너는 반드시 노나라의 정권을 이어받을 것이다. 그렇게 되거든 반드시 공자를 초청해 오도록 해라." 그후 며칠 지나서 계환자가 죽고 강자가 대를 이었다. 장례가 끝난 뒤 강자는 공자를 부르려고 하였다. 공지어(公之魚)[134]가 말하였다. "지난날에 선군께서 그를 등용하고자 하셨으나 좋은 결과를 거두지 못하여 결국 제후의 웃음거리가 되었습니다. 이제 또 그를 등용하려다가 좋은 결과를 거두지 못하게 되면 이는 또다시 제후들의 웃음거리가 되는 것입니다." 강자가 말하였다. "그러면 누구를 초빙하면 좋겠소?" 공지어가 말하였다. "반드시 염구(冉求)[135]를 부르십시오." 이에 사람을 보내어 염구를 불렀다. 염구가 초빙에 응하려고 하자 공자가 말하였다. "우리 노나라 사람이 구(求)를 부르는 것을 보니 이것은 작게 등용하려는 것이 아니라 장차 크게 등용하려는 것이리라." 이날 공자는 또 말하였다. "돌아가자, 돌아가자! 내 고장의 젊은이들은 뜻은 크지만 행하는 것에서는 소홀하고 거칠며, 문장은 훌륭하니 나는 어떻게 그들을 지도해야 좋을지 모르겠다." 자공(子貢)은 공자에게 노나라로 돌아갈 생각이 있음을 알고 염구를 전송할 때 부탁하여 말하였다. "곧 등용되면 선생님을 모셔가도록 해주시오."

　염구가 가고 다음해에 공자는 진(陳)나라에서 채(蔡)나라로 옮아갔다. 채 소공(蔡昭公)[136]이 장차 오나라에 가려고 하였는데, 이는 오나라 왕이 그를 불렀기 때문이었다. 지난날 소공이 신하들을 속이고 주래(州來)로 천도하였는데, 지금 다시 오나라로 가려고 하자 대부들이 또 천도할까 두

132) 齊나라 여인들에게 현혹되어 정치를 돌보지 않고 孔子를 중용하지 않은 것을 말한다.
133) 康子: 季桓子의 庶子로 桓子의 뒤를 이어 魯나라에서 집권하였다.
134) 公之魚: 魯나라의 大夫.
135) 冉求: 춘추시대 魯나라 사람으로 孔子의 제자이다. 성품이 온순하고 才藝가 있어 季氏에게서 벼슬하여 재상이 되었다.
136) 蔡昭公: 기원전 518년에서 기원전 491년까지 재위하였다.

려워하였고 마침내 공손편(公孫翩)[137]이 소공을 쏘아 죽였다. 초나라가 채나라를 침공하였다. 가을에는 제 경공(齊景公)이 죽었다.

다음해 공자는 채나라에서 섭(葉)으로 갔다. 섭공(葉公)[138]이 공자에게 정치를 물으니 공자가 말하였다. "정치란 먼 데 있는 사람을 찾아오게 하고, 가까이 있는 사람의 마음을 얻는 데 있습니다." 훗날 섭공은 자로에게 공자의 사람됨을 물었으나 자로는 대답하지 않았다. 공자가 이를 듣고 말하였다. "유(由)야, 너는 왜 그는 사람됨이 도를 배우는 데 권태를 느끼지 않고, 사람을 깨우치는 일에 싫증을 내지 않으며, 일에 열중하여 먹는 것조차 잊어버리고, 즐거움으로 근심을 잊으면서, 늙어가는 것도 모르고 살아가는 사람이라고 말하지 않았느냐?"

공자는 섭(葉)을 떠나 채나라로 돌아오는 도중에 장저(長沮)와 걸익(桀溺)이 같이 밭을 가는 것을 보았다. 공자는 그 사람들이 은자(隱者)라고 생각하여 자로로 하여금 그들에게 나루터로 가는 길을 물어보도록 하였다. 장저가 자로에게 물었다. "수레 위의 고삐를 잡고 있는 저 사람은 누구입니까?" "공자이십니다." "그가 노나라의 공자입니까?" "그렇습니다." 장저가 말하였다. "그렇다면 나루터를 알고 있을 것입니다." 걸익이 자로를 향하여 물었다. "당신은 누구입니까?" "중유(仲由)입니다." "당신은 공자의 제자입니까?" "그렇습니다." "천하가 온통 어지러운데, 그 누가 이를 바로잡을 수 있겠습니까? 당신은 사람을 피하는 선비[139]를 따르는 것보다는 차라리 세상을 피하는 선비[140]를 따르는 것이 낫지 않겠습니까!" 장저와 걸익은 이렇게 말하고 계속해서 자기네들이 하던 흙으로 씨를 덮는 일을 하였다. 자로가 이들이 한 말을 공자에게 알리니 공자가 실망해서 말하였다. "사람이란 인간 사회를 피해서 짐승들과 무리를 같이 하여 살 수는 없다.[141] 천하에 도가 통한다면 나도 이를 바꾸려고 여러 나라로 쫓아다니지 않을 것이다."

---

137) 公孫翩 : 蔡나라의 大夫.
138) 葉公은 楚나라 大夫 沈諸梁으로 葉 땅에 봉해져서 葉公이라 불렀다. 葉은 지금의 河南省 葉縣이다.
139) 나쁜 제후들을 상대하지 않고 피해 다니는 사람, 즉 孔子를 가리킨다.
140) 현실 사회를 피해 사는 사람, 즉 桀溺 자신을 가리킨다.
141) 사회 구성원으로서 현실 참여의 책임을 말하고 있다.

그후 어느날 자로가 길을 가다가 다래끼를 메고 있는 노인을 만나 물었다. "우리 선생님을 보지 못했습니까?" 그 노인이 말하였다. "팔다리로 부지런히 일도 하지 않고, 오곡도 구별하지 못할 터인데, 당신의 선생이 누군지 내가 어찌 알겠소!" 그는 계속 지팡이를 세워두고 풀을 뽑았다. 자로가 이를 고하자 공자가 말하였다. "그는 은자임에 틀림없다." 다시 가보았으나 그는 이미 떠나가고 없었다.

공자가 채나라로 옮긴 지 3년이 되던 해에 오나라는 진(陳)나라를 공격하였다. 초나라는 진나라를 구하기 위해서 진보(陳父)[142]에 군대를 주둔시켰다. 초나라에서는 공자가 진나라와 채나라의 중간 지역에 있다는 말을 듣고 사람을 보내어 공자를 초빙하였다. 공자가 가서 예를 갖추려고 하자, 진나라와 채나라의 대부들이 의논하여 말하였다. "공자는 현인이다. 그가 비난하는 바는 모두 제후들의 잘못과 들어맞는다. 지금 그가 진나라와 채나라의 중간에 오래 머물고 있는데, 그간 여러 대부들이 한 행실은 모두 공자의 뜻에 맞지 않는다. 오늘의 초나라는 큰 나라인데 공자를 초빙하려고 한다. 공자가 초나라에 등용되면 우리 진나라와 채나라에서 일하는 대부들은 모두 위험해질 것이다."

이에 진나라와 채나라의 대부들은 각각 노역자들을 보내어 들판에서 공자를 포위하였다. 그래서 공자는 초나라로 가지 못하고 식량마저 떨어졌다. 따르는 제자들은 굶어 병들어 잘 일어서지도 못하였다. 그러나 공자는 조금도 흐트러짐이 없이 학술강의도 하고 책도 낭송하고 거문고도 타면서 지냈다. 자로가 화가 나서 공자에게 말하였다. "군자도 이처럼 곤궁할 때가 있습니까?" 공자가 말하였다. "군자는 곤궁해도 절조를 지키지만 소인은 곤궁해지면 탈선한다." 자공이 화가 나서 얼굴 색이 변하였다. 공자가 말하였다. "사(賜)야, 너는 내가 박학다식하다고 생각하느냐?" 자공이 대답하였다. "그렇습니다. 그렇지 않다는 말씀이십니까?" 공자가 말하였다. "그렇지 않다. 나는 한 가지 기본 원칙을 가지고 전체의 지식을 통찰한 것뿐이다."

공자는 제자들이 마음이 상해 있다는 것을 알고서 곧 자로를 불러서 물었다. "『시(詩)』에 이르기를 '코뿔소도 아니고 호랑이도 아닌 것이 광야

---

142) 陳父 : 楚나라 읍 이름 城父를 가리킨다. 지금의 河南省 平頂山市 서북쪽에 있다. 이것은 陳나라의 읍 이름 城父가 아니다.

에서 헤매고 있다'[143]라고 하였는데, 나의 도에 무슨 잘못이라도 있단 말이냐? 우리가 왜 여기서 곤란을 당해야 한다는 말이냐?" 자로가 말하였다. "아마도 우리가 어질지 못하기 때문이 아니겠습니까? 그래서 사람들이 우리를 믿지 못하는 게지요. 아마도 우리가 지혜롭지 못하기 때문이 아니겠습니까? 그래서 사람들이 우리를 놓아주지 않는 게지요."

공자가 말하였다. "그럴 리는 없을 것이다. 중유(仲由)야, 만약에 어진 사람이 반드시 남의 신임을 얻는다면 어째서 백이(伯夷)와 숙제(叔齊)[144]가 수양산(首陽山)에서 굶어 죽었겠느냐? 또 만약에 지혜로운 사람이 반드시 장애 없이 실행할 수 있다면 어찌 왕자 비간(比干)[145]이 심장을 해부당하였겠느냐?" 자로가 나가자 자공이 들어와 공자를 뵈었다. 공자가 말하였다. "사(賜)야, 『시』에 이르기를, '코뿔소도 아니고 호랑이도 아닌 것이 광야에서 헤매고 있다'라고 하였는데, 나의 도에 무슨 잘못이라도 있단 말이냐? 우리가 왜 여기서 곤란을 당해야 한다는 말이냐?" 자공이 대답하였다. "선생님의 도가 지극히 크기 때문에 천하의 그 어느 국가에서도 선생님을 받아들이지 못합니다. 선생님께서는 어째서 자신의 도를 약간 낮추지 않으십니까?" 공자가 말하였다. "사야, 훌륭한 농부가 비록 씨 뿌리기에 능하다고 해서 반드시 곡식을 잘 수확하는 것은 아니고, 훌륭한 장인(匠人)이 비록 정교한 솜씨를 가졌을지라도 반드시 사용자를 만족시키는 것은 아니다. 군자가 그 도를 잘 닦아서 기강을 세우고 잘 통리(統理)할 수는 있겠지만 반드시 세상에 수용되는 것은 아니다. 지금 너는 너의 도는 닦지 않고서, 스스로의 도를 낮추어서까지 남에게 수용되기를 바라고 있다. 사야, 너의 뜻이 원대하지 못하구나." 자공이 나가고 안회(顔回)가 들어와서 공자를 뵈었다. 공자가 물었다. "회야, 『시』에 이르기를, '코뿔소도 아니고 호랑이도 아닌 것이 광야에서 헤매고 있다'라고 하

143) 『詩經』「小雅」"何草不黃"에 "匪兕匪虎, 率彼曠野"라고 하였다.
144) 伯夷, 叔齊 : 商나라 말기 孤竹君의 맏아들과 둘째 아들. 孤竹君이 죽은 후 두 사람은 서로 君主의 자리를 양보하다 결국 두 사람 모두 周나라에 의탁하였다. 武王이 商나라를 정벌할 때 두 사람은 이를 반대하였지만 끝내 武王이 商나라를 멸망시키자 두 사람은 首陽山에 도피하여 周나라의 곡식을 먹지 않고 굶어 죽었다.
145) 比干 : 商代의 大臣, 紂王의 숙부. 관직이 少師로, 賢者라고 칭해졌다. 누차 紂王에게 善政과 德行을 시행할 것을 간언하다가 결국 紂王에게 죽임을 당하였다. 紂王은 성인은 심장에 일곱 개의 구멍이 있다고 들었노라고 하면서 죽여서 그의 배를 갈라 그의 심장에 과연 일곱 개의 구멍이 있는지 살펴보았다고 한다.

였는데, 나의 도에 무슨 잘못이라도 있단 말이냐? 우리가 왜 여기서 곤란을 당해야 한다는 말이냐?"안회가 대답하였다. "선생님의 도가 지극히 크기 때문에 천하의 그 어느 국가에서도 선생님을 받아들이지 못합니다. 비록 그렇기는 하지만 선생님께서는 선생님의 도를 추진시키고 계십니다. 그러니 그들이 받아들이지 않는다고 해서 무슨 걱정이 있겠습니까? 받아들여지지 않은 연후에 더욱 군자의 참 모습이 드러나는 것입니다. 무릇 도를 닦지 않는다는 것은 우리의 치욕입니다. 그리고 무릇 도가 잘 닦여진 인재를 등용하지 않는다는 것은 나라를 가진 자의 수치입니다. 그러니 받아들여지지 않는다고 해서 무슨 걱정이 되겠습니까? 받아들여지지 않은 연후에 더욱더 군자의 참 모습이 드러날 것입니다." 공자는 기뻐서 웃으며 말하였다. "그렇던가, 안씨 집안의 자제여! 자네가 만약 큰 부자가 된다면 나는 자네의 재무 관리자가 되겠네." 그리하여 자공을 초나라에 보냈다. 초 소왕(楚昭王)[146]이 군대를 보내 공자를 보호하고 맞이하자 비로소 공자는 곤궁에서 벗어날 수 있었다.

소왕이 장차 서사(書社)[147]의 땅 700리로 공자를 봉하려고 하였다. 그러자 초나라의 재상 자서(子西)[148]가 말하였다. "왕의 사신으로 제후에게 보낼 사람 중에서 자공만한 사람이 있습니까?" "없습니다." "왕을 보필할 신하 중에서 안회만한 사람이 있습니까?" "없습니다." "왕의 장수 중에서 자로만한 사람이 있습니까?" "없습니다." "왕의 장관 중에서 재여(宰予)만한 사람이 있습니까?" "없습니다." 자서는 이어서 말하였다. "하물며 초나라의 선조가 주(周)나라로부터 봉함을 받았는데 그때 봉호는 자남작(子男爵)이었고, 봉지는 50리였습니다. 지금 공자는 삼황오제(三皇五帝)의 치국방법을 말하고 주공(周公),[149] 소공(召公)[150]의 덕치를

146) 楚 昭王 : 성은 羋氏이고 이름은 珍이다. 기원전 515년에서 기원전 489년까지 재위하였다. 권31「吳太伯世家」의 〈주 87〉 참조.
147) 書社 : 당시 25家를 1里로 하여 里마다 社를 만들었는데 社人들의 성명을 社籍簿에 적어 이를 書社라고 불렀다.
148) 子西 : 楚 昭王의 형인 公子 申을 가리킨다.
149) 周公 : 周 武王의 동생이며, 이름은 旦이다. 采邑이 지금의 陝西省 岐山 북쪽이었던 周 지방에 있었기 때문에 周公이라고 한다. 그는 일찍이 武王을 도와 商나라를 멸하였다. 武王이 죽었을 때 成王이 어려 섭정하면서 훌륭한 정치를 행한 큰 정치가이다.
150) 召公 : 召康公이라고도 한다. 이름은 奭이고, 燕나라의 시조이다. 采邑이 지금의

본받고 있으니, 왕께서 만약 공자를 등용하신다면 초나라가 어떻게 대대로 당당하게 다스려온 사방 수천리의 땅을 보존할 수 있겠습니까? 무릇 문왕(文王)은 풍(豐) 땅에서 일어났고, 무왕(武王)은 호(鎬) 땅에서 일어났지만 백리밖에 안 되는 작은 땅을 가진 군주가 마침내 천하를 통일하였던 것입니다. 지금 공자가 근거할 땅을 얻고 저렇게 많은 현명한 제자들이 그를 보좌한다면 이것은 우리 초나라에 결코 좋은 일이 못 될 것입니다."

소왕은 이 말을 듣고 본래의 계획을 취소하였다. 그해 가을, 초 소왕은 성보(城父)에서 죽었다.

초나라의 미치광이 접여(接輿)[151]가 공자 앞을 지나가며 이렇게 노래를 불렀다.

봉황새야, 봉황새야!
너의 덕은 어찌 이리 쇠락했니!
지난날의 잘못이야 돌이킬 수 없지만,
앞날의 잘못이야 피할 수 있으리!
두어라, 그만두어!
지금 정치하는 자 다 위험하니까!

공자는 마차에서 내려 그와 이야기를 나누려 하였으나 그가 급히 피해버려 이야기를 나눌 수 없었다.

이때 공자는 초나라에서 위(衛)나라로 돌아왔다. 이해 공자의 나이는 63세였고, 때는 노 애공 6년이었다.

그 다음해 오나라는 노나라와 증(繪)[152]에서 회합하고 노나라에게 제사에 쓸 백뢰(百牢)[153]를 요구하였다. 태재(太宰) 비(嚭)[154]가 계강자(季康子)를 소환하였다. 강자(康子)는 자공을 초나라로 보내어 응대케 함으

陝西省 岐山의 서남쪽 召 지방에 있었기 때문에 召公 또는 召伯이라고 칭하게 되었다. 武王이 商나라를 멸하는 것을 보좌한 이후에 燕에 봉해졌다. 成王 때에는 太保에 임명되었다. 권32「齊太公世家」의 〈주 36〉, 권34「燕召公世家」참조.
151) 接輿 : 楚나라의 隱者이다. 미친 체하여 벼슬하지 않고, 밭을 갈면서 먹고 살았다. 그래서 楚나라 광인 接輿라고 칭한다. 성은 陸이고 이름은 通이다.
152) 繪 : 옛 나라 이름으로 지금의 山東省 棗莊市의 동쪽에 있었다.
153) 牢는 제사에 쓰이는 희생을 말한다. 周禮에는 上公이 9牢, 侯伯이 7牢, 子男이 5牢를 쓰도록 되어 있다. 吳나라에서 100牢를 요구한 것은 周禮에 맞지 않는다.
154) 太宰 嚭 : 吳나라의 大臣으로 성은 伯, 이름은 嚭이다. 太宰는 관직 이름이다.

로써 비로소 가축을 바치는 일을 모면하게 되었다.

공자가 말하였다. "노나라와 위나라의 정치는 형제처럼 비슷하다."[155]
이때 위나라의 군주 첩(輒)의 부친 괴외(蒯聵)는 군주의 자리에 오르지
못하고 국외에 망명중이었는데, 제후들은 위나라 군주에 대해 부친에게
양위해야 한다고 수 차례 책망하였다. 공자의 제자들 중에는 위나라에서
벼슬을 하고 있는 사람이 많았고 위나라 군주는 공자에게 정사를 맡기고
싶어하였다. 자로가 말하였다. "위나라 군주가 선생님께 정사를 맡기고자
하는데 맡으신다면 선생님께서는 장차 무슨 일을 제일 먼저 하시겠습니
까?" 공자가 대답하였다. "반드시 명분을 바르게 하겠다." 자로가 말하
였다. "세상 사람들이 선생님을 절실하지 못하고 우원(迂遠)하다 하더
니, 정말 그렇습니다. 무슨 명분을 바르게 하신다는 말씀입니까?" 공자
가 말하였다. "정말 거칠구나, 유(由)야! 대저 명분이 바르지 않으면 말
이 순조롭지 못하고, 말이 순조롭지 못하면 일이 성취되지 않으며, 일이
성취되지 않으면 예악이 일어나지 않는다. 예악이 일어나지 않으면 형벌
이 적중하지 않고, 형벌이 적중하지 않으면 백성들이 어찌할 바를 모르고
당황한다. 그래서 군자는 무슨 일을 하든 반드시 명분에 부합되어야 하
고, 말을 했으면 반드시 실행해야 한다. 그리고 군자의 말에는 경솔함이
없어야 한다."

그 다음해 염유(冉有)는 계씨(季氏)의 명을 받고 장군이 되어 낭
(郎)[156]에서 제나라와 싸워서 이겼다. 계강자(季康子)가 말하였다. "그
대는 군사에 관한 것을 배웠는가? 아니면 본래 그 방면에 재주가 있는
것인가?" 염유가 말하였다. "공자에게서 배웠습니다." 강자가 말하였다.
"공자는 어떤 사람인가?" 염유가 대답하였다. "공자를 등용하면 나라의
명성이 높아지고, 그의 정치방법은 백성들에게 시행하거나 신명에게 고하
거나 간에 아무런 유감스러운 일이 없을 것입니다. 그에게 나와 같은 이
길을 걷게 한다면 비록 수천 사(社)[157]를 준다 해도 공자는 그 이익을 취

---

155) 魯와 衛 나라를 세운 군주 周公, 康叔은 형제로서 두 나라의 정치 형태 또한 형
제처럼 비슷하였다. 뿐만 아니라 두 나라가 처해 있던 정치 혼란도 비슷하였다.

156) 郎 : 옛 읍 이름. 魯나라의 땅으로 지금의 山東省 魚臺縣의 동북쪽에 있다. 일설
에는 魯나라 근교에 별도로 郎이 있는데, 그곳은 지금의 山東省 曲阜市 서쪽 兗州
부근이라고 한다. 魯와 齊 나라의 싸움은 哀公 11년에 있었지 8년에 일어난 것이 아
니다.

446

하지 않을 것입니다." "나는 공자를 초빙하고 싶은데, 가능하겠소?" "그를 부르고자 하신다면 그를 신임하시어 소인들이 그를 방해하지 못하도록만 하신다면 가능할 것입니다." 이때 위(衛)나라의 공문자(孔文子)[158]는 장차 태숙(太叔)[159]을 공격하려고 하였는데, 그 계책을 공자에게 물었다. 공자는 모른다고 사양하고, 곧 물러나 수레를 준비시켜 떠나면서 말하였다. "새는 나무를 선택하며 서식할 수 있지만 나무가 어찌 새를 택할 수 있겠는가?" 문자는 공자를 한사코 만류하였으나 마침 이때 계강자가 공화(公華), 공빈(公賓), 공림(公林)을 내쫓고 예물을 갖추어서 공자를 초빙하였으므로 공자는 노나라로 돌아왔다.

공자는 노나라를 떠난 지 14년 만에 노나라로 돌아왔던 것이다.

노 애공이 정치에 관해서 묻자 공자가 대답하였다. "정치의 근본은 신하를 잘 뽑는 데 있습니다." 계강자도 정치에 관해서 질문하자 공자가 말하였다. "정직한 사람을 뽑아서 부정직한 사람 위에 놓으면, 부정직한 사람도 정직해집니다." 강자가 도적이 횡행함을 근심하자 공자가 말하였다. "진실로 당신 자신이 탐욕을 부리지 않는다면, 비록 상을 준다 해도 백성들은 남의 물건을 훔치지 않을 것입니다." 그러나 노나라는 끝내 공자를 등용하지 못하였으며 공자 또한 관직을 구하지 않았다.

공자의 시대에는 주(周) 왕실이 쇠퇴해져 예악(禮樂)은 폐지되었고, 『시』와 『서』가 흩어졌다. 이에 공자는 3대의 예를 추적하여 서전(書傳)의 편차를 정하되, 위로는 요(堯)와 순(舜) 임금의 시대부터, 아래로는 진 목공(秦繆公)에 이르기까지 그 사적을 순서에 따라 정리하였다. 그리고 말하였다. "하(夏)나라의 예는 내가 능히 그것을 말할 수 있지만, 그 후대인 기(杞)[160]나라의 것에 대해서는 자료가 없어 증명하기에 부족하다. 은(殷)나라의 예는 내가 말할 수 있지만 송(宋)나라의 것에 대해서는 증명하기에 부족하다. 만약에 기나라와 송나라의 문헌이 충분하였다면 나는

157) 社: 25家가 1里이다. 1里에 1社를 설치하였으니, 1,000社는 25,000家이다.
158) 孔文子: 衞나라의 大夫로 蒯聵의 누나를 아내로 삼았다.
159) 太叔: 이름은 疾이다. 그밖의 일은 알 수 없다.
160) 杞: 나라 이름. 周나라 초기에 분봉된 제후국의 하나. 姒氏 姓이다. 전하는 바에 의하면 처음 봉해진 군주는 夏나라 禹임금의 후예인 東樓公으로, 雍丘(지금의 河南省 杞縣)에 도읍하였다. 기원전 445년 楚나라에게 멸망당하였다.

그것을 증명할 수 있었을 것이다."공자는 또 은과 하 나라 이래의 예가 손익(損益)된 것을 보고 말하였다. "차후로는 비록 백세의 세월이 흐르더라도 예제(禮制)의 변천을 알 수 있는데, 그것은 은나라는 질박함을 귀히여겼고 주나라는 문화(文華)함을 귀히 여겼기 때문이다. 주(周) 왕조는하와 은 2대의 제도를 귀감으로 삼았기 때문에 그 문화는 참으로 풍성하고 화려하다! 나는 주나라를 따르겠다."그러므로 서전(書傳)과 『예기(禮記)』[161]는 공자로부터 처음으로 편찬되어나왔다고 한다.

공자가 노나라의 태사(太師)에게 말하였다. "음악을 연주하는 과정은이해할 수 있다. 연주를 시작할 때에는 5음이 조화를 이루고, 그 다음으로는 청순하고 잘 어울려 끊이지 않고 잘 이어져 여운을 남김으로써 비로소 한 곡이 완성되는 것이다." "내가 위나라에서 노나라로 돌아온 이후에비로소 음악이 바르게 되고 「아(雅)」[162]와 「송(頌)」[163]이 각기 제자리를찾았다."

옛날에는 시(詩)가 3,000여 편이었으나 공자에 이르러 그 중복된 것을빼고 예의에 응용할 수 있는 것만 취하였다. 위는 설(契)[164]과 후직(后稷)[165]에 관한 시이고, 중간은 은과 주 나라의 성대함을 서술한 시이며,아래는 유왕(幽王)[166]과 여왕(厲王)[167]의 실정(失政)에 관한 시에까지

---

161) 『禮記』: 五經의 하나. 西漢의 戴聖이 편찬한 것으로, 『小戴禮記』라고도 한다.또 戴德이 편찬한 『大戴禮記』가 있다. 今本은 漢나라 鄭玄이 注를 단 것인데, 그중「曲禮」,「檀弓」,「王制」,「月令」,「禮運」,「學記」,「中庸」,「樂記」,「大學」 등 49편이 있다. 앞의 〈주 75〉 참조.

162) 「雅」: 『詩經』의 일부분. 「大雅」,「小雅」가 있는데, 그중에는 귀족들이 연회 때에 사용하던 樂歌가 많다.

163) 「頌」: 『詩經』의 일부분. 「周頌」,「商頌」,「魯頌」이 있는데, 이는 제사 지낼 때부르는 노래이며, 일부는 舞曲이다.

164) 契: 전설 속의 商나라의 시조. 帝嚳의 아들이며, 모친은 簡狄이다. 일찍이 禹임금을 도와 치수에 공을 세웠으므로 舜임금에 의해서 司徒로 임명되어 교화의 일을주관하였다. 권36 「陳杞世家」의 〈주 40〉 참조.

165) 后稷: 周나라의 시조. 전하는 바에 의하면 일찍이 堯舜시대에 農官을 지냈으며,백성들에게 농사를 가르쳤다고 한다. 이 때문에 后稷은 西周時代에는 농사를 관장하는 관직 이름이 되었다. 권36 「陳杞世家」의 〈주 41〉 참조.

166) 幽王: 西周의 마지막 天子이다. 정치는 부패하였고, 그는 褒似를 총애하여 申后와 태자 宣臼를 폐하였다. 申侯가 犬戎族과 연합하여 周나라를 공격해서 幽王이 驪山 아래에서 피살당하자 西周는 멸망하고 말았다.

167) 厲王: 西周의 天子이다. 榮夷公을 중용하여 집정하게 하였고, 또 衛巫로 하여금백성들을 감시하게 하였으며, 國事와 天子에 대하여 말하는 사람을 함부로 죽여 드

이르렀다. 시의 내용은 임석(衽席)[168] 등 비교적 이해하기 쉬운 것으로부터 시작하였다. 그래서 "풍(風)"은 「관저(關雎)」편으로 시작하고, 「소아(小雅)」는 「녹명(鹿鳴)」편으로 시작하고, 「대아(大雅)」는 「문왕(文王)」편으로 시작하고, 「송(頌)」은 「청묘(淸廟)」편으로 시작한다"라고 말하였다. 이렇게 정리한 305편의 시에 공자는 모두 곡조를 붙여 노래로 부름으로써 "소(韶),"[169] 「무(武)」,[170] 「아(雅)」, 「송(頌)」의 음악에 맞추려고 하였다. 예와 악이 이로부터 회복되어 서술할 수 있게 되었고, 이로써 왕도가 갖추어지고 육예(六藝)[171]가 완성되었다.

공자는 만년에 『역(易)』[172]을 좋아하여 「단(彖)」, 「계(繫)」, 「상(象)」, 「설괘(說卦)」, 「문언(文言)」[173] 편을 정리하였다. 그는 죽간을 꿴 가죽끈이 세 번이나 끊어질 만큼 『역』을 무수히 읽었다. 그가 말하였다. "만약 나에게 몇년의 시간을 더 준다면 나는 『역』에 대해서는 그 문사(文辭)와 의리(義理)에 다 통달할 수 있을 것이다."

공자는 『시(詩)』, 『서(書)』, 『예(禮)』, 『악(樂)』을 교재로 삼아 가르쳤는데, 제자가 약 3,000명에 이르렀고, 그중 육예(六藝)[174]에 통달한 자도 72명이나 되었다. 그런가 하면 안탁추(顏濁鄒)[175]와 같이 다방면으로 가르침을 받고도 72명의 제자 중에 들지 못한 자도 대단히 많았다.

공자는 네 방면으로 제자들을 가르쳤다. 그것은 문(文), 행(行), 충(忠), 신(信)이다. 그리고 네 가지를 금기시켰는데, 그것은 즉 '억측하지 말 것,' '독단하지 말 것,' '고집하지 말 것,' '스스로 옳다고 여기지 말 것' 등이었다. 그가 신중히 생각하였던 것은 곧 재계(齋戒), 전쟁, 질병

디어 기원전 842년 백성들의 폭동이 발생하였다. 厲王은 쫓겨나서 彘(지금의 山西省 霍縣)로 도망쳤다. 14년 후 그곳에서 죽었다.

168) 衽席 : 요, 깔개, 자리 또는 床席을 가리킨다.

169) "韶" : 舜임금 때의 악곡 이름이다.

170) 「武」 : 『詩經』 속의 편명으로, 武王을 찬미하는 舞樂이다.

171) 六藝 : 여기에서는 六經, 즉 『詩』, 『書』, 『禮』, 『樂』, 『易』, 『春秋』를 가리키는 것으로 인식하는 사람도 있다.

172) 『易』 : 三經의 하나로 『易經』 혹은 『周易』의 약칭이다.

173) 「彖」, 「繫」, 「象」, 「說卦」, 「文言」 : 孔子가 『易』을 위해서 쓴 『十翼』의 편명이다. 『十翼』에는 「上彖」, 「下彖」, 「上象」, 「下象」, 「上繫」, 「下繫」, 「文言」, 「序卦」, 「說卦」, 「雜卦」 등이 있다.

174) 六藝 : 즉 禮, 樂, 射, 御, 數, 書 등 여섯 가지 교과목을 말한다.

175) 顏濁鄒 : 衛나라 사람.

이었다. 공자는 이익에 대해서는 거의 말하지 않았다. 어쩌다가 이익에 대해서 말해야 할 때에는 반드시 운명과 결부시켜 말하거나 인덕(仁德)과 결부시켜 말하였다. [176] 공자는 제자를 가르칠 때 발분하지 않으면 깨우쳐 주지 않았고, 또 한 가지 문제를 가르쳐서 이와 유사한 다른 세 가지 문제를 물어오지 않으면, 다시 되풀이해서 가르치지 않았다.

공자는 향당(鄕黨) [177]에서는 공손하여 마치 말을 못하는 사람과도 같았으나, 종묘나 조정에서는 조리 있게 말을 잘하면서도 오로지 신중히 하였다. 조정에서 상대부들과 이야기할 때에는 태연하면서도 할 말을 능히 다 하였으며, 하대부들과 이야기할 때에는 온화하면서도 즐겁게 대하였다.

공자는 군주의 궁문을 들어갈 때에는 머리를 숙이고 허리를 굽혀 경의를 표하였고, 그 앞으로 빨리 걸어나아갈 때에는 단정하게 예의를 차렸다. 왕이 그에게 손님을 접대하도록 명하면, 정성을 다하는 표정이었으며, 왕의 부름이 있을 때에는 마차가 준비될 때까지 기다리지 않고 서둘러 달려갔다.

공자는 생선이 상하였거나 고기가 부패하였거나 또는 아무렇게나 잡아서 멋대로 잘라놓은 고기는 먹지 않았다. 자리가 바르지 않으면 앉지 않았고, 상(喪)을 당한 사람 곁에서 식사할 때에는 배불리 먹은 일이 없었다. 곡(哭)한 날은 종일 노래를 부르지 않았다. 상복을 입은 사람이나 맹인을 보면 비록 그가 어린애라고 할지라도 반드시 표정을 바구어 동정을 표시하였다. "세 사람이 걸어가면 그중에는 반드시 나의 스승이 될 사람이 있다"라고 하였으며, "덕을 닦지 않고, 학문을 강습하지 않고, 의로운 이치를 듣고도 좇아가 행하지 않고, 잘못이 있어도 고치지 않은 것, 이 몇 가지가 바로 내가 우려하는 바이다"라고 말하였다. 노래를 시켜보아서 잘 부르면 다시 부르게 하고, 그런 다음에는 그를 따라 불렀다. 공자는 괴이한 것, 폭력, 문란한 것 그리고 귀신에 대해서는 말하지 않았다.

자공이 말하였다. "선생님의 시, 서, 예, 악에 대한 가르치심은 들을 수 있으나 선생님의 천도(天道)와 성명(性命)에 대한 가르치심은 들을

---

176) 孔子의 이익에 대한 견해에 대해서는 역대 학자들의 의견이 분분하여 뜻 풀이도 일치하지 않는다.

177) 鄕黨 : 鄕里를 말한다. 周나라 제도에는 500家가 1黨이 되고, 12,500家가 1鄕이 된다.

450

수 없었습니다." 안연(顏淵)이 탄식하며 말하였다. "선생님의 도학은 우러러볼수록 더욱 높고, 깊이 뚫을수록 더욱 견고하며 앞에 있는가 하고 생각하면 홀연 뒤에 가 있다. 선생님께서는 차근차근 단계적으로 사람을 잘 이끌어주시고, 풍부한 전적과 문장으로 나를 박학하게 해주시고, 예의와 도덕으로 나를 절제하도록 하시니, 내가 학문을 그만두고자 해도 그만둘 수가 없었다. 내 재주를 다하여보았지만, 그러나 선생님의 학문은 탁연히 내 앞에 우뚝 서 있어 아무리 따라가려고 해도 따라갈 방법이 없는 것 같다." 달항(達巷)[178]이라는 어떤 당(黨)[179]의 사람이 말하였다. "공자는 참으로 위대하도다. 그러나 아깝게도 박학하면서도 일예(一藝)에도 명성을 세우지 못하였다!" 공자가 이 말을 듣고 말하였다. "나는 어느 예(藝)로 명성을 세울까? 마부가 될까? 사수가 될까? 나는 마부가 되련다." 자뢰(子牢)[180]가 말하였다. "선생님께서는 '나는 등용되지 못하였기 때문에 많은 기예를 배울 수 있었다'라고 말씀하셨다."

노 애공 14년 봄에 대야(大野)[181]에서 수렵을 하였다. 숙손씨(叔孫氏)의 마부 서상(鉏商)이 괴상한 짐승을 잡았는데, 사람들은 이것을 상서로운 일이 아니라고 여겼다. 공자가 그것을 보고 말하였다. "그것은 기린이다." 그제서야 그들은 그것을 취하여 돌아왔다. 그러자 공자가 말하였다. "옛날처럼 황하에서 다시는 용이 도판(圖版)을 메고 나타나지 않고, 낙수(洛水)에서 다시는 거북이 서판(書版)을 지고 나타나지 않으니, 나의 희망도 이제는 끝나는가보다." 안연이 죽자 공자는 말하였다. "하늘이 나를 망치는구나." 곡부(曲阜)의 서쪽에서 잡힌 기린을 보자 공자는 말하였다. "도(道)를 행하려는 나의 희망도 이제는 다 끝났구나." 공자는 탄식하며 말하였다. "나를 알아주는 이는 아무도 없구나!" 자공이 말하였다. "어째서 선생님을 알아주는 이가 없다고 하십니까?" 공자가 말하였다. "나는 하늘을 원망하지도 않고, 사람을 탓하지도 않는다. 다만 아래에서 인간사를 배워 위로 천명에 이르고자 하였을 뿐이다. 그러니 나를 알아주

---

178) 達巷 : 黨 이름이다.
179) 黨 : 500家가 1黨이 된다.
180) 子牢 : 鄭玄의 說에 따르면 孔子의 제자라고 한다. 그러나 권67 「仲尼弟子列傳」에는 이런 사람은 없다.
181) 大野 : 魯나라의 소택지 이름이다. 여기는 수렵을 하는 곳이었다. 지금의 山東省 巨野縣의 북쪽에 있었다.

는 이는 하늘뿐이 아니겠느냐!"

공자가 말하였다. "그 뜻을 굽히지 않고, 그 몸을 욕되게 하지 않은 사람은 바로 백이(伯夷)와 숙제(叔齊)가 아닌가!" 또 말하였다. "유하혜(柳下惠)[182]와 소련(少連)[183]은 뜻을 굽히고 몸을 욕되게 하였다." 또 말하였다. "우중(虞仲)[184]과 이일(夷逸)[185]은 은거하여 세상사를 논하지 않았고, 행동은 깨끗하였으며, 자리에서 물러나 화를 면하는 방법도 시의 적절하였다." "그러나 나는 그들과 다르다. 가한 것도 없도 불가한 것도 없다."[186]

공자가 말하였다. "안 되지, 안 돼. 군자는 죽은 후에 이름이 알려지지 않을 것을 걱정한다. 나의 도가 행해지지 않았으니 그럼 나는 무엇으로 후세에 이름을 남기겠는가?" 이에 공자는 역사의 기록에 근거해서 『춘추(春秋)』[187]를 지었다. 이것은 위로는 은공(隱公)[188]에서 아래로는 애공(哀公)[189] 14년까지 12공(十二公)[190]의 시대를 포괄하였다. 『춘추』는 노나라의 역사를 중심으로 삼고, 주나라를 종주로 하고 은나라의 제도를 참작하여 하(夏), 상(商), 주(周) 3대의 법률을 계승하고 있다. 그 문사(文辭)는 간략하지만 제시하고자 하는 뜻은 넓다. 그래서 오나라와 초나라의 군주가 왕을 자칭하였지만 『춘추』에서는 그것을 낮추어 본래의 작위

---

182) 柳下惠 : 展禽이다. 성은 展, 이름은 獲이고, 자가 禽으로, 魯나라의 大夫이다. 食邑은 柳下에 있었고 시호가 惠이다. 일찍이 刑官을 지냈으며, 귀족의 예절을 따지는 것으로 뛰어났다.

183) 少連 : 東夷 사람이다. 성은 芉氏이고, 또 다른 이름은 季連이다. 守孝(부모의 상을 입었을 때 복을 벗기 전까지 오락과 교제를 끊고 애도를 표시하는 것)를 잘 하였다.

184) 虞仲 : 춘추시대의 隱者로, 그에 대한 사적은 상세하지 않다.

185) 李逸 : 춘추시대의 隱者로, 그에 대한 사적은 상세하지 않다.

186) 이 구절은 孔子 자신은 거취 문제에서는 한쪽으로만 치우치게 고집하지 않고 매사를 사정과 경우에 따라 결정하기 때문에 절대로 가한 일도 없고 또 절대로 불가한 일도 없다는 뜻이다.

187) 『春秋』 : 춘추전국 시대의 編年體 역사서를 통칭해서 『春秋』라고 한다. 제후국가는 모두 『春秋』가 있다. 여기서는 孔子가 魯나라 역사문헌에 의거하여 편찬한 중국에 현존하는 최초의 편년체 史籍인 『春秋』를 가리킨다. 五經의 하나로, 모두 242년간의 역사(기원전 722-기원전 481년)를 기록하고 있다.

188) 隱公 : 魯나라 隱公으로, 기원전 722년에서 기원전 712년까지 재위하였다.

189) 哀公 : 魯나라 哀公으로, 기원전 494년에서 기원전 467년까지 재위하였다.

190) 十二公 : 魯나라의 隱, 桓, 莊, 潛, 釐(僖), 文, 宣, 成, 襄, 昭, 定, 哀 12公을 가리킨다.

(爵位)인 자작(子爵)으로 칭하였다. 천토(踐土)의 회맹(會盟)[191]은 실제로는 제후가 주나라의 천자를 부른 것이지만『춘추』에서는 그 사실을 피해서, "천자가 하양(河陽)[192]으로 수렵을 나갔다"라고 기록하였다. 이런 사안들을 들어서 당세(當世)의 법통을 바로잡는 기준으로 삼았다. 이와 같은 제후들에 대한 폄손(貶損)의 뜻은 후에 군주가 될 사람들이 이를 참고하여 실행하게 하는 데 있다.『춘추』의 대의가 행하여지게 되면 곧 천하의 난신적자(亂臣賊子)들이 두려워하게 될 것이다.

공자는 지난날 소송안건을 심리하였을 때에도 문사상(文辭上)의 다른 사람과 의논해야 할 때는 결코 자기 혼자서 판단을 내리지 않았다. 그러나『춘추』를 지을 때에는 결단코 기록할 것은 기록하고 삭제할 것은 삭제하였기 때문에 자하(子夏)[193]와 같은 제자들도 한마디 거들 수가 없었다. 제자들이『춘추』의 뜻을 전수받은 뒤, 공자는 말하였다. "후세에 나를 알아주는 사람이 있다면『춘추』때문일 것이며, 나를 비난하는 사람이 있다면 그 역시『춘추』때문일 것이다."

그 다음해 자로(子路)가 위(衛)나라에서 죽었다. 공자가 병이 나서 자공이 뵙기를 청하였다. 공자는 마침 지팡이에 의지하여 문 앞을 거닐고 있다가 물었다. "사(賜)야, 너는 왜 이렇게 늦게 왔느냐?" 그리고 탄식하며 노래를 불렀다.

　　태산이 무너진다는 말인가!
　　기둥이 부러진다는 말인가!
　　철인(哲人)이 죽어간다는 말인가!

그리고는 눈물을 흘렸다. 또 자공을 보고 말하였다. "천하에 도가 없어진 지 오래되었다! 아무도 나의 주장을 믿지 않는다. 장사를 치를 때 하나라 사람들은 유해를 동쪽 계단에 모셨고, 주나라 사람들은 서쪽 계단에 모셨고, 은나라 사람들은 두 기둥 사이에 모셨다. 어제 밤에 나는 두 기

---

191)　기원전 632년, 晉 文公이 周나라 天子와 제후를 불러서 踐土, 지금의 河南省 原陽縣 서남쪽에서 會盟하고, 패권을 확립한 뒤 盟主가 되었는데 이를 '踐土之會'라고 한다.

192)　河陽 : 지역 이름으로, 지금의 河南省 孟縣 서남쪽에 있다.

193)　子夏 : 孔子의 제자로서, 晉나라 溫縣(지금의 河南省 溫縣 서남쪽) 사람이다. 일설에는 衛나라 사람이라고 한다. 성은 卜, 이름은 商이다. 孔子가 세상을 떠난 뒤 일찍이 衛나라에 와서 학문을 강의하였으며 孔子의 詩學을 후세에 전하였다고 한다.

둥 사이에 놓여져 사람들의 제사를 받는 꿈을 꾸었다. 나의 조상은 원래 은나라 사람이었다."

그후 7일이 지나서 공자는 세상을 떠났다. 그때 공자의 나이는 73세 로, 그것은 노 애공 16년 4월 기축일(己丑日)[194]의 일이었다.

애공이 그를 애도하는 글[195]을 지어 말하였다. "하늘도 무심하여 이 한 노인마저 남겨놓지 않고 데려가고, 나 한 사람만 여기다가 버려두어 외로 움에 울게 하는구나! 아, 슬프다! 이부(尼父)[196]여, 내 다시는 스스로 에 얽매이지 않으리라!" 자공이 말하였다. "군주는 아마도 노나라에서 천명을 다할 수 없을 것이다! 선생님께서 이전에 말씀하시기를 '예법을 잃으면 질서가 무너지고, 명분을 잃으면 과오가 생긴다. 의지를 잃는 것 은 혼란이고, 당위성을 잃는 것은 과실이다'라고 하셨는데, 살아 생전에 중용하지 못하고서 죽은 후에 애도하는 것은 곧 예의에 합당하지 않는 말 이다. 그리고 또 제후의 신분으로 '나 한 사람'이라고 칭하는 것은 실로 명분에 맞는 말이 아니다."

공자는 노나라 도성 북쪽의 사수(泗水)[197] 부근에 매장되었다. 제자들 은 모두 3년간 상복을 입었다. 그들은 마음에서 우러나는 슬픔으로 3년상 을 다 마치고 서로 이별을 고하고 헤어졌는데, 헤어질 때 한바탕 통곡하 고 각자 다시금 애도를 다하였으며, 어떤 제자는 다시 머무르기도 하였 다. 오직 자공만은 무덤 옆에 여막(廬幕)을 짓고 6년을 더 지키다가 떠나 갔다. 후에 공자의 제자들과 노나라 사람들이, 무덤가에 와서 집을 짓고 산 사람들이 100여 가구나 되었으며, 이로 인하여 이곳을 '공자 마을'이 라고 하였다. 노나라에서는 대대로 새해를 맞을 때마다 공자의 무덤에 제 사를 지냈으며, 많은 유생들도 이곳에 모여서 예의를 논하고 향음례(鄕飮 禮)[198]를 행하고 활 쏘기를 하였다. 공자의 무덤은 크기가 1경(頃)이나

---

194) 己丑日 : 4월 11일이 戊申日이면 乙丑日이 4월 18일이 된다. 이 달에는 己丑日 이 없으니 당연히 '乙丑日'의 잘못이다(『史記志疑』참조).
195) 원문은 "誄"이다. 古代에 죽은 자의 덕행을 표창하고, 또 애도를 표시하는 데 사용하는 文體를 가리킨다.
196) 尼父 : 孔子에 대한 존칭이다.
197) 泗水 : 지금의 山東省 泗水縣 東蒙山 南麓에 근원이 있다.
198) 鄕飮禮 : 古代의 祭禮 또는 鄕學의 졸업의식을 말한다. 옛날의 鄕學은 3만 년에 졸업하며, 반드시 그 덕행과 道藝(도술, 기예)를 시험한 뒤에야 賢者와 能者를 관직 에 추천하며, 추천할 때에 鄕大夫는 주인이 되어 그와 더불어 술을 마시고 그런 연

되었다. 공자가 살던 집과 제자들이 쓰던 내실은 훗날 공자의 묘(廟)로 만들어져, 공자가 사용하던 의관과 거문고, 수레, 서적 등이 소장되었는데, 그것은 한(漢)나라에 이르기까지 200여 년 동안이나 그대로 있었다. 고황제(高皇帝)[199]가 노나라를 지나게 되었을 때 태뢰(太牢)[200]로써 공자의 묘에 제사를 지냈다. 그후 제후, 경대부, 재상이 부임하면 항상 먼저 공자의 묘를 참배한 연후에 정사에 임하였다.

공자는 이(鯉)[201]를 낳았는데, 그의 자는 백어(伯魚)이다. 백어는 나이 50세에 공자보다 먼저 죽었다. 백어는 급(伋)을 낳았는데, 그의 자는 자사(子思)[202]이고, 62세까지 살았다. 자사는 일찍이 송(宋)나라에서 고생을 하였고, 『중용(中庸)』[203]을 지었다.

자사는 백(白)을 낳았는데, 백의 자는 자상(子上)이고, 47세에 죽었다. 자상은 구(求)를 낳았는데, 구의 자는 자가(子家)이고, 45세까지 살았다. 자가는 기(箕)를 낳았는데, 기의 자는 자경(子京)이고, 46세까지 살았다. 자경은 천(穿)을 낳았는데, 천의 자는 자고(子高)이고, 51세까지 살았다. 자고는 자신(子愼)을 낳았는데, 자신은 57세까지 살았으며, 일찍이 위(魏)나라의 재상을 지냈다.

자신은 부(鮒)를 낳았는데 부는 57세까지 살았으며, 일찍이 진왕(陳王) 섭(涉)[204]의 박사(博士)가 되었고,[205] 진(陳)[206]에서 죽었다.

후에 그를 승격시키는데 이것을 일러 '鄕飮酒禮'라고 한다. 『儀禮』에 「鄕飮酒禮」 편이 있다.

199) 高皇帝 : 漢 高祖 劉邦을 가리킨다.

200) 太牢 : 고대에 황제가 제사 지낼 때 소, 양, 돼지의 희생제물을 모두 준비한 경우를 가리킨다.

201) 鯉 : 孔子가 아들을 낳아 伯魚라고 이름을 지었는데, 魯 昭公이 사람을 시켜 잉어를 보내니, 孔子가 이로 인해서 그의 이름을 다시 鯉라고 하였다.

202) 子思 : 권67 「仲尼弟子列傳」에서는 子思의 자를 "原憲"이라고 하였다.

203) 『中庸』 : 원래는 『禮記』 중의 한 편이며, 유가 경전의 하나이다.

204) 陳王 涉 : 중국 역사상 가장 먼저 대규모 농민봉기를 일으킨 陳涉을 가리킨다. 이름은 勝으로, 陽城(지금의 河南省 登封縣 동남쪽) 사람이다. 기원전 209년 陳涉과 吳廣은 변방 수비병 900명과 함께 봉기를 하여 陳縣(지금의 河南省 淮陽縣)에 楚나라 정권을 세우고 陳涉은 왕으로 추대되었다.

205) 博士는 고대 學官 이름이다. 孔鮒는 농민봉기군에 참가한 후 농민정권에서 博士 직무를 맡아보았다.

206) 陳 : 陳縣을 가리킨다. 지금의 河南省 淮陽縣이다.

부의 아우 자양(子襄)은 57세까지 살았는데, 일찍이 효혜황제(孝惠皇帝)[207]의 박사가 되었다가 장사(長沙)[208]의 태수로 옮겨갔다. 키가 9척 6촌이었다.

자양은 충(忠)을 낳았는데, 충은 57세까지 살았다. 충은 무(武)를 낳았고, 무는 연년(延年)과 안국(安國)[209]을 낳았다. 안국은 지금의 황제의 박사가 되었다가, 관직이 임회(臨淮)[210] 태수에까지 올랐으나 일찍 죽었다. 안국은 앙(卬)을 낳았고, 앙은 환(驩)을 낳았다.

태사공은 말하였다.

"『시경』에 '높은 산은 우러러보고, 큰 길은 따라간다'[211]라는 말이 있다. 내 비록 그 경지에 이르지는 못할지라도 마음은 항상 그를 동경하고 있다. 나는 공자(孔子)의 저술을 읽어보고, 그 사람됨이 얼마나 위대한가를 상상할 수 있었다. 노나라에 가서 공자의 묘당, 수레, 의복, 예기(禮器)를 참관하였고, 여러 유생들이 때때로 그 집에서 예를 익히고 있음을 보았다. 그리고는 경모(敬慕)하는 마음이 우러나 머뭇거리며 그곳을 떠날 수가 없었다. 역대로 천하에는 군왕에서 현인에 이르기까지 많은 사람들이 있었지만 모두 생존 당시에는 영화로웠으나 일단 죽으면 그것으로 모든 것이 끝나고 말았다. 그러나 공자는 포의(布衣)로 평생을 보냈지만 10여 세대를 지나왔어도 여전히 학자들이 그를 추앙한다. 천자, 왕후로부터 나라 안의 육예(六藝)를 담론하는 모든 사람들에 이르기까지 다 공자의 말씀을 판단기준으로 삼고 있으니, 그는 참으로 최고의 성인이라고 말할 수 있겠다."

---

207) 孝惠皇帝 : 劉邦의 아들 劉盈을 가리킨다.
208) 長沙 : 군 이름. 秦나라가 설치한 것으로 군청 소재지는 臨湘(지금의 湖南省 長沙市)에 있었다. 관할구역은 지금의 湖南省 동부와 남부, 廣西省 全州 및 廣東省의 連縣 陽山 등이다.
209) 安國 : 西漢의 經學者이다. 武帝 때 諫大夫, 太守 등의 직책을 역임하였다. 전하는 바에 의하면 魯 恭王이 孔子의 옛 집의 벽을 헐 때 『古文尙書』를 얻었는데 安國이 이를 정리하고 주해를 달았다고 한다.
210) 臨淮 : 군 이름. 옛 군청 소재지는 徐縣인데, 이곳은 지금의 江蘇省 泗洪縣 남쪽이다.
211) 『詩經』「小雅」"車舝"에 "高山仰止, 景行行止"라고 하였다.

권48 「진섭세가(陳涉世家)」 제18

진승(陳勝)은 양성(陽城)[1] 사람으로 자(字)는 섭(涉)이다. 오광(吳廣)은 양하(陽夏)[2] 사람으로 자는 숙(叔)이다. 진섭(陳涉)은 젊었을 때 다른 사람들과 함께 머슴살이를 하였다. 어느날 밭두둑에서 잠시 일손을 멈추고 휴식을 취하였는데, 그는 불평과 원망을 하며, "만약 부귀하게 된다면 피차 모두 서로를 잊지 맙시다"라고 하였다. 머슴들은 웃으면서 이에 대꾸하기를 "당신은 고용당해 머슴살이를 하는데, 무슨 말할 만한 부귀가 있겠소?"라고 비웃자, 진승은 "오호! 연작(燕雀)이 어찌 홍곡(鴻鵠)[3]의 뜻을 알리오!"라고 탄식하였다.

진(秦) 이세(二世)[4] 황제 원년(元年) 7월에 조정에서는 이문(里門)[5] 왼쪽에 거주하는 빈민들을 변경 근처인 어양(漁陽)[6]으로 옮겨가도록 명령하였는데, 900여 명이 가는 도중 대택향(大澤鄕)에 주둔하였다. 진승과 오광은 모두 이 행렬 가운데 끼어들어 둔장(屯長)[7]을 맡았다. 이때 마침 천하에 큰비가 내려 도로가 불통되었으므로 기한내에 도착하기란 이미 어려웠다. 만약 기한을 어기면 모두 법률에 의거하여 참수를 당해야만 하였다. 이에 진승과 오광은 서로 상의하기를 "지금 도망을 하여도 죽고 의거(義擧)[8]를 일으켜도 또한 죽는다. 이왕 똑같이 죽을 바에는 나라를

---

1) 陽城 : 옛 현 이름. 지금의 河南省 登封縣 동남쪽.
2) 陽夏 : 옛 현 이름. 지금의 河南省 太康縣.
3) 燕雀은 작은 새들을 말하는 것으로 제비나 참새 등을 가리킨다. 鴻鵠은 커다란 새를 말하는데, 鴻은 커다란 기러기(大雁), 鵠은 백조(天鵝)를 가리킨다. 燕雀은 견식이 짧고 얕은 사람을 비유하는 말이고, 鴻鵠은 원대한 포부가 있는 사람을 비유하는 말이다.
4) 二世 : 秦 왕조 제2대 황제인 嬴胡亥를 가리킨다.
5) 里門 : 里의 어구에 세운 門으로 秦代에는 빈민들에게 부역 등을 면제하고 里門 왼쪽에 살게 하였다. 오른쪽에는 부자가 살았다.
6) 漁陽 : 옛 현 이름. 秦나라 때 설치하였다.
7) 屯長 : 한 隊의 병사의 우두머리.

458

위하여 죽는 것이 좋지 않겠는가?"라고 하였다.

　진승이 말하였다.

> 천하의 사람들이 진나라 통치의 가혹함에 고통받은 것이 오래되었다. 나는 이세 황제가 막내 아들이므로 제위를 계승해서는 안 되며, 마땅히 제위를 계승해야 하는 것은 장자인 부소(扶蘇)[9]라고 하는 것을 들었다. 그런데 부소가 여러 차례 간언을 하였다는 까닭으로 진 시황제(秦始皇帝)는 그가 병사를 이끌고 외지로 나가도록 하였다. 지금 사람들이 그는 죄가 없다고 하자 이세(二世)가 그를 살해하였다[10]고 한다. 백성들은 모두 부소가 어질고 재능이 있다고들 말하지만 그가 이미 죽었는지를 또 모른다. 항연(項燕)[11]은 초(楚)나라의 장군으로 여러 차례 공을 세웠으며 병사들을 사랑하여 초나라 사람들은 모두 그를 우러러 받든다. 어떤 사람들은 그가 죽었다고 말하고, 어떤 사람들은 그가 외지로 도망을 가서 숨었다고도 한다. 지금 만약 우리가 부소와 항연을 가장하여 천하 사람들을 위하여 앞장 선다면 당연히 호응을 하는 사람들이 많이 있을 것이다.

　오광은 옳다고 생각하였다. 이리하여 곧 점을 치러 갔는데, 점쟁이는 그들이 온 의도를 알고는 "당신네들의 일이 성공한다면 커다란 공을 세우는 것입니다. 그러나 당신들은 귀신에게 점을 쳐야만 합니다"라고 하였다. 진승과 오광은 매우 기뻐하였으며, 마음속으로 귀신에게 점칠 일을 모두 생각해두고는 이르기를 "이것은 우리들이 먼저 귀신인 척해서 사람들에게 위신을 얻으라는 뜻이다"라고 하였다.

　이리하여 그들은 주사(朱砂)[12]로 비단 위에 '진승왕(陳勝王)' 세 글자를 써서 몰래 남들이 그물로 잡아온 물고기의 뱃속에 쑤셔넣었으며, 수졸(戍卒)들이 이 물고기를 사서 먹은 후 물고기 뱃속에서 비단에 쓴 글을 보게 하였는데, 이것은 이미 기괴(奇怪)함을 느끼게 하는 것이었다. 진승은 또 오광에게 몰래 주둔지의 나무 숲에 있는 신사(神祠)에 가서 야밤

---

8) 여기에서는 국경의 수비대를 선동하여 秦나라에 반대하는 의거를 일으키는 것을 말한다.
9) 扶蘇: 秦 始皇의 장자인 嬴扶蘇를 말한다.
10) 秦 始皇 사후에 胡亥는 宦官 趙高, 丞相 李斯와 음모를 꾸미며, 秦 始皇의 명령을 날조하여 扶蘇가 자살하도록 강요하였다.
11) 項燕: 전국시대 때 楚나라의 대장. 項羽의 祖父. 秦나라가 楚나라를 멸하였을 때 포위를 당하자 자살하였다. 권40 「楚世家」의 〈주 357〉 참조.
12) 朱砂: 板狀, 纖維狀, 粒狀 혹은 塊狀으로 된 광택이 있는 붉은 광물.

에 장작불을 피워놓고 여우로 위장을 하여 큰소리로 "대흥초(大興楚), 진
승왕(陳勝王)"을 외치도록 하였다. 수졸들은 모두 심야에 무서워서 불안
해하였다. 다음날 아침 일찍 수졸들은 도처에서 이 일을 이야기하였는데,
모두 진승을 주목하기 시작하였다.

오광은 평소에 사람들을 자상하게 돌보아주었으므로 수졸들 대부분은
기꺼이 그가 시키는 대로 하였다. 수졸을 인솔하는 장위(將尉)[13]가 술에
취하자 오광은 일부러 여러 차례 도망가자고 떠벌리어 장위를 분노하게
만들었으며, 그가 많은 사람들 앞에서 자기[14]를 모욕하게 함으로써 여러
사람들을 분노하게 하였다. 과연 장위는 채찍으로 오광을 때렸다. 장위가
검을 빼어들려고 하자 오광은 후다닥 일어나서 검을 빼앗고 장위를 살해
하였다. 진승 또한 오광을 거들어주었으며 함께 두 명의 장위를 살해하였
다. 아울러 부하들을 불러모아 호소하였다.

너희들은 비를 만났으므로 모두 기한을 어기게 되었다. 기한을 어기면 마
땅히 모두 죽음을 당해야 한다. 만약 죽지 않는다고 해도 변경을 지키다
죽는 사람이 본래 10명에 6-7명은 된다. 하물며 장사(壯士)는 죽지 않을
뿐인데, 만약 죽으려면 즉 세상에 커다란 명성을 남겨야 하는 것이다. 왕
후장상(王侯將相)은 어디 하늘에서 나는 것이냐?

부하들은 모두 "경건하게 명령을 받들겠습니다"라고 하였다. 이리하여
곧 부소와 항연을 사칭하여 의거를 일으켜 백성들의 욕구를 따랐다. 수졸
들은 모두 오른쪽 팔을 드러내어 '대초(大楚)'라고 칭하였다. 그들은 단
을 높이 쌓고 맹서를 하였는데, 장위의 머리를 제품(祭品)으로 사용하였
다. 진승은 장군, 오광은 도위(都尉)[15]가 되었다. 그들은 대택향을 공격
하였으며, 병사를 모집하고 군비를 확장하여 기현(蘄縣)[16]으로 진공하였
다. 기현을 함락시킨 후 부리(符離)[17] 사람 갈영(葛嬰)에게 병사들을 이

---

13) 將尉: 秦나라 때의 縣尉. 큰 縣에는 두 명의 縣尉가 있었는데, 수졸들을 인솔하
   는 縣尉를 將尉라고 한다.
14) 吳廣을 가리킨다.
15) 都尉: 전국시대 때의 관직 이름으로, 장군보다 약간 낮은 무관이다.
16) 蘄縣: 옛 현 이름. 秦나라 때 설치된 것으로 현청은 지금의 安徽省 宿州市 동남
   쪽에 있었다.
17) 符離: 옛 현 이름. 秦나라 때 설치된 것으로 지금의 安徽省 宿縣 동북쪽에 위치
   하였다.

끌고 기현 동쪽 지역을 공략하도록 하였다. 그들은 질(銍), 찬(酇), 고(苦), 자(柘), 초(譙) 현[18] 등을 공격하여 모두 함락시켰다. 공격하는 중에도 끊임없이 병사들을 모집하고 군비를 확장하였다. 진(陳)[19]에 도달하였을 때에는 이미 전차(戰車)가 600-700량(輛), 기병(騎兵)이 1,000여 명, 병사들이 수만명이나 되었다. 진을 공격하였을 때 수령(守令)[20]은 모두 있지 않았으며, 단지 수승(守丞)[21]만이 홀로 초문(譙門)[22]에서 저항을 하였지만 당해낼 수가 없었다. 수승은 전사하였으며, 그들은 마침내 입성(入城)하여 진현(陳縣)을 점령하였다. 며칠이 지나 진승은 향관 삼로(鄕官三老),[23] 지방호걸(地方豪杰)[24]을 모두 초대하라고 명하여 의사(議事)를 소집하였다. 삼로와 향신들은 모두 말하기를 "장군께서는 몸에는 갑옷을 걸치시고 손에는 예리한 무기를 드시고서 무도(無道)를 토벌(討伐)하고 폭진(暴秦)을 제거하시어 초나라의 사직(社稷)[25]을 중건하시려고 하시니, 공(功)을 논한다면 칭왕(稱王)하셔야 마땅합니다"라고 하였다. 이리하여 진승은 왕이 되었으며, 국호를 장초(張楚)[26]라고 하였다.

이때에 여러 군현(郡縣)은 진나라 관리의 폭정으로 고생을 하였기에 그러한 장리(長吏)[27]를 모두 처벌하였으며, 또 그들을 죽이고서 진섭(陳

---

18) 모두 秦나라의 현 이름이다. 현청은 각각 지금의 安徽省 宿縣 서남쪽, 河南省 永城縣 서쪽, 河南省 鹿邑縣 동쪽 10여 리, 河南省 동북쪽, 安徽省 亳縣 등에 있었다.
19) 陳: 秦나라의 군, 현의 이름. 관할지역은 지금의 河南省 淮陽縣에 있었다.
20) 守令: 守令은 원래 郡守와 縣令을 일컫는 것이지만, 이곳의 陳은 縣이지 郡이 아니므로 郡守는 없고 다만 縣令만이 있을 뿐이다.
21) 守丞: 郡守의 屬官. 즉 副郡守.
22) 譙門: 고대 성문 위에는 적의 동정을 살피는 높은 樓가 있었는데, 이것을 '譙樓'라고 하거나 혹은 그냥 '譙'라고 하였다. 그러므로 '譙門'은 '譙樓' 아래의 성문을 말하는 것이다.
23) 三老는 秦, 漢 때의 鄕官 이름이다. 한 鄕마다 修行이 있고 백성들을 통솔할 수 있는 사람 한 명을 뽑아서 敎化를 관장하였다. 漢나라에 이르러서는 縣에도 三老를 두었다. 권43 「趙世家」의 〈주 163〉 참조.
24) 豪杰은 명성이 있는 지방의 紳士와 大富豪를 말한다.
25) 社稷: 社는 土地神, 稷은 谷神을 가리킨다. 고대 제왕들은 모두 社稷에 제사를 지냈는데, 후에 社稷은 바로 '국가'라는 말이 되었다. 권40 「楚世家」의 〈주 115〉 참조.
26) 張楚: 楚나라를 확장한다는 뜻으로 陳勝은 楚王이 되었으며, 호를 '大楚'라고 하였다.

涉)²⁸⁾에 호응하였다. 이리하여 오숙(吳叔)²⁹⁾을 대리왕(代理王)³⁰⁾으로 임명하였으며, 여러 장령(將領)들을 이끌고서 서쪽의 형양(滎陽)³¹⁾을 공격하였다. 진현(陳縣) 사람 무신(武臣),³² 장이(張耳),³³ 진여(陳餘)³⁴에게 조(趙)나라 땅을 공격하도록 명령하였으며, 여양(汝陰)³⁵⁾ 사람 등종(鄧宗)에게 구강군(九江郡)³⁶⁾을 공격하도록 명령하였다. 이때에 초병(楚兵)³⁷⁾ 수천명이 일제히 모여들었는데 그 수를 헤아릴 수가 없었다.

갈영은 동성(東城)³⁸⁾에 이르러 양강(襄彊)³⁹⁾을 초왕(楚王)으로 세웠다. 갈영은 후에 진승이 이미 왕이 되었다는 것을 듣고 양강을 살해하고 되돌아와서 보고하였다. 진현에 이르자 진왕은 즉시 갈영을 주살하였다.

---

27) 長吏 : 일반적으로 郡守, 縣令 등의 장관을 가리킨다.
28) 陳涉 : 陳勝을 가리킨다. 涉은 그의 字이다.
29) 吳叔 : 吳廣을 가리킨다. 叔은 그의 字이다.
30) 代理王 : 陳勝이 吳廣에게 준 封號로, 임시로 吳廣에게 그의 왕권을 대행하는 직위를 수여하였다. 원문에는 "假王"이라고 하였는데, 여기서 '假'의 의미는 '대행' 또는 '대리'의 뜻이다.
31) 滎陽 : 秦나라의 현 이름. 지금의 河南省 滎陽縣 동북쪽을 가리킨다.
32) 武臣(?-기원전 208년) : 陳縣 사람. 원래는 秦勝의 부하 將領으로 명령을 받고 趙나라 邯鄲을 공격하여 점령하였다. 이후 張耳, 陳餘를 설득하여 스스로 趙나라의 왕이 되었다. 후에 그의 部長 李良에 의해서 살해되었다.
33) 張耳(?-기원전 202년) : 大梁(지금의 河南省 開封縣) 사람. 전국시대 말기에 魏나라의 外黃令이었으나 후에 義軍에 참가하였다. 그는 陳餘와 함께 병사들을 나누어 북쪽으로 趙나라 땅을 공격하자고 건의하였으며, 아울러 武臣을 趙王으로 옹립하였고 그는 丞相이 되었다. 項羽가 諸侯王들에게 分封할 때에 常山王에 봉해졌다. 후에 劉邦에 투항하여 趙王이 되었다. 劉邦은 또 魯元公主를 張耳의 아들 敖와 짝을 지어 주었다.
34) 陳餘(?-기원전 204년) : 秦나라 말기의 大梁 사람. 그는 張耳와 더불어 陳勝에게서 武臣을 도와 북쪽의 趙나라 땅을 공격하도록 명령을 받았으나, 武臣이 趙나라 왕이 된 후, 大將軍이 되었다. 武臣이 죽은 후 死後에는 또 張耳와 더불어 趙歇을 왕으로 세웠다. 후에 張耳와 절교하였을 뿐 아니라 張耳를 공격하여 쫓아내고 스스로 代王이 되었다. 項羽의 병사들이 패한 후 劉邦은 韓信, 張耳를 보내서 趙나라를 격파하도록 하였으며, 陳餘는 병사들이 패한 후 살해당하였다. 권89「張耳陳餘列傳」에 상세히 보인다.
35) 汝陰 : 秦나라의 현 이름. 현청은 지금의 安徽省 阜陽縣에 있었다.
36) 九江郡 : 秦나라의 지명. 지금의 安徽省, 江蘇省 長江 이북, 淮南 이남 및 江西省 대부분 지역을 포괄하였다. 현청은 지금의 安徽省 壽縣에 있었다.
37) 楚兵 : 구체적으로 楚나라에서 의거를 일으킨 병사들을 말한다.
38) 東城 : 秦나라의 현 이름. 갈영은 지금의 安徽省 定遠縣 동남쪽 50여 리에 있었다.
39) 襄彊 : 秦 2세 원년 8월에 楚王으로 세워졌으나, 9월에 피살되었다.

진왕은 위(魏)나라 사람 주불(周市)⁴⁰⁾에게 북쪽 위(魏)나라 땅⁴¹⁾을 공격하게 하였고, 오광은 형양을 포위하였다. 이유(李由)⁴²⁾가 삼천(三川)⁴³⁾ 군수(郡守)에 임명되어 형양을 지켰는데, 오숙은 이곳을 함락시킬 수 없었다. 이리하여 진왕은 국내 호걸들을 불러모아 대책을 상의하였으며, 상채(上蔡)⁴⁴⁾ 사람 방군(房君)⁴⁵⁾ 채사(蔡賜)를 상주국(上柱國)⁴⁶⁾으로 삼았다.

주문(周文)⁴⁷⁾은 진(陳)의 현인(賢人)으로 일찍이 항연(項燕)의 군중(軍中)에서 시일(視日)⁴⁸⁾을 역임하였으며, 또 춘신군(春申君)⁴⁹⁾을 받들어 모셨다. 스스로 군사에 능통하다고 말하였으므로 진왕은 그에게 장군인(將軍印)을 수여하였으며 서쪽으로 진(秦)나라를 공격하게 하였다. 가는 도중 병마(兵馬)들을 수습하여 함곡관(函谷關)⁵⁰⁾에 이르렀는데, 그때 전차가 천 승(千乘), 병사가 수십만이 되었다. 희(戲)⁵¹⁾에 도달하여 병

---

40) 周市:陳勝의 部將.
41) 전국시대 때 魏나라의 영토는 지금의 河南省 중부와 북부, 山西省 남부 지역에 해당되었다.
42) 李由:李斯의 장남. 秦 始皇 때에 三川郡守였다.
43) 三川:秦나라의 군 이름. 지금의 河南省 洛陽市 동쪽. 관할지역은 대략 지금의 河南省 중부인 潼關 이동으로부터 開封 일대에 해당하며, 아울러 黃河 이북, 安陽 이남의 대부분 지역을 포괄하는데, 境內에는 黃河, 伊水, 洛水가 있어, 바로 이것 때문에 三川이라고 부르는 것이다.
44) 上蔡:秦나라의 현 이름. 지금의 河南省 上蔡縣 서남쪽. 본래는 蔡邑으로, 周 武王은 이곳에다 叔度를 봉하였다. 그후 蔡 平侯는 여기에서 新蔡로 옮겨갔으며, 蔡 昭侯는 또 新蔡에서 州來로 옮겨갔다. 그래서 州來는 곧 下蔡로 이름을 바꾸었는데, 이로 인해서 蔡邑을 上蔡라고 칭하게 되었다.
45) 房君:蔡賜의 봉호. 房은 吳房縣을 말하는 것으로, 지금의 河南省 遂平縣이다.
46) 上柱國:관직 이름. 전국시대 때 楚나라가 설치하였다. 원래는 國都를 보위하는 官이었으나 후에 楚나라의 최고 武官이 되었다. 그 지위는 令尹보다 약간 낮았다. 唐 이후에는 勛官을 칭하는 것이 되었다.
47) 周文(?-기원전 208년):다른 이름은 周章으로 陳縣 사람이다.
48) 視日:일식, 월식, 별 모양, 구름의 상태 따위나 蓍草를 사용하여 점을 치던 사람, 혹은 전문적으로 天象을 관찰함으로써 길흉을 점치던 사람을 말한다. 일명 '日者'라고 한다.
49) 春申君(?-기원전 238년):전국시대 때 楚나라 相黃歇의 봉호. 頃襄王 때에는 左徒를, 孝烈王 때에는 令尹을 역임하였는데, 門下에는 食客이 3,000명이 있었다고 한다. 趙나라가 秦나라를 공격하게 하였으며, 후에는 또 魯나라를 멸하였다.
50) 函谷關:지금의 河南省 靈寶縣 서남쪽의 황하 유역에 있는 험준하기로 유명한 골짜기를 말한다. 상자 속처럼 깊고 험한 臨路라는 데서 이렇게 불린다.
51) 戲:戲水를 말하는 것으로, 지금의 陝西省 臨潼縣 동쪽에 있었다. 驪山에서 발원

사를 주둔시켰다. 진 이세는 소부(少府)⁵²⁾ 장함(章邯)⁵³⁾에게 역산(酈山)⁵⁴⁾에서 복역하는 형도(刑徒),⁵⁵⁾ 노예의 자식들을 사면하여 모두 초나라 대군을 공격하도록 내보내라고 명령하였으며, 이로써 초나라 군을 모두 물리쳤다. 주문은 패하자 함곡관을 도망쳐 나와서 조양(曹陽)⁵⁶⁾에서 2, 3 개월 머물렀다. 장함이 추격하여 그들을 대패시키자, 다시 또 퇴각하여 민지(澠池)⁵⁷⁾에 10여 일간 주둔하였다. 장함은 그들을 공격하여 대파시켰다. 주문은 자살하였고 군대는 마침내 더 이상 전투를 할 수 없었다.

무신(武臣)은 한단(邯鄲)⁵⁸⁾에 이르러 스스로 조왕(趙王)이 되었으며, 진여를 대장군(大將軍)에, 장이와 소소(召騷)를 좌우 승상(丞相)에 임명하였다. 진왕은 격노하여 무신 등의 가족들을 체포하여 옥에 가두었으며, 그들을 살해하려고 하였다. 상주국 채사(蔡賜)가 건의하기를 "진(秦)나라를 아직 멸하지 못하였는데 조왕(趙王)과 장상(將相)의 가족들을 살해한다면 이것은 또 다른 하나의 진(秦)나라를 적으로 만드는 것과 같은 것이니 차라리 이 기회에 무신을 조왕으로 세우시는 것이 낫습니다"라고 하였다. 이에 진왕은 곧 사신을 조나라로 파견하여 축하를 하였으며, 감금하였던 무신 등의 가족을 궁중으로 옮기도록 하였다. 그리고 장이의 아들 장오(張敖)를 성도군(成都君)⁵⁹⁾에 봉하였으며, 조나라 병사들이 신속하

하여 渭河로 유입되었다. 원문에서의 "戲"는 '戲亭'을 말하는 것이다.

52) 少府 : 관직 이름. 전국시대 때 시작된 것으로 秦, 漢이 계승하였다. 九卿의 하나이다. 山海池澤의 收入과 皇室 수공업 제조를 관장하는 황제의 私府에 해당된다.

53) 章邯(? -기원전 205년) : 원래는 秦나라의 장수로 少府를 역임하였다. 군사들을 이끌고 陳勝, 項梁의 농민 義擧軍을 진압하였으며, 巨鹿(지금의 河北省 平鄕縣 서남쪽)의 전쟁에서 項羽에게 패하여 항복을 하였으며, 雍王에 봉해졌다. 봉지는 咸陽이서 지역인 廢丘(지금의 陝西省 興平縣 동남쪽)였는데, 楚漢 전쟁중 劉邦이 廢丘를 포위하여 전쟁에 패하자 자살하였다.

54) 酈山 : 陝西省 臨潼縣 동남쪽에 있었다. 唐나라 玄宗이 이곳에 華淸宮이라는 溫泉宮을 세웠으며, 바로 楊貴妃가 목욕하던 곳이며 秦 始皇의 묘지가 있다. 麗山, 麗戎之山이라고도 한다.

55) 刑徒 : 죄수, 죄인을 가리킨다.

56) 曹陽 : 亭子 이름. 河南省 靈寶縣 동쪽에 있다.

57) 澠池 : 秦나라의 읍 이름. 지금의 河南省 澠池縣 서쪽.

58) 邯鄲 : 옛 도성 이름, 현 이름. 전국시대 때 趙 敬侯가 晉陽에서 이곳으로 수도를 옮겼다.

59) 成都는 지금의 四川省 成都市이다.

464

게 함곡관으로 진군하도록 재촉하였다. 조왕과 장상들은 다음과 같이 서로 계책을 논의하였다.

> 진왕이 조나라에 왕을 세운 것은 초나라의 본의가 아닙니다. 초나라는 진나라를 멸한 후 반드시 조나라를 공격할 것입니다. 묘책은 서쪽으로 진군하기보다는 차라리 북쪽으로 사자(使者)를 보내 연(燕)[60]의 땅을 공략하여 우리의 영토를 확충하는 것이 낫습니다. 조나라 남쪽으로는 황하(黃河)가 있고, 북쪽으로는 연(燕), 대(代)[61]의 광대한 지역이 있으므로 초나라가 비록 진(秦)나라를 이긴다고 하더라도 감히 조나라를 제압할 수 없습니다. 만약 초나라가 진나라를 이길 수 없다면 반드시 조나라를 중시할 것입니다. 조나라는 진나라의 쇠약함을 틈타서 천하를 얻는 뜻을 이룰 수 있습니다.

조왕은 옳다고 생각되었으므로 서쪽으로 출병시키지 않고 상곡(上谷)[62]의 졸사(卒史)[63]인 한광(韓廣)에게 병사들을 이끌고 북으로 연나라를 공격하도록 하였다.

옛 연나라의 호문귀족(豪門貴族)들이 한광에게 권하여 이르기를 "초나라도 왕을 세웠고 조나라도 왕을 세웠소. 연나라는 비록 작을지라도 또한 만승병거(萬乘兵車)의 나라이므로 장군이 자립하여 연나라의 왕이 되시기를 바라오"라고 하였다. 한광이 "나의 어머니께서 조나라에 계시기 때문에 그렇게 할 수 없습니다!"라고 하였다. 그러자 연나라 사람들이 "조나라는 바야흐로 서쪽으론 진나라를 걱정하고 있고, 남쪽으론 초나라를 걱정하고 있으므로, 그들의 세력으로 우리들을 당해낼 수 없소이다. 하물며 초나라는 그렇게 강대함에도 불구하고 오히려 감히 조왕과 장상(將相)의 가족들을 해치지 못하였는데, 조나라가 단독으로 어찌 감히 장군의 가족을 해칠 수가 있겠소!"라고 하였다. 한광은 옳다고 생각되었으므로 마침내 스스로 연나라 왕이 되었다. 수개월이 지나자 조나라는 연나라 왕의 모친과 가족들을 연나라로 돌려보냈다.

---

60) 燕 : 원래 전국시대 燕나라의 영토를 가리키는 것으로, 지금의 河北省 북부, 遼寧省 서부 일대에 해당한다.
61) 代 : 원래 춘추전국 시대 때 代나라의 지역으로, 지금의 河北省 서북부와 山西省 동북부에 있다.
62) 上谷 : 秦나라의 군 이름. 지금의 河北省 懷來縣 동남쪽.
63) 卒史 : 관직 이름. 녹봉은 100石이나 200石인 사람도 있었다.

마침 이때에는 각지의 장군들이 병사들을 이끌고 성을 공략하는 것이 그 수를 헤아릴 수가 없을 만큼 많았다. 주불(周市)은 북쪽으로 진군하여 적(狄)[64]에 이르렀다. 적현 사람 전담(田儋)[65]은 적현령(狄縣令)을 살해하고 자립하여 제왕(齊王)이 되었으며, 제나라에서 기병하여 주불을 공격하였다. 주불의 군사들은 패하여 뿔뿔이 흩어져 위(魏)나라의 땅으로 돌아왔으며, 위왕(魏王)의 후예 영릉군(寧陵君)[66] 구(咎)[67]를 왕으로 세우려고 하였다. 당시 구는 진왕(陳王)과 함께 있었기 때문에 위나라로 갈 수가 없었다. 위나라의 땅이 평정되자 사람들은 주불을 위왕으로 세우려고 하였으나 주불은 이에 응하려고 하지 않았다. 사자(使者)가 진왕과 위나라를 다섯 차례 왕래하였다. 진왕은 비로소 영릉군 구를 위왕으로 세우는 것을 허락하였으며 그를 위나라로 돌아가게 하였다. 주불은 마침내 승상이 되었다.

장군 전장(田藏)[68] 등은 함께 계획을 획책하기를 "주장(周章)[69]의 군대는 이미 뿔뿔이 흩어졌으며, 진(秦)나라의 병사들은 조만간 당도하려고 하는데 우리들은 형양성(滎陽城)을 포위한 지 오래되었지만 함락시키지 못하였습니다. 진나라의 병사들이 도착하면 반드시 크게 패할 것입니다. 차라리 형양성을 포위하기에 족한 소수의 병력만을 남겨놓고 모든 정예 병사들을 이동시켜 진나라 군을 맞이해서 싸우는 것이 낫습니다. 현재 대리왕(代理王) 오광은 거만하고 횡포하며, 병권(兵權)[70]을 알지 못하므로 그와 함께 일을 도모할 수 없습니다. 그를 죽이지 않는다면 대사를 그르칠지도 모릅니다"라고 하였다. 이로 인해서 그들은 함께 진왕(陳王)의 명령을 위조하여 오숙을 주살하였으며, 그의 머리를 진왕에게 바쳤다. 진왕은 사자를 보내 전장에게 초나라 영윤(令尹)[71]의 대인(大印)을 하사하

64) 狄 : 옛 현 이름. 전국시대 때 齊나라의 읍으로 秦나라가 현을 설치하였다. 지금의 山東省 高靑縣 동남쪽.
65) 田儋 : 원래는 齊나라의 귀족. 기원전 208년 자립하여 齊王이 되었으나, 오래되지 않아 章邯에 의해서 살해되었다.
66) 寧陵君 : 전국시대 魏나라 公子 咎의 봉호. 寧陵에 봉해졌기에 이것을 그대로 호로 삼았다. 寧陵은 옛 읍 이름으로 지금의 河南省 寧陵縣 남쪽이다.
67) 咎 : 전국시대 魏나라의 公子.
68) 田藏 : 吳廣의 部將.
69) 周章 : 周文을 가리킨다. 앞의 〈주 47〉 참조.
70) 兵權 : 兵家의 權謀, 用兵術.
71) 令尹 : 관직 이름. 춘추전국 시대 때 楚나라가 설치한 것으로 지위는 丞相에 상당

였으며 그를 상장군(上將軍)에 임명하였다. 전장은 곧 이귀(李歸) 등의 여러 장수들을 형양성 밖에 주둔하게 하였으며, 스스로는 정예 병사들을 이끌고 서진(西進)하여 오창(敖倉)[72]에서 진나라 군대를 맞이하여 싸웠다. 쌍방이 교전하는 가운데 전장은 전사하였고 그의 군대는 싸움에 패하여 뿔뿔이 흩어졌다. 장함은 진군하여 형양성 아래의 이귀 등을 공격하여 그들을 격파하였으며, 그 결과 이귀 등이 전사하였다.

양성(陽城) 사람 등열(鄧說)[73]의 군대가 담(郯)[74]에 주둔하였는데, 장함의 다른 부대에게 공격을 당해 패하자 흩어져 진현(陳縣)으로 들어갔다. 질현(銍縣) 사람 오서(伍徐)[75]의 부대가 허(許)[76]에 주둔하였는데, 장함은 그들을 격파하였고 오서의 군대는 모두 흩어져 진현으로 도망하였다. 진왕은 등열을 주살하였다.

진승이 처음 왕위에 올랐을 때 능(陵)[77] 사람 진가(秦嘉),[78] 질현 사람 동설(董緤), 부리(符離) 사람 주계석(朱鷄石), 취려(取慮)[79] 사람 정포(鄭布), 서(徐)[80] 사람 정질(丁疾)[81] 등이 모두 단독으로 병사를 일으켰으며, 군대를 이끌고 담현에서 동해(東海)[82] 군수 경(慶)을 포위하였다. 진왕은 이를 듣고 곧 무평군(武平君) 반(畔)[83]을 장군으로 삼아 담현성을 포위하고 있는 의군(義軍) 부대를 감독하고 통솔하도록 하였다. 진가(秦嘉)는 명령을 따르지 않고 자립하여 대사마(大司馬)가 되었으며,

---

한다. 楚나라 최고 관직으로 軍政 大權을 장악하였다.

72) 敖倉 : 秦代에 敖山 위에 설치한 谷倉. 그 터가 河南省 鄭州市 서북쪽 邙山 위에 있다.

73) 鄧說 : 陳勝의 部將.

74) 郯 : 東海의 현 이름. 山東省 郯城縣 북쪽. 권41「越王句踐世家」의 〈주 35〉 참조.

75) 伍徐 : 陳勝의 部將.『漢書』「陳勝傳」에는 '徐'가 아니라 "逢"이라고 쓰여 있다.

76) 許 : 秦나라의 현 이름. 지금의 河南省 許昌市 동쪽.

77) 陵 : 秦나라의 현 이름. 지금의 江蘇省 宿遷縣 동남쪽.『漢書』「陳勝傳」에는 "凌"으로 되어 있다.

78) 秦嘉 : 張楚 정권이 건립된 후 각 지역에서 분분히 호응을 하였는데, 秦嘉는 그 義軍의 수령의 한 사람이다. 후에 項梁軍의 공격을 받아 패하여 전사하였다.

79) 取慮 : 秦나라의 현 이름. 지금의 江蘇省 睢寧縣 서남쪽.

80) 徐 : 옛 나라 이름으로 東夷의 하나인 徐戎族이 세운 것이다. 漢나라가 현을 설치하였는데, 이곳은 지금의 安徽省 泗縣 남쪽이다.

81) 董緤, 朱鷄石, 鄭布, 丁疾 : 이들은 모두 陳勝의 의거에 호응한 봉기군의 수령들인데, 이들의 행적은 분명하지가 않다.

82) 東海 : 옛 군 이름으로 秦나라가 설치하였다. 지금의 山東省 郯城縣 북쪽.

83) 武平君은 봉호이고, 畔은 이름이다.

무평군에 속하기를 원하지 않았다. 그는 군리(軍吏)들에게 "무평군은 나이가 어려 군사(軍事)를 알지 못하니 그의 말을 듣지 말아라!"라고 하였다. 이로 인해서 진왕의 명령을 위조하여 무평군 반을 살해하였다.

장함은 이미 오서를 격파하였고 진현을 공격하였으며, 상주국 방군 채사는 전사하였다. 장함은 또 진군하여 진현 서쪽의 장하(張賀)[84]의 군대를 공격하였다. 진왕은 친히 군대를 이끌고 전쟁에 참여하였는데 패하여 뿔뿔이 흩어졌으며 장하는 전사하였다.

납월(臘月)[85]에 진왕은 여음(汝陰)에 이르렀고, 방향을 바꾸어 다시 하성보(下城父)[86]에 이르렀는데, 그의 수레를 끄는 장고(莊賈)가 진왕을 살해한 후 진나라 군에 투항하였다. 탕(碭)[87]에서 진승을 장사를 지냈으며, 시호(諡號)[88]를 '은왕(隱王)'[89]이라고 하였다.

진승의 옛 시종으로 장군이 된 여신(呂臣)은 창두군(蒼頭軍)[90]을 조직하여 신양(新陽)[91]에서 기병하여 진(陳)을 공격해 함락시켜 장고를 살해하였으며, 또 진현을 초도(楚都)로 삼았다.

당시 진왕이 처음 진현에 왔을 때 질현 사람 송류(宋留)에게 군대를 이끌고 남양(南陽)[92]을 평정하고 무관(武關)[93]으로 진입하도록 명령하였다. 송류는 남양을 공격하여 점령하였으나, 진왕이 죽었다는 소식을 듣자, 남양은 다시 진(秦)나라 군의 공격으로 점령당하였다. 송류는 무관

---

84) 張賀 : 陳勝의 部將이다.

85) 臘月 : 음력 12월을 말한다. 臘이란 고대 음력 12월에 지내는 일종의 제사로서, 이것은 周나라에서 시작되었다. 원래의 뜻은 연말에 금수를 잡아서 선조, 百神에게 제사를 지낸다는 뜻으로서, 음력의 연말이 12월이므로 고로 후세에는 臘月을 12월이라고 하였다.

86) 下城父 : 옛 지명. 지금의 安徽省 渦陽縣 동남쪽.

87) 碭 : 옛 읍, 현 이름. 전국시대에는 楚나라의 읍이었으나, 秦나라가 현을 설치하였다.

88) 諡號 : 帝王, 公卿, 儒賢 등의 공덕을 기리어 죽은 뒤에 주는 이름.

89) 隱은 諡號로, 哀傷의 뜻이 있다.

90) 蒼頭軍 : 蒼頭란 靑巾으로 머리를 싸매는 것을 말한다. 전국시대 때 魏나라에는 蒼頭軍이 20만 명 있었다. 고대에는 개인에 속한 노예 또한 蒼頭라고 하였다. 여기에서는 靑巾으로 머리를 싸맨 군대를 말한다.

91) 新陽 : 秦漢의 현 이름. 춘추시대 때 蔡平侯가 上蔡에서 이곳으로 遷都하였다.

92) 南陽 : 秦나라의 군 이름.

93) 武關 : 河南省에서 咸陽으로 통하는 要道上의 중요 입구로 劉邦이 秦나라로 들어갈 때 바로 이곳을 관통하여 갔다. 지금의 陝西省 丹鳳縣 동남쪽.

으로 들어갈 수가 없었으므로 동쪽에 있는 신채(新蔡)로 갔는데 또 진나라 군과 마주쳤다. 송류는 군대를 이끌고 진나라에 항복하였다. 진나라 군은 송류를 함양(咸陽)⁹⁴⁾으로 압송하였으며, 거렬(車裂)⁹⁵⁾의 형벌을 내려 그 시신을 여러 사람들에게 보여주었다.

진가 등은 진왕의 군대가 패하여 도주하였다는 것을 들었으며 곧 경구(景駒)⁹⁶⁾를 초왕(楚王)으로 세웠으며, 군대를 이끌고 방여(方與)⁹⁷⁾에 도착하여 정도(定陶)⁹⁸⁾ 밖에서 진(秦)나라 군을 공격하려고 하였다. 공손경(公孫慶)을 제나라 왕에게 보내어 연합하여 함께 공격하고자 하였다. 제나라 왕이 "듣자하니 진왕(陳王)은 패하여 지금 생사가 불명한데 초나라는 어째서 나에게 지시를 구하지도 않고 왕을 세웠느냐?"라고 하였다. 공손경이 "제나라는 초나라의 지시를 받지도 않고 왕을 세웠는데, 초나라는 어째서 제나라의 지시를 받아야만이 비로소 왕을 세울 수 있습니까? 하물며 초나라가 먼저 군사를 일으켰으므로 당연히 천하를 호령하여야만 합니다"라고 하였다. 그러자 전담은 공손경을 주살하였다.

진(秦)나라의 좌우교(左右校)⁹⁹⁾는 군사를 이끌고 재차 진(陳)으로 쳐들어가 성을 함락시켰다. 여장군(呂將軍)은 패하여 도주하였는데 다시 병사를 모집하여 결집하였다. 파양(鄱陽)¹⁰⁰⁾에서 도적이 된 당양군(當陽君)¹⁰¹⁾ 경포(黥布)¹⁰²⁾의 병마(兵馬)가 여신의 군대와 서로 연합하여서 다시 진(秦)나라 군의 좌우 교위를 공격하여 청파(靑波)¹⁰³⁾에서 그들을 격파하였으며, 다시 진현을 초도로 삼았다. 마침 이때 항량(項梁)¹⁰⁴⁾은 초

---

94) 咸陽 : 읍 이름. 지금의 陝西省 咸陽市. 권40 「楚世家」의 〈주 288〉 참조.
95) 車裂 : 轘 또는 轘裂이라고도 한다. 속칭으로는 '五馬分尸'라고 하는데 고대의 혹형의 하나이다. 그 형을 행하는 방법은 다섯 대의 수레에 사람의 머리와 사지를 나누어 묶어 동시에 달리게 하여 사지를 찢어 죽이는 것이다.
96) 景駒 : 楚나라의 옛 귀족. 후에 項梁에게 패하여 살해되었다.
97) 方與 : 秦나라의 현 이름.
98) 定陶 : 秦나라의 현 이름. 권40 「楚世家」의 〈주 310〉 참조.
99) 左右校 : 秦나라의 무관 이름으로, 즉 좌우 校尉를 말한다. 그 지위는 장군보다 낮았다. 여기서는 그들이 통솔하는 군대를 가리킨다.
100) 鄱陽 : 옛 현 이름인데 秦나라가 현을 설치하였다. 西漢 때 '番陽'으로 고쳤으나 東漢 때부터 '鄱陽'이라고 부르기 시작하였다.
101) 當陽君 : 英布의 칭호. 當陽은 지금의 湖北省 當陽縣을 말한다.
102) 黥布(?-기원전 195년) : 즉 英布를 가리킨다. 이마에 죄인이라는 표시를 먹실로 새기는 형벌을 받았기에 黥布라고 하였다. 권91 「黥布列傳」에 상세히 보인다.
103) 靑波 : '靑陂'라고도 쓴다. 秦나라의 지명. 지금의 河南省 新蔡縣 서남쪽.

회왕(楚懷王)의 손자 심(心)[105]을 초왕으로 세웠다.

　진승이 왕으로 불린 것은 모두 6개월간이었다. 그는 왕이 된 후 진현을 왕도(王都)로 삼았다. 진승의 옛 친구가 자신과 함께 머슴살이를 하였던 사람에게서 그가 왕이 되었다는 말을 듣고는 진나라로 왔다. 그 사람은 궁문(宮門)을 두드리면서 "나는 진섭을 만나려고 합니다"라고 하였다. 궁문령(宮門令)[106]이 그를 묶으려고 하였다. 그가 여러 차례 해명을 하자 비로소 풀어주었지만 진승에게 보고하지 않았다. 진왕이 궁문을 나섰을 때 그는 길을 막고 큰소리로 진섭을 불렀다. 진왕은 자신을 부르는 소리를 듣자 그를 불러 만났으며 함께 수레를 타고 궁으로 돌아갔다. 왕궁으로 돌아와서 궁전과 둘러쳐진 휘장을 본 손님은 "정말 화려하구나! 진섭이 왕이 되니 궁전이 높고 크고 심오하구나!"라고 하였다. 초나라 사람들은 '다(多)'를 '화(夥)'라고 불렀으므로 세상에 전해지기 시작하였는데, '화섭위왕(夥涉爲王)'[107]이라는 말은 바로 진섭에게서 시작되었다. 이 손님은 들어가고 나가는 것이 가면 갈수록 더욱 방자하고 구애됨이 없었으며, 제멋대로 진왕의 지나간 일을 떠들어댔다. 어떤 사람이 진왕에게 "손님이 우매하고 무지하며, 오로지 허튼 소리만 마구 떠들어대니 왕의 위엄을 해치게 되는 것입니다"라고 하였다. 진왕은 곧 그 손님을 참수하였다. 그러자 진왕의 옛 사람들은 모두 스스로 떠났으며 이로부터 진왕에 접근하려는 사람이 없었다. 진왕은 주방(朱房)을 중정관(中正官)[108]에 임명하였고, 호무(胡武)를 사과관(司過官)[109]에 임명하여 군신의 과실을 전

---

104)　項梁 : 項燕의 아들, 項羽의 叔父.

105)　心 : 전국시대 때 楚 懷王 槐의 손자로 성은 熊, 이름은 心이다. 秦나라가 楚나라를 멸한 후 민가에서 羊을 길렀다. 項梁은 義擧軍을 이끌고 西江을 건너 진군하였는데, 陳勝이 패망하였다는 것을 듣고, 范增의 계책에 따라 心을 왕으로 세워 楚 懷王이라고 칭하였고, 盱台(지금의 江蘇省 盱胎縣 동북쪽)에 도읍을 정하였다. 項梁이 전사한 후 項羽가 병권을 탈취하여 宋義를 上將軍으로 삼았으나, 후에 項羽에 의해서 살해되었다. 項羽는 자립하여 西楚 覇王이 되었으며 겉으로만 그를 義帝로 받들 뿐이었으며, 그를 郴縣(지금의 湖南省 郴縣)으로 천도를 하게 하고는 英布에게 추격하게 하여 살해하였다.

106)　宮門令 : 궁문을 지키는 관리의 우두머리.

107)　夥涉爲王 : 楚나라 방언. 하루아침에 천하를 호령하는 왕이 됨을 가리키는 것으로 매우 호사스럽게 변한 것을 이른다.

108)　中正官 : 人事를 관장하는 관리. 陳勝이 처음으로 설립하였는데, 삼국시대 때 魏나라는 각 州郡에 中正官을 설치하여 그곳의 인재와 품덕을 고찰하게 하였다.

문적으로 심사하고 규찰하게 하였다. 여러 장수들이 임무를 수행하고 돌아와서 복명(復命)할 때[110] 주방과 호무의 명령에 따르지 않는 사람은 잡아다 죄를 다스렸는데, 그 다스림은 가혹하였으며 또 하찮은 일도 지나치게 처리함으로써 진왕에 대한 충성을 표현하였다. 무릇 이 두 사람과 사이가 좋지 않은 사람이나 죄상을 조사하는 관리에게 관계자료를 주지 않는 사람은 언제나 그들 두 사람이 친히 가서 그 죄를 다스렸다. 진왕은 이 두 사람을 신임하였으며, 여러 장수들은 이런 이유 때문에 진왕에게 가까이 접근할 수가 없었다. 이것이 바로 진왕이 실패한 까닭이다.

진왕은 비록 이미 죽었을지라도 그러나 그가 봉립(封立)하고 파견한 왕후장상들이 마침내 진(秦)나라를 멸망시켰는데, 이것은 진섭에 의해서 처음으로 반란이 시작되어 그 같은 결과를 촉진한 것이다. 고조(高祖) 때에는 진섭을 위해서 분묘를 간수하는 30가구를 탕(碭)에 배치해놓았으며, 지금도 여전히 그때가 되면 가축을 잡아 그를 제사 지낸다.

저선생(褚先生)[111]은 말하였다.

"지형이 험준하고 두절되어 있는 곳은 방비를 공고히 하기에 좋은 것이며, 군대와 형법은 국가를 통치하기 위해서 있는 것이다. 이러한 것은 반드시 절실하게 의지해야 할 만한 것이라고는 할 수가 없다. 무릇 선왕(先王)은 인의(仁義)를 나라를 세우는 근본으로 삼았으며, 견고한 요새와 법률 제정을 부차적인 것으로 여겼는데, 어찌 일의 도리가 이와 같은 것이 아니겠는가? 나는 가생(賈生)[112]의 다음과 같은 평론(評論)[113]을 들

---

109) 司過官 : 군신의 과실을 규찰하고 관장하는 관리. 陳勝이 처음 설립하였다.
110) 復命 : 사명을 띤 사람이 일을 마치고 돌아와서 아뢰는 것을 말한다.
111) 褚先生 : 褚少孫을 말한다. 西漢의 元帝와 成帝 때 사람. 『史記』가 세상에 나온 후 10편이 빠졌는데, 기록은 있으나 책이 없었다. 그 빠진 부분을 이후에 여러 사람이 보충해서 썼는데, 무릇 褚少孫이 보충하여 쓴 문자 앞에는 모두 "褚先生曰"이라는 글자를 붙였다.
112) 賈生 : 漢나라 文帝 때의 유명한 학자 賈誼의 별칭. 옛날에 학식이 있는 사람을 '生'이라고 불렀는데, 예를 들면 '儒生,' '諸生' 등이 그것이다. 賈誼는 洛陽 사람으로 文帝 때 博士에서 太中大夫가 되었으며, 뒤에 長沙王의 太傅로 좌천되었다가 다시 梁 懷王의 太傅가 되었다. 저서에 『新書』, 『賈長沙集』이 있는데 「治安策」, 「過秦論」 등의 글이 가장 유명하다. 또 연소한 수재라고 하여 '賈生'이라고 불렀다. 33세에 요절하였다.
113) 이 이하에서 이르는 말은 모두 賈生이 지은 「過秦論」 上篇에서 인용한 것이다.

었다.

진 효공 (秦孝公)[114]은 효산 (殽山),[115] 함곡관의 그 같은 견고한 천해의 요새에 의탁하여 옹주 (雍州)[116]의 광대한 지역을 소유하고 있었으며, 군신들은 착실하게 자기의 근거지를 지키고 있으면서 주 왕실을 엿보고 있었다. 천하를 석권하고, 통괄하고, 차지할 뜻과 팔황 (八荒)[117]을 병탄할 마음이 있었던 것이다. 이때에 상군 (商君)[118]이 그를 보좌하였다. 상군은 대내적으로는 법령과 제도를 건립하였고 경작과 직조를 장려하였으며 방수 (防守)와 작전의 군비를 정돈하였다. 대외적으로는 연횡 (連衡)[119]을 도모하여 그외 다른 제후국들이 서로 투쟁하도록 부추기었다. 이리하여 진나라 사람들은 손을 맞잡고 서하 (西河)[120] 밖의 커다란 땅을 차지하였다.

진 효공은 이미 죽었어도 혜문왕 (惠文王),[121] 무왕 (武王),[122] 소왕 (昭王)[123]이 구업 (舊業)을 계승하고 선인 (先人)의 유책 (遺策)[124]을 따라서 남쪽으로는 한중 (漢中)[125]을 점령하였고, 서쪽으로는 파촉 (巴蜀)[126]을 점령하였으며, 동쪽으로는 제후들의 비옥한 토지를 잘라서 점령하였으며, 지형과 산천이 험준한 주군 (州郡)을 빼앗아 점령하였다.[127] 제후 각국들은

---

114) 秦 孝公 : 이름은 渠梁으로, 秦 獻公의 아들이다. 기원전 361년부터 기원전 338년까지 재위하였다. 商鞅의 변법을 받아들였으며, 秦나라를 급작스레 강하게 하여 통일 사업의 기초를 확립해놓았다.
115) 殽山 : 河南省 洛寧縣 북쪽에 있다. 동으로는 澠池縣에 접해 있고 서북쪽으로는 陝縣에 접해 있어 동서 二殽로 나뉜다.
116) 雍州 : 九州의 하나. 지금의 陝西省 중부, 북부 및 甘肅省 서북부 대부분과 靑海 額濟納의 땅을 포괄한다.
117) 八荒 : 八方의 끝, 즉 먼 곳을 말한다.
118) 商君 : 商鞅을 가리킨다. 권68 「商君列傳」에 상세히 보인다.
119) 連衡 : 連橫을 말한다. ‘衡’은 ‘橫’과 통한다. 전국시대에 동서 나라들을 연합하여 秦나라에 복종시키려 한 張儀의 정책을 가리킨다.
120) 西河 : 지역 이름. 지금의 陝西省 華陰, 華縣, 白水, 澄城 일대를 가리킨다. 그 지역이 黃河의 서쪽에 위치한다고 하여 그대로 이름이 되었다.
121) 惠文王 : 孝公의 아들. 기원전 337년부터 기원전 311년까지 재위하였다.
122) 武王 : 惠文王의 아들. 기원전 310년부터 기원전 307년까지 재위하였다.
123) 昭王 : 昭襄王을 말한다. 武王의 동생. 기원전 306년부터 기원전 215년까지 재위하였다.
124) 商鞅의 新法을 말한다.
125) 漢中 : 지금의 陝西省 남부 및 湖北省 서북부 일대 지방.
126) 巴蜀 : 지금의 四川省에 해당된다. ‘巴’는 四川省 동부이고, ‘蜀’은 四川省 중서부 지역이다. 권40 「楚世家」의 〈주 274〉 참조.
127) 이 말은 원문에는 “收要害之郡”이라고 되어 있으나 賈誼의 「過秦論」에는 “北收要害之郡”으로 되어 있다.

심히 두려워 불안을 느꼈으며 동맹을 맺어 진나라를 약화시킬 계책을 도모하였다. 그들은 진귀한 물품과 귀중 보화와 비옥한 땅을 아까워하지 않고 이를 사용하여 널리 천하의 인재를 불러 모았다. 그들은 상호 연합하여 동맹을 맺어 함께 항진(抗秦)하기에 이르렀다.[128] 이때가 되자 제나라에는 맹상군(孟嘗君)[129]이, 조(趙)나라에는 평원군(平原君)[130]이, 초나라에는 춘신군(春信君)이, 위(魏)나라에는 신릉군(信陵君)[131]이 있었다. 이 네 명의 봉군(封君)은 모두 지혜가 명철하고 충신을 중히 여겼으며, 후덕하고 백성을 사랑하였고 현자(賢者)를 존경하고 인재를 중시하였다. 각국은 연맹하여 조약을 맺었으며, 한(韓), 위(魏), 연(燕), 조(趙), 송(宋), 위(衞), 중산(中山)[132] 등의 국가가 연합군대를 결성하였다. 여기에 6국(六國)의 재사(才士)인 영월(寧越),[133] 서상(徐尙),[134] 소진(蘇秦),[135] 두혁(杜赫)[136] 등이 그들을 위해서 꾀를 획책하였다. 제명(齊明),[137] 주최(周冣),[138] 진진(陳軫),[139] 소활(邵滑),[140] 누완(樓緩),[141] 적경(翟景),[142] 소려(蘇厲),[143] 악의(樂毅)[144] 등은 그 뜻[145]을 설명하였다. 오기(吳

---

128) 전국시대 중기 秦나라가 점차 강대해지자 齊, 燕, 楚, 趙, 韓, 魏 나라 등이 연합하여 秦나라에 항거하였는데, 이 抗秦 策略을 역사에서는 이를 '合從'이라고 한다.

129) 孟嘗君 : 齊나라 귀족 田文의 封號. 그의 부친 田嬰의 封爵을 세습하여 薛(지금의 山東省 鄧縣)에 봉해져 薛公이라고 칭하며 호가 孟嘗君이다. 권40 「楚世家」의 〈주 245〉, 권75 「孟嘗君列傳」 참조.

130) 平原君 : 東武城(지금의 山東省 武城縣 서북쪽)에 봉해졌으며, 호가 平原君이다. 권43 「趙世家」의 〈주 281〉, 권76 「平原君虞卿列傳」 참조.

131) 信陵君 : 魏나라의 公子이며, 安釐王의 동생인 無忌를 가리킨다. 그의 호가 信陵君이다. 권44 「魏世家」의 〈주 79〉, 권77 「魏公子列傳」 참조.

132) 宋, 衞, 中山 : 전국시대 때의 약소국가들. 宋나라는 기원전 286년에 齊나라에게 멸망당하였고, 衞나라는 기원전 209년에 秦나라에 멸망당하였으며, 中山國(지금의 河北省 定縣)은 기원전 296년에 趙나라에 멸망당하였다.

133) 寧越 : 趙나라 사람.

134) 徐尙 : 미상.

135) 蘇秦 : 東周 洛陽 사람. 권69 「蘇秦列傳」에 상세히 보인다.

136) 杜赫 : 周나라 사람.

137) 齊明 : 東周의 신하.

138) 周冣 : 周 왕실의 공자.

139) 陳軫 : 夏나라 사람. 秦, 楚, 齊 나라에서 벼슬을 지냈다.

140) 邵滑 : 楚나라 사람.

141) 樓緩 : 魏나라 정승.

142) 翟景 : 미상.

143) 蘇厲 : 蘇秦의 동생, 齊나라 신하.

144) 樂毅 : 燕 昭王의 亞卿.

145) 合從하여 抗秦하는 도리.

起), [146] 손빈(孫臏), [147] 대타(帶他), [148] 아량(兒良), [149] 왕료(王廖), [150] 전기(田忌), [151] 염파(廉頗), 조사(趙奢) [152] 등은 군대를 훈련시키고 통솔하였다. 진나라의 10배나 되는 영토와 백만대군으로서 함곡관을 향하여 진나라로 공격해 들어갔다. 진나라는 문을 열고 적군을 유인하였으나 9국(九國) [153] 군대는 오히려 도망을 가면서 감히 앞으로 나아가지 못하였다. 진나라는 한발의 화살도 낭비하지 않았는데, 제후 각국은 이미 몹시 피곤해하였다. 이리하여 합종은 와해되고 조약은 파괴되었으며, 다투어서 땅을 할양하여 진나라에 뇌물로 받쳤다. 진나라는 풍족한 힘으로 각 제후국의 약점을 제압하였으며, 흩어져서 도망치는 패잔병들을 추격하였는데 엎어져 있는 시체는 백만을 헤아렸고 흐르는 피는 방패를 뜨게 할 정도였다. 진나라는 유리한 지세와 편리한 시기를 이용하여 온 천하를 침략하여 압박하고 착취하였으며 각국의 영토를 분열시켰다. 이리하여 강한 나라는 귀순을 요청하게 되었고, 약소 국가는 조정에 들어와 공물을 바치고 신하가 되어 복종하게 되었다.

계속된 효문왕(孝文王), [154] 장양왕(莊襄王) [155] 대에 이르러서는 그들이 재위한 날은 매우 짧았으나 나라에는 큰 일이 발생하지 않았다.

진 시황(秦始皇) [156]에 이르러서 조부 6대(六代) [157]의 풍요한 공업(功業)이 장대해져서 긴 채찍을 휘두르며 천하를 지배하였으며, 동서 2주(二周) [158]를 병탄하여 제후 각국을 멸망시키고 황제의 자리에 올라 6합(六

---

146) 吳起 : 魏나라 사람. 魏 文侯를 섬겨 장수가 되었으며 兵家로도 유명하다. 후에 楚나라로 도망을 와서 楚 悼王을 섬겼으며, 變法을 추진하였다. 悼王이 죽자 舊貴族에 의해서 살해되었다.

147) 孫臏 : 전국시대의 저명한 兵家로 齊나라 사람이다. 그의 同學 龐涓에 의해서 臏刑(슬개골을 도려내는 고대의 형벌)을 당할 위기에 처하였으나, 齊나라에 의해서 몰래 구출되어 軍師의 벼슬을 지냈다. 桂陵, 馬陵의 전쟁에서 龐涓이 이끄는 魏나라 군에게 승리하였다.

148) 帶他 : 미상.

149) 兒良 : 전국시대 豪士.

150) 王廖 : 전국시대 豪士.

151) 田忌 : 齊나라 장수. 孫臏과 함께 齊나라 군을 이끌고 桂陵, 馬陵에서 魏나라 군을 대패시켰다. 권44 「魏世家」의 〈주 36〉 참조.

152) 廉頗, 趙奢 : 모두 趙나라의 장수.

153) 九國 : 韓, 趙, 魏, 楚, 燕, 齊의 6국 및 宋, 衛, 中山을 말한다.

154) 孝文王 : 秦 昭襄王의 아들. 1년간(기원전 250년) 재위하였다.

155) 莊襄王 : 孝文王의 아들. 3년간(기원전 249-기원전 247년) 재위하였다.

156) 秦 始皇 : 권6 「秦始皇本紀」에는 "秦王"으로 되어 있다.

157) 六代 : 孝公, 惠文王, 武王, 昭襄王, 孝文王, 莊襄王을 가리킨다.

158) 二周 : 西周와 東周를 가리킨다. 西周는 周 考王의 제후국으로 개국 군주는 西周

合)¹⁵⁹⁾을 제압하는 대권을 장악하였다. 손에는 형장(刑杖)을 들고서 천하를 위협하였는데 그 위력은 사해(四海)를 진동시켰다. 남쪽으로는 백월(百越)¹⁶⁰⁾ 지역을 탈취하여 계림군(桂林郡),¹⁶¹⁾ 상군(象郡)을 설립하였는데 백월의 군장(君長)들은 스스로 목에 새끼를 매고 머리를 숙이고 명령을 들었으며, 진나라 관리가 하는 대로 내버려두었다. 또 몽염(蒙恬)¹⁶²⁾을 북방으로 보내 장성을 축조하여 변새를 지키게 하였고 흉노(匈奴)를 700여 리 밖으로 몰아냈다. 호인(胡人)¹⁶³⁾은 감히 남하하여 약탈과 소요를 일으킬 수가 없었으며,¹⁶⁴⁾ 6국의 유민들 또한 감히 병사를 일으켜 복수할 거동을 하지 못하였다. 이리하여 진 시황은 곧 선왕이 국가를 다스리던 방법¹⁶⁵⁾을 폐기하고 제가백가(諸子百家)의 서(書)를 불태움¹⁶⁶⁾으로써 백성을 우롱하였다. 6국의 명성(名城)의 방위공사를 파괴하였으며, 제후 각국의 영웅호걸들을 살해하였다. 천하의 병기를 수집하여 함양(咸陽)에 집중시켰고, 칼, 창, 활, 화살 등을 녹여서 동상(銅像) 12개를 주조함으로써 천하 인민의 반항을 약화시켰다. 그런 후 화산(華山)을 의지하여 성곽을 쌓았고 황하를 의지하여 성호(城濠)를 만들었는데, 위로는 억장(億仗)의 견성(堅城)을 쌓았고 아래로는 밑바닥이 없는 심계(深溪)를 따라 견고한 장벽을 만들었다. 훌륭한 장수와 강한 군사들에게 군사적인 요충지대를 지키게 하였으며, 충실한 신하와 정예의 병사들에게 예리한 무기를 가지고 요도(要道)를 지키면서 오고가는 행인들을 검문하도록 하였다. 천하는 이미 평정되었다. 진 시황은 마음속으로 관중(關中)¹⁶⁷⁾의 형세는 험고(險固)하고

의 桓公이다. 河南(지금의 河南省 洛陽)에 도읍을 세웠으며, 秦나라에게 멸망당하였다. 東周는 西周에서 분열되어나온 다른 소국으로 역시 秦나라에게 멸망당하였다.

159) 六合 : 동, 서, 남, 북, 천, 지의 6개 방면.

160) 百越 : 南方 각 지역 越族의 총칭.

161) 桂林郡 : 秦나라의 지명. 대략 지금의 廣西省 壯族 자치구 남부 및 이남과 이서 지역에 해당한다.

162) 蒙恬 : 秦나라의 장수. 秦 始皇 32년에 명령을 받고 병사 30만을 이끌고 匈奴를 북쪽으로 쫓아내고 장성을 축조하였는데, 그것은 서쪽의 臨兆(지금의 甘肅省 岷縣)에서 시작하여 동쪽의 遼東에까지 이르는데, 그 길이가 1만여 리나 되었다.

163) 胡人 : 중국 고대 서북부의 소수민족을 통칭하는 말. 秦漢 때는 대부분 匈奴를 가리킨다.

164) 원문은 이를 "牧馬"라고 표현하였는데, 그 뜻은 漢族의 변경에 이르러서 약탈하고 소요를 일으키는 것을 말한다.

165) 夏, 商, 周 삼대 帝王의 통치방법을 말한다. 선왕은 秦 이전의 제왕을 말한다.

166) 기원전 213년(秦 始皇 34년)에 秦 始皇이 李斯의 건의를 받아들여 단행한 焚書事件을 말한다. '焚書坑儒'라고 한다.

167) 關中 : 지금의 陝西省 渭河 유역 일대.

금성(金城)[168]이 천리(千里)나 되므로 이는 자자손손 제왕(帝王)을 계승할 만세의 업(業)[169]이라고 생각하였다.

진 시황은 이미 죽었을지라도 여위(餘威)는 여전히 먼 국경지역에까지 진동하였다. 그러나 진섭(陳涉)은 깨진 항아리의 아가리를 끼워 창문을 만들고 새끼로 지도리를 맬 정도로 매우 가난한 집에 살았으며, 땅을 갈고 파종하는 고용살이 농민으로 변경에 배치되어 떠나는 정부(征夫)였다. 재능은 보통 사람에도 미치지 못하였고, 중니(仲尼), 묵적(墨翟)[170]의 현덕도 없었고 또한 도주(陶朱),[171] 의돈(猗頓)[172] 같은 재부(財富)도 없었다. 그러나 일단 사병행렬에 투신하여 수많은 사람을 굽어보는 대장이 되어 피곤하고 산란한 오합의 수졸(戍卒)들을 통솔하였으며, 수백 대오(隊伍)의 모두(矛頭)를 돌려 진나라를 공격하였다. 그들은 수목을 베어 병기를 만들었고 죽간(竹竿)을 높이 들어 기치로 삼았는데, 천하의 백성들이 풍운과 같이 모여들어 호응하여 봉기하였다. 양식을 휴대하고 그림자가 형체를 따르는 것과 같이 봉기에 참가하였으며, 효산 그리고 함곡관 이동(以東)의 광대한 지역의 제후들이 동시에 병사를 일으켜서 마침내 이로 인해서 진 왕실을 멸망시켰다.

하물며 진(秦)나라의 천하에는 축소(縮小)와 변약(變弱)은 없었으며, 옹주(雍州)의 지리적 우세함과 효산과 함곡관의 험요(險要)하고 견고한 바는 지난날과 다름이 없었다. 진섭의 지위와 위망(威望)[173]은 결코 제, 초, 연, 조, 한, 위, 송, 위, 중산의 국왕보다 존귀하지도 않았다. 호미끝이나 곰방메와 같은 농기구는 끝이 굽은 창이나 긴창에 비해서 결코 예리하지도 않았다. 변방에 배치된 그 몇백명의 사람도 9국의 군대처럼 결코 그렇게 강대하지도 않았다. 심모원려(深謀遠慮)[174]와 용병술은 이전의 모사(謀士)[175]와는 필적할 수도 없었다. 그러나 성공과 실패는 완전히 다른 것이며 공업(功業)은 완전히 상반되는 것이다. 그해 산동(山東) 제후와 진승의

---

168)　金城：銅으로 주조한 것과 같은 견고한 城을 말한다.
169)　秦 始皇은 "나 始皇帝로부터 2世, 3世, 천만世에 이르도록 무궁할 것이다(我爲始皇帝, 後世以計數, 二世三世至千世萬世, 傳之無窮)"라고 하였다.
170)　仲尼, 墨翟：孔子와 墨子를 가리킨다.
171)　陶朱：越王 句踐의 신하인 范蠡를 가리킨다. 蓄財의 재주가 있어 19년 동안에 세 차례에 천금의 치부를 하였다. 스스로 陶朱公이라고 하였다.
172)　猗頓：춘추시대 魯나라 사람. 일설에는 鹽으로 집안을 일으켰다고 하며, 일설에는 목축업으로 치부를 하였다고도 한다. 魯나라의 대부호로 巨萬의 부를 이루었다.
173)　威望：위엄과 名望.
174)　深謀遠慮：계획이 주도면밀하고 생각이 원대함을 말한다.
175)　예를 들면 寧越, 徐尙 등을 들 수 있다.

재주의 많고 적음과 권력의 힘을 비교해보면 결코 함께 논하여 서로 비교할 수 있는 것이 아니다. 그러나 진(秦)나라는 가지각색의 지반(地盤)과 만승(萬乘)에 해당하는 권력으로서 8주(八州)¹⁷⁶⁾를 제압하였으며, 제후들로 하여금 조공을 드리러 오도록 하였는데, 이렇게 하는 것이 100여 년이나 되었다. 최후에 천하를 통일하여 동서남북 천지를 사유물(私有物)로 삼았으며, 효산과 함곡관을 궁궐의 담장으로 삼았다. 그러나 진승 한 사람이 반란을 일으킴으로 인해서 진나라의 일곱 종묘(宗廟)¹⁷⁷⁾는 모두 파괴되었으며,¹⁷⁸⁾ 진 황제 이세(二世), 즉 자영(子嬰)은 사람들에게 살해되어¹⁷⁹⁾ 천하 사람들의 웃음거리가 되었는데, 이것은 어째서일까? 그것은 인의정책(仁義政策)을 실시하지 않음에 있으며,¹⁸⁰⁾ 그리고 공취(攻取)와 수성(守成)¹⁸¹⁾의 형세는 서로 다르기 때문일 것이다.¹⁸²⁾"

---

176) 八州:冀州, 兗州, 靑州, 徐州, 揚州, 荊州, 豫州, 梁州를 말한다.
177) 고대 天子에게는 七廟가 있었는데, 그것은 父廟가 셋, 子廟가 셋, 太祖廟가 하나였기 때문이다.
178) 나라의 멸망을 뜻한다.
179) 원문은 이를 "身死人手"라고 표현하였는데, 이 말은 秦 二世는 趙高에게 살해되었고, 子嬰은 項羽에게 살해된 것을 가리킨다.
180) 원문은 "仁義不施"이다. 秦 始皇은 중국을 통일한 후 仁政을 베풀지 않고 暴政으로 인민을 통치하였다는 것이다.
181) 攻取는 공격하여 빼앗는 것이고, 守成은 이미 이룩한 사업을 발전시켜나가는 것이다.
182) 즉 다시 말해서 창업할 때와 수성할 때의 형세는 다른 바가 있다는 것이다. 창업할 때는 군웅할거의 시대이므로 폭력이 아니면 중국 천하를 통일할 방법이 없었으나, 천하를 통일한 후에는 사람들은 안정된 생활을 바라는 것이므로 仁政을 실시해야만 한다는 것이다. 賈誼가 여기에서 말한 "攻守之勢異也"는 바로 이러한 뜻이다.

권49 「외척세가(外戚[1]世家)」제19

　　예로부터 천명을 받은 개국 군주(君主)들과 선제(先帝)의 뒤를 이어받고 성법(成法)을 계승한 군주들은 단지 그 개인의 품덕(品德)이 고상하였기 때문이기도 하지만 또한 외척의 도움이 있었기 때문이기도 하다. 하(夏)[2]나라가 흥기한 것은 도산씨(塗山氏)[3]가 있었기 때문이며, 걸(桀)[4]이 유배된 것은 말희(末喜)[5]가 있었기 때문이다. 은(殷)[6] 왕조가 흥기한 것은 유융씨(有娀氏)[7]가 있었기 때문이며, 주왕(紂王)[8]이 주살당한 것은 달기(妲己)[9]를 총애하였기 때문이다. 주(周)[10]나라가 흥기한 것은 강

---

1) 外戚 : 제왕의 母族과 妻族을 일컫는다.
2) 夏 : 중국 역사상 첫번째 奴隸制 왕조로 禹임금이 세웠다. 桀에 이르러 商나라의 湯王에게 멸망하였는데, 모두 13代 16王, 대략 기원전 21세기부터 기원전 16세기, 즉 471년 동안 존속하였다고 한다.
3) 塗山은 옛 부락 이름이다. 禹임금은 塗山氏의 딸을 맞이하여 啓를 낳았고 계가 夏 왕조를 건립하였다.
4) 桀 : 夏 왕조의 마지막 군주. 유명한 폭군. 권40 「楚世家」의 〈주 14〉 참조.
5) 末喜 : 妹喜라고도 한다. 有始氏의 딸. 桀이 有始氏를 공격하자 有始氏는 딸을 桀에게 시집 보냈는데 그녀는 桀의 총애를 받았다. 商나라 湯은 夏나라를 멸하고, 그녀를 桀과 함께 南巢에 유배시켰다.
6) 殷 : 湯王이 夏나라를 멸하고 세운 왕조. 원래는 商나라라고 하였는데 盤庚이 도읍을 殷(지금의 河南省 偃師縣)으로 옮긴 뒤에 殷나라로 개칭하였다. 제28대 紂王에 이르러 周 武王에게 멸망당하였다. 모두 17代 31王에 이르렀으며, 대략 기원전 16세기(기원전 1766년)부터 기원전 11세기(기원전 1123년)까지 존속하였다. 권3 「殷本紀」에 상세한 것이 보인다.
7) 有娀은 옛 부락의 이름이다. 商 부락의 시조 啓의 모친은 有娀氏의 딸 簡狄인데, 신화 전설에 따르면 그녀는 玄鳥〔제비〕의 알을 먹고 잉태하여 啓를 낳았다고 한다.
8) 紂王 : 商나라 마지막 군주. 유명한 폭군.
9) 妲己 : 有娀氏의 딸로 성은 己이다. 紂가 有蘇氏를 공격하였을 때, 有蘇氏는 그녀를 紂에게 진상하였는데 紂는 그녀를 매우 총애하였다.
10) 周 : 武王이 殷나라를 멸하고 세운 왕조. 처음에 鎬京, 곧 鎬에 도읍하였다가 후에 洛陽으로 천도하였다. 건국한 지 35왕 874년 만에 秦나라에 멸망당하였다. 기원전 771년 平王이 洛陽에 천도하여 도읍을 정한 것을 東周라고 하며, 平王 이전을 西周라고 한다. 권4 「周本紀」에 상세한 것이 보인다.

원(姜原)¹¹⁾과 대임(大任)¹²⁾이 있었기 때문이며, 주 유왕(周幽王)¹³⁾이 포로로 잡히게 된 것은 포사(褒姒)¹⁴⁾에 탐닉하였기 때문이다. 그래서 『역경(易經)』은 "건(乾)", "곤(坤)" 양괘(兩卦)에 기초를 두었으며, 『시경(詩經)』은 「관저(關雎)」편에서 시작되었다. 『상서(尙書)』¹⁵⁾는 요(堯)가 친히 두 명의 딸을 순(舜)에게 시집 보내도록 처리한 일을 찬미하였으며,¹⁶⁾ 『춘추(春秋)』¹⁷⁾는 아내를 맞이하면서 친히 나가서 맞이하지 않는 실례 행위를 풍자하였다. 부부간의 화목 관계는 사람들의 도덕규범의 근본 준칙이다. 예제(禮制)는 혼인에서 가장 주의해야 한다. 음조가 잘 어울리는 것은 사계절 절기의 조화가 잘 되는 것이며, 음양의 변화는 만물의 생장과 변화의 근본인데 신중하지 않을 수 있겠는가? 사람들은 인륜대도(人倫大道)에 대해서는 확대 발전시킬 수 있으나 천명(天命)에 대해서는 오히려 어찌할 수가 없다. 부부간의 사랑은 군주라고 해서 신하에게서 얻을 수 없으며, 아버지라고 해서 그것을 아들에게서 얻을 수 없다. 하물며 지위가 낮은 사람들이랴! 설령 남녀가 환합(歡合)하였을지라도 혹 또 자손이 번성할 수 없을지도 모르며, 설령 자손을 생육할 수 있을지라도 혹 또 천수를 다할 수 없을지도 모른다. 어찌 이것이 천명이 아니겠는가? 공자(孔子)는 천명을 이야기하는 것이 매우 적었는데,¹⁸⁾ 이는 아마 또 매우 분명하게 말하기가 곤란하였기 때문일지도 모른다. 만약 음양

---

11) 姜原 : 姜嫄이라고도 한다. 有邰氏의 딸, 后稷의 어머니. 신화 전설에 따르면 그녀는 황야에서 거인의 발자국을 밟고 잉태를 하여 稷을 낳았다고 한다.

12) 大任 : 太任이라고도 한다. 周 文王의 어머니. 摯任氏의 딸.

13) 周 幽王 : 西周의 마지막 昏君.

14) 褒姒 : 褒나라 사람. 성은 姒이다. 周 幽王 3년 褒나라는 그녀를 周 幽王에게 진상하였는데, 幽王은 그녀를 매우 총애하였다. 이로 인해서 幽王은 申后와 太子 宜臼를 폐하였다. 申侯는 犬戎과 연합하여 周나라를 침공하였으며, 驪山 아래에서 幽王을 살해하였고, 褒姒 또한 포로로 잡혀 西周는 멸망하였다.

15) 『尙書』:『書經』이라고도 한다. 先秦시대에는 『書』라고 칭하였으나, 漢代 이후에는 『尙書』 또는 『書經』이라고 칭하였다. 유가 경전의 하나.

16) 『尙書』「堯典」에는 "釐降二女于嬀汭"라고 되어 있는데, 이 뜻은 堯임금이 친히 두 딸을 舜에게 시집 보낸 일을 가리키는 것이다.

17) 『春秋』: 춘추전국 시대의 編年體 史書. 각 제후국에는 모두 『春秋』가 있었는데, 여기서는 孔子가 魯나라 역사문헌에 근거하여 編한 바를 말한다. 유가 경전의 하나. 全書에는 기원전 722년부터 기원전 481년까지 모두 242년간의 東周의 역사가 기록되어 있다.

18) 『論語』「子罕」편에는 "子罕은 이익과 천명과 어짊을 말한다(子罕言利與命與仁)" 라고 하였다.

의 변화에 통달할 수 없다면 어떻게 인성(人性)과 천명의 관계를 이해할
수 있겠는가?

태사공(太史公)은 말하였다. [19]
"진(秦)나라 이전의 외척(外戚)의 정황은 매우 간략하여 상세한 정황
을 기술하기가 매우 어렵다.

한(漢)나라가 흥기하자 여아후(呂娥姁)[20]는 고조(高祖)의 황후가 되었
으며 아들은 태자가 되었다. 여아후가 만년에 이르러 자색(姿色)이 스러
져서 총애를 잃게 되자 척부인(戚夫人)[21]이 총애를 받았으며, 그녀의 아
들 여의(如意)가 태자의 자리를 빼앗아 대신 들어서는 일이 여러 번 발생
하였다. 고조가 서거하자 여후(呂后)는 척씨를 멸하고 조왕(趙王) 여의
를 주살하였다. 고조의 후궁(後宮)과 비빈(妃嬪) 가운데 오직 고조에게
소외당하여 총애를 받지 못하였던 사람만이 편안히 아무 일도 없었다.

여후의 장녀는 선평후(宣平侯) 장오(張敖)[22]의 처가 되었으며, 장오의
딸은 효혜황후(孝惠皇后)가 되었다. 여태후는 효혜황후가 겹사돈이기 때
문에 그녀가 자식을 낳게끔 온갖 방법을 다 써보았으나 결국은 자식을 낳
지 못하였으므로 후궁의 자식을 데려와서 아들로 삼았다. 황위를 계승할
사람이 아직 확정되지 않았으므로 외가(外家)를 중용하였다. 여러 여씨
(呂氏)들을 왕으로 봉하여 보좌하게 하였고 그리고 여록(呂祿)[23]의 딸을
소제황후(少帝皇后)로 삼아 왕실의 뿌리를 견고히 하려고 하였으나 아무
런 도움이 되지 않았다.

---

19) 이 말들은 저자가 평론한 말이다. 太史公은 즉 司馬遷을 가리킨다. 秦漢의 太史
令은 天文, 曆法, 記事와 아울러 국가 典籍, 文書를 관장하였다. 漢 武帝 때 司馬遷
父子는 太史令의 임무를 계승하였는데, 司馬遷은 그 아버지를 받들어 太史公이라고
부르기 시작하였으며, 후에는 이를 자신을 칭하는 데 사용하였다.
20) 呂娥姁:呂后를 가리킨다. 그녀의 이름은 雉, 字는 娥姁이다.
21) 戚夫人:漢 高祖의 寵姬. 高祖는 태자를 폐하고 如意로 고쳐 세우려 하였는데,
이로 인해서 呂后는 더욱 戚夫人을 질투하게 되었다. 高祖가 죽은 후 呂后는 戚夫人
의 귀, 눈, 손, 발을 잘라버렸으며, 나중에는 戚氏를 살해하였다.
22) 張敖:漢 初 趙王 張耳의 아들, 魯元公主의 남편. 張耳가 죽은 후 그는 封을 세
습하여 趙王이 되었다. 권40 「楚世家」의 〈주 66〉 참조.
23) 呂祿:呂后의 조카로 呂后의 두터운 신임을 받았으며, 呂后가 죽은 후 呂產 등과
發兵하여 난을 일으켰으나 陳平, 周勃 등에 의해서 평정되었다.

여후가 서거하자 장릉(長陵)²⁴)에 고조와 합장시켰다. 여록, 여산(呂産)²⁵) 등은 주살당할 것을 두려워하여 반란을 음모하였다. 대신(大臣)²⁶)들은 그들을 정벌하였으며, 하늘이 유씨(劉氏) 천하의 통기(統紀)를 계속 이어지게 하려고 하므로 마침내 여씨 집단이 소멸되었다. 단지 효혜황후만 북궁(北宮)²⁷)에 머물도록 안배하였다. 대왕(代王)을 황제로 맞이하였는데, 그가 바로 효문제(孝文帝)로 그는 한가(漢家)의 종묘(宗廟)를 받들어 섬기었다. 이것이 어찌 천명이 아니겠는가? 천명이 아니면 누가 그러한 임무를 담당할 수 있겠는가!

박태후(薄太后)의 부친은 오(吳)나라 사람으로 성은 박씨(薄氏)이다. 진(秦)나라 때에 그는 과거 위(魏)나라 왕의 종가(宗家) 사람인 위온(魏媼)²⁸)과 사통하여 박희(薄姬)를 낳았다. 박희의 부친은 산음(山陰)²⁹)에서 죽었는데, 그로 인해서 그곳에 매장되었다.

제후들이 진(秦)나라에 반역을 하자³⁰) 위표(魏豹)는 위나라 왕이 되었는데, 위온은 그녀의 딸을 궁에 들어가게 하였다. 위온은 허부(許負)³¹)에게 관상을 보게 하였는데 박희가 천자를 낳을 수 있다고 하였다. 이때에 항우(項羽)는 마침 한왕(漢王) 유방(劉邦)과 형양(滎陽)에서 대치하고 있었으므로 천하는 아직 형세가 정해지지 않았다. 위표는 당초 한(漢)나라와 연합하여 초(楚)나라를 공격하였는데, 허부의 말을 듣고는 마음속으로 매우 기뻐하였다. 이 때문에 한왕을 배반하고 중립을 지켰으며 더 나아가 초나라와 연합하여 화목하였다. 이리하여 한나라는 조참(曹參)

---

24) 長陵 : 옛 현 이름. 西漢 王陵의 하나로 漢 高帝 12년에 陵을 축조하고 현을 설치하였으며, 高祖가 서거하자 여기에 묻었다.
25) 呂産 : 呂后의 조카로 呂后의 두터운 신임을 받았다. 呂禄과 呂産은 모두 왕에 봉해졌으나 呂后가 서거한 후 음모하여 난을 일으키다 주살당하였다.
26) 大臣 : 陳平, 周勃 등 劉氏 정권에 충성한 功臣들을 가리킨다.
27) 北宮 : 未央宮 북쪽에 있음으로 해서 北宮이라고 한다.
28) 媼은 연로한 婦女의 통칭이다. 여기서는 중년의 부녀자를 가리킨다.
29) 山陰 : 옛 현 이름. 秦나라 때에 설치하였다. 會稽山 북쪽에 있다고 해서 붙여진 이름이다.
30) 기원전 209년 陳勝과 吳廣의 義擧를 시작으로, 각지 六國의 옛 귀족들이 분분히 군대를 일으켜서 호응하였는데, 그들은 秦나라의 관리들을 죽이고 스스로의 정권을 건립하였으며, 각자 왕이 되어 새로운 제후국을 형성하였다.
31) 許負 : 관상을 잘 보는 노파. '許'는 성이고, '負'는 '婦'와 통한다.

등으로 하여금 공격하게 하여 위표를 사로잡았으며, 그의 나라는 군(郡)
으로 삼았다. 박희는 직실(織室)³²)로 들여보내졌다. 위표는 이미 죽었
다. 한왕은 몇 차례 직실에 드나들었는데, 박희가 자색이 있음을 보고 후
궁으로 들이라고 조서를 내렸다. 그러나 1년여 동안 동침을 하지 않았다.

   처음에 박희가 젊었을 때에 관부인(管夫人), 조자아(趙子兒) 등과 친
하게 지냈다. 세 사람은 '누가 먼저 부귀하게 되든지 간에 서로를 잊지
말자'라고 약속을 하였다. 얼마 되지 않아 관부인, 조자아가 먼저 한왕의
총애를 받았다. 한왕은 하남궁(河南宮)의 성고대(成皐臺)³³)에 앉아 있었
는데, 두 명의 미인은 박희와 당초에 하였던 약속을 조롱하여 웃었다. 한
왕은 이러한 말을 듣고 그 까닭을 물었으며, 이에 두 사람은 사실을 한왕
에게 말해주었다. 한왕은 그것을 듣고서 마음속으로 매우 슬퍼하였으며
박희를 불쌍히 여겼다. 그날로 박희를 불러 동침하였다. 박희가 '어제 밤
저는 창룡(蒼龍)이 저의 배 위에 드러누워 있는 꿈을 꾸었습니다'라고 하
자, 한왕은 '이것은 귀히 될 징조이다. 나는 너를 도와서 일을 이루게 하
겠다'라고 하였다. 이윽고 동침을 하자 사내 아이를 낳았는데, 그 사람이
바로 뒤에 나올 대왕(代王)이다. 그러나 그 동침 이후에 박희는 한왕을
만나는 일이 아주 적었다.

   고조가 서거하자 고조의 시중을 들며 총애를 받던 척부인 등 비빈(妃
嬪)에 대하여 여태후는 매우 분노하여 그녀들을 모두 가두고 궁을 나가지
못하게 하였다. 그러나 박희는 고조의 시중을 들며 잠자리를 같이한 것이
매우 적었던 연유로 궁 밖으로 나갈 수 있었으며, 아들을 따라 대(代)나
라로 가서 대왕(代王)의 태후(太后)가 되었다. 태후의 동생 박소(薄昭)
또한 함께 대나라로 갔다.

   대왕이 보위에 오른지 17년이 지나서 고후(高后)³⁴)가 서거하였다. 대
신들은 새로운 황제를 옹립할 것을 상의하였다. 그들은 외척 여씨 세력이
강대해짐은 적대시하였지만 박씨가(薄氏家)는 어질고 착하다고 생각하였
다. 이로 인해서 대왕(代王)을 영접하여 효문제(孝文帝)로 세웠고 박태

---

32) 織室 : 漢나라 때 황실의 綿絲 織造와 염색을 관장하던 기구. 잘못한 姬妃가 있으
    면 이곳으로 보냈다.
33) 成皐臺 : 成皐靈臺를 가리킨다. 지금의 河南省 汜水縣 서북쪽에 있었다.
34) 高后 : 呂太后를 가리킨다.

후(薄太后)를 황태후(皇太后)로 고쳐 불렀으며, 태후의 동생 박소를 지후(軹侯)[35]에 봉하였다.

박태후의 모친은 이 이전에 세상을 떠났으며 역양(櫟陽)[36]의 북쪽에 묻혔다. 이리하여 박태후의 부친에게 영문후(靈文侯)라는 존호(尊號)가 추서되었으며, 회계군(會稽郡)[37]에 300호(戶)를 분할하여 원읍(園邑)[38]을 두었다. 장승(長丞)[39] 이하 관리들이 파견되어 능원(陵園)을 지켰으며, 사당에 음식을 바쳐 제사를 드리는 것은 모두 후위(侯位)의 예의에 따라서 진행되었다. 낙양 북쪽에 영문후 부인의 원(園)을 세웠는데 모든 예의는 영문후의 능원과 같았다. 박태후는 모가(母家)[40]가 위(魏)나라 왕임을 알았으며, 부모는 일찍 서거하였으나 자신을 도우며 힘을 냈던 사람들에 대하여 그들의 부역 또는 각종 세금을 면제하도록 명령을 내렸다. 또 친소(親疎) 정도에 따라 각기 달리 상을 하사하였다. 박씨(薄氏) 가족 중 후(侯)에 봉해진 사람은 모두 한 명뿐이다.

박태후는 문제(文帝)보다 2년 늦은 효경제(孝景帝) 제2년[41]에 서거하여 남릉(南陵)[42]에 묻혔다. 여후가 고조와 장릉(長陵)에 합장되었기 때문에 박태후의 능묘(陵墓)는 특별히 단독으로 만들어졌는데, 위치는 효문제의 패릉(霸陵)[43]에서 가깝게 하였다.

두태후(竇太后)는 조(趙)나라 청하(淸河)[44]의 관진(觀津)[45] 사람이다. 여태후가 살아 있었을 때 두희(竇姬)는 양가자(良家子)[46]로서 입궁하여 여후의 시중을 들었다. 후에 여후는 궁녀들을 내보내 여러 왕들에게 하사

---

35) 軹는 옛 현 이름이다. 漢나라 때 현을 설치하였다. 지금의 河南省 濟源縣 남쪽.
36) 櫟陽: 옛 현 이름. 지금의 陝西省 臨潼縣 동북쪽.
37) 會稽郡: 지금의 江蘇省 蘇州市.
38) 園邑: 陵園을 지키는 居民區.
39) 長丞: 陵園을 지키는 관리. 長은 主管 관리, 丞은 輔佐 관리를 말한다.
40) 母家: 친정.
41) 원문에는 "孝景帝前二年"이라고 되어 있는데, 이는 孝景帝 제2년, 즉 기원전 155년을 말하는 것이다.
42) 南陵: 霸陵 남쪽 10여 리에 있었으므로 '南陵'이라고 한다.
43) 霸陵: 漢 文帝의 분묘. 지금의 陝西省 長安縣 동쪽에 있다.
44) 淸河: 군 이름. 지금의 河北省 淸河縣 동남쪽.
45) 觀津: 현 이름. 지금의 河北省 武邑縣 동남쪽. 권44 「魏世家」의 〈주 51〉 참조.
46) 良家子: 예전에 淸白한 사람들의 자녀를 통칭하는 것.

하였는데, 왕 한 명당 5명씩으로 하였다. 두희 또한 이 출궁(出宮) 행렬 가운데 동행하였다. 두희의 집은 청하군에 있었는데, 조나라가 집에서 가까운 것을 생각해내고는 그 궁녀의 송환을 주관하는 환관(宦官)에게 간청하기를 '저의 명부를 반드시 조나라로 가는 궁녀의 대오 가운데 놓아주십시오'라고 하였다. 환관은 이 일을 잊고 잘못하여 그녀의 명부를 대(代)나라로 가는 궁녀의 대오 가운데 놓았다. 명부가 위로 보고되자 여태후는 허락한다는 조서를 내렸으며 이것에 따라 출발해야만 하였다. 두희는 흐느껴 울면서 그 환관을 원망하며 가지 않으려고 하였으며, 강제로 동원하자 비로소 이에 따랐다. 대나라에 이르자 대왕(代王)은 오로지 두희만을 총애하여 딸 표(嫖)를 낳았으며, 후에 두 명의 아들을 더 낳았다. 대왕후(代王后)는 모두 네 명의 아들을 낳았으나 대왕이 아직 황제가 되지 않았을 때 세상을 떠났다. 대왕이 황제에 오르자 왕후가 낳은 네 명의 아들들 또한 잇달아서 병사(病死)하였다. 효문제가 제위(帝位)를 이은 지 몇 개월 안 되어 공경대신(公卿大臣)들은 태자를 세우기를 간청하였으므로, 두희의 장남이 가장 연장자인지라 그를 태자로 세웠다. 이로써 두희는 황후(皇后)가 되었고 딸 표는 장공주(長公主)[47]가 되었다. 그 다음해 막내아들 무(武)를 대왕(代王)으로 세웠으며, 머지 않아 그는 다시 양(梁)나라로 옮겨갔는데 그가 바로 양 효왕(梁孝王)[48]이다.

두황후의 양친은 일찍 세상을 떠났는데 관진에 묻혔다. 이리하여 박태후는 관리에게 명령을 하여 두황후의 부친을 안성후(安成侯)에 추서하도록 하였으며 그녀의 모친을 안성부인(安成夫人)이 되게 하였다. 청하군(淸河郡)에 원읍을 설치하여 200호(戶)를 할당하였으며 장승(長丞)이 받들어 지키게 하였는데, 영문후의 능원의 예의와 똑같게 하였다.

두황후의 오빠는 두장군(竇長君)[49]이며, 동생은 두광국(竇廣國)이라고 부르는데 그의 자(字)는 소군(少君)이다. 소군이 4, 5세 때에 집안 형편이 어려웠는데, 어떤 사람에게 유괴를 당하여 팔려갔다. 그를 판 집이 어느곳인지는 모르지만 그는 10여 집에 팔려 다닌 끝에 의양(宜陽)[50]에 이

---

47) 長公主 : 漢나라 때 황제의 누이를 長公主라고 한다.
48) 梁 孝王 : 자세한 것은 권58 「梁孝王世家」 참조.
49) 竇長君 : 竇王后의 오빠. 이름은 建이고 자는 長君이다.
50) 宜陽 : 漢나라의 현 이름. 지금의 河南省 宜縣 서쪽.

르렀다. 소군은 주인을 위해서 산으로 들어가 숯을 구웠다. 저녁에 100여 명이 절벽에서 잠을 잤는데, 절벽이 무너져내려 거기에서 잠자던 사람들은 모두 압사하였다. 다만 소군 한 사람만이 그곳에서 벗어나 죽지 않았다. 그래서 스스로 점을 쳐보니 수일내에 후(侯)에 봉해진다는 점괘가 나오자 주인 집에서부터 장안(長安)으로 달려갔다. 이때 두황후가 새로 즉위하였는데, 그 고향이 관진(觀津)이고 성이 두씨(竇氏)라는 것을 들었다. 광국은 집을 떠날 때에 비록 어렸을지라도 현(縣)의 이름과 성씨, 또 누이와 함께 뽕잎을 따다가 나무에서 떨어졌던 것을 기억해내고는 이것을 증거로 하여 상서(上書)를 올려 자신을 설명하였다. 두황후는 이 일을 문제(文帝)에게 알렸다. 문제가 광국을 불러들여 그에게 물어보자 광국은 그때의 정황을 일일이 설명해주었는데 과연 같았다. 또다시 그에게 어떻게 검증할 수 있는가를 묻자 광국은 대답하기를 '누이는 제가 서쪽으로 갈 때 저와 역참(驛站)의 숙박소에서 헤어졌는데 쌀 씻은 물을 구해다가 저의 머리를 씻어주었으며, 또 밥을 구해다가 저를 먹인 후 비로소 헤어졌습니다'라고 하였다. 그러자 두황후는 그를 붙잡고서 울었으며 눈물과 콧물이 엉키어 흘러내렸다. 시자(侍者)들 또한 좌우에서 모두 땅바닥에 엎드려 통곡함으로써 황후가 동생과 만나는 비애의 분위기를 증가시켰다. 이리하여 광국에게 논밭, 그리고 집과 돈 등을 후하게 하사하였으며, 다른 두씨 형제들까지 봉하여 장안으로 집을 옮기게 하였다.

강후(絳侯), [51] 관장군(灌將軍) [52] 등이 이르기를 '우리들이 살아 있는 동안 우리들의 운명은 곧 이 두 사람의 손 안에 달려 있다. 그 두 사람은 출신이 미천하므로 그들을 위해서 스승이나 빈객(賓客)을 선택하지 않을 수 없다. 그렇지 않으면 또 여씨가 대사를 일으킨 것 [53]을 재현하게 될 것이다'라고 하였다. 이리하여 나이가 많고 너그럽고 관대한 학자 가운데서 양호하고 절조가 있으며 품행이 방정한 사람을 선택하여 그 둘과 함께 거

---

51) 絳侯 : 周勃, 劉邦을 따라 起兵하여, 劉邦이 천하를 평정하는 것을 보좌함으로써 劉邦의 두터운 신임을 받았으며 絳侯에 봉해졌다. 권57 「絳侯周勃世家」에 상세히 보인다.
52) 灌將軍(?-기원전 176년) : 灌嬰을 가리킨다. 漢나라 睢陽(지금의 河南省 商丘市 남쪽) 사람. 劉邦을 따라 천하를 평정하였으며 潁陰侯에 봉해졌다. 劉邦이 죽은 후 周勃, 陳平 등과 함께 呂氏들의 반란을 평정하였다.
53) 정권을 꾀한 것을 가리킨다.

하도록 하였다. 두장군과 소군은 이로부터 공손하고 겸손하며 양보하는 군자가 되었으며, 감히 존귀한 지위를 이용하여 다른 사람 면전에서 자만해하지 않았다.

두황후가 중병을 얻어서 두 눈이 실명되었다. 한편 문제는 한단(邯鄲) 신부인(愼夫人), 윤희(尹姬)를 총애하였으나 그녀들에게서는 모두 자식을 얻지 못하였다. 효문제가 서거하자 효경제(孝景帝)가 즉위하였으며, 그는 광국을 장무후(章武侯)[54]에 봉하였다. 두장군은 이전에 이미 죽었으므로 그의 아들 팽조(彭祖)를 남피후(南皮侯)[55]에 봉하였다. 오초칠국(吳楚七國)의 반란[56]이 일어났을 때, 두태후의 사촌 형제 두영(竇嬰)은 협사들과 교유하는 것을 좋아하였는데, 이번에 군대를 통솔하여 군공을 세움으로써 위기후(魏其侯)[57]에 봉해졌다. 두씨는 이로써 모두 세 사람이 후에 봉해졌다.

두태후는 황제(黃帝)와 노자(老子)[58]의 학설을 좋아하였으므로, 경제(景帝)와 태자 및 두씨의 외척들은 모두 황제, 노자의 책을 읽지 않을 수 없었으며 그 학술을 공경하여 받들었다.

두태후는 효경제보다 6년 늦게 서거하였는데[59] 문제와 패릉에 합장되었으며, 모든 동궁(東宮)[60]의 금전 재물을 장공주 표에게 주라는 조서를 남겨놓았다.

---

54) 章武는 옛 현 이름이다. 지금의 河北省 黃驊縣 북쪽. 廣國의 采邑이었다.
55) 南皮는 옛 현 이름이다. 지금의 河北省 南皮縣 동쪽. 彭祖의 采邑이었다.
56) 吳楚七國의 반란 : 漢나라 초기의 景帝 때에 吳楚 등 7국이 일으킨 반란을 가리킨다. 漢나라 초기에 高祖 劉邦은 吳, 楚, 膠西, 膠東, 淄川, 濟南, 趙 7국을 분봉하였고, 景帝 3년(기원전 154년)에 중앙집권을 공고히 하기 위하여 晁錯의 삭번정책을 받아들였고 제왕의 봉지를 삭탈하였으며, 吳王 鼻는 마침내 각국과 晁錯를 주살한다는 명목으로 연합하여 반란을 일으켰다. 3개월이 경과된 후 장군 周業夫에 의해서 평정되었다.
57) 魏其는 옛 현 이름이다. 지금의 山東省 臨沂縣. 竇嬰의 采邑이었다.
58) 黃帝, 老子 : 黃老, 道家의 言論을 가리킨다. 黃帝는 또 軒轅氏로 불린다. 『漢書』 「藝文志」에는 「黃帝銘」 6편과 「黃帝君臣」 10편 등은 모두 전국시대 때 이루어진 책이라고 기록되어 있다. 老子는 老聃을 말하는데, 그는 춘추시대 말기 楚나라 苦縣 사람이다. 『老子』 또는 『道德經』이라고 하는 5,000여 言이 전해져온다. 道家는 黃帝, 老子를 시조로 한다.
59) 이때는 漢 武帝 建元 6년(기원전 135년)이었다.
60) 여기서는 太后가 거처하던 궁을 말한다. 漢나라 때에 太后는 長東宮에 거하였는데, 未央宮 동쪽에 있으므로 太后를 東宮 또는 東朝라고 칭하였다.

왕태후(王太后)는 괴리(槐里)⁶¹⁾ 사람으로 어머니는 장아(藏兒)라고 부른다. 장아는 과거 연(燕)나라 왕인 장다(藏茶)⁶²⁾의 손녀이다. 장아는 괴리 사람인 왕중(王仲)에게 시집을 와서 신(信)이라고 부르는 아들과 두 명의 딸을 낳았다. 왕중이 죽자 장아는 장릉(長陵) 전씨(田氏)에게로 개가하였으며, 아들 전분(田蚡), 전승(田勝)을 낳았다. 장아의 큰딸은 김왕손(金王孫)에게 시집을 가서 딸을 하나 낳았다. 장아가 그녀의 자녀들을 위하여 점을 쳐보자 그녀의 두 딸이 모두 귀인이 될 수 있다는 점괘가 나왔다. 이 때문에 그녀는 두 딸을 기이하고 비범하게 키우고자 김씨 집안에서 딸을 빼앗아왔다. 김씨는 분노하여 이혼하지 않으려고 하였다. 장아는 곧 딸을 태자궁(太子宮)⁶³⁾으로 들여보냈으며, 태자는 그녀를 몹시 총애하여 세 딸과 아들 하나를 낳았다. 남자 아이를 잉태하였을 때 왕미인(王美人)은 태양이 그녀의 품속으로 들어오는 꿈을 꾸었다. 그녀는 이 일을 곧 태자에게 알리었으며 태자는 '이것은 크게 귀히 될 징조이다'라고 하였다. 왕미인이 아직 분만하지 않았는데 효문제가 서거하여, 곧 효경제가 즉위하였고 왕부인(王夫人)은 아들을 낳았다.

이 이전에 장아는 또 그녀의 막내딸 아후(兒姁)를 궁으로 들여보냈는데, 아후는 네 명의 아들⁶⁴⁾을 낳았다.

경제가 태자가 되었을 때 박태후는 박가(薄家)의 여자 한 명을 택하여 그에게 보내서 태자의 비(妃)가 되게 하였다. 경제가 즉위하자 이 비는 박황후(薄皇后)가 되었지만, 황후는 자식을 낳지 못하였으므로 총애를 받지 못하였다. 박태후가 서거하자 경제는 박황후를 폐하였다.

경제의 장남은 영(榮)이라고 부르며 그의 모친은 율희(栗姬)이다. 율희는 제(齊)나라 사람이다. 영은 태자가 되었다. 장공주 표에게는 딸이 하나 있었는데, 태자에게 보내서 비가 되게 하려고 하였다. 그런데 율희는 질투가 심하였다. 경제의 여러 미인들은 모두 장공주를 통하여 경제를 만났는데, 존귀와 총애를 받는 정도가 모두 율희를 뛰어넘었다. 그런데

61) 槐里 : 옛 현 이름. 지금의 陝西省 興縣 동남쪽.
62) 藏茶 : 燕나라 사람. 秦나라에 반항하는 의거에 참가하여 項羽로부터 趙나라를 구해준 공이 있어 燕王에 봉해졌다. 후에 漢나라에 항복하였으나, 漢 高祖 5년(기원전 202년) 반란을 일으켰으며 후에 전쟁에 패하고 포로로 잡혔다.
63) 太子는 漢 文帝의 아들, 즉 劉啓로 漢 景帝를 말한다.
64) 이들은 廣川王 越, 膠東王 寄, 淸河王 乘, 常山王 舜을 말한다.

율희는 원한이 날로 깊어져 장공주에게 사절을 표명하고 혼사에 응하지
않았다. 그러자 장공주는 딸을 왕부인의 아들에게 보내 비가 되게 하고자
하였는데, 이때 왕부인은 이에 응하였다. 장공주는 화가 나서 늘상 경제
의 면전에서 율희를 비방하기를 '율희는 여러 귀부인이나 총희(寵姬)들과
모임을 가지는데, 시자(侍者)에게 그들의 뒤에서 저주하며 욕하게 함으
로써 옳지 않은 행동을 합니다'라고 하였다. 경제는 이러한 이유 때문에
율희를 미워하였다.

경제는 늘 몸이 편안하지 않았기에 마음이 즐겁지 못하였다. 왕으로 봉
해진 아들들에 대해서 율희에게 부탁하기를 '내가 죽은 후에[65] 그들을 잘
돌보아주기를 바라오'라고 하였다. 율희는 화가 나서 대답을 하지 않았으
며 불손함을 나타냈다. 경제는 화가 나서 속으로 그녀를 몹시 증오하였지
만 드러내지는 않았다.

장공주는 날마다 왕부인의 아들이 미덕(美德)함이 있다고 칭찬하였으
며, 경제 또한 그가 매우 현능하며 또 이전에 왕부인이 태양이 가슴으로
들어오는 상서로운 징조의 꿈을 꾼 것까지 알고 있었다. 그러나 태자를
바꾸어 세운다는 생각은 아직 정하지 못하였다. 왕부인은 경제가 율희를
미워하는 것을 알고 곧 경제의 노기가 아직 가시지 않은 것을 이용하여
몰래 사람을 보내 대행(大行)[66]이 율희를 황후로 세우라는 청을 하도록
재촉하였다. 어느날 대행이 주청하는 일이 끝났을 때 이르기를 '아들은
어머니를 귀히 여기고 어머니는 자식을 귀히 여기는데,[67] 현재 태자의 모
친은 봉호가 없으니 마땅히 황후로 세우셔야만 합니다'라고 하였다. 그러
자 경제는 화를 내며 이르기를 '이것이 네가 마땅히 해야 할 말이냐?'라
고 하였다. 그리고는 마침내 대행을 죄를 물어 주살시켰으며, 태자를 폐
하여 임강왕(臨江王)이 되게 하였다. 이로써 율희는 더욱 원한이 깊어졌
으며 경제를 만날 수도 없었으므로 우울해하다가 죽었다. 마침내 왕부인
이 황후가 되었으며 그녀의 아들이 태자가 되었고, 황후의 오빠 신(信)은

---

65) 원문은 "百歲後"라고 되어 있는데, 옛 사람들은 인생을 다만 백세라고 생각하였
으므로 죽음을 諱稱하는 것이다.
66) 大行 : 원래 이름은 典客, 知客이었는데, 景帝 6년에 大行令으로 명칭을 바꾸었
다. 異邦 賓客을 접대하는 일을 담당한다.
67) 이것은 "子以母貴, 母以子貴"라는 말로서『春秋公羊傳』, 隱公 元年에 나오는 말
이다.

개후(蓋侯)[68]에 봉해졌다.

경제가 서거하자 태자가 이를 계승하여 황제가 되었다. 존황(尊皇) 태후(太后)의 모친인 장아는 평원군(平原君)[69]이 되었으며, 전분은 무안후(武安侯)[70]에 봉해졌고, 전승은 주양후(周陽侯)[71]가 되었다.

경제에게는 모두 13명의 아들이 있었는데, 그중 1명은 황제가 되었고, 12명은 모두 왕에 봉해졌다. 그리고 아후(兒姁)는 일찍 세상을 떠났지만 그녀의 네 아들은 모두 왕에 봉해졌다. 왕태후(王太后)의 장녀는 평양공주(平陽公主)[72]가 되었고, 차녀는 남궁공주(南宮公主)[73]가 되었으며, 삼녀는 임려공주(林慮公主)[74]가 되었다.

개후(蓋侯) 신(信)은 술 마시는 것을 좋아하였다. 전분, 전승은 매우 탐욕스러워 감언이설을 잘하였다. 왕중(王仲)은 일찍 죽었으며 괴리에 묻혔다. 이때 공후(共侯)[75]라는 존호(尊號)가 추서되었으며, 200호를 뽑아서 그의 원읍(園邑)으로 삼았다. 평원군이 세상을 떠나자 전씨(田氏)와 장릉(長陵)에 합장되었으며, 능원을 세우는 것은 공후의 법도와 같게 하였다. 왕태후는 효경제보다 16년 늦은 원삭(元朔) 4년[76]에 서거하였는데, 경제와 양릉(陽陵)[77]에 합장되었다. 왕태후의 집안에서는 모두 세 사람이 후가 되었다.

위황후(衞皇后)의 자는 자부(子夫)인데 그의 출신은 미천하다. 그녀의 가호(家號)는 위씨(衞氏)[78]로 평양후(平陽侯)[79]의 영읍(領邑) 사람이다.

---

68) 蓋는 현 이름이다. 지금의 山東省 沂水縣 서북쪽에 있으며, 王信의 采邑이다.
69) 平原은 현 이름이다. 지금의 山東省 平原縣 남쪽에 있다.
70) 武安은 漢나라의 현 이름이다. 지금의 河北省 武安縣. 田蚡의 采邑이다.
71) 周陽은 현 이름이다. 지금의 山西省 聞喜縣 동북쪽.
72) 平陽은 현 이름이다. 옛 성은 지금의 山西省 臨汾市 서남쪽에 있다.
73) 南宮은 현 이름이다. 옛 성은 河北省 南宮縣 서북쪽에 있다.
74) 林慮는 현 이름이다. 옛 성은 지금의 河南省 林縣에 있다. 원래 이름은 '隆慮'였으나, 후에 東漢 殤帝의 諱를 피하기 위하여 '林慮'로 改名하였다.
75) '共'은 '恭'과 통하는데 이것은 諡號에 사용되었다.
76) 元朔 4년: 기원전 125년이다. 元朔은 漢 武帝(재위 기간: 기원전 128-기원전 123년)의 연호이다.
77) 陽陵: 西漢 五陵의 하나. 원래는 弋陽縣이었으나, 漢 景帝 5년에 여기에다 陽陵을 축조하고 아울러 현의 이름도 바꾸었다. 감영은 지금의 陝西省 高陵縣 서남쪽에 있다.
78) 권111 「衞將軍驃騎列傳」에 의하면 衞靑의 부친의 원래 성은 鄭이고, 이름은 季였

자부는 원래 평양공주[80]의 가희(歌姬)였다. 무제(武帝)[81]는 처음 즉위하여 여러 해 동안 자식이 없었다. 평양공주는 양가(良家)의 여자 10여 명을 물색하여 화장을 시켜 집안에 배치해두었다. 무제가 패상(霸上)[82]에서 불계(祓禊)[83]를 끝내고 돌아올 때 길에서 평양공주를 만났다. 공주는 시중을 드는 미인들을 받쳤으나 무제는 모두 좋아하지 않았다. 술을 마신 후 가희가 들어와 노래를 하였는데, 무제가 이를 바라보더니 위자부(衛子夫) 한 사람만을 좋아하였다. 이날 무제가 자리에서 일어나 옷을 갈아입자 자부가 시중을 받들었는데, 경의실(更衣室)에서 총애를 받았다. 무제는 원래의 자리로 돌아왔는데 기분이 매우 좋았으므로, 평양공주에게 금 1,000근(斤)을 하사하였다. 공주는 이 기회를 이용하여 위자부를 입궁시키라고 주청하였다. 자부(子夫)가 가마에 오를 때 평양공주는 그녀의 등어리를 어루만지면서 이르기를 '가거라. 몸조심하고 위로 올라가도록 노력하라! 만약 존귀하게 된다면 나를 잊지 말아라'라고 하였다. 자부가 입궁한 지 1년여가 되었지만 마침내 더 이상은 무제와 동침하지 못하였다. 무제는 그런 중용되지 못한 궁인들을 골라서 궁에서 내보내 집으로 돌려보냈다. 위자부는 무제를 볼 기회가 있자 눈물을 흘리면서 출궁(出宮)을 간청하였다. 무제는 그녀를 매우 가련히 여겨 다시 동침을 하였으며, 마침내 자부는 잉태하였는데, 이로써 존귀와 총애가 날로 더하여갔다. 무제는 그녀의 오빠 위장군(衛長君), 동생 위청(衛青)을 불러들여 시중(侍中)[84]이 되게 하였다. 그리고 위자부는 후에 늘상 무제와 동침을

는데, 그는 平陽侯의 領邑에서 일을 하였다. 그가 平陽侯의 婢女인 衛媼과 私通하여 靑을 낳았으므로 그래서 衛氏인 체하였다.

79) 平陽侯 : 曹壽를 말한다. 漢 高祖의 功臣인 曹參의 증손이다.

80) 平陽公主 : 平陽侯 曹壽의 아내. 陽信의 長公主.

81) 武帝 : 劉徹의 諡號. 司馬遷이 『史記』를 지을 때는 오히려 武帝라는 칭호가 없었으므로 그는 일반적으로 다만 '上' 또는 '今上'이라고만 불렸다. 여기에서의 '武帝'라는 칭호 및 원문의 "武帝初卽位"라는 말은 당연히 후세 사람이 追敍한 것이다.

82) 霸上 : 옛 지명. 霸上 또는 霸頭라고도 쓴다. 그 지역이 霸水 서쪽의 高原 위에 있으므로 인해서 붙여진 이름으로 지금의 陝西省 西安市 동쪽에 있었다. 이곳은 고대의 咸陽, 長安 부근의 군사요지이다.

83) 祓禊 : 고대에 재앙을 물리치고 복을 기원하기 위하여 거행하였던 일종의 제사로 '祓除'라고도 한다. 시간, 지점, 방식 등이 각기 다른 데가 있지만 통상적으로 연초에 종묘나 단에서 거행하며 더욱이 음력 삼월 上巳日에 물가에서 거행하는 것이 가장 유행하였다.

84) 侍中 : 관직 이름. 列侯로부터 郞中까지의 官으로 정원이 없으며 좌우에서 황제의

하는 커다란 총애를 받았으며 모두 세 명의 딸[85]과 한 명의 아들을 낳았다. 아들의 이름은 거(據)이다.

당초에 무제가 태자가 되었을 때 장공주(長公主)의 딸을 취하여 비가 되게 하였다. 그가 황제로 즉위하자 비는 황후가 되었으나, 성이 진씨(陳氏)인 그녀는 자식을 낳지 못하였다. 무제는 황위 계승자가 될 수 있었으므로 대장공주(大長公主)[86]는 적지 않은 힘을 가지게 되었다. 이러한 까닭으로 진황후(陳皇后)[87]는 교만하고 거만하였다. 그녀는 위자부가 커다란 총애를 받는다는 것을 듣고 마음속으로 분노를 느꼈으며 화가 나서 거의 죽을 뻔한 것이 여러 차례였다. 무제는 더욱더 노하였다. 진황후는 몰래 여자를 시켜 저주하게 하였는데 그 일은 발각이 되었다.[88] 이리하여 진황후는 폐출되었고 위자부가 황후가 되었다.

진황후의 모친 대장공주는 경제의 누이였는데, 무제의 누이인 평양공주를 여러 차례 책망하기를 '황제는 내가 아니었다면 그 자리에 설 수가 없었는데 즉위한 지 얼마 되지 않아 내 딸을 버렸으니 자애(自愛)를 알지 못하고 본분을 망각하는 것입니다!'라고 하였다. 이에 대해서 평양공주는 '자식이 없는 이유 때문에 폐출된 것입니다!'라고 하였다. 진황후는 아들을 낳으려고 모두 9,000만이나 되는 의약비를 썼지만 끝내 자식을 낳지 못하였다.

위자부는 이미 황후가 되었다. 이 이전에 위장군(衛長君)이 죽었으므로 위청이 장군(將軍)이 되었다. 그는 호족(胡族)[89]을 물리친 공적이 있어 장평후(長平侯)[90]에 봉해졌다. 위청의 아들 중 세 명은 아직 강보(襁褓)에 있었는데 모두 열후(列侯)[91]에 봉해졌다. 이른바 위황후의 언니는

시중을 들며 宮亭을 출입하였다.
85) 세 명의 딸은 諸邑, 石邑 및 衛長公主(후에 當利公主에 봉해졌다)를 말한다.
86) 大長公主 : 陳皇后의 모친 漢 景帝의 누이 長公主는 武帝보다 한 살이 더 많으므로 높여서 大長公主라고 칭하였다.
87) 이름은 阿嬌이다.
88) 陳皇后는 楚服에게 衛子夫를 저주하는 말을 하게 하였는데, 나중에 이 일이 발각되어 陳皇后는 長門宮으로 쫓겨났으며 楚服은 효수를 당하였고, 300여 명이 주살당하였다.
89) 胡族 : 중국 고대 서북부 민족을 통칭하는 말. 秦漢 때에는 匈奴를 가리킨다.
90) 長平은 현 이름이다. 西漢 때 설치하였다. 지금의 河南省 西華縣 동북쪽.
91) 秦나라는 작위를 20등급으로 분류하였는데 徹侯가 가장 높았다. 漢나라가 秦나라의 제도를 계승하였는데, 漢 武帝의 徹諱를 피하기 위하여 通侯로 칭하였다. 그러므

위소아(衛少兒)를 말한다. 소아(少兒)는 아들 곽거병(霍去病)[92]을 낳았다. 그는 군공(軍功)이 있음으로 관군후(冠軍侯)[93]에 봉해져 표기장군(驃騎將軍)[94]이라고 불렸으며, 위청은 대장군(大將軍)[95]으로 불렸다. 위황후의 아들 거(據)[96]는 태자로 세워졌다. 위씨(衛氏) 종족은 군공으로 집안이 일어나 다섯 사람이 후에 봉해졌다.[97]

위황후의 얼굴이 노쇠해지자 조(趙)나라 왕부인(王夫人)이 총애를 받았다. 그녀에게는 아들이 하나 있었는데 그는 제왕(齊王)[98]에 봉해졌다.

왕부인은 일찍 세상을 떠났으며 중산국(中山國) 이부인(李夫人)[99]이 총애를 받았다. 그녀에게도 아들이 하나 있었는데 그는 창읍왕(昌邑王)[100]에 봉해졌다.

이부인도 일찍 세상을 떠났다. 그녀의 오빠 이연년(李延年)은 음률에 정통함으로 총애를 받았으며 협률(協律)[101]이 되었다. 협률이라는 관직은 과거에는 예인(藝人)이었다. 그들 형제는 모두 음란함을 범한 후 궁죄(宮罪)로 다스려져 멸족을 당하였다.[102] 이때에 마침 그의 맏형 이광리

로 列侯는 즉 徹侯, 通侯이다.

92) 霍去病(기원전 140-기원전 117년) : 西漢의 名將. 河東 平陽(지금의 山西省 臨汾市 서남쪽) 사람. 元狩 2년(기원전 121년) 匈奴族을 두 차례 대파하고 河西 지역을 장악하여 西域으로 통하는 길을 개척하였다. 元狩 4년 衛靑과 함께 匈奴의 주력부대를 공격하여 대파하였다. 漢 武帝는 그를 위해서 府弟를 건축하였는데, 그는 거절하며 이르기를 "匈奴를 아직 멸하지 않았는데, 집을 지을 수 없다(匈奴未滅, 無以家爲)"라고 하였다. 그는 전후 여섯 차례 匈奴를 공격하러 출격하였는데, 이러한 공으로 인해서 驃騎將軍에 봉해졌으며 軍侯가 되었다.

93) 冠軍은 옛 현 이름이다. 漢 元朔 6년에 설치하였다. 霍去病이 공을 세워 여기에서 冠軍侯에 봉해졌으므로 이런 이름이 되었다. 지금의 河南省 鄧縣 서북쪽.

94) 驃騎將軍 : 장군의 名號. 漢 武帝가 霍去病을 이것으로 삼은 데에서 시작되었다. 녹봉은 大將軍과 같다.

95) 大將軍 : 전국시대 때 처음으로 시작된 것으로 장군의 최고 칭호이다. 征討에 파견되는 군의 총대장이다.

96) 據 : 劉據를 말한다. 衛皇后에게서 태어났으므로 衛太子로 불린다. 후에 무고와 박해를 받다가 난으로 죽었다. 시호가 戾인 까닭으로 戾太子라고도 불린다.

97) 衛靑은 侯였고, 큰아들은 侯世子와 侍中이었으며, 나머지 세 아들도 모두 侯가 되었다.

98) 齊王 : 齊 懷王을 가리킨다. 이름은 閎이다.

99) 李夫人 : 李姬를 가리킨다.

100) 昌邑王 : 昌邑哀王으로 이름은 髆이다. 髆이 죽자 그의 아들 賀가 계승하여 昌邑王이 되었다. 그의 봉지인 昌邑은 지금의 山東省 金鄕縣 서북쪽이다.

101) 協律 : 協律郎으로 음악을 관장하는 관리이다. 漢 武帝는 李延年이 新聲에 뛰어났으므로 協律都尉를 설치하였다.

(李廣利)는 이사장군(貳師將軍)[103]으로 병사들을 이끌고 대완(大宛)[104]을 토벌하러 갔으므로 죽음을 면하였다. 그가 돌아왔으나 무제는 이미 이씨를 멸족시켰으며, 후에 그의 일가를 가련히 여겨 그를 해서후(海西侯)[105]에 봉하였다.

다른 희비(姬妃)가 낳은 두 명의 아들은 연왕(燕王),[106] 광릉왕(廣陵王)[107]에 봉해졌다. 그들의 모친은 총애를 받지 못하였으므로 이 때문에 우울해하다가 죽었다.

이부인이 세상을 떠나자 윤첩여(尹婕妤)[108]의 무리가 계속하여 총애를 받았다. 그러나 그녀들은 모두 노래하는 예인으로 여러 사람이 있는 곳에 나타나는 사람들로서, 왕후가 봉지를 소유한 집안의 규수가 아니었다. 이로 인해서 황상지존(皇上至尊)의 배필이 될 자격이 없었다."

저선생(褚先生)[109]은 말하였다.

"내가 낭(郞)[110]이었을 때 일찍이 한가(漢家)의 고사(故事)[111]를 모두 알고 있는 종리생(鍾離生)[112]에게 물은 적이 있다. 그는 말하였다. 왕태후(王太后)는 입궁하기 전 민간에서 딸을 하나 낳았는데 그 아이의 아버지는 김왕손(金王孫)이었다. 왕손은 이미 죽었고, 경제(景帝)가 서거한

---

102) 李延年의 동생 李季因은 궁중을 출입하다 궁인과 음란한 행동을 함으로써 그 형제 종족은 멸족을 당하였다.

103) 貳師將軍：漢 武帝 때 설치한 벼슬 이름. 貳師는 본래 당시 大宛國의 지명이었으나, 太初 元年(기원전 104년) 武帝가 李廣利를 그곳에 보내 良馬를 탈취하였는데, 이로 인해서 貳師의 이름을 사용하여 장군의 호로 삼았으며 이 명칭을 李廣利에게 주었다.

104) 大宛：옛 西域의 나라 이름. 漢 武帝 태초 3년(기원전 102년)에 漢나라에 항복하였다.

105) 海西侯：李廣利가 大宛을 정벌하였는데, 나라가 西海 근처에 있었으므로 海西侯라고 한다.

106) 燕王：이름은 旦이다. 李姬에게서 태어났다. 昭帝 元鳳 元年(기원전 80년)에 上官桀, 桑弘羊 등과 모반을 하다가 발각이 되어 자살하였다.

107) 廣陵王：廣陵 屬王으로 이름은 胥이다. 李姬에게서 태어났다. 음란함으로 인해서 宣帝 초에 자살하였다.

108) 婕妤는 '婕仔'라고도 쓴다. 漢나라 때의 여자 관직 이름. 帝王 妃嬪의 칭호.

109) 褚先生：褚少孫을 가리킨다. 권48 「陳涉世家」의 〈주 111〉 참조.

110) 郞：황제의 侍從官인 侍郞, 中郞, 郞中의 총칭이다.

111) 故事：舊事를 말한다.

112) 鍾離生：鍾離는 성이고 生은 儒生에 대한 존칭이다.

후 무제(武帝)가 황위를 계승하였으며, 왕태후는 아직 살아 있었다. 한
왕손(韓王孫)¹¹³⁾의 이름은 언(嫣)으로 평소에 무제의 신임을 받았는데,
그는 기회를 타서 태후에게 장릉(長陵)에 딸이 하나 있다고 알려주었다.
무제는 '어째서 일찍 말하지 않았느냐!'라고 하였다. 곧 사람을 보내 먼
저 살펴보니 과연 그 집에 살고 있었다. 무제는 친히 그녀를 맞이하러 갔
다. 거리의 통행을 금하는 명령을 내렸으며, 앞에는 기병이 기치를 앞세
우고 횡성문(橫城門)¹¹⁴⁾을 나갔고 무제의 어거(御車)가 뒤이어서 장릉으
로 달려갔다. 골목길에서 마을로 들어섰는데 마을의 문이 닫혀 있었으므
로 세차게 문을 열었다. 황제의 어거가 곧장 마을로 들어섰으며 김씨 집
문 밖에서 멈추어섰다. 무제는 기병들에게 김씨의 집 주위를 포위하게 하
였는데, 이는 그녀가 도망가는 것을 방지하기 위해서였으며, 친히 갔는데
도 만날 수 없을까 걱정이 되었기 때문이다. 좌우의 신하들에게 집으로
들어가 그녀를 찾으라고 하였다. 집안의 사람들은 두려워하였으며, 여인
은 도망쳐 내실의 침대 아래에 숨었다. 신하들이 그녀를 부축해 문을 나
왔으며 황상(皇上)을 배알하게 하였다. 무제는 수레에서 내려 흐느끼며
'아이구야! 큰누님. 어찌하여 이같이 깊은 곳에 숨어 있었소이까?'라고
하였다. 부거(副車)¹¹⁵⁾에 그녀를 태우고서 수레 머리를 돌려 궁성으로 돌
아가되 곧장 장락궁(長樂宮)으로 들어가라고 하였다. 궁문 간수에게 궁
문 통행 증서를 다 써놓으라고 명령하였으므로 곧장 궁궐에 이르러 태후
를 배알할 수 있었다. 태후가 '황제의 누를 끼치는 것이 되었구려. 어디
에서 오는 것입니까?'라고 물었다. 무제가 '지금 장릉에 가서 누이를 만
났으며 함께 돌아오는 것입니다'라고 하였다. 무제가 고개를 돌려 그의
누이에게 '태후를 알현하십시오!'라고 하였다. 태후가 '정말 나의 그 딸
이더냐?'라고 묻자 '그렇습니다'라고 대답하였다. 태후는 흑흑 흐느껴 울
었으며, 딸 또한 땅바닥에 엎드려 흑흑 흐느꼈다. 무제는 술을 받들고 앞
으로 나와서 태후를 위하여 축수(祝壽)를 하였으며, 돈 1,000만, 노비
300여 명, 논밭 100경(頃)¹¹⁶⁾을 내놓았으며, 또 상등(上等)의 저택을 누

---

113) 韓王孫:韓嫣을 가리킨다. 자가 王孫이다. 弓高侯 韓頹의 손자. 궁중 출입이 금
　　지되지 않았으므로 궁인들과 통간을 하다가 太后에 의해서 사약이 내려졌다.
114) 橫城門:長安 北面 西頭門을 말한다.
115) 副車:고대 제왕이 외출할 때의 從車.
116) 頃:논밭의 면적 단위. 1頃은 100畝, 즉 2만 여 평이다.

이에게 하사하였다. 태후는 감사하여 이르기를 '황제에게 돈을 너무 많이 쓰게 하는구려'라고 하였다. 이리하여 평양공주(平陽公主), 남궁공주(南宮公主), 임려공주(林慮公主) 세 사람[117]을 모두 불러 언니를 배알하게 하였으며, 그녀를 수성군(修成君)에 봉하였다. 수성군에게는 아들 하나와 딸이 하나 있었다. 아들은 수성자중(修成子仲)으로 불렸고, 딸은 제후왕(諸侯王)의 왕후(王侯)[118]가 되었다. 이 두 사람은 유씨(劉氏) 성이 아니므로 태후는 그들을 불쌍히 여겼다. 수성자중은 교활하고 방자하여 관리와 백성을 괴롭혔으므로 사람들은 모두 그를 싫어하고 두려워하였다.

위자부(衛子夫)가 황후가 될 때 그녀의 동생 위청(衛靑)은 자가 중경(仲卿)인데 대장군의 신분으로서 장평후에 봉해졌다. 그에게는 네 명의 아들이 있었는데, 큰아들 항(伉)은 후세자(侯世子)[119]가 되었다. 후세자는 시중(侍中)에 임명되었으므로 존귀와 총애를 받았다. 그의 세 동생들은 모두 후(侯)에 봉해졌는데, 각각에게는 식읍(食邑)[120] 1,300호(戶)가 주어졌다. 한 사람은 음안후(陰安侯)[121]로, 한 사람은 발간후(發干侯)[122]로, 한 사람은 의춘후(宜春侯)[123]로 불렸는데, 그 존영(尊榮)함은 천하를 진동하였다. 세상에는 '아들을 낳았다고 기뻐하지 말고, 딸을 낳았다고 슬퍼하지 말아라. 다만 위자부(衛子夫)가 천하를 제패함을 보지 못하였더냐'라고 하는 가요 한 수(首)가 유행되었다.

이때 평양공주는 남편이 병으로 인해 경성을 떠나 봉국(封國)으로 갔기 때문에 홀로 지내고 있었으므로[124] 마땅히 열후(列侯)를 한 명 택하여 그녀에게 짝을 지어주어야만 하였다. 공주는 좌우의 사람과 장안성에서 어떤 열후가 남편이 될 수 있는가를 상의하였는데, 모두 대장군이 좋다고 말하였다. 공주는 웃으면서 '이 사람은 우리집에서 나왔으며 그에게 기병

---

117) 平陽, 南宮, 林慮 세 공주는 모두 景帝의 딸로서 王皇后가 낳았다.
118) 사실은 淮南王 劉安의 太子妃였다.
119) 侯世子 : 고대 제후의 장자를 가리킨다.
120) 食邑 : 功臣에게 論功行賞으로 주는 領地를 말한다. 그 조세를 받아 생활하게 하였다. 采邑이라고도 한다.
121) 陰安은 漢나라의 제후국 이름이다. 지금의 河南省 淸豐縣.
122) 發干은 漢나라의 현 이름이다. 지금의 山東省 聊城縣.
123) 宜春은 漢나라의 제후국 이름이다. 지금의 河南省 汝南縣.
124) 이때 平陽公主의 남편 平陽侯 曹壽는 惡疾이 들어서 封國에 있었으므로 平陽公主는 京城에서 홀로 있었다.

이 되어 나를 호위하고 따라다니게끔 하였는데, 어떻게 그를 남편으로 삼을 수 있겠는가?'라고 하였다. 좌우의 시어(侍御)[125]가 '현재 대장군의 누이는 황후이고 세 아들은 모두 후(侯)로서 부귀함이 천하를 진동시킵니다. 그런데 공주께서는 어찌하여 사람을 멸시하십니까?'라고 하였다. 이리하여 공주는 비로소 이 혼사를 허락하였다. 이 일은 황후에게 알려졌고 무제에게 보고되었으며, 위장군(衛將軍)은 평양공주를 맞이하라는 조서가 내려졌다."

저선생은 말하였다.

"남편은 용과 같이 변화하는구나. 『좌전(左傳)』에 이르기를 '뱀이 변하여 용이 되는데, 그것의 무늬는 변하지 않는다. 가주(家主)에서 국주(國主)가 되었지만 그 성씨(姓氏)는 변하지 않는다'라고 하였다. 남편이 부귀할 때에는 온갖 결함이 모두 가려져 영화(榮華)만이 빛나지만, 빈천할 때에는 조그만 어려운 일이라도 어떻게 그때의 권력과 지위에 연루시킬 수 있겠는가!

무제는 부인 윤첩여를 총애하였다. 또 형부인(邢夫人)은 형아(娙娥)[126]라고 하였으므로 사람들은 그녀를 '형하(娙何)'라고 불렀다. 형하의 품급(品級)은 중이천석(中二千石)[127]에 상당하며, 용화(容華)[128]의 품급은 2,000석(二千石)[129]에 상당하며, 윤첩여의 품급은 열후에 상당한다. 일반적으로 첩여 중에서 황후를 선발하였다.

윤부인은 형부인과 동시에 총애를 받았는데, 무제는 그녀 둘이 만나서는 안 된다는 조서를 내렸다. 윤부인은 친히 가서 무제에게 형부인을 만나보기를 희망한다고 간청하자 무제는 그녀에게 응답하였다. 곧 다른 부인에게 분장을 시켜 시종을 드는 수십명에게 형부인을 모시고 앞으로 나오게 하였다. 윤부인은 앞으로 나와 그녀를 보더니 '이 사람은 형부인 본

---

125)　侍御 : 황제의 측근에서 수레를 侍從하는 관리.

126)　娙은 여자 키의 아름다움이고, 娥는 미모를 가리킨다. 『漢舊儀』에는 娙娥의 品級은 將軍, 御史大夫와 비교된다고 하였다.

127)　中二千石 : 漢나라 관리제도는 봉록의 많고 적음에 따라 등급을 나누었다. 이것은 월봉 180斛谷에 해당된다.

128)　容華 : 漢나라 때의 여자의 관직 이름.

129)　二千石 : 漢나라 때 郡守의 봉록이 2,000石이었으므로 郡守를 통칭하는 말이 되었다.

인이 아니옵니다'라고 하였다. 무제가 '어떤 근거로 그와 같이 말하오?'라고 하자 윤부인이 대답하기를 '그녀의 용모와 자태를 보건대 군주의 배필이 되기에는 부족합니다'라고 하였다. 이리하여 무제는 형부인에게 원래 입었던 옷을 입고서 혼자 앞으로 걸어나오라고 하였다. 윤부인은 멀리서 그녀를 바라보면서 이르기를 '이제야 정말이로구나'라고 하였다. 그리고는 고개를 숙이고 흑흑 흐느끼며 눈물을 흘렸으며, 자신이 남보다 못함을 비통해하였다. 속담에 이르기를 '미녀가 방 안에 들어가면 추녀의 원수가 된다'라고 하였다."

저선생은 말하였다.

"목욕을 하는 데 반드시 강이나 바다에 가서 해야 되는 것은 아니지만 다만 오물을 씻을 수는 있어야 한다. 말은 반드시 준마를 쓸 필요는 없지만 다만 잘 달릴 수 있어야 한다. 독서인은 반드시 세상 사람보다 현명할 필요는 없지만 다만 도리를 알아야만 한다. 여자는 반드시 귀한 집안 출신이어야 할 필요는 없지만 다만 절개가 곧고 착해야만 한다.

『좌전』에서 말하였다. '여자는 미추에 관계없이 일단 궁실에 들어가기만 하면 질투를 받는다. 독서인은 현능과 천박에 관계없이 일단 조정에 들어가기만 하면 시기를 받는다.' 아름다운 여인이 추녀의 원수인 것이 어찌 이와 같은 것이 아니겠는가!

구익부인(鉤弋夫人)[130]은 성이 조씨(趙氏)이며 하간(河間) 사람이다. 그녀는 무제의 총애를 받아 아들 하나를 낳았는데, 그가 바로 소제(昭帝)이다. 무제가 70세 때에 비로소 소제가 태어났으며, 소제가 제위에 올랐을 때에는 나이가 겨우 5세[131]였다.

위태자(衛太子)는 폐출당한 후 더 이상은 태자로 있지 못하였다. 연왕(燕王) 단(旦)[132]이 상서를 올려 국도(國都)로 돌아가 입궁하여 보위를

---

130) 趙夫人은 鉤弋宮에 거하였으므로 '鉤弋夫人'이라고 불렸다.
131) 漢 武帝는 17세에 즉위하여 54년 동안 재위하였다. 武帝가 71세 때 昭帝는 8세로 즉위하였다. 따라서 여기에서 말한 "武帝七十生昭帝, 昭帝五歲立"은 잘못된 것이다.
132) 燕王 旦 : 武帝의 셋째 아들. 태자는 병사들이 패한 후 자살하였고, 둘째 齊王 閎 또한 일찍 죽었으므로 旦은 스스로 순서에 의해서 태자로 세워져야 한다고 생각하였다. 앞의 〈주 106〉 참조.

담당하기를 원한다고 표명하였다. 무제는 몹시 화가 나서 즉각 사자를 북궐(北闕)[133]로 보내서 그를 참형에 처하였다.

무제는 감천궁(甘泉宮)에 살았는데, 화공(畵工)을 불러 주공(周公)이 성왕(成王)을 업은 그림을 그리도록 하였다. 이리하여 좌우의 군신들은 무제가 작은아들을 태자로 옹립하려는 것을 알았다. 며칠이 지나자 무제는 구익부인을 책망하였다. 부인은 비녀와 장식들을 뽑아버리고 머리를 조아리며 용서를 구하였다. 무제는 '끌어내서 액정옥(掖庭獄)[134]으로 보내라!'라고 명령하였다. 부인이 머리를 돌려 무제를 바라보자 무제는 '빨리 가거라, 너는 더 이상 살 수가 없다!'라고 하였다. 부인은 운양궁(雲陽宮)에서 죽었다. 그때 광풍이 먼지를 일으켰으며, 백성들 또한 애상함을 느꼈다. 사자(使者)가 밤에 관재(棺材)를 가지고 가서 그녀를 묻어주었으며 분묘 위에 표지를 해두었다.

후에 무제가 한가하여 일이 없을 때 좌우의 사람들에게 '사람들이 무엇을 말하느냐?'라고 묻자, 좌우의 사람들이 '사람들은 그녀의 아들을 세우려고 하면서 어째서 그녀의 모친을 제거해야만 했느냐?'라고 말한다고 하였다. 무제가 '그럴 것이다. 이러한 것은 소인배나 우인(愚人)들이 이해할 수 있는 바가 아니다. 자고 이래로 국가에 난동이 있었던 까닭은 황제의 젊은 어미가 혈기왕성한 나이였기 때문이다. 황후가 독단적이며 교만 방자하고 음탕하기 이를 데 없으면 이를 말릴 수 있는 사람이 없다. 너희들은 여후(呂后)를 들어보지도 못하였느냐?'라고 하였다. 그래서 무릇 무제를 위하여 아이를 낳은 비빈은 남자를 낳든 여자를 낳든 관계없이 그들의 모친은 문책당하여 죽음에 이르지 않을 수 없었는데, 이것이 어찌 현성지주(賢聖之主)가 아니라고 말할 수 있겠느냐? 현명하고 탁월한 식견은 사후에 국가의 운명을 위한 계산인 것으로, 이것은 확실히 천문(淺聞)하고 이루(耳陋)한 멍청한 유생들이 이해할 수 있는 바가 아니다. 그는 '무(武)'라는 시호를 가졌는데, 설마 유명무실한 것이겠는가?"

---

133) 北闕 : 고대 궁전의 북쪽에 있는 門樓. 신하 등이 朝見하거나 상서를 올리는 곳이다.
134) 掖庭獄 : 궁중의 관서 이름. 죄 있는 妃嬪이나 궁녀를 가두던 곳이다.

권50 「초원왕세가(楚元王世家)」 제20

초 원왕(楚元王) 유교(劉交)는 한 고조(漢高祖)의 친동생[1]으로 자는 유(游)이다.

한 고조의 형제는 네 명이었는데, 맏형은 유백(劉伯)으로 요절하였다. 당초 고조가 미천한 신분일 때, 한번은 모종의 일 때문에 몸을 피하고자 자주 손님들과 큰형수의 집에서 밥을 먹었다. 형수는 그를 싫어하여, 그가 손님들과 함께 오면 거짓으로 밥과 국을 다 먹은 체하였으며, 주걱으로 솥을 긁었고, 그것 때문에 손님들은 중간에 돌아가곤 하였다. 손님들이 돌아간 후, 그는 솥에 아직 국이 남아 있는 것을 보았고, 이 일로 인해서 그는 형수에 대하여 원망을 품게 되었다. 그후 그는 황제가 되었고, 형제들을 제후로 삼아 봉지를 주었는데, 유독 큰형의 아들에게만은 그러지 않았다. 태상황(太上皇)[2]이 그 일을 말하자, 고조는 "제가 조카를 봉하는 것을 잊은 것이 아니라, 그의 어미가 후덕하지 못하기 때문입니다"라고 말하였다. 그리고 나서 곧 그녀의 아들인 조카 신(信)을 갱힐후(羹頡侯)[3]로 봉하였다. 그리고 둘째형 유중(劉仲)[4]을 대(代)[5]의 왕으로 봉하였다.

한 고조 6년(기원전 201년), 초왕(楚王) 한신(韓信)을 진현(陳縣)에서

---

1) 원문은 "同母幼弟"이다. 즉 어머니가 같은 동생으로 되어 있으나, 班固의 『漢書』에는 "同父少弟"라고 하여, 아버지만 같은(즉 어머니가 다른) 이복 동생으로 되어 있다.

2) 太上皇: 황제의 부친.

3) 羹頡侯: 국이 다 말랐다는 뜻으로, 劉邦이 그의 형수를 원망하여 조카에게 내린 봉호이다. 羹頡은 또 명산으로 지금의 河北省 懷來縣에 있다.

4) 劉仲: 仲은 字, 이름은 喜이며 漢 高祖 劉邦의 둘째 형이다. 그의 아들 劉濞가 후에 吳王으로 봉해졌다.

5) 代: 漢의 제후국으로 지금의 河北省 경계에 있었다. 雲中, 匯門, 代 3개의 郡, 53개 縣을 설치하였으며, 지금의 河北省 蔚縣에 도읍하였다. 漢 高祖 11년(기원전 196년) 陳豨의 반란을 평정하고 나서 아들인 劉恒(후의 漢 文帝)을 代王으로 봉하였는데, 中都(지금의 山西省 平遙縣 서북쪽)에 도읍하였다.

500

체포하였고, 동생 유교를 초왕으로 삼았으며, 팽성(彭城)[6]에 도읍하게 하였다. 유교는 재위 23년 만에 죽었고, 아들인 이왕(夷王) 유영(劉郢)[7]이 왕위를 계승하였다. 유영은 재위 4년 만에 죽었고, 아들인 유무(劉戊)가 왕위를 계승하였다.

초왕 유무가 왕이 되고 20년이 흐른 겨울, 유무는 박태후(薄太后)[8]의 복상(服喪) 때에, 사간(私奸)[9]의 죄로 인하여 동해군(東海郡)[10]을 빼앗겼다. 이듬해 봄, 유무는 오왕(吳王) 유비(劉濞)[11]와 연합하여 반란을 일으켰다. 그는 재상인 장상(張尙)과 태부(太傅)인 조이오(趙夷吾)가 간언하였으나 듣지 않고 즉시 장상과 조이오를 죽였고, 오왕과 함께 병사를 일으켜 서쪽으로 양(梁)[12]을 침공하여 극벽(棘壁)[13]을 격파하였던 것이다. 창읍(昌邑)[14]의 남쪽에 이르러, 한(漢)나라의 장수 주아부(周亞夫)[15]와 접전하였다. 한나라는 오(吳)나라와 초(楚)나라의 군량보급로를 차단하였고, 오나라와 초나라의 군사는 기아에 허덕였다. 오왕은 도망하였고, 초왕은 자결하였으며, 마침내 군사들은 한나라에 투항하였다.

6) 彭城 : 현 이름. 지금의 江蘇省 徐州市. 권45 「韓世家」의 〈주 20〉 참조.
7) 班固의 『漢書』에는 "劉郢客"으로 되어 있다.
8) 薄太后 : 高祖 劉邦의 後宮, 文帝의 모친.
9) 私奸 : 服喪 중에 宮女와 정을 통하는 것을 이른다. 당시의 禮制規定에 따르면 服喪中에는 남녀의 혼숙이 금지되었다.
10) 東海郡 : 도읍지는 지금의 山東省 郯城縣 북쪽이었고, 관할지역은 지금의 山東省 費縣, 臨沂, 江蘇省 贛楡 이남과 山東省 棗莊市, 江蘇省 邳縣 이동과 江蘇省 宿遷, 灌南 이북 지역이었다. 권48 「陳涉世家」의 〈주 82〉 참조.
11) 吳王 劉濞(기원전 215-기원전 154년) : 高祖 劉邦의 둘째형 劉仲의 아들. 吳王에 봉해졌다. 영지는 會稽郡, 豫章郡, 沛郡 등 3郡 53城이었다. 자신의 영지내에서 동전을 주조하였고, 소금을 제조하였으며, 다른 지역의 망명자들을 받아들여 세력을 확장하였다. 景帝 3년(기원전 154년), 景帝의 영지 축소령에 대항하여 楚, 越 등 일곱 나라와 연합하여 7국의 亂을 일으켰다. 후에 패하여 도주하였다가 越나라 사람에게 피살되었다. 권104 「吳王濞列傳」 참조.
12) 梁 : 옛 郡, 國의 이름. 漢 高祖 5년, 碭郡을 개편하여 梁나라로 칭하였다. 도읍지는 睢陽(지금의 河南省 商丘市 남쪽)이었다. 관할지역은 지금의 河南省 商丘市와 商丘縣, 虞城縣, 民權縣과 安徽省 碭山縣 등이었다. 또 지금의 河南省 開封을 고대에 大梁으로 칭하기도 하였다.
13) 棘壁 : 지명. 옛 성이 지금의 河南省 永城縣 서북쪽에 있다.
14) 昌邑 : 현 이름. 옛 성이 지금의 山東省 金鄕縣 서북쪽에 있다.
15) 周亞夫(?-기원전 143년) : 西漢의 名將으로 沛縣 사람이다. 周勃의 아들로 처음에 제후로 봉해졌다가 文帝 때에 河內太守, 景帝 때에 太尉가 되었다. 吳楚七國의 亂을 평정한 공로로 丞相이 되었다. 권57 「絳侯周勃世家」 참조.

　　오와 초의 반란이 평정된 후, 한 경제(漢景帝)[16]는 덕후(德侯) 유광(劉廣)[17]의 아들로 하여금 오왕을 잇게 하였고, 원왕(元王) 유교의 아들 유찰(劉札)로 하여금 초왕을 잇게 하였다. 두태후(竇太后)[18]는 "오왕 그 늙은이는 마땅히 종실을 위하여 충성했어야 했다. 그런데도 오히려 7국(七國)[19]의 두목이 되어 천하를 어지럽혔다. 무엇 때문에 그의 후사를 잇게 하는가!"라고 하면서, 오왕의 후사는 윤허하지 않았고, 다만 초왕의 후사만을 윤허하였다. 이 당시 유찰은 한 조정의 종정(宗正)[20]이었는데, 그는 곧 초왕으로 봉해졌고 원왕의 종묘에 제사를 지냈으니, 그가 바로 초 문왕(楚文王)이다.

　　문왕은 재위 3년 만에 죽었고, 아들인 안왕(安王) 유도(劉道)가 왕위를 계승하였다. 안왕은 재위 22년 만에 죽었고, 아들인 양왕(襄王) 유주(劉注)가 계승하였다. 양왕은 재위 14년 만에 죽었고, 아들인 유순(劉純)이 계승하였다. 유순이 왕위에 오른 후인 지절(地節)[21] 2년, 어떤 환관이 초왕 유순이 모반을 꾀한다고 고발하여 초왕은 자결하였고,[22] 초나라는 없어졌으며, 봉지는 한 조정으로 반환되어서 팽성군(彭城郡)으로 개편되었다.

　　조왕(趙王) 유수(劉遂)의 아버지는 한 고조의 가운데 아들로, 이름은 우(友), 시호는 유(幽)이다. 그가 근심으로 말미암아 죽었기 때문에 시호를 유(幽)라고 한 것이다. 고후(高后)[23]가 여록(呂祿)[24]을 조왕으로 봉하였고, 그 1년 후에 죽었다. 한 조정의 대신들은 여록 등 여씨 일족을 죽이고, 유왕의 아들인 유수를 조왕으로 삼았다.

---

16)　漢 景帝 : 漢나라의 6代 皇帝. 이름은 啓이다. 재위 기간은 기원전 157년에서 기원전 141년까지이다.
17)　德侯 劉廣 : 代王 劉喜의 아들이며, 吳王 劉濞의 동생.
18)　竇太后 : 文帝의 황후이자 景帝의 모친.
19)　漢 景帝 때에 연합하여 반란을 일으킨 일곱 나라, 곧 吳, 楚, 趙, 膠西, 膠東, 葘川, 濟南을 가리킨다.
20)　宗正 : 관직 이름. 漢나라의 9卿의 하나로서 皇族의 사무를 관리하는 기관의 장관이다.
21)　地節 : 漢 宣帝의 연호. 기원전 68년.
22)　班固의 『漢書』에는 劉純의 아들인 劉延壽가 왕위를 계승하여 모반을 꾀하다가, 계모의 아버지인 趙長年에 의하여 고발되었고, 劉延壽는 자살한 것으로 되어 있다.
23)　高后 : 성은 呂氏로서, 呂后라고도 한다. 高祖 劉邦의 正室이며 惠帝의 모친이다. 권9 「呂太后本紀」, 권49 「外戚世家」의 〈주 34〉 참조.
24)　呂祿 : 呂后의 오빠인 呂釋의 차남. 처음에 胡陵侯로 봉해졌다가 후에 趙王이 되

효문제 (孝文帝)25)는 즉위한 이듬해 유수의 동생인 벽강(辟疆)을 왕으로 봉하고 조나라의 하간군 (河間郡)26)을 떼어내어 그를 하간왕으로 삼았으니, 그가 바로 문왕(文王)이다. 문왕은 재위 13년 만에 죽었고, 아들인 애왕(哀王) 유복(劉福)이 왕위를 계승하였다. 그는 1년 만에 죽었는데 자식이 없어 후대가 끊기었다. 나라는 없어졌고, 봉지는 한 조정으로 반환되었다.

유수가 조왕으로 재위한 지 26년이 지난 경제 (景帝) 때에, 조착(晁錯)27)에 의해서 조왕의 상산군 (常山郡)28) 봉지가 줄어들게 되었다. 오와 초가 반란을 일으키자, 조왕 유수는 이것 때문에 곧 그들과 연합하여 군사를 일으키기로 모의하였다. 그는 그의 재상인 건덕 (建德)과 내사(內史)인 왕한(王悍)이 간언하였으나 듣지 않고 건덕과 왕한을 태워 죽였고, 군사를 일으켜 조나라의 서쪽 경계에 주둔시켰는데, 이것은 오의 군사를 기다렸다가 함께 서쪽으로 진공할 요량이었던 것이다. 북으로 흉노에 사신을 보냈는데, 그들과 함께 한 조정을 공격할 생각도 하였다. 한 조정은 곡주 (曲周)29)의 제후인 역기 (酈寄)로 하여금 유수를 치게 하였다. 이에 유수는 퇴각하여 한단 (邯鄲)30)을 지켰고, 서로 버티기를 7개월을 끌었다. 오와 초의 군대는 양(梁) 지역에서 패하였고, 유수는 서쪽으로 진격하지 못하였다. 흉노는 이 소식을 듣고 군대를 정지시켰으며 한나

었다. 惠帝가 죽고 나서 將居北軍이 되었다. 呂后가 죽고 나서는 上將軍이 되어 北軍을 이끌고 반란을 일으켰으나, 周勃 등의 계책에 의해서 兵權을 해제당하고 피살되었다. 권49 「外戚世家」의 〈주 23〉 참조.
25) 孝文帝: 文帝 劉恒을 말한다. 漢의 5代 皇帝로서 재위 기간은 기원전 180년에서 기원전 157년까지이다. 漢 王朝는 惠帝 이후 孝로써 천하를 다스린다는 뜻으로 諡號 앞에 '孝'라는 수식어를 덧붙였다.
26) 河間郡: 도읍지는 지금의 河北省 獻縣 동남쪽이었고, 관할지역은 지금의 河北省 獻縣, 交河縣 일대였다.
27) 晁錯(기원전 200-기원전 154년): 西漢의 政論家. 穎川(지금의 河南省 禹縣) 사람. 申不害와 商鞅의 학설을 좋아하였고, 또 伏生에게서 『尙書』를 배웠다. 文帝 때에 太子家令이 되었고, 景帝 때에 御使大夫가 되었다. 그는 강력한 중앙집권 체제를 주장한 인물로, 제후왕들의 봉지를 점차적으로 削奪할 것을 주장하였고, 景帝는 그의 이론을 받아들였다. 吳楚七國의 亂의 명분인 '淸君側,' 즉 임금의 곁을 깨끗이 한다는 것은 그를 제거한다는 것이다. 袁盎의 참소로 피살되었다.
28) 常山郡: 도읍지는 元氏(지금의 河北省 元氏縣 서북쪽)이고, 관할지역은 지금의 河北省 唐河縣, 內丘縣, 正定縣 일대였다.
29) 曲周: 지명. 옛 성이 지금의 河北省 曲周縣 동북쪽에 있다.
30) 邯鄲: 趙나라의 都城으로, 옛 성이 지금의 河北省 邯鄲市에 있다.

라의 경계로 들어오지 못하였다. 난포(欒布)[31]가 제(齊)나라의 반란군을 격파하고 돌아오다가, 한나라의 군사와 연합하여, 물을 끌어다 조(趙)나라의 도성으로 흘러들어가게 하였다. 조나라의 도성은 무너졌고, 왕은 자결하였으며, 마침내 한단은 투항하였으니, 이로써 조 유왕은 후대가 끊기었다.

　태사공은 말하였다.

　"나라가 장차 흥하려면 반드시 상서로운 징조가 나타나고, 군자는 쓰이고 소인은 배격당한다. 나라가 장차 망하려면 어진 사람은 숨고 난신(亂臣)들이 귀한 몸이 된다. 만약 초왕 유무(劉戊)가 신공(申公)[32]을 벌하지 않고 그의 말을 따랐더라면, 또 조나라가 방여(防輿) 선생을 등용하였더라면 어찌 찬탈의 음모가 있었을 것이며 천하의 죄인이 되었겠는가? 어진 사람이여! 어진 사람이여! 그 안에 자질이 있는 것이 중요한 것이 아니라, 어떻게 능히 그를 등용하느냐는 하는 것이 중요한 것이 아닐까? '나라의 안위는 명령을 내리는 데에 있고, 나라의 존망은 신하의 등용에 있다'라는 말은 진실로 이 말인 것이다."

---

31)　欒布(? –기원전 145년): 西漢의 梁(지금의 河南省 商丘市 남쪽) 사람. 彭越과 친하여 彭越이 梁王이 되자 그의 御史大夫가 되었다. 彭越이 모반죄로 피살되자 彭越의 제사에서 哭을 하다가 체포되었다. 高祖는 그는 죄가 없다고 하고 都尉로 임명하였다. 吳楚七國의 亂 때 齊와 趙 나라를 격파한 공로로 제후에 봉해졌다.
32)　申公: 이름은 培이다. 楚나라의 中大夫로, 劉戊에게 吳王 劉濞와 함께 모반하지 말 것을 권하였으나, 劉戊는 듣지 않고 오히려 그를 구금하였다고 한다.

권51 「형연세가(荊燕世家)」제21

형왕(荊王)[1] 유고(劉賈)는 유씨 일족이지만, 어느 유파에 속하는지 알수 없다.[2] 그가 일을 시작한 것은 한왕(漢王)[3] 원년으로, 그는 관중(關中)으로 돌아와 삼진(三秦)[4]을 평정하였다. 유고는 장군으로서 새지(塞地)[5]를 평정한 후에, 고조 유방(劉邦)을 따라 동쪽으로 항우(項羽)를 공격하였다.

한 4년(기원전 203년), 한왕은 성고(成皋)[6]에서 패하여 북쪽으로 황하를 건넜다. 장이(張耳)[7]와 한신(韓信)[8]의 군대를 얻어, 수무(修武)[9]에 주둔하여, 깊은 고랑을 파고 높은 성벽을 쌓았다. 한왕은 유고에게 보병 2만 명과 기병 수백명을 주어 백마진(白馬津)[10]을 건너 초나라 땅으로 들

---

1) 荊은 춘추시대 楚나라의 옛 이름으로 여기서는 楊子江과 淮水 일대를 가리킨다. 劉賈는 荊王이 되어 吳 지역에 도읍하였다.
2) 실제로 劉賈는 劉邦의 사촌형이다.
3) 漢王은 高祖 劉邦을 가리키며, 漢王 원년은 기원전 206년이다.
4) 三秦：秦의 옛 영토로서 關中 일대를 가리킨다. 項羽는 霸王으로 천하를 호령할 때 劉邦을 漢中에서 봉하고 漢王으로 삼았다. 또 項羽는 關中을 삼분하여, 咸陽 서쪽과 甘肅 동부 지역을 章邯에게 주어 그를 雍王으로 봉하였고, 司馬欣에게 咸陽 동부 지역을 다스리게 하여 그를 塞王으로 봉하였으며, 董翳를 지금의 陝西省 북부 지역을 다스리게 하여 그를 翟王으로 봉하였다. 이 세 왕의 영지가 바로 三秦이며, 項羽가 三秦을 설치한 연유는 劉邦의 東進을 저지하기 위한 것이었다. 劉邦은 동진하기 위하여 먼저 漢中으로부터 돌아와 세 왕을 공격하여 三秦을 빼앗았다.
5) 塞地：項羽가 봉한 塞王 司馬欣의 영지. 지금의 河南省 靈寶縣 서쪽에서 陝西省 董關 일대의 지역.
6) 成皋：옛 읍 이름. 지금의 河南省 滎陽縣 汜水鎭. 춘추시대에는 鄭나라의 땅으로 '虎牢'라고 불렸고 후에 '成皋'로 개명되었다. 지형이 험난하여 많은 전쟁을 치렀던 곳이다. 漢나라는 여기에 縣을 설치하였다.
7) 張耳(？-기원전 202년)：大梁(지금의 河南省 開封市) 사람. 秦나라 말기에 농민 봉기에 참가하였고, 漢나라 초기에 趙王으로 봉해졌다. 권89「張耳陳餘列傳」참조.
8) 韓信(？-기원전 196년)：淮陰(지금의 江蘇省 淮陰市 서남쪽) 사람. 楚에서 漢으로 귀순하여 劉邦은 그를 大將軍으로 삼았다. 누차 項羽를 격파한 공로로 漢나라 초기에 楚王으로 봉해졌으나, 후에 모반죄로 피살되었다. 권92「淮陰侯列傳」참조.
9) 修武：현 이름. 옛 성이 지금의 河南省 獲嘉縣 경내에 있다.

어가게 하였다. 유고는 항우의 군량미와 군수물 등을 불태웠고, 후방의 보급로를 파괴하여, 군량미를 공급하지 못하게 하였다. 초나라의 군사가 유고를 공격하였으나, 유고는 성문을 굳게 걸어 잠그고 출전하지 않았으며, 팽월(彭越)[11]과 서로 지원하며 보호하였다.

한 5년(기원전 202년), 한왕은 항우를 추격하여 고릉(固陵)[12]에 이르자, 유고를 보내어 남으로 회수(淮水)를 건너 수춘(壽春)[13]을 포위하게 하였다. 유고는 신속하게 수춘에 도달하였고, 비밀리에 사람을 보내어 초나라의 대사마(大司馬)[14] 주은(周殷)을 초대하였다. 주은은 초나라를 배반하고 유고를 도와 구강(九江)[15]을 공격하였다. 그가 무왕(武王) 경포(黥布)[16]의 군대를 맞아들여 일제히 해하(垓下)[17]에서 회합하였고, 공동으로 항우를 공격하였다. 한왕은 급히 유고를 보내어 구강의 군대를 통솔하게 하였고, 태위(太尉)[18] 노관(盧綰)[19]과 연합하여 서남쪽으로 임강왕

---

10) 白馬津 : 黃河 나루터의 옛 이름. 지금의 河南省 滑縣 동북쪽에 있다.

11) 彭越(?-기원전 196년) : 昌邑(지금의 山東省 金鄕縣 서북쪽) 사람. 秦나라 말기에 병사를 일으켜 秦에 대항하다가 후에 漢으로 귀순하였다. 項羽를 격파하는 데 공을 세워 漢나라 초기에 梁王으로 봉해졌으나, 모반죄로 밀고당하여 피살되었다. 권90「魏豹彭越列傳」참조.

12) 固陵 : 촌락의 이름. 지금의 河南省 太康縣 서남쪽.

13) 壽春 : 읍 이름. 지금의 安徽省 壽縣 서남쪽. 권40「楚世家」의 〈주 349〉 참조.

14) 大司馬 : 관직 이름. 西周時代에 司馬는 軍政과 軍賦를 관장하였으나, 漢 武帝 때에 太尉를 없애고 大司馬를 설치하여 전군의 軍政大權을 장악하게 하였다. 후에 외척들이 이 직분을 많이 차지함으로 말미암아 大將軍, 驃騎將軍, 車騎將軍 등의 직책과 연관을 가졌다.

15) 九江 : 군 이름. 秦나라가 설치하였으며, 관할지역은 지금의 安徽省, 河南省 淮河이남과 湖北省 黃岡 이동 지역과 江西省 전부이다. 강이 아홉으로 나뉘어 흐르다가 潯陽(지금의 江西省 九江) 경내에서 회합한다고 하여 붙여진 이름이다.

16) 黥布 : 當陽(지금의 湖北省 當陽縣) 사람. 원래 이름은 英布였으나, 얼굴에 墨을 써넣는 罪 즉 黥刑을 받았기에 '黥布'로 불린다. 項羽의 장군으로 九江王이었으나, 漢으로 귀순하여 項羽를 쳐부수고 淮南王으로 봉해졌다. 후에 韓信, 彭越 등이 잇달아 피살되자 반란을 일으켰다가 長沙王의 유인에 빠져 피살되었다. 권91「黥布列傳」참조.

17) 垓下 : 옛 지명. 지금의 安徽省 靈璧縣 동남쪽 沱河의 북쪽 물가. 기원전 202년, 楚와 漢의 결전이 있었던 곳으로 項羽는 이곳에서 漢나라의 군사에게 포위당하여 패하였다.

18) 太尉 : 관직 이름. 秦漢時代에는 전국 최고의 무관으로 軍政大權을 통솔하여 丞相, 御使大夫와 더불어 三公으로 칭해졌으나, 후에는 명예직으로 변하여 실권이 없어졌다.

19) 盧綰(?-기원전 193년) : 豐(지금의 江蘇省 豐縣) 사람. 劉邦을 따라 沛縣에서

(臨江王) 공위 (共尉)를 공격하게 하였다. 공위가 죽은 후, 임강 (臨江)[20] 지역을 남군 (南郡)[21]으로 개편하였다.

한 6년 봄, 한 고조는 진현 (陳縣)[22]에서 제후들을 회합시켜, 초왕 한 신을 폐위시키고 그를 감금하였으며, 그의 영지를 두 나라로 나누었다. 당시 고조의 아들은 너무 어렸고, 형제는 많지 않았으며, 또한 현명하지 도 못하였다. 고조는 동성 (同姓)으로 천하를 안정시키고자 하였고, 마침 내 조서를 내려 "장군 유고는 많은 공을 세웠다. 마땅히 유씨 자제 중에 서 왕이 될 만한 사람이다"라고 말하였다. 군신들은 모두 "유고를 형왕 (荊王)으로 삼아 회동 (淮東)[23] 지역 52성을 다스리게 하시고, 아우이신 유교를 초왕 (楚王)으로 삼아 회서 (淮西)[24] 지역 36성을 다스리게 하십시 오"라고 말하였다. 이와 함께 아들인 유비 (劉肥)[25]를 제왕 (齊王)으로 삼 았다. 이로부터 비로소 유씨 형제들이 왕으로 봉해지기 시작하였다.

한 고조 11년 가을, 회남왕 (淮南王) 경포가 반란을 일으켜 동쪽으로 형 (荊) 지역을 공격하였다. 형왕 유고는 경포와 교전하였으나 이기지 못 하고 부릉 (富陵)[26] 지역으로 패주하였다가 결국 경포의 군대에 의하여 피살되었다. 고조는 친히 출정하여 경포의 군대를 무찔렀다. 12년, 패후 (沛侯)[27] 유비 (劉濞)[28]를 오왕 (吳王)으로 봉하여 형 지역을 다스리게 하

군사를 일으켰고, 漢中으로 들어가서는 장군이 되었다. 漢나라의 군대가 동진하자 太尉를 맡았다. 臨江王 共尉와 燕王 臧荼를 쳐부순 공로로 燕王에 봉해졌으나 후에 반란을 일으켰고, 匈奴와 내통을 기도하였으나 실패하고 匈奴로 도망쳤다. 권93 「韓 信盧綰列傳」 참조.

20) 臨江 : 지금의 江西省 清江縣.
21) 南郡 : 전국시대에 秦나라가 설치하였다. 도읍지는 郢 (지금의 湖北省 江陵縣 서북 쪽)이다. 漢代에 관할지역은 湖北의 粉靑河와 襄樊市 이남과 荊門·洪湖 이서 지역, 長江과 淸江 유역 이북 지역이었다.
22) 陳縣 : 지금의 河南省 淮陽縣.
23) 淮東 : 淮水의 일단은 남에서 북으로 흐르는데, 북으로 흐르는 전환점이 바로 壽 縣이다. 따라서 습관적으로 淮水의 東岸과 南岸의 壽縣 일대를 淮東이라고 한다.
24) 淮西 : 淮水 北岸 일대. 지금의 皖北, 豫東 지역.
25) 劉肥 : 高祖의 여덟 아들 중 장남이지만 庶出이다. 그 모친은 曹氏로 高祖의 소실 이다. 高祖 6년, 齊王으로 봉해졌다.
26) 富陵 : 지금의 江蘇省 洪澤縣 서북쪽.
27) 沛縣은 秦나라 때에 설치되었고, 漢나라 초기에는 泗水郡을 개편하여 沛郡으로 하였다. 도읍지는 相縣 (지금의 安徽省 淮北市 서북쪽), 관할지역은 지금의 安徽省 淮河 이북, 肥河 이동 지역과 河南省 夏邑縣, 永城縣과 江蘇省 沛縣, 豊縣 등의 지 역이었다.

508

였다.

　연왕(燕王) 유택(劉澤)은 고조의 먼 친척으로 고조 3년에 낭중(郎中)[29]이 되었다. 그는 11년, 장군으로서 고조를 따라 진희(陳豨)[30]를 격파하였고, 진희의 장군인 왕황(王黃)을 생포하여 영릉후(營陵侯)[31]에 봉해졌다.
　고후(高后)[32]가 집권하고 있을 때, 제나라 사람 전생(田生)[33]은 유세(遊說)를 나갔다가 여비가 떨어지자, 계책을 바친다는 것을 빌미로 영릉후 유택에게 도움을 청하였다. 유택은 크게 기뻐하여 황금 200근을 전생에게 생일 선물조로 주었다. 전생은 황금을 얻자 곧바로 제나라로 돌아왔다. 이듬해, 유택은 사람을 보내어 전생에게 "나와 함께 하지 않을 것이냐?"라고 말하였다. 전생은 장안으로 와서는 유택은 만나지 않고 큰 저택을 빌리고는, 아들로 하여금 여후를 모시며 은총을 입고 있는 대알자(大謁者)[34] 장자경(張子卿)과의 면담을 추진하게 하였다. 몇 개월이 지난 후, 전생의 아들은 장자경을 초대하고 전생이 친히 모신다고 하니, 장자경은 초대에 응한다고 하였다. 전생은 실내를 화려하게 장식하였고 호사스러운 집기를 갖추었는데, 그 규모가 마치 제후와 같았다. 장자경은 깜짝 놀랐다. 술자리가 무르익을 무렵, 전생은 좌우의 사람을 물리치고 장자경에게 다음과 같이 말하였다. "신이 보기에 제후와 왕들의 사처(私處)[35] 100여 군데가 모두 고조의 공신들 것입니다. 지금 여씨들은 줄곧 고조를 보좌하여 고조가 천하를 가지게 하였는데, 그들 중에는 공이 지대

28)　劉濞(기원전 215-기원전 154년) : 高祖 劉邦의 둘째 형 劉仲의 아들. 吳王에 봉해졌다. 권50 「楚元王世家」의 〈주 11〉 참조.
29)　郎中 : 관직 이름. 전국시대에 처음으로 설치되었다. 장관은 郎中令으로 수레, 말, 戶口 등을 관장하였다. 권43 「趙世家」의 〈주 315〉 참조.
30)　陳豨 : 漢나라 초기에 제후로 봉해진 후, 楚漢戰 중에 高祖를 따라 藏荼를 쳐부수고 陽夏侯로 봉해졌다가, 漢나라 초기에 越나라의 宰相이 되어 代 지역을 지켰다. 후에 반란을 일으켜 高祖에 의해서 평정되었다.
31)　營陵은 현 이름이다. 지금의 山東省 昌樂縣 동남쪽이다.
32)　高后 : 성은 呂氏이다. 권50 「楚元王世家」의 〈주 23〉 참조.
33)　田生 : 『楚漢春秋』에 따르면, 이름은 "子春"이다.
34)　大謁者 : 관직 이름. 춘추전국 시대에는 國君을 위한 傳達業務를 관장하였고, 秦漢代에 이어 설치되었다. 郎中令의 屬官으로 謁者가 있고, 少府 屬官에 역시 中書謁者令이 있다. 여기의 謁者는 실제로 宦官을 가리킨다.
35)　私處 : 제후나 관원이 天子를 배알하고자 수도로 왔을 때 머무는 거처.

하고 또 태후의 존경을 받는 친척들도 있습니다. 태후는 춘추가 이미 높으시고, 여씨들의 역량은 너무나 약합니다. 태후께서는 여산(呂産)[36]을 왕으로 봉하여 대(代)[37] 지역을 다스리게 하고자 하십니다. 그러나 태후는 또 말을 꺼내시기가 어렵고, 아마 대신들도 듣지 않을 것입니다. 지금 경께서 가장 은총을 입고 계시고, 대신들도 경을 존경하고 있는데, 어찌 대신들에게 은근히 권하여 여씨를 왕으로 봉하게 하고 그 일이 태후에게 알려지도록 하지 않습니까? 태후께서는 틀림없이 기뻐하실 것입니다. 여씨들이 왕이 되면 만호후(萬戶侯)[38] 또한 반드시 경의 것입니다. 태후는 반드시 하고자 하실 것입니다. 경은 신하의 몸입니다. 서두르지 않으시면 아마 화가 미칠 것입니다." 장자경은 그 말이 크게 옳다고 여겼고, 곧 여씨가 왕으로 봉해지는 것을 동의하도록 대신들에게 권유하였고, 아울러 태후에게 보고하였다. 태후는 조회 때에 대신들에게 물었다. 대신들은 여산을 여왕(呂王)으로 봉할 것을 주청하였다.[39] 태후는 장자경에게 황금 1,000근을 하사하였다. 장자경은 그 반을 전생에게 주었으나 전생은 받지 않았고, 기회를 틈타 다음과 같이 말하였다. "여산이 왕이 되었으나, 대신들은 심복하지 않을 것입니다. 지금 영릉후 유택은 유씨의 일족으로 대장군(大將軍)[40]을 맡고 있으나, 자신만이 왕이 되지 못하여 실망하고 있을 것입니다. 지금 경께서 태후에게 권하여 10여 개의 현을 쪼개어 그를 왕으로 봉하면, 그는 왕의 호칭을 받고 크게 기뻐할 것이고, 여러 여씨 왕들도 지위가 공고해질 것입니다." 장자경은 입궐하여 태후에게 아뢰었고, 태후도 그렇다고 여겨 곧 영릉후 유택을 낭야왕(琅邪王)[41]에 봉하였

---

36) 呂産 : 呂后의 동생. 漢나라 초기에 交侯로 봉해졌다가 呂后가 집정할 때 呂王으로 봉해졌다. 후에 다시 梁王으로 옮기게 되었으나 梁 지역으로 가지 않고 上將軍이 되어 南軍을 통솔하였다. 呂后가 죽고 재상이 되고자 음모를 꾸며 난을 일으켰으나 피살되었다. 권49 「外戚世家」의 〈주 25〉 참조.
37) 代 : 권50 「楚元王世家」의 〈주 5〉 참조.
38) 萬戶侯 : 漢代의 封建制度에서 列侯들의 食邑은 최대가 萬戶였고, 작은 것은 500 戶도 있었다. 萬戶侯는 食邑이 萬戶인 諸侯를 말한다.
39) 呂産이 呂王이 된 것은 呂后 6년이었는데, 呂産은 당시 梁王의 신분이었다. 권9 「呂太后本紀」 참조.
40) 大將軍 : 전국시대에 처음 설치되어, 漢代에도 이어졌다. 장군의 최고 호칭이다.
41) 琅邪는 邑, 郡, 國의 이름이다. 전국시대에는 齊나라의 땅이었다. 지금의 山東半島 동남부 지역이다. 劉澤은 琅邪王이 된 후 郡을 國으로 개편하였고, 東武(지금의 山東省 諸城縣)에 도읍하였다.

다. 낭야왕은 곧 전생과 함께 봉지로 갔다. 전생은 유택에게 급히 가야하며, 머뭇거리지 말라고 권하였다. 함곡관 (函谷關)⁴²⁾을 나서는데, 태후가 과연 사람을 보내어 그들을 추격하여 저지시키고자 하였다. 유택은 이미 함곡관을 빠져나와서는 즉각 봉지로 돌아가버렸다.

태후가 죽자 낭야왕 유택은 다음과 같이 말하였다. "황제가 어려서 여씨들이 권력을 잡았고, 유씨들의 힘은 약해졌다." 이에 그는 군사를 이끌고 제왕(齊王)⁴³⁾과 연합하여 서쪽으로 진격하여 여씨들을 주살할 요량이었다. 양(梁)⁴⁴⁾ 지역에 도달하였을 때, 그는 한 조정이 관영(灌嬰)⁴⁵⁾ 장군을 보내어 형양(滎陽)⁴⁶⁾에 주둔시키고 있다고 들었다. 그는 곧 군사를 돌려 본국의 서쪽 경계를 수비하게 하였고, 혼자서 말을 달려 장안으로 급히 갔다. 이때 대왕(代王) 유항(劉恒) 역시 대(代)나라로부터 장안으로 왔다. 여러 장군들과 대신들은 낭야왕과 함께 대왕 유항을 천자로 옹립하였다. 천자는 낭야왕 유택을 연왕(燕王)으로 새로 봉하였고, 낭야지역을 제나라로 돌려주어 제나라 본래의 땅을 회복하도록 하였다.

유택은 연왕이 되고 나서 2년 후에 죽었으니, 시호를 경왕(敬王)이라고 하였다. 왕위는 아들인 유가(劉嘉)에게 전해졌으니, 그가 바로 강왕(康王)이다.

유택의 손자 유정국(劉定國)에 이르러, 그는 부친 강왕의 희첩과 통간(通奸)하여 아들 하나를 낳았다. 또 계수를 강탈하여 첩으로 삼았다. 또 세 딸과 통간하였다. 유정국은 천자의 신하이며 비여(肥如)⁴⁷⁾의 현령인 영인(郢人)을 죽이려고 하였는데, 그 이유는 영인 등이 자신을 조정에 고해바치고자 하였기 때문이었다. 정국은 사람을 보내어 다른 법률을 적용하여 영인을 잡아 죽임으로써 입을 막았다. 원삭(元朔)⁴⁸⁾ 원년에 이르러

---

42) 函谷關 : 河南省 靈寶縣 黃河 유역에 있는 험준한 골짜기로 군사적 요충지였다.
43) 齊王 : 齊의 悼惠王 劉肥의 아들인 劉襄을 가리킨다. 高祖 劉邦의 손자이다.
44) 梁 : 권50「楚元王世家」의 〈주 12〉 참조.
45) 灌嬰 : 睢陽 사람. 처음에는 비단장수였으나 項羽를 격파하는 데 공을 세워 穎陽侯에 봉해졌다. 후에 呂氏들의 반란을 평정하고 漢 文帝를 옹립하는 데 공을 세워 太尉가 되었고 후에 丞相이 되었다. 권49「外戚世家」의 〈주 52〉 참조.
46) 滎陽 : 郡, 縣의 이름. 秦나라가 縣으로 설치하였다. 도읍지는 지금의 河南省 滎陽縣 동북쪽이다. 권48「陳涉世家」의 〈주 31〉 참조.
47) 肥如 : 현 이름. 西漢 때 설치되었다. 도읍지는 지금의 河北省 盧城縣 북쪽이다.
48) 元朔 : 漢 武帝의 연호. 元朔 元年은 기원전 128년이다.

영인의 형제가 다시 상서를 올려 유정국의 추악한 죄상을 알림으로써 정국의 죄상은 폭로되었다. 천자는 조서를 내려 대신들에게 그 일을 의론하게 하자, 모두 다음과 같이 말하였다. "정국의 금수와 같은 행위는 인륜을 어지럽히고 하늘을 거역한 것이므로 당연히 그를 주살하여야 마땅합니다." 천자는 그 건의를 받아들였다. 이에 정국은 자살하였고, 나라는 폐해져서 군(郡)이 되었다.

    태사공은 말하였다.
    "형왕(荊王) 유고(劉賈)가 왕으로 봉해진 것은 한(漢) 왕조가 건립된 지 오래되지 않았고 천하가 안정되지 않았기 때문이었다. 따라서 유고는 비록 유씨의 먼 친척이었지만 계책으로써 왕이 될 수 있었고, 양자강과 회수 지역을 평정하고 안정시켰다. 유택(劉澤)이 왕이 된 까닭은 권모술수로 먼저 여씨를 격려하였기 때문이었다. 그렇지만 그는 끝내 남면(南面)[49]하는 왕이 될 수 있었고 삼대에까지 왕위를 물려주었다. 유택은 전생(田生)을 이용하여 장자경(張子卿)으로 하여금 여후(呂后)를 고무시켜 여씨를 왕으로 봉하게 하였고, 그에 따라 자신도 신임을 받아 왕이 되었으니, 어찌 비범한 일이 아닌가!"

---

49)   南面 : 옛날에는 남쪽을 존귀한 것으로 보았기 때문에, 天子나 제후 등은 모두 북쪽을 배후로, 남쪽을 대면하고 자리에 앉았다. 권40 「楚世家」의 〈주 327〉 참조.

권52 「제도혜왕세가(齊悼惠王世家)」제22

제 도혜왕(齊悼惠王) 유비(劉肥)는 고조 유방(劉邦)의 장남으로 서자이다. 그의 모친은 소실로, 조씨(曹氏)이다. 고조 6년, 유비를 제왕(齊王)으로 삼아 식읍 70여 성을 봉지(封地)로 주었으며, 백성들 중에서 제나라 말을 할 줄 아는 자들은 모두 제왕의 백성으로 귀속시켰다.

제 도혜왕은 천자인 혜제(惠帝)[1]의 형이다. 혜제 2년, 제왕이 입조(入朝)하였다. 혜제는 도혜왕과 연회를 베풀었는데, 서로가 평등한 예절로 집안 사람을 대하듯이 하였다. 그러자 여태후(呂太后)가 노하여 제왕을 죽이고자 하였다. 제왕은 두려워 채 몸을 피하지 못하고 있었는데, 그의 내사(內史)[2]가 계책을 내었다. 즉 성양군(城陽郡)[3]을 바쳐 노원공주(魯元公主)[4]의 탕목읍(湯沐邑)[5]으로 삼는다는 것이 그것이었다. 여태후는 기뻐하였고, 제왕은 작별하고 자신의 나라로 돌아올 수 있었다.

도혜왕은 즉위한 지 13년 만인 혜제 6년에 죽었다. 아들인 유양(劉襄)

---

1) 惠帝 : 漢나라의 第2代 皇帝. 이름은 盈이다. 재위 기간은 기원전 195년에서 기원전 188년까지이다. 권47 「孔子世家」의 〈주 207〉 참조.
2) 內史 : 관직 이름. 西周時代에 처음으로 설치되어 서적과 제후나 公卿大夫들에 대한 天子의 명령 그리고 爵祿의 존폐 여부를 관장하였다. 秦나라 때의 內史는 京畿地方을 관할하였고, 漢 景帝는 이것을 左右內史로 나누었으며, 武帝는 右內史를 京兆尹(지금의 서울시장)으로, 左內史를 左鴻翊으로 고쳐 불렀다. 漢나라 초기에 諸侯王들은 자신의 나라 안에 內史를 설치하여 民政을 살폈다. 권43 「趙世家」의 〈주 116〉 참조.
3) 城陽郡 : 군 이름, 나라 이름. 西漢 초기에 군으로 처음 설치되었다가 文帝 2年에 나라가 되었다. 지금의 山東省 東莒縣에 도읍하였다. 西漢 말기의 관할지역은 지금의 山東省 莒縣, 沂南縣과 蒙陽縣 동부 지역이었다.
4) 魯元公主 : 呂后 소생인 高祖 劉邦의 장녀. 魯 지역이 食邑이었고 元은 諡號이다. 후에 張耳의 아들 張敖의 처가 되었다. 딸을 낳았는데 그 딸이 惠帝의 왕후가 되었다.
5) 湯沐邑 : 周나라의 제도로, 제후가 天子를 배알하러 수도로 오면 天子는 수도권 지역에 숙식을 해결하는 봉지를 주었는데 그것이 湯沐邑이다. 이후로 황제나 황후, 공주 등이 직접 세금을 걷는 사유지 또한 湯沐邑으로 불렸다.

이 왕위를 물려받았는데, 그가 바로 애왕(哀王)이다.

애왕 원년, 혜제가 붕어하였고, 여태후가 천자의 직무를 대행하여 국가의 대사가 모두 태후에 의해서 결정되었다. 2년, 태후는 오빠의 아들인 역후(酈侯)[6] 여태(呂台)를 여왕(呂王)[7]으로 봉하였고, 제(齊)나라의 제남군(濟南郡)[8]을 분할하여 여왕의 봉지로 주었다.

애왕 3년, 애왕의 동생 유장(劉章)이 입조하여 궁중의 야간경호를 맡게 되었다. 여후는 그를 주허후(朱虛侯)[9]로 봉하였고, 여록(呂祿)[10]의 딸을 그에게 시집 보냈다. 4년 후, 유장의 동생 흥거(興居)를 동모후(東牟侯)[11]에 봉하였고, 그들 두 사람에게 함께 장안의 궁중을 지키게 하였다.

애왕 8년, 여후는 제나라의 낭야군(琅邪郡)[12]을 분할하여 영릉후(營陵侯)[13] 유택(劉澤)을 낭야왕으로 삼았다.

이듬해 조왕(趙王) 유우(劉友)가 입조하였다가 관저에 감금되어 죽었다. 세 명의 조왕이 모두 폐해졌다.[14] 여후는 여씨 자제 세 명을 연왕(燕王), 조왕(趙王), 양왕(梁王)으로 봉하여 전권을 장악하게 하였다.

주허후 유장은 스무 살로 혈기가 왕성하여, 유씨가 관작을 얻지 못하는 것에 분개하고 있었다. 그는 일찍이 연회석에서 여후를 모신 적이 있는

---

6) 酈은 옛 현 이름이다. 秦나라 때에 설치하였으며 지금의 河南省 內鄕縣 동북쪽이다. 권41 「越王句踐世家」의 〈주 37〉 참조.

7) 呂는 현 이름이다. 옛 성은 지금의 江蘇省 徐州市 북쪽에 있다.

8) 濟南郡 : 군 이름, 나라 이름. 西漢 초기에 군으로 설치되었다가 文帝 때에 나라가 되었다. 景帝 때에 반란을 일으킨 7국의 하나이다. 도읍지는 지금의 山東省 章丘縣 서쪽이고, 관할지역은 지금의 山東省 濟南市, 章丘, 濟陽, 鄒平縣 등이었다.

9) 朱虛는 옛 현 이름이다. 西漢時代에 설치되었다. 堯임금의 아들인 丹朱가 놀던 곳이라고 하여 붙여진 이름이며 도읍지는 지금의 山東省 臨朐縣 동남쪽이다. 呂后는 劉章을 朱虛侯로 봉하고 이곳을 食邑으로 주었다.

10) 呂祿 : 권49 「外戚世家」의 〈주 23〉, 권50 「楚元王世家」의 〈주 24〉 참조.

11) 東牟는 옛 현 이름이다. 西漢時代에 설치되었으며 도읍지는 지금의 山東省 牟平縣이었다.

12) 琅邪는 옛날 읍, 군 이름이자 나라 이름이다. 전국시대에는 齊나라의 땅이었고 관할지역은 지금의 山東半島 동남부였다. 劉澤은 琅邪王이 된 후, 군을 나라로 하였고, 東武(지금의 山東省 諸城縣)에 도읍하였다. 권51 「荊燕世家」의 〈주 41〉 참조.

13) 營陵은 옛 현 이름이다. 지금의 山東省 昌樂縣 동남쪽.

14) 隱王, 幽王, 梁王으로 모두 高祖의 아들들이다.

데, 여후는 그로 하여금 주리(酒吏)¹⁵⁾를 담당하게 하였다. 그는 자청하여 다음과 같이 말하였다. "신은 장군 가문의 출신이므로, 청컨대 군법으로 주리를 담당하게 해주십시오." 이에 여후는 "좋도다"라고 하였다. 술자리가 무르익을 무렵, 음주 때에 감상하는 가무 판이 벌어졌다. 잠시 후 유장은 다음과 같이 말하였다. "청컨대 태후를 위하여 경전가(耕田歌)를 부르게 해주십시오." 여후는 그를 아이로 취급하고 웃으며 말하기를 "오히려 너의 부친이나 경전(耕田)을 알지, 너는 왕자로 태어났는데 네가 어찌 경전을 알겠는가?"라고 하였다. 유장은 "신도 경전을 압니다"라고 말하였다. 태후는 "그러면 나를 위하여 경전가를 한번 불러보아라"라고 하였다. 유장은 "논밭을 깊이 파서 조밀하게 파종하고, 싹은 듬성듬성 남겨두네. 같은 종자가 아니면, 호미질하여 뽑아버리네"라고 노래하였다. 여후는 묵묵히 아무 말도 하지 않았다. 잠시 후 여씨 집안의 한 사람이 취하여 술자리에서 빠져나오자, 유장은 그를 쫓아가서 칼을 뽑아 베고는 자리로 돌아와서 다음과 같이 고하였다. "술자리에서 도망하는 자가 있어, 신이 삼가 군법을 집행하여 그를 죽였습니다." 태후와 좌우의 사람들은 모두 크게 놀랐다. 그러나 이미 군법에 따라 술을 마시기로 한 이상, 그에게 죄를 물을 수는 없었다. 자연히 연회는 끝이 났다. 이 일 이후로 여씨들은 주허후 유장을 두려워하기 시작하였고, 조정의 대신들은 모두 주허후를 따르게 되어, 유씨의 위엄은 높아졌다.

이듬해 여후가 죽었다. 조왕 여록은 상장군으로, 여왕(呂王) 여산(呂產)은 상국(相國)¹⁶⁾으로 모두 장안(長安)¹⁷⁾에 거주하고 있으면서, 병력을 모아 대신들을 위협하였으며, 반란을 일으킬 음모를 꾸미고 있었다. 주허후 유장은 그 처가 여록의 딸이었기 때문에 이러한 음모를 알고 있었

---

15) 酒吏 : 음주 때에 흥을 돋우고 유희를 담당하게 하는 관리. 다른 사람들은 그의 명을 받아 시를 읊기도 하고 가무를 하기도 하는데, 위배하는 자는 벌주를 마셔야 되었다.

16) 相國 : 관직 이름. 춘추시대 齊나라에서 처음 左右相이 설치되었다. 전국시대에는 相國, 相邦, 丞相 등으로 불린 百官의 우두머리를 말한다. 秦 이후 황제를 보좌하는 최고의 관직이 되었다. 西漢 초기에 丞相을 相國으로 개칭하였다가 후에 다시 丞相으로 되었다. 太尉, 御史大夫 등과 함께 三公으로 불린다.

17) 長安 : 中國 古都의 하나. 漢 5년(기원전 202년)에 縣으로 설치되었다가, 7년에 도읍으로 정해졌다. 兩漢時代에는 줄곧 정치, 경제, 문화의 중심지였으며, 漢 惠帝 때에 長安城이 축조되었다. 지금의 陝西省 西安市 서북쪽이다.

다. 이에 몰래 사람을 형인 제왕(齊王)에게 보내어, 제왕으로 하여금 군대를 일으켜 서쪽으로 향하게 하고, 주허후와 동모후는 안에서 호응함으로써 여씨 집단을 주살하고 기회를 틈타 제왕을 황제로 옹립할 계획을 세웠다.

제왕은 이 계획을 듣고 곧 외숙인 사균(駟鈞), 낭중령(郎中令)[18]인 축오(祝午), 중위(中尉)[19]인 위발(魏勃)과 함께 군사를 일으키기로 하였다. 제왕의 상국[20]인 소평(召平)[21]은 이것을 듣고 군대를 일으켜 왕궁을 포위하였다. 위발은 소평에게 거짓으로 다음과 같이 말하였다. "왕이 군대를 일으키고자 하지만, 한 조정의 호부(虎符)[22]가 없소. 당신이 왕궁을 포위한 것은 참으로 잘한 일이오. 내가 당신을 위하여 군대를 이끌고 제왕의 궁을 지키겠소." 소평은 그를 믿었고, 그로 하여금 군대를 이끌고 왕궁을 포위하게 하였다. 위발은 군사를 이끌게 되자 오히려 상국인 소평을 포위하였다. 소평은 "아! 도가(道家)에, '잘라야 할 것을 자르지 못하면 반대로 그 해를 입는다'라는 말이 있는데, 지금이 바로 그 꼴이구나"라고 하고는 자살해버렸다. 이에 제왕은 사균을 재상으로, 위발을 장군으로, 축오를 내사로 임명하였고, 나라 안의 모든 군사를 징발하였다. 축오를 동으로 파견하여 낭야왕에게 거짓으로 다음과 같이 말하게 하였다. "여씨들이 난을 일으켰기에, 제왕이 군사를 일으켜 서쪽으로 가서 여씨집단을 주살하고자 합니다. 그런데 제왕은 스스로 아직 미천한 몸이고 나이도 어려서 군사 일에 익숙하지 못하다고 생각하시고 나라 전부를 대왕

---

18) 郎中令 : 관직 이름. 秦漢時代에 설치되었다. 皇帝, 諸侯王 등과 친근한 고급 관직으로 大夫, 郎, 謁者, 期門, 羽林宿衛官 등이 거기에 속하였다. 宮殿의 門戶를 관장하여 지켰다. 漢 武帝 때에 光祿勳으로 개칭되었다.

19) 中尉 : 관직 이름. 전국시대 趙나라에서 설치하였다. 인재의 선발과 임관을 관장하였다. 秦漢時代에는 武官職으로 수도의 치안을 담당하였고, 특히 漢代에는 北軍의 주도를 겸하였다. 武帝 때에 執金吾로 개칭되었다. 권43 「趙世家」의 〈주 115〉 참조.

20) 諸侯國의 相國은 중앙정부에서 파견하였으므로, 중앙정부의 명령에 따라야 했다.

21) 齊 哀王 劉襄의 相國인 召平(? -기원전 180년)은 『史記索隱』에 따르면 廣陵 사람 召平이나 東陵侯 召平과는 다른 인물이다.

22) 虎符 : 고대의 제왕이 신하에게 병권과 군대의 이동 등에 대한 권한을 줄 때 내리는 징표. 구리로 된 호랑이 모양으로, 뒤에는 글씨가 새겨져 있었다. 이것을 둘로 나누어 오른쪽 반은 중앙에, 왼쪽 반은 지방관리 혹은 군을 인솔하는 장수에게 주었다. 군대가 이동할 때에는 이것을 보여야만 이동할 수 있었다. 이 제도는 전국시대, 秦, 漢 시대에 성행하였다.

께 위탁하고자 하십니다. 대왕께서는 고조 시절부터 장군이셨기에 군사 일에 익숙하십니다. 제왕은 감히 군대를 떠나 귀국(貴國)으로 향하지 못 하고 있으므로, 저를 보내셨습니다. 그러하오니 아무쪼록 대왕께서는 임 치(臨菑)[23]로 가서 제왕과 상의하고자 한다고 청하십시오. 아울러 대왕 께서 군사를 이끌고 서쪽으로 가서 관중(關中)[24]의 난을 평정하겠노라고 말하십시오.” 낭야왕은 그를 믿었고, 그의 말이 옳다고 여겨 곧 말을 달 려 제왕을 만나러 갔다. 제왕과 위발 등은 기회를 이용하여 낭야왕을 연 금하였고, 축오를 파견하여 낭야의 병력을 전부 징발함과 아울러 그 군대 를 통솔하였다.

낭야왕 유택은 자신이 이미 속은 줄 알았으나, 낭야로 돌아갈 방법이 없었다. 그는 곧 제왕에게 다음과 같이 말하였다. “제의 도혜왕은 고조 황제의 장남이오. 그러므로 그 근본을 캐어보면 대왕 당신은 고조 황제의 적장손(嫡長孫)이오. 당신이 제위를 이어야 함이 마땅하오. 지금 대신들 은 주저하며 누구를 옹립할 것인지 확정하지 못하고 있소. 나 유택은 유 씨 중에서 가장 연장자로서, 대신들은 반드시 나의 결정을 기다릴 것이 오. 지금 대왕이 나를 이곳에 머물게 함은 아무 쓸모가 없소. 나를 관중 으로 보내어 일을 계획함이 더 나을 것이오.” 제왕은 그 말이 옳다고 여 기고 많은 거마를 준비하여 낭야왕을 보냈다.

낭야왕이 출발하자 제왕은 군사를 일으켜 여(呂)의 제남(濟南)[25]을 공 격하였다. 이에 제 애왕(齊哀王)은 제후왕들에게 다음과 같은 서신을 보 냈다. “고조 황제께서 천하를 평정하시고 나서 유씨 종실의 여러 자제들 을 왕으로 봉하셨는데, 도혜왕을 제나라의 왕으로 봉하셨습니다. 도혜왕 께서 세상을 떠나시고 나자 혜제께서는 유후(留侯)[26] 장량(張良)[27]을 신

---

23) 臨菑 : 臨淄, 臨甾라고도 한다. 옛 읍 이름으로 城이 淄水에 임해 있으므로 생긴 이름이다. 지금의 山東省 淄博市 동북쪽. 周나라 초기에 呂尙을 봉하여 여기에 도읍 하게 하여, 이름을 營丘라고 하였다.

24) 關中 : 옛 지역의 이름. 가리키는 범위의 크기에 따른 여러 가지 설이 있다. 하나 는 函谷關 이서 지역, 또 하나는 秦嶺山脈 이북의 範圍 이내 지역, 隴西, 陝北을 포 괄하는 지역, 또 하나는 衆關之中으로 衆關은 函谷關, 隴關, 散關, 武關, 蕭關, 臨 晉關 등을 가리킨다. 통설은 첫째의 설이다.

25) 呂后가 全權을 담당한 이듬해, 呂台를 呂王으로 봉하여 齊의 濟南郡을 呂王의 封 邑으로 준 적이 있다.

26) 留는 옛 읍 이름이다. 秦나라 때에 설치되었는데 도읍지는 지금의 江蘇省 沛縣 동남쪽이다. 西漢 때에 張良을 이곳의 제후로 봉하였다.

하로서 제왕에 봉하셨습니다. 혜제께서 붕어하시고 나서 고후가 집정하였으나 고후는 춘추가 연로하시어 여씨들이 임의로 고조 황제께서 봉한 왕들을 폐하는 것을 방임하였습니다. 또한 은왕(隱王) 여의(如意), 유왕(幽王) 우(友), 양왕(梁王) 회(恢) 등 세 명의 조왕(趙王)을 죽였으며, 유씨의 양(梁), 연(燕), 조(趙)[28] 삼국을 폐하였고, 여씨들을 삼국의 왕으로 봉하였습니다. 아울러 제나라를 넷으로 나누었습니다. 충신들이 진언하였으나, 여후는 미혹되어 어리석게도 듣지 않았습니다. 지금 여후는 죽었으나, 황제는 연소하여 천하를 다스리지 못하고 있으며 대신이나 제후에게 반드시 의지하고 있습니다. 지금 여씨들은 또 자신들 멋대로 높은 관직을 차지하였고, 병력을 집결시켜 위엄을 떨치고 있으며, 여러 제후들과 충신들을 협박하고, 황제의 영을 사칭하여 천하를 호령하고 있으니, 종묘사직이 위태롭습니다. 지금 과인은 군대를 이끌고 장안으로 들어가 그러한 부당한 왕들을 주살하고자 합니다."

한 조정은 제나라가 군사를 일으켜 서쪽으로 진격한다는 소식을 들었고, 이에 상국 여산은 곧 대장군 관영(灌嬰)[29]을 보내어 동쪽으로 제나라의 군대를 치도록 하였다. 관영은 형양(滎陽)[30]에 이르자, 다음과 같이 분석하며 말하기를 "여씨 일족이 군대를 이끌고 관중에 주둔하여, 유씨에게 위해를 가하여 자신들이 황제가 되고자 한다. 내가 지금 제나라를 격파하고 승전의 소식을 알리는 것은 여씨들을 돕는 것이 되고 여씨의 정치적 입지를 강화시키는 것이 된다"라고 하였다. 그는 곧 진군을 멈추고 형양에 군사를 주둔시켰고, 사자를 제왕과 제후들에게 보내어 그들과 화평하기로 하였고, 여씨들이 반란을 일으키는 것을 기다려 그들과 공동으

---

27) 張良(?-기원전 186년) : 漢나라 초기의 공신. 字는 子房이고, 城父(지금의 河南省 郟縣) 사람이다. 그의 조상은 5代나 韓나라의 宰相을 지냈다. 그는 韓나라의 원수를 갚고자 일찍이 秦 始皇을 저격하였으나 실패하였다. 후에 高祖 劉邦의 참모로서 漢나라의 기틀을 잡는 데 기여하여 留侯로 봉해졌다. 권55「留侯世家」참조.

28) 梁, 燕, 趙 : 漢나라 초기에는 劉氏가 아닌 제후로 왕을 삼았다. 즉 彭越을 梁王으로, 盧綰을 燕王으로, 張耳와 張敖를 교대로 趙王으로 삼은 것이다. 이제 異姓의 왕들이 폐해지고 高祖의 아들들, 즉 劉恢를 梁王으로, 劉建을 燕王으로, 劉如意를 趙王으로 삼았다. 呂后가 집정해서는 呂産을 梁王으로, 呂通을 燕王으로, 呂祿을 趙王으로 삼았다.

29) 灌嬰 : 권49「外戚世家」의〈주 52〉, 권51「荊燕世家」의〈주 45〉참조.

30) 滎陽 : 군, 현의 이름. 전국시대에는 韓나라의 邑이었다가, 秦漢時代에 縣이 되었다. 권48「陳涉世家」의〈주 31〉, 권51「荊燕世家」의〈주 46〉참조.

로 여씨들을 주살하기로 하였다. 제왕은 이 소식을 듣고 서쪽으로 가서 제나라의 옛 땅인 제남군을 취하였고, 제나라 서쪽 경계에 병력을 주둔시키고 담판을 기다렸다.

여록과 여산이 관중에서 반란을 일으키기로 하자, 주허후와 태위(太尉)[31] 주발(周勃),[32] 승상 진평(陳平)[33] 등은 여씨들을 주살하기로 하였다. 주허후가 먼저 여산을 죽였으며, 이에 태위 주발 등은 나머지 여씨들을 모조리 주살하였다. 낭야왕도 급히 제나라에서 장안으로 왔다.

대신들이 의논하여 제왕(齊王)을 천자로 옹립하고자 하니, 낭야왕과 몇몇 대신들은 다음과 같이 말하였다. "제왕의 외숙인 사균은 매우 흉포한데, 그 흉포하기가 호랑이 가운데 으뜸이라고 할 수 있습니다. 여태까지 여씨들로 인하여 천하가 어지러웠는데, 지금 또 제왕을 옹립함은 또다른 여씨 집단을 세우는 것과 같습니다. 대왕(代王)[34]의 외가는 박씨(薄氏)로 군자의 도가 있는 집안입니다. 또한 대왕은 고조의 친아들로 지금 살아 있을 뿐만 아니라 가장 연장자이십니다. 그는 아들에게 순조롭게 양위(讓位)하였고 인품이 후덕하여 조정의 일을 관장하면 대신들이 마음을 놓을 수 있을 것입니다." 이에 대신들은 대왕을 천자로 옹립하기로 하였다. 아울러 주허후를 보내어 여씨들을 주살한 일을 제왕에게 통지하였고, 군사를 물리도록 영을 내렸다.

관영은 형양에 있을 때, 위발이 원래 제왕에게 모반하도록 교사하였다는 것과, 여씨들은 이미 주살되었으며 제나라 병사들은 돌아갔다는 것을 듣고, 사자를 보내어 위발을 불러 문책하였다. 위발은 "불이 난 집을, 어떻게 주인에게 먼저 알리고 난 후라야 불을 끌 수 있다고 할 수 있겠습니

---

31) 太尉 : 秦漢時代의 관직 이름. 全軍의 우두머리로 丞相, 御史大夫와 함께 三公으로 불렸다. 漢 武帝 때에 大司馬로 개칭되었다. 권51「荊燕世家」의 〈주 18〉 참조.
32) 周勃(?-기원전 169년) : 漢나라 초기의 공신. 沛縣 사람. 젊어서 누에치기를 업으로 하였다. 劉邦을 따라 起義하여, 많은 공을 세워 將軍이 되었고, 絳(지금의 山西省 侯馬市 동쪽)의 侯로 봉해졌다. 太尉, 右丞相 등을 역임하였다. 권57「絳侯周勃世家」참조.
33) 陳平(?-기원전 178년) : 漢나라 초기의 大臣. 陽武(지금의 河南省 陽縣 동남쪽) 사람. 원래 項羽의 부하였는데, 劉邦에 歸順하여 項羽를 무찌르는 데 계책을 내어, 曲逆侯에 봉해졌다. 丞相을 지냈다. 권56「陳丞相世家」참조.
34) 代에 대해서는 권50「楚元王世家」의 〈주 5〉, 권51「荊燕世家」의 〈주 37〉 참조.

까?"라고 하며 물러섰다. 그는 두 다리를 벌벌 떨었으며 말을 못 할 정
도로 두려워하였는데, 끝내 다른 말은 하지 못하였다. 관장군은 그를 뚫
어지게 쳐다보며 웃으며 "사람들은 위발이 용감하다고 하는데, 망령되고
용렬한 사람일 뿐이구나. 그가 무슨 일을 할 수 있겠는가!"라고 말하고는
관직만을 파하였고 벌은 주지 않았다. 원래 위발의 부친은 거문고를 잘
타서 진 시황(秦始皇)을 알현하였던 사람이었다. 위발은 청년이 되자 제
나라의 재상인 조참(曹參)³⁵)을 뵙고자 하였다. 그러나 집안이 가난하여
다리를 놓을 수 없자, 늘 혼자서 이른 새벽에 조참의 사인(舍人)³⁶)의 집
앞을 청소하였다. 사인은 괴이하게 생각하고 어떤 괴물인가 싶어 몰래 엿
보았는데 위발을 발견하였다. 위발은 "재상을 뵙고자 하였으나 방법이 없
어, 당신의 집 앞을 청소함으로써 재상을 뵐 수 있는 기회를 구하고자 하
였습니다"라고 하였다. 이에 사인은 위발을 조참과 만나게 해주었고, 이
로써 위발 역시 사인이 되었다. 한번은 위발이 조참의 수레를 몰고 가다
가 몇 가지 건의를 하였는데 그것이 조참의 마음에 들었고, 또한 조참은
그가 능력이 있다고 여겨서, 그를 제 도혜왕에게 추천하였다. 제 도혜왕
은 위발을 접견하고는 그를 내사로 임명하였다. 이를 계기로 제 도혜왕은
2,000석의 관리를 임명할 수 있는 권한을 한 황실로부터 인정받게 되었
다. 도혜왕이 죽고 애왕이 재위를 잇자 위발은 권력을 잡았고, 제나라의
재상으로 중용되었던 것이다.

제 애왕은 이미 군대를 해산하고 자신의 나라로 돌아갔고, 대왕(代王)
이 장안으로 와서 천자로 즉위하니, 그가 바로 효문제(孝文帝)³⁷)이다.

효문제 원년, 고후 시기에 분할된 제의 성양(城陽), 낭야(琅邪), 제남
군(濟南郡) 등이 모두 제나라에 반환되었고, 낭야왕은 연왕(燕王)으로
변경되어 봉해졌으며, 주허후와 동모후의 봉지가 각각 2,000호로 증가되
었다.

---

35) 曹參(?-기원전 190년) : 漢나라 초기의 大臣. 沛縣 사람. 劉邦을 따라 누차 전
공을 세워 平陽(지금의 山西省 臨汾市 서남쪽)의 侯로 봉해졌다. 蕭何의 뒤를 이어
漢나라의 丞相이 되었다. 권54「曹相國世家」참조.

36) 舍人 : 관직 이름.『周禮』「地官」에 처음 보인다. 왕공이나 귀족의 집안 일을 처
리하는 일종의 執事이다.

37) 孝文帝 : 漢나라의 第5代 皇帝. 이름은 恒이다. 재위 기간은 기원전 180년에서 기
원전 157년까지이다. 권50「楚元王世家」의〈주 25〉참조.

이해, 제 애왕이 죽고 나서 태자 유칙(劉則)이 즉위하였으니, 그가 문왕(文王)이다.

제 문왕 원년에, 한 조정은 제나라의 성양군을 주허후에게 주어 그를 성양왕으로 봉하였고, 제북군(濟北郡) 38)을 동모후에게 주어 그를 제북왕으로 봉하였다.

제 문왕 2년, 제북왕이 반란을 일으키자, 한 조정에서는 군대를 보내어 그를 주살하였고, 봉지는 한 조정에 반환시켰다.

2년이 지나, 문제는 제 도혜왕의 아들 파군(罷軍) 등 일곱 명을 모두 열후(列侯) 39)로 봉하였다.

제 문왕은 재위한 지 14년 만에 죽었는데, 자식이 없어서 나라는 없어졌고, 봉지는 한 조정으로 반환되었다.

그후 1년이 지나, 문제는 제나라 땅을 나누어 도혜왕의 모든 아들들을 각각 왕으로 봉하였는데, 제 효왕(齊孝王) 장려(將閭)는 도혜왕의 아들인 양허후(楊虛侯)의 신분으로 제왕(齊王)이 되었다. 원래 제나라의 다른 군은 모두 도혜왕의 아들들이 관할하였으니, 지(志)는 제북왕으로, 벽광(辟光)은 제남왕으로, 현(賢)은 치천왕(菑川王) 40)으로, 앙(卬)은 교서왕(膠西王) 41)으로, 웅거(雄渠)는 교동왕(膠東王) 42)으로 각각 봉해졌다. 이로써 성양왕 그리고 제왕과 합하면 제나라는 모두 일곱 명이 왕이 되었다.

제 효왕 11년, 오왕(吳王) 비(濞) 43)와 초왕(楚王) 무(戊) 44)가 반란을

---

38) 濟北郡 : 秦나라 때에 설치되었다. 지금의 山東省 泰安市 동남쪽이다. 『史記正義』에는 "濟州"로 되어 있다. 관할지역은 지금의 河南省 范縣과 山東省 聊城縣, 東河縣, 肥城縣, 陽谷縣, 高唐縣 등이었다.

39) 列侯 : 爵位의 이름. 漢나라 초기에는 徹侯라고 하였으나, 漢 武帝 劉徹의 諱를 避하고자 通侯로 개칭하였다. 20등급의 작위 중 최고의 등급이다.

40) 菑川은 옛 현 이름, 나라 이름으로 지금의 山東省 淄博市 서남부 지역이다. 淄博은 淄川과 博山의 두 구역이 합병되어 이루어졌다.

41) 膠西는 군 이름, 나라 이름이다. 漢 高祖 6년에 군으로 설치되었다가, 文帝 이후 나라가 되었는데, 때때로 다시 군으로 개편되기도 하였다. 도읍지는 高密(지금의 山東省 高密縣 서남쪽)이었고, 관할지역은 지금의 山東省 膠河 이서 지역이었다. 景帝 때에 七國의 亂에 참가하였다.

42) 膠東은 군 이름, 나라 이름이다. 漢나라 초기에 郡으로 설치되었다가, 文帝 때에 나라가 되었다. 도읍지는 卽墨(지금의 山東省 平度縣 동남쪽), 관할지역은 山東省 平度縣, 榮陽縣, 榮西縣 및 그 남쪽 일대였다.

43) 吳王 濞(기원전 215-기원전 154년) : 권50 「楚元王世家」의 〈주 11〉, 권51 「莉燕

일으켜서 군사를 일으켜 서쪽으로 진격하였다. 그들은 제후들에게 통고하기를 "한나라의 적신 조착(晁錯)[45]을 주살하여 종묘사직을 안정시키고자 한다"라고 하였다. 교서, 교동, 치천, 제남 등은 모두 독자적으로 군사를 일으켜 오와 초에 호응하며 제나라와의 제휴를 기도하였으나, 제 효왕은 주저하였으며, 성문을 굳게 닫고 호응하지 않았다. 교서, 치천, 제남 삼국의 군대는 함께 제를 포위하였다. 제왕은 중대부(中大夫)[46] 노앙(路卬)을 파견하여 천자에게 고하였다. 천자는 다시 노앙을 돌려보내어 "잘 수비하고 있으면 짐의 군대가 곧 오와 초를 쳐부술 것이다"라고 제왕에게 알리라고 하였다. 노앙이 돌아왔을 때에는 삼국의 병사들이 이미 임치성을 겹겹이 포위하고 있어서 성으로 들어갈 수 없었다. 삼국의 장수들은 노앙을 협박하여 "너는 돌아가서, 한 조정은 이미 항복하였으며, 제나라도 빨리 삼국에 투항하지 않으면 성을 무너뜨릴 것이라고 말하라"라고 하였다. 노앙은 그러겠다고 응답하고 성 아래에 도착하였지만, 막상 제왕을 보고는 다음과 같이 말하였다. "한 조정에서는 이미 백만의 군사를 출정시켰고, 태위(太尉)인 주아부(周亞夫)[47]를 보내어 오초의 반군을 격파하였고, 지금 막 이곳으로 군사를 이끌고 구하러 오고 있으니, 제왕께서는 견고하게 수비하며 결코 항복하지 마십시오!" 이에 삼국의 장수들은 그를 주살하였다.

당초에 제나라는 포위되어 위급해지면 몰래 삼국과 내통할 생각이었다. 조약이 확정되지 않아 미루고 있던 차에, 중대부 노앙이 한 조정으로부터 돌아와서 한 말을 듣고, 제나라 사람들은 크게 기뻐하였다. 또한 대신들도 왕에게 투항하지 말 것을 거듭 권유하였다. 머지 않아 한의 장군 난포(欒布),[48] 평양후(平陽侯)[49] 조기(曹奇) 등이 군사를 이끌고 제에 도착

世家」의 〈주 28〉 참조.

44) 楚王 戊 : 高祖 劉邦의 동생인 劉交의 손자. 劉交는 楚王에 봉해졌고, 彭城에 도읍하였다. 그의 손자 劉戊는 第3代 楚王으로 私奸罪(服喪中 금지되어 있는 通情을 저질러 얻은 죄)로 인하여 東海郡을 배앗겼고, 吳王과 함께 모반을 일으켰다가 패하여 피살되었다.

45) 晁錯(기원전 200-기원전 154년) : 권50 「楚元王世家」의 〈주 27〉 참조.

46) 中大夫 : 관직 이름. 郎中令의 屬官으로 諫議大夫, 光祿大夫와 함께 일종의 顧問 역할을 하였다.

47) 周亞夫(?-기원전 143년) : 권50 「楚元王世家」의 〈주 15〉 참조.

48) 欒布(?-기원전 145년) : 권50 「楚元王世家」의 〈주 31〉 참조.

49) 平陽侯 : 漢나라 초기에 曹參이 平陽侯로 봉해진 적이 있다. 영지는 河東郡으로

하여 삼국의 군대를 격파하였고, 포위를 풀었다. 그들은 이어 제왕이 당초에 삼국과 내통하고자 한 것으로 들었다며, 군대를 이동하여 제를 토벌할 것이라고 하였다. 제 효왕은 두려움에 떨다가 결국 약을 먹고 자살하였다. 경제(景帝)[50]는 그 소식을 듣고, 제왕이 처음에는 잘하다가 협박으로 인하여 달리 도모를 꾀한 것은 제왕의 죄가 아니라고 여겼다. 이에 효왕의 태자인 유수(劉壽)를 제왕으로 봉하니, 그가 의왕(懿王)으로, 이로써 제왕의 후사는 이어진 것이었다. 그러나 교서, 교동, 제남, 치천의 왕 등은 모두 주살되었고, 봉지 또한 한 조정으로 반환되었다. 제북왕을 이동시켜 치천을 다스리게 하였다. 제 의왕은 재위 22년 만에 죽었고, 아들인 차경(次景)이 왕위를 계승하였으니, 그가 여왕(厲王)이다.

　제 여왕(齊厲王)의 모친은 기태후(紀太后)라고 하였다. 태후는 자신의 동생인 기씨(紀氏)의 딸을 여왕의 왕후로 삼고자 하였는데, 여왕은 기씨 여자를 좋아하지 않았다. 그러나 태후는 기씨 집안이 대대로 임금의 총애를 받게 하고자, 그 집안의 장녀인 기옹주(紀翁主)를 왕궁으로 들여보내어, 후궁의 궁녀들을 단속하고 그녀들을 여왕과 가까이하지 못하도록 하여, 여왕으로 하여금 기씨 여자만을 좋아하게 하였다. 여왕은 따라서 누이인 옹주와 통간한 것이다.
　제나라에 서갑(徐甲)이라는 환관이 있었는데, 장안으로 가서 황태후(皇太后)[51]를 모시게 되었다. 황태후에게는 수성군(修成君)[52]이라는 아끼는 딸이 있었는데, 수성군은 유씨 소생이 아니었고, 태후는 그녀를 매우 불쌍히 여겼다. 또 수성군에게는 아(娥)라는 딸이 있었는데, 태후는 그녀를 제후왕에게 시집 보내고 싶어하였다. 환관 서갑은 이에 곧 제나라에 사신으로 가기를 청하였는데, 반드시 제왕으로 하여금 아에게 청혼하는 글을 올리게끔 한다는 것이었다. 태후는 매우 기뻐하여, 서갑을 제나라로 보냈다. 이때 제나라 사람 주부언(主父偃)[53]은 서갑이 제나라로 가

　지금의 山西省 臨汾市 서남쪽이다. 여기의 平陽侯는 欒布와 함께 반란군을 공격한 簡侯 曹奇로, 漢 文帝 때에 簡侯로서 平陽侯에 봉해졌다.
50)　景帝 : 漢나라의 第6代 皇帝. 이름은 啓이다. 재위 기간은 기원전 157년에서 기원전 141년까지이다. 권50 「楚元王世家」의 〈주 16〉 참조.
51)　漢 武帝의 생모인 王太后를 가리킨다.
52)　修成君 : 王太后의 전남편인 金氏 소생이다.

서 제왕에게 혼사를 요청하게끔 한다는 것을 알고 있었다. 그는 기회를 틈타 서갑에게 "일이 성사되면 제 딸을 후궁으로 넣어주시기를 부탁합니다"라고 말하였다. 서갑은 제나라에 도착하여 그 일을 암시하였다. 기태후는 대노하여 "왕에게는 왕후가 있고, 후궁 또한 이미 있다. 하물며 서갑은 제나라의 가난뱅이로, 어쩔 수 없이 환관이 된 자이다. 한 조정으로 들어가 아무런 도움이 되지 못하자, 나의 왕가를 소란하게 하고자 하다니! 또 주부언은 무얼 하는 작자인가? 그도 딸을 후궁에 넣고자 하는가!"라고 말하였다. 서갑은 크게 난감하여, 돌아와 황태후에게 "왕은 이미 아를 맞아들이기를 원하지만, 한 가지 문제가 있습니다. 아마도 연왕(燕王)과 같은 일인 듯합니다"라고 보고하였다. 연왕이라는 자는 자신의 딸, 누이와 통간하여, 최근에 벌을 받아 죽었고 나라를 망하게 한 사람으로, 서갑은 연왕의 일로써 태후가 느끼는 것이 있도록 하고자 한 것이다. 태후는 "제나라에 시집 보내는 일은 다시는 꺼내지 말라"라고 하였다. 이 일은 마침내 천자의 귀에까지 들어갔다. 주부언은 이로 말미암아 제나라와 사이가 벌어졌다.

당시 주부언은 천자의 총애를 받아 권력을 잡고 있었는데, 기회를 틈타 다음과 같이 말하였다. "제나라의 임치에는 십만 호가 있어, 세금만 하루에 천금(千金)[54]입니다. 사람이 많을 뿐만 아니라 부유하여, 장안을 능가합니다. 그곳은 천자의 친동생이나 사랑하는 아들이 아니면 왕이 될 자격이 없습니다. 지금 제왕은 친척들과 날이 갈수록 소원해지고 있습니다." 이어 "여태후 시절에 제나라는 모반을 꾀하였고, 오와 초의 난 때에 효왕은 거의 난에 가담하려고 하였습니다. 지금은 제왕이 그 누이와 통간하여 인륜을 어지럽힌다고 합니다"라고 부추겼다. 이에 천자는 주부언을 제나라의 재상으로 임명하였고, 아울러 그 일을 바로잡도록 하였다. 주부언은 제나라에 도착하자마자 제왕의 후궁과 환관 가운데에서 제왕을 도와 그 누이인 옹주와 통하게 한 자들을 심문하였고, 그들의 말을 증거로 삼아 왕을 이끌어낼 참이었다. 왕은 어리고 죄가 커서 관리에게 잡혀 죽을

---

53) 主父偃(? -기원전 126년): 西漢 臨淄(지금의 山東省 淄博市 동북쪽) 사람. 主父는 復姓이다. 中大夫가 되어 推恩令, 즉 諸侯王들의 봉지를 축소할 것을 건의하였다. 후에 齊나라의 丞相이 되어 齊王을 협박, 죽게 하였으나 자신도 죽게 되었다.

54) 1金은 10,000錢을 가리킨다. 세금만 하루에 '千金'이라는 말은 수치상의 말이라기보다는 장사가 아주 잘됨을 말하는 것이다.

것을 두려워하여 약을 먹고 자살하였다. 이로써 후세는 끊기게 되었다.

이때 조왕 유수(劉遂)는 주부언이 두각을 나타내어 제나라가 없어질까 두려워하였고, 그가 점차 유씨의 골육들을 이간시킬까 걱정하였다. 이에 곧 주부언이 뇌물을 받았고 사사로운 원한으로 일을 공평하게 처리하지 않는다고 상소를 올렸다. 천자는 머지 않아 주부언을 감금하였다. 공손홍(公孫弘)[55]은 "제왕은 우려하다가 죽어 후세가 없고, 나라는 한 조정으로 반환되었습니다. 주부언을 죽이지 않으면 천하 사람들의 원망을 막을 수 없을 것입니다"라고 하였고, 마침내 주부언은 주살되었다.

제 여왕은 재위 5년 만에 죽었는데, 후사가 없어, 제나라 땅은 한 조정으로 반환되었다.

제 도혜왕의 후세로는 아직 두 나라가 있었는데, 성양(城陽)과 치천(菑川)이 그곳이었다. 치천의 봉지는 제나라와 마찬가지로 컸다. 천자는 제나라를 불쌍히 여겨서, 도혜왕의 분묘가 군(郡)에 있었기 때문에, 도혜왕의 분묘를 둘러싸고 있는 임치(臨菑) 동쪽 지역을 분할하여 전부 치천국(菑川國)에게 주어 도혜왕의 제사를 지내게 하였다.

성양의 경왕(景王) 유장(劉章)은 도혜왕의 아들인데, 주허후의 신분으로 대신들과 함께 여씨들을 주살하기로 하고, 자신이 먼저 상국인 여왕(呂王) 여산을 미앙궁(未央宮)[56]에서 죽였다. 문제가 즉위한 후, 유장은 2,000호의 봉지를 더 받았으며, 황금 1,000근을 하사받았다. 문제 2년, 제나라 땅 성양군을 유장에게 주어 그를 성양왕에 봉하였다. 유장은 재위한 지 2년 만에 죽고, 아들인 유희(劉喜)가 왕위를 계승하였는데, 그가 공왕(共王)이다.

공왕 8년, 봉지(封地)를 옮겨 회남(淮南)[57]을 다스렸다. 4년 후 다시 돌아와 성양을 다스렸다. 공왕이 33년을 재위한 뒤 그의 아들인 유연(劉

---

55) 公孫弘(기원전 200-기원전 121년) : 漢 武帝 때의 大臣. 菑川 사람. 儒家의 학술에 뛰어났다. 武帝 때 御史大夫가 되었고 후에 丞相을 지냈다. 平津侯에 봉해졌다.

56) 未央宮 : 漢 高祖가 朝會하였던 궁궐의 하나로, 蕭何가 주관하여 高祖 7년(기원전 200년)에 건립하였다. 지금의 陝西省 西安市 서북쪽에 있다.

57) 淮南 : 군 이름, 나라 이름. 漢 高祖 5년에 九江, 衡山, 廬江, 豫章 네 개의 군으로 淮南國을 설치하여 도읍을 六安(지금의 安徽省 六安縣 북쪽)에 두었다가, 壽春(지금의 安徽省 壽縣)으로 옮겼다. 武帝 元狩 初에 나라를 폐하고 군으로 개편하였다.

延)이 왕위를 계승하였는데, 그가 경왕(頃王)이다.

경왕은 재위 26년 만에 죽고, 아들인 유의(劉義)가 계승하였는데, 그가 경왕(敬王)이다. 경왕은 재위 9년 만에 죽고, 아들 유무(劉武)가 계승하였는데, 그가 혜왕(惠王)이다. 혜왕은 재위 11년 만에 죽고, 아들 유순(劉順)이 계승하였는데, 그가 황왕(荒王)이다. 황왕은 재위 46년 만에 죽고, 아들인 유회(劉恢)가 계승하였는데, 그가 대왕(戴王)이다. 대왕은 재위 8년 만에 죽고, 아들인 유경(劉景)이 계승하였는데, 그는 한 성제(漢成帝) 건시(建始) 3년,[58] 15세의 나이로 죽었다.

제북왕(濟北王) 유흥거(劉興居)는 도혜왕의 아들인데, 동모후(東牟侯)의 신분으로 대신들과 협조하여 여씨들을 주살하였으나, 공로가 적었다. 한 문제가 대(代)에서 장안으로 돌아왔을 때 유흥거는 다음과 같이 말하였다. "청컨대 신과 태복(太僕)[59] 하후영(夏侯嬰)[60]으로 하여금 청궁(淸宮)[61]하게끔 들여보내주십시오." 얼마 후 그는 소제(少帝) 유홍(劉弘)[62]를 폐출시켰고, 대신들과 함께 문제를 옹립하였다.

문제 2년, 제나라의 제북군(濟北郡)으로써 유흥거를 제북왕에 봉하였는데, 이로써 성양왕 유장과 동시에 왕이 되었다. 유흥거는 재위한 지 2년 만에 모반을 일으켰다. 당초 대신들이 여씨들을 주살할 때, 주허후 유장의 공로가 아주 커서, 조나라 땅 전부를 주허후에게 봉지로 주어 왕으로 하였고, 동모후에게는 양나라 땅 전부를 봉지로 주어 왕으로 삼았다. 그러나 문제는 즉위하고 나서 주허후와 동모후가 애초에는 제왕을 황제로 옹립하고자 하였다는 말을 듣고 그들의 공을 깎아버렸다. 그러다가 문제 2년에 유씨 자제들을 왕으로 봉할 때, 비로소 제나라의 두 군을 분할하여

---

58) 建始는 漢 成帝의 연호로서 建始 3년은 기원전 34년이다. 司馬遷은 이때까지 살지 않았으므로, 따라서 이 부분은 후대 사람이 보충한 것이다.

59) 太僕 : 관직 이름. 춘추시대에 처음 설치되었고, 秦漢時代에도 이어 설치되었다. 九卿의 하나로, 황제의 車馬를 관리하였다.

60) 夏侯嬰 : 滕公을 말한다. 일찍이 漢 高祖의 太僕을 지냈다.

61) 淸宮 : 帝王이 행차하기 전에 宮內의 안전을 점검하여 나쁜 무리들의 행위나 의외의 사건을 방지하는 것을 말한다.

62) 少帝 劉弘 : 漢의 第4代 皇帝. 재위 기간은 기원전 184년에서 기원전 180년까지이다. 呂后가 세운 常山王 劉義를 가리키는 것으로, 弘은 왕으로 봉해진 후 改名한 것이다. 惠帝의 후궁 소생이라고 하나, 실제로는 劉氏의 후사가 아니다. 후에 폐출되어 피살되었다.

유장과 유흥거를 각각 왕으로 삼았던 것이다. 유장과 유흥거는 그 이전에
는 자연히 직위를 잃고 공로도 깎였던 것이다. 유장이 죽고 나서 유흥거
는, 흉노가 대대적으로 한의 국경을 침입하였는데 한 조정은 많은 군사를
일으켜서 승상 권영을 파견하여 흉노에 반격하게 하였으며, 문제는 친히
태원(太原)으로 행차하여 군사들을 독려하고 오랑캐와 싸우려고 한다는
것을 들었다. 유흥거는 이 기회를 틈타 제북에서 반란을 일으켰다. 천자
는 이 소식을 듣고 승상의 파견을 취소하였고 이미 일으킨 병사를 돌이켜
서 모두 장안으로 돌아오게 하였다. 또한 극포후(棘蒲侯) 시장군(柴將
軍)[63]을 보내어 반란군을 격파하고 제북왕 유흥거를 사로잡아오라고 하
였다. 제북왕은 자살하였고, 봉지는 한 조정으로 반환되어, 군으로 개편
되었다.

13년 후인 문제 16년에 다시 제 도혜왕의 아들인 안도후(安都侯)[64] 유
지(劉志)를 제북왕으로 봉하였다. 그로부터 11년 후, 오와 초가 반란을
일으켰을 때, 유지는 이곳을 굳건히 지켰으며, 제후들과 같이 모반하지
않았다. 오초의 난이 평정되고 난 뒤, 한 조정은 유지를 치천(菑川)으로
옮겨 그곳의 왕이 되게 하였다.

제남왕(濟南王) 유벽광(劉辟光)은 제 도혜왕의 아들인데, 늑후(勒
侯)[65]의 신분으로 한 문제 16년에 제남왕이 되었다. 11년 후, 그가 오초
와 함께 반란을 일으켰을 때, 한 조정은 반란군을 격파하였고, 유벽광을
죽였으며, 제남을 군으로 개편하였고, 봉지는 한 조정으로 귀속시켰다.

치천왕(菑川王) 유현(劉賢)은 제 도혜왕의 아들인데, 무성후(武城
侯)[66]의 신분으로 한 문제 16년에 치천왕이 되었다. 11년 후, 그가 오초
와 함께 반란을 일으켰을 때, 한 조정은 반란군을 격파하였고, 유현을 죽
였다.

천자는 그에 따라 제북왕 유지를 치천으로 옮겨 다스리게 하였던 것인

---

63) 棘蒲侯 柴將軍:『史記集解』에 따르면 "柴武"로 되어 있고,『史記』의 表에는 "剛侯
陳武"로 되어 있다.『史記會注考證』에 따르면 棘蒲侯가 두 명이었다고 한다. 棘蒲는
지금의 河北省 趙縣이다.
64) 安都는 지금의 河北省 高陽縣 서남쪽이다.
65) 勒은 班固의『漢書』에는 "朸"으로 되어 있다. 西漢 때에 설치되었다. 도읍지는
지금의 山東省 商河縣 동북쪽이다.
66) 武城은 옛 읍, 현 이름이다. 춘추시대에는 魯나라 땅이었다. 지금의 山東省 武城
縣 서쪽이며, 漢代에 현이 되었다.

528

데, 유지 역시 제 도혜왕의 아들로 안도후로서 제북을 다스리고 있던 차였다. 이는 치천왕이 반란을 일으켜 죽고 후사가 없자 제북왕을 치천으로 옮겨 다스리게 하였던 경우이다. 그는 모두 35년 동안을 재위하고 죽었는데, 그의 시호는 의왕(懿王)이다. 아들인 유건(劉建)이 왕위를 계승하였는데, 그가 정왕(靖王)이다. 그는 모두 35년 동안을 재위하고 죽었다. 아들인 유유(劉遺)가 왕위를 계승하였는데, 그가 경왕(頃王)이다. 그는 36년 동안을 재위하고 죽었다. 아들인 유종고(劉終古)가 왕위를 계승하였는데, 그가 사왕(思王)이다. 그는 28년 동안을 재위하고 죽었다. 아들인 유상(劉尙)이 왕위를 계승하였는데, 그가 효왕(孝王)이다. 그는 5년 동안을 재위하고 죽었다. 아들인 유횡(劉橫)이 왕위를 계승하였는데, 그는 한 성제(成帝) 건시(建始) 3년,[67] 11세의 나이로 죽었다.

교서왕(膠西王) 유앙(劉印)은 제 도혜왕의 아들인데, 창평후(昌平侯)[68]의 신분으로 한 문제 16년에 교서왕이 되었다. 11년 후, 그가 오초와 함께 반란을 일으켰을 때, 한 조정은 반란군을 격파하고, 유앙을 죽였으며, 봉지는 한 조정으로 반환되어 교서군으로 개편되었다.

교동왕(膠東王) 유웅거(劉雄渠)는 제 도혜왕의 아들인데, 백석후(白石侯)[69]의 신분으로 한 문제 16년에 교동왕이 되었다. 11년 후, 그가 오초와 함께 반란을 일으켰을 때, 한 조정은 반란군을 격파하고, 유웅거를 죽였으며, 봉지는 한 조정으로 반환되어 교동군으로 개편되었다.

태사공은 말하였다.

"제후들의 대국 중에서도 제 도혜왕(齊悼惠王) 이상은 없었다. 천하가 막 평정되었고, 유씨의 자제가 적었으며, 진(秦)나라가 한뼘의 땅도 친척에게 봉지로 주지 않았음을 통감하여, 한 고조 유방은 대대적으로 동성(同姓)을 제후왕으로 봉함으로써 천하 백성의 마음을 안정시키고자 하였던 것이다. 이후에 제나라에 분열이 일어났음은 진실로 이치상 당연한 것이었다."

67) 建始 3년 : 앞의 〈주 58〉 참조.
68) 昌平은 옛 마을 이름이다. 춘추시대에는 魯나라 땅이었다. 지금의 山東省 曲阜市 동남쪽으로 昌平山이 있음으로 하여 붙여진 이름이다. 권47 「孔子世家」의 〈주 3〉 참조.
69) 白石城은 지금의 山東省 東陵縣 북쪽에 있다.

권53 「소상국세가(蕭相國世家)」 제23

   소상국(蕭相國)[1] 하(何)는 패현(沛縣)[2] 풍읍(豐邑)[3] 사람이다. 그는 형법율령(刑法律令)에 통달하여 패현의 주리(主吏)[4]의 하급 관리를 지냈다.

   한 고조(漢高祖) 유방(劉邦)이 평민이었을 때 소하(蕭何)는 여러 차례 관리의 신분으로 유방을 돌보아주었다. 유방이 정장(亭長)[5]이 되었을 때에도 소하는 늘 그를 도와주었다. 유방이 관리로서 함양(咸陽)[6]으로 부역을 갔을 때, 다른 관리들은 그에게 300전을 주었으나 소하만은 500전을 주었다.

---

1) 相國은 관직 이름이다. 춘추시대에 齊나라에서 처음 左右相으로 설치하였다. 전국시대에는 相國, 相邦, 丞相 등으로 불린 百官의 우두머리로서 秦 이후 황제를 보좌하는 최고의 관직이 되었다. 西漢 초기에 丞相을 相國으로 개칭하였다가 후에 다시 丞相으로 개칭하였다. 권52 「齊悼惠王世家」의 〈주 16〉 참조

2) 沛縣 : 秦나라 때에 설치되었고, 漢나라 초기에는 泗水郡을 개편하여 沛郡으로 하였다. 도읍지는 相縣(지금의 安徽省 淮北市 서북쪽), 관할지역은 지금의 安徽省 淮河 이북, 肥河 이동 지역과 河南省 夏邑縣, 永城縣과 江蘇省 沛縣, 豐縣 등이었다.

3) 豐邑 : 옛날 읍 이름. 秦나라 때에는 沛縣에 속하였다가, 漢代에 豐縣으로 되었는데, 이곳은 지금의 江蘇省 서북쪽으로, 安徽省, 山東省 두 省과 잇닿아 있다. 도읍지는 지금의 江蘇省 豐縣이었다.

4) 主吏 : 功曹를 말한다. 漢代의 郡守나 縣令의 屬官으로 功曹史가 있었는데, 약칭하여 功曹라고 하였다. 總務, 人事 등을 주관하였다.

5) 亭長 : 관직 이름. 전국시대에 나라와 나라 사이에는 亭子가 있었는데, 亭子의 長을 설치하여 적을 방어하였다. 西漢 때에는 鄕里에 매 10리마다 하나의 亭子를 설치하고 亭長을 두어 治安, 民事, 旅行 등을 관장하게 하였는데, 주로 병역을 마친 사람이 담당하였다. 東漢 이후 점차 폐지되었다.

6) 咸陽 : 옛날 都邑 이름. 지금의 陝西省 咸陽市 동북쪽. 九嵕山의 남쪽이며, 渭水의 북쪽에 위치하고 있음으로 해서 붙은 이름이다. 즉 옛날에는 산의 남쪽과 물의 북쪽을 陽이라고 하였는데, 咸陽은 이 두 가지를 '모두' 충족하고 있다고 하여, '모두'라는 뜻의 '咸'을 써서 '咸陽'이라고 하였던 것이다. 秦나라가 孝公 12년(기원전 350년) 처음으로 이곳에 도읍하였다. 漢 高祖 元年에 新城으로 개명하였고, 武帝 때에는 渭城으로 개명하였다. 권40 「楚世家」의 〈주 288〉, 권48 「陳涉世家」의 〈주 94〉 참조.

　진(秦)나라의 어사(御史)⁷⁾가 공무를 감독하려고 지방에 와서 소하와 함께 일을 하였는데, 소하는 늘 일을 조리 있게 처리하였다. 이에 그에게 사수군(泗水郡)⁸⁾의 졸사(卒史)⁹⁾라는 직책이 주어졌는데, 그의 공무를 처리하는 성적이 제일이었다. 진나라의 어사는 소하를 입조시켜 등용하고자 하였으나 소하는 극구 사양하고 가지 않았다.

　유방이 군사를 일으켜 패공(沛公)¹⁰⁾이 되자, 소하는 승(丞)¹¹⁾으로서 공무를 감독하였다. 패공이 함양으로 진입하자, 모든 장수들은 앞을 다투어 금은보화가 가득한 창고로 달려가서 그것을 나누어 가졌으나, 유독 소하만은 먼저 궁으로 들어가서 진나라의 승상부(丞相府)와 어사부(御史府)의 법령문서들과 도적문서(圖籍文書)¹²⁾들을 수집하고 감추어 보관하였다. 패공은 자신이 한왕(漢王)¹³⁾으로 봉해지자 소하를 승상으로 임명하였다. 항왕(項王)¹⁴⁾은 제후들과 함께 함양을 모조리 약탈하고 불태우고 떠났다. 한왕은 천하의 산천과 요새, 호구의 많고 적음, 재력의 분포, 민중의 질고(疾苦) 등을 모두 알고 있었는데, 이는 소하가 진나라의 문서들을 완전하게 손에 넣었기 때문이었다. 소하는 한신(韓信)¹⁵⁾을 추천하

---

7) 御史 : 관직 이름. 秦나라 이전에는 史官이었다. 漢代에는 侍御史, 符璽御史, 治書御史, 監軍御史 등 여러 가지의 御史가 있었다. 秦代에는 刺史가 없었고, 御史가 郡을 監督하였다.

8) 泗水郡 : 전국시대에 郡으로 설치되었다. 관할지역은 지금의 安徽省, 江蘇省의 淮河 이북 지역, 宿遷과 泗洪 이서 지역, 蕭縣, 渦陽, 鳳台 이동 지역이었다. 漢나라 초기에 沛郡으로 개편되었다.

9) 卒史 : 관직 이름. 漢代에 郡의 官署에 속해 있는 관리의 하나. 10명이 돌아가며 여러 가지 일을 담당하였다. 권48 「陳涉世家」의 〈주 63〉 참조.

10) 沛公 : 劉邦과 蕭何는 陳勝의 亂에 호응하여 義兵을 일으켜 沛縣을 점거하였으므로, 劉邦은 沛公에 옹립되었다. 楚나라의 제도에 따르면, 현의 우두머리를 公이라고 불렀으므로, 그에 따른 것이라고 할 수 있다.

11) 丞 : 각 給의 주요한 관리의 조수로, 郡丞과 縣丞 등이 있었다.

12) 圖籍文書 : 원문에는 "圖書"로 되어 있으나, 班固의 『漢書』 「蕭何傳」에 따른 것으로, '圖書'는 실제로 圖籍文書의 약칭이라고 할 수 있다. '圖'는 山川의 形勢, 器物制度, 族姓의 始末, 星辰의 度數 등을 그려놓은 것이고, '籍'은 官吏의 名簿, 戶口臺帳을 말하고, '書'는 保管文書를 말한다.

13) 기원전 206년, 項羽는 關中으로 입성하여 대대적으로 諸侯王들을 봉하였는데, 劉邦은 漢中에서 왕으로 봉해졌다. 領地가 巴, 蜀, 漢中이었으므로 漢王으로 불렀다.

14) 項王 : 項羽를 가리킨다. 項羽는 諸侯王들을 대대적으로 봉한 후에 천하를 호령하며 자칭 西楚覇王이라고 하였으며, 사람들은 그를 項王이라고 불렀다.

15) 韓信(? -기원전 196년) : 淮陰(지금의 江蘇省 淮陰市 서남쪽) 사람. 권51 「荊燕世家」의 〈주 8〉, 권92 「淮陰侯列傳」 참조.

였고, 한왕은 한신을 대장군에 임명하였다. 이 일은 「회음후열전(淮陰侯列傳)」에 쓰여 있다.

　한왕이 군사를 이끌고 동진하여 삼진(三秦)[16]을 평정하러 갔을 때, 소하는 승상으로서 파촉(巴蜀)[17]에 남아 그곳을 지키면서 세금을 거두었으며, 지역을 안정시켰고 영(令)을 통하여 백성들에게 알렸으며, 백성들로 하여금 군대의 양식을 보급하게 하였다. 한(漢) 2년(기원전 205년), 한왕과 제후들은 초(楚)나라를 격파하러 갔고, 소하는 관중(關中)[18]을 지키면서 태자[19]를 모셨고, 역양(櫟陽)[20]을 다스렸다. 그는 법령과 규약을 제정하였고, 종묘, 사직, 궁실과 현읍의 사무기구 등을 건립하였는데, 매번 위에 보고하여 한왕이 윤허한 후에 실행하였다. 불가피하게 보고하지 못하였을 경우에는 가장 합리적으로 처리하여, 한왕이 돌아온 후 보고하였다. 소하는 관중에서 호구를 관리하고 식량을 징수하여 그것을 육로로 또는 수로로 군대에 공급하였다. 한왕은 누차 군대를 잃고 도망하였으나, 소하는 늘 관중의 사졸(士卒)을 징발하여 결국 결손된 인원을 보충시키곤 하였다. 한왕은 이로써 소하에게 관중의 사무를 전적으로 책임지도록 위임하였다.

　한 3년, 한왕과 항우는 경현(京縣)[21]과 삭정(索亭)[22] 사이에서 대치하고 있었다. 한왕은 여러 번 사자를 보내어 승상을 위로하였다. 포씨(鮑氏) 성을 가진 어떤 이가 승상에게 말하기를 "한왕이 햇빛에 그을리고 벌판에서 노숙하는 고된 전쟁에서도 여러 번 사자를 보내어 오히려 당신을 위로하는 것은 당신을 의심하기 때문이오. 내 생각에는 당신의 자제와 형

---

16)　三秦 : 권51 「荊燕世家」의 〈주 4〉 참조.
17)　巴蜀 : 옛 도읍 이름. 巴의 도읍지는 江州(지금의 重慶市 嘉陵江 북쪽 연안)이고, 蜀의 도읍지는 지금의 成都市이다. 巴蜀의 관할지역은 대체로 지금의 四川省이다. 권40 「楚世家」의 〈주 274〉, 권48 「陳涉世家」의 〈주 126〉 참조.
18)　關中 : 가리키는 범위의 크기에 따른 여러 가지 설이 있다. 하나는 函谷關 이서 지역, 또 하나는 秦嶺山脈 이북의 범위 이내로, 隴西와 陝北을 포괄하는 지역, 또 하나는 衆關之中으로 衆關은 函谷關, 隴關, 散關, 武關, 蕭關, 臨晉關 등을 가리킨다. 통설은 첫째의 것이다. 권52 「齊悼惠王世家」의 〈주 24〉 참조.
19)　太子 : 呂后 소생의 劉盈으로 후에 惠帝가 되었다.
20)　櫟陽 : 옛 현 이름이다. 秦나라가 설치하였다. 도읍지는 지금의 陝西省 潼縣 동북쪽 渭水 북쪽 연안이다. 권49 「外戚世家」의 〈주 36〉 참조.
21)　京은 옛 현 이름이다. 도읍지는 지금의 河南省 滎陽縣 동쪽이다.
22)　索은 옛 성 이름이다. 옛 터가 지금의 河南省 滎陽縣에 있다.

532

제들 중에서 싸울 수 있는 자들을 모두 싸움터로 보내는 것이 좋을 듯하오. 그러면 왕은 반드시 당신을 더욱 신임할 것이오"라고 하였다. 이에 소하는 그의 계책을 따랐고, 한왕은 크게 기뻐하였다.

한 5년, 이미 항우를 격파하였고, 천하는 평정되었으며, 논공행상이 시작되었다. 여러 신하들은 서로 공을 다투어 1년이 지나도록 결판이 나지 않았다. 고조는 소하가 가장 공이 크다고 여겨, 그를 찬후(鄼侯)[23]로 봉하였고, 식읍도 가장 많이 주었다. 공신들은 다음과 같이 말하였다. "신들은 몸에는 갑옷을 입었고, 손에는 예리한 창칼을 잡았습니다. 많은 자는 100여 차례 전쟁을 하였고, 적은 자는 수십합(合)[24]을 싸웠습니다. 성을 공격하고 땅을 빼앗음에서, 공로의 크고 작음에 각자 차이가 있습니다. 그런데 지금 소하에게 어찌 힘들여 싸운 전쟁의 공로가 있다고 할 수 있겠습니까? 그는 단지 필을 잡고 의론하였을 뿐 전투에 참가하지도 않았는데 상을 내리심이 오히려 우리보다 많으니, 어찌 된 것입니까?"고조는 "그대들은 사냥을 아는가?"라고 말하였다. 군신들이 "압니다"라고 하니, 고조는 또다시 묻기를 "사냥개를 아는가?"라고 하였다. 군신들이 "압니다"라고 대답하니, 고조는 다음과 같이 말하였다. "사냥에서, 짐승이나 토끼를 쫓아가 죽이는 것은 사냥개이지만, 개의 줄을 놓아 짐승이 있는 곳을 지시하는 것은 사람이다. 지금 그대들은 단지 짐승을 잡아올 수 있을 뿐이니, 공로는 마치 사냥개와 같다. 소하로 말하면, 개의 줄을 놓아 목표물을 잡아오게 지시하는 것이니, 공로는 사냥꾼과 같다. 더욱이 그대들은 단지 혼자만이, 많아야 두세 명이 나를 따랐으나, 소하는 전(全)가문의 사람 수십명이 모두 나를 따라서 전쟁을 치렀다. 이러한 공로를 잊어서는 안 될 것이다." 군신들은 모두 감히 아무 말도 하지 못하였다.

열후들이 전부 봉해지자, 위계를 배열해줄 것을 주청하며 말하기를 "평양후(平陽侯)[25] 조참(曹參)[26]은 70여 군데나 상처를 입었고, 성을 공격

23) 鄼는 현 이름이다. 도읍지는 지금의 河南省 永城縣 서북쪽이다. 뒤의 〈주 48〉 참조.
24) 合은 옛날 전쟁을 할 때, 쌍방이 병기를 잡고 한 차례 부딪치는 것을 말한다.
25) 平陽은 옛 읍, 현의 이름이다. 전설에 堯임금이 여기에 도읍하였다고 한다. 秦나라가 현으로 설치하였는데, 도읍지는 지금의 山西省 臨汾市 서남쪽이다. 권49「外戚

하고 땅을 빼앗음에서 공이 가장 큽니다. 마땅히 제일 처음으로 배열하여
야 합니다"라고 하였다. 한왕은 이미 공신들에게 무안을 주었고, 소하를
크게 봉하였으므로, 위계에서는 다시 그들을 난감하게 하지 않으려고 하
였으나, 마음은 여전히 소하를 제일로 두고 싶어하였다. 그런 차에 관내
후(關內侯)[27] 악천추(鄂千秋)[28]가 다음과 같이 진언하였다. "군신들의
의론은 모두 틀렸습니다. 조참이 비록 야전에서 땅을 빼앗은 공은 있지
만, 그것은 단지 한때의 일일 뿐입니다. 폐하께서 초나라 군대와 5년을
대치하셨는데, 자주 군사를 잃으셨고, 몸만 빼내어 도피하신 것이 몇 차
례나 됩니다. 그러나 소하는 늘 관중으로부터 군사를 보내어 병력을 보충
하였는데, 이러한 것들은 폐하께서 명령을 내려서 한 것이 아닙니다. 또
한 관중으로부터 수만의 군사를 전선으로 보낸 것은 마침 폐하께서 부하
를 잃은 지극히 위급할 때였고, 그러한 것이 수차례나 됩니다. 한나라와
초나라의 군대는 형양(滎陽)[29]에서 수년간을 대치하였는데, 군사들이 양
식이 없을 때, 소하는 육로로 또 수로로 관중의 양식을 운송하여 군사들
에게 양식을 공급하였습니다. 폐하께서는 비록 여러 차례 효산 동쪽[30]의
큰 땅을 잃기도 하셨으나 소하는 늘 관중을 잘 보전함으로써 폐하를 기다
렸으니, 이는 만세(萬世)의 공입니다. 지금 비록 조참과 같은 사람 100
여 명이 없다고 한들 어찌 한 황실에 훼손됨이 있겠습니까? 한나라가 그
들을 얻어서 보존할 수 있었던 것은 아닙니다. 어떻게 하루아침의 공으로
하여금 만세의 공로를 능가하게 할 수 있겠습니까? 마땅히 소하를 제일
로, 조참을 그 다음으로 배열해야 합니다."고조는 "좋소"라고 하였다.
이에 소하를 제일로 확정하였고, 소하가 상전(上殿)에서 칼을 차고 신을

世家」의 〈주 72〉 참조.
26) 曹參(? -기원전 190년) : 沛縣 사람. 秦나라 獄吏였다가, 劉邦을 따라 起義, 누
 차 공을 세워 제후로 봉해졌다. 蕭何가 죽고, 그를 이어 漢나라의 丞相이 되었다.
 그가 蕭何의 정책을 계승하고 하나도 고치지 않았으므로, 역사에서는 "蕭規曹隨"로
 기록되어 있다. 권52「齊悼惠王世家」의 〈주 35〉, 권54「曹相國世家」참조.
27) 關內侯 : 爵位 이름. 爵位와 封號만이 있었을 뿐 봉지는 없었다. 漢나라의 작위는
 모두 20등급으로 秦나라의 제도를 계승하였다. 關內侯는 그중 19번째 등급이다.
28) 鄂千秋 : 劉邦을 따라 起兵한 인물로, 후에 安平侯로 봉해졌다.
29) 滎陽 : 군, 현의 이름. 도읍지는 지금의 河南省 滎陽縣 동북쪽이다.
30) 원문은 "山東"으로, 이것은 지금의 山東省이 아니다. 전국시대에는 崤山, 華山
 이동 지역의 六國(楚, 韓, 魏, 齊, 趙, 燕)의 영토와 秦나라 關中 이동 지역을 모두
 '山東'이라고 칭하였다.

534

신는 것을 특별히 허락하였으며,³¹⁾ 황제를 배알할 때에도 작은 걸음으로 조급히 걷지³²⁾ 않아도 된다고 하였다.

고조는 다음과 같이 말하였다. "짐은 현명한 이를 추천한 사람은 상을 받아야 한다고 들었소. 소하가 비록 공이 크지만, 악천추의 논변을 통하여 더욱 빛이 나는구려." 이에 악천추를 원래 봉하였던 관내후의 작위에 안평후(安平侯)³³⁾의 식읍을 더하여 봉하였다. 그날 소하의 부자 형제 10여 명이 모두 식읍을 받았다. 후에 소하에게는 2,000호의 식읍이 더해졌는데, 이것은 고조 황제가 옛날 함양에서 부역할 때, 소하가 다른 사람보다 200전을 더 주었기 때문이었다.

한 11년(기원전 196년) 가을, 진희(陳豨)³⁴⁾가 반란을 일으켰다. 고조는 친히 군사를 이끌고 출정하여 한단(邯鄲)³⁵⁾에 이르렀다. 아직 전쟁이 끝나지 않았는데 회음후(淮陰侯)³⁶⁾ 한신이 관중에서 모반을 일으켰다. 여후(呂后)가 소하의 계책을 이용하여 회음후를 주살하였다. 그 일은 「회음후열전」에 기록되어 있다. 고조는 회음후가 주살되었다는 말을 듣고 사자를 보내어 승상 소하를 상국으로 제수하였고, 식읍 5,000호를 더 주었고, 아울러 500명의 군사와 도위(都尉)³⁷⁾ 한 명을 파견하여 상국을 호위하게 하였다. 많은 동료가 축하를 하였으나, 소평(召平)만은 애도를 표하였다. 소평이라는 자는 원래 진나라의 동릉후(東陵侯)였는데, 진나라가 망하자 평민으로 몰락하였고, 집이 가난하여 장안성(長安城)³⁸⁾ 동쪽에서 오이를 심고 있었다. 그가 심은 오이는 맛이 좋아서, 세간에서는 '동릉과(東陵瓜)'라고 칭하였는데, 이것은 소평의 봉호(封號)에서 말미암

31) 옛날에는 대신들이 황제를 배알할 때, 칼을 차고 신을 신는 것은 용인되지 않았고, 특별한 윤허가 있을 때만 예외적으로 가능하였다.
32) 작은 걸음으로 조급히 걷는다는 것은 공경을 표시하는 것이다.
33) 安平은 漢나라의 현 이름이다. 도읍지는 지금의 河北省 安平縣이다.
34) 陳豨: 권51 「荊燕世家」의 〈주 30〉 참조.
35) 邯鄲: 옛 도읍, 군, 현의 이름. 도읍지는 지금의 河北省 邯鄲市이고, 관할지역은 河北省 泜河 이남, 滏陽河 상류와 河南省 內黃縣, 浚縣과, 山東省 冠縣 서부 지역이었다.
36) 淮陰은 秦나라의 현 이름이다. 지금의 江蘇省 淮陰市 서남쪽이다.
37) 都尉: 전국시대 때 설치되었다. 將軍보다 낮은 武官이다. 景帝 때에 郡尉를 都尉로 개편하여, 郡守를 보좌하고 軍事를 맡겼다. 권48 「陳涉世家」의 〈주 15〉 참조.
38) 長安城: 권52 「齊悼惠王世家」의 〈주 17〉 참조.

은 것이었다. 소평은 상국에게 다음과 같이 말하였다. "화근은 이로부터 시작됩니다. 황제는 햇빛에 그을리고 벌판에서 노숙하는 고된 전쟁을 하고 있고, 당신은 궁전에 남아 궁전을 지켜, 전쟁의 험난함을 맛보지 못하였는데도, 오히려 당신의 봉지를 늘려줄 뿐만 아니라 호위부대까지 붙여주니, 이것은 지금 회음후가 막 반란을 일으켰기 때문으로, 당신을 의심하는 마음이 생겼기 때문입니다. 호위부대를 설치하여 당신을 호위하는 것은 당신에게 은총을 베푸는 것이 아닙니다. 원컨대 당신이 봉지를 늘려주는 것을 사양하시고, 당신 재산 전부를 군비에 보태신다면, 황제는 기뻐할 것입니다." 이에 상국은 그의 계책을 따랐고, 고조는 과연 크게 기뻐하였다.

한 12년 가을, 경포(黥布)[39]가 반란을 일으켜 고조가 친히 군사를 이끌고 그를 토벌하러 갔는데, 여러 차례 사람을 보내어 상국이 무엇을 하고 있는지를 알아보았다. 상국은 고조가 군사를 이끌고 나갔으므로 백성들을 다독거렸고, 자신의 재산을 전부 군비로 조달하고 있었으니, 이때도 진희가 반란을 일으켰을 때와 똑같이 하는 것이었다. 어떤 객이 상국에게 다음과 같이 권유하였다. "당신은 멸족당하는 것이 머지 않았습니다. 당신의 지위는 상국이고, 공로도 제일 크니, 다시 무엇을 더 하겠습니까? 그러나 당신이 당초에 관중으로 들어가고부터 민심을 얻어, 지금이 10여 년째입니다. 백성들은 모두 당신을 따르고 당신도 부지런히 일을 처리하여 백성의 사랑을 받고 있습니다. 황제께서 여러 차례 당신의 근황을 물으신 것은 당신이 관중을 동요시킬까 두려워서입니다. 지금 당신은 어찌하여 많은 밭을 싸게 사서 전대함으로써 자신의 명예를 훼손시키지 않습니까? 그렇게 하면 황제께서는 비로소 안심하실 것입니다." 이에 상국은 그의 계책을 따랐고, 고조는 크게 기뻐하였다.

한 고조가 경포의 군대를 격파하고 장안으로 돌아오는데, 백성들이 길을 막고 상소문을 올려, 상국이 백성들을 강요하여 백성들의 밭과 집 수천만전 어치를 싸게 샀다는 것을 고발하였다. 고조가 귀경하자, 상국은

---

39) 黥布 : 六(지금의 安徽省 六安市) 사람. 원래 이름은 英布였으나, 얼굴에 墨을 넣는 罪, 즉 黥刑을 받았기에 黥布로 불린다. 그는 項羽의 장군으로 九江王이었으나, 漢나라로 귀순하여 淮南王으로 봉해졌다. 후에 반란을 일으켰다가 피살되었다. 권48 「陳涉世家」의 〈주 102〉, 권91 「黥布列傳」 참조.

고조를 배알하였다. 고조는 웃으며 "상국은 이런 식으로 백성을 이롭게 하였는가?"라고 하면서, 백성들이 올린 상소문을 모두 상국에게 보여주며, "상국이 직접 백성에게 사죄하라!"라고 말하였다. 상국은 이 기회를 틈타 백성을 위한다고 하며 다음과 같이 주청하였다. "장안은 땅이 좁은데, 상림원(上林苑)[40]에는 많은 공터가 있고, 황폐해져 있습니다. 원컨대 백성들이 그곳에 들어가서 농사를 짓게 하되, 볏짚이나 보릿짚은 짐승들의 먹이로 하게 거두지 말 것을 윤허하시기 바랍니다."고조는 대노하여 "상국이 상인들의 재물을 많이 받았구나. 그들을 위하여 짐의 상림원을 요구하다니!"라고 말하고는, 곧 상국을 정위(廷尉)[41]에게 보내어 족쇄와 수갑을 채워 구금하게 하였다. 며칠이 지나, 왕씨(王氏) 성을 가진 위위(衛尉)[42]가 고조의 앞으로 나아가, "상국이 무슨 대죄를 저질렀기에 폐하께서는 그를 그렇게 엄하게 구금하셨습니까?"라고 말하였다. 고조는 "짐은 승상 이사(李斯)[43]가 진 시황을 보좌할 때 업적이 있으면 주상에게 돌렸고 과실이 있으면 자신이 가졌다고 들었소. 지금 상국은 간사한 상인들에게 뇌물을 받고도 백성을 위한다며 짐의 상림원을 요구하는데, 이는 스스로가 백성에게 잘 보이려고 하는 것이니, 그래서 그를 구금하여 치죄하고자 하오"라고 말하였다. 왕 위위는 다음과 같이 말하였다. "직책상, 백성들에게 편리가 있는 것 같아서 백성들을 위하여 요청한 것은 진정 승상의 본분입니다. 폐하께서는 어찌 상국이 상인들의 뇌물을 받았다고 의심하십니까? 또한 폐하께서는 과거 여러 해 동안 초나라에 대항하셨고, 진희와 경포의 반란 때에는 친히 군사를 이끌고 반란을 평정하셨는데, 당시에 상국은 관중에 남아 지켰습니다. 만약 그가 한번 발을 빼고 동요하였더라면 함곡관(函谷關)[44] 이서(以西) 지역은 폐하께 돌아오지 않았을

---

40) 上林苑 : 옛 정원의 이름. 秦代에 지어졌으며, 咸陽의 남쪽에 있는 황제의 전용 사냥터이다. 漢나라 초기에는 황폐해졌으나, 高祖 12년에 일반 백성의 개간을 허용하였다. 武帝 때에 '宮苑'으로 개칭하였는데, 그 크기가 사방 200여 리가 되었다. 苑 內에는 짐승을 방목하여 황제의 수렵용으로 사용하였다. 아울러 離宮, 觀, 館도 수 십곳을 지었다.

41) 廷尉 : 관직 이름. 秦代에 처음 설치하였다. 漢 景帝 때에는 大理로 개칭하였다가 武帝 때에 다시 廷尉라고 불렀다. 刑獄을 관장하는 九卿의 하나이다.

42) 衛尉 : 황제를 호위하는 侍奉.

43) 李斯 : 楚나라 上蔡(지금의 河南省 上蔡縣) 사람. 荀子의 제자로, 전국시대 말기에 秦나라로 入朝하여, 廷尉와 丞相 등을 거쳤다. 후에 宦官 趙高에 의해서 피살되었다. 권87 「李斯列傳」 참조.

것입니다. 상국은 그 당시에도 이익을 취하지 않았는데, 설마 지금 상인의 돈 때문에 이익을 도모하였겠습니까? 더구나 진 시황은 자신의 과실에 대한 지적을 듣지 않음으로 해서 천하를 잃은 것인데, 이사가 과실을 분담하는 것에서 무슨 본받을 것이 있었겠습니까! 폐하께서는 어찌 승상을 그렇게 천박하게 의심하십니까?" 고조는 기분이 좋지 않았다. 이날, 부절(符節)⁴⁵⁾을 소지한 사자를 보내어 상국을 석방하였다. 상국은 연로하였고, 평소 공손하고 신중하였다. 황제를 배알할 때에는 맨 발로 사죄하였다. ⁴⁶⁾ 고조는 다음과 같이 말하였다. "됐소! 상국은 백성을 위하여 상림원을 요구하였고, 짐은 윤허하지 않았으니, 짐은 걸(傑), 주(紂)⁴⁷⁾ 같은 군주에 불과하지만, 상국은 어진 재상이오. 짐이 상국을 구금한 까닭은 백성들로 하여금 짐의 잘못을 알게 하기 위함이었소."

소하는 평소 조참과 서로 좋지 못한 사이였다. 소하가 병이 들자, 혜제는 친히 상국의 병세를 보러 와서는 다음과 같이 물었다. "그대가 만약 죽는다면 누가 그대를 대신할 수 있겠는가?" 소하는 "신하를 아는 것은 군주보다 나은 사람이 없습니다"라고 대답하였다. 혜제는 소하가 조참과 사이가 좋지 않다는 것을 알면서도 "조참이 어떤가?"라고 물었고, 소하는 머리를 조아리며 "폐하께서는 잘 택하셨습니다. 신은 죽어도 여한이 없습니다!"라고 말하였다.

소하는 밭과 집을 살 때 반드시 외딴 곳에 마련하였고, 집을 지을 때에도 담장을 치지 않았다. 그러면서 그는 "후대의 자손이 현명하다면, 나의 검소함을 배울 것이고, 현명하지 못하더라도 권세 있는 사람에게 빼앗기지는 않을 것이다"라고 말하였다.

혜제 2년(기원전 193년), 상국 소하는 죽었는데, 그의 시호는 문종후(文終侯)이다.

소하의 후손이 죄로 인하여 제후의 봉호를 잃은 것이 4대였고, 매번 계승할 사람이 끊어졌다. 천자는 번번이 소하의 후손을 다시 찾아, 계속하

---

44) 函谷關: 河南省 靈寶縣 黃河 유역에 있는 험준한 골짜기로 군사적 요충지이다.
45) 符節: 증빙으로 삼는 물건.
46) 사죄 표시의 하나이다.
47) 傑, 紂: 夏나라의 傑임금과 殷나라의 紂임금을 가리킨다. 고대의 폭군이다. 권2 「夏本紀」와 권3 「殷本紀」 참조.

여 찬후(鄷侯) [48]로 봉하였는데, 다른 공신들은 모두 그와 비교조차 할 수 없었기 때문이었다.

　태사공은 말하였다.

"소상국(蕭相國) 하(何)는 진(秦)나라 때에는 도필리(刀筆吏) [49]에 불과하였고, 평범하여 특별한 공적은 없었다. 한(漢)나라가 일어나자, 황제의 여광(餘光)에 의지하여, 소하는 직책을 충실히 수행하였으며, 백성들이 진나라의 법을 증오하는 것을 알고 그것을 조류에 순응시킴과 아울러 다시 새롭게 하였다. 한신(韓信), 경포(黥布) 등은 모두 주살되었지만, 소하의 공훈은 찬란하였다. 지위는 군신 중 최고였으며, 명성은 후세에까지 이어졌으니, 굉요(閎夭)와 산의생(散宜生) [50] 등과 그 공적을 다툰다."

---

48) 鄷은 漢나라의 현 이름이다. 옛 성이 지금의 湖北省 光化縣 동북쪽에 있다. 이곳과 蕭何가 당시 봉해졌던 鄷(이때의 독음은 '차')와는 다르다. 蕭何가 봉해졌던 鄷는 지금의 河南省 永城縣 서북쪽이다. 앞의 〈주 23〉 참조.

49) 刀筆吏 : 고대에는 죽간이나 목판에 글을 썼는데, 틀리면 칼로 긁어내고 다시 썼다. 이 때문에 그러한 칼과 필을 사용하는 하급 관리를 '刀筆吏'라고 하였다.

50) 閎夭, 散宜生 : 周 文王의 四友에 속한다. 후에 武王을 도와 殷나라를 멸망시켰다. 권4 「周本紀」, 권32 「齊太公世家」의 〈주 16〉 참조.

권54 「조상국세가(曹相國世家)」 제24

평양후(平陽侯)¹⁾ 조참(曹參)은 패(沛)²⁾ 사람이다. 조참은 진(秦)나라 때 패의 옥리(獄吏)가 되었고, 소하(蕭何)는 주리(主吏)가 되었는데, 그들은 현(縣)에서 권세 있는 관리였다.

한 고조(漢高祖)가 패공(沛公)이 되어 궐기할 때, 조참은 중연(中涓)의 신분으로 군대를 이끌고 호릉(胡陵), 방여(方與)³⁾ 지방으로 진격하여 진(秦)나라의 감공(監公)의 군대를 공격하여 대파하였다. 그는 동쪽으로 설(薛)⁴⁾을 점령하였고 설의 외성(外城) 서쪽에서 사수(泗水)⁵⁾ 군수의 군대로 진격하였다가 재차 호릉을 공격하여 점령하였다. 조참이 방여를 수비하러 이동하였는데, 방여는 이미 위왕(魏王)에게 투항하였으므로, 조참은 곧 방여를 향해서 진격하였다. 풍(豐)⁶⁾도 배반하여 위(魏)나라에 투항하자, 조참은 또 풍읍을 공격하였다. 패공은 조참에게 칠대부(七大夫)⁷⁾의 작위를 하사하였다. 조참은 탕(碭)⁸⁾의 동쪽에서 진(秦)나라의 사마이(司馬夷)의 군대를 향해 진격하여 적군을 격파시켰고 탕, 고보(孤父)⁹⁾와 기(祁)¹⁰⁾의 선치(善置)¹¹⁾를 탈취하였다. 또 하읍(下邑)¹²⁾이 서

---

1) 平陽은 지금의 山西省 臨汾布 서남쪽이다. 권49 「外戚世家」의 〈주 72〉, 권53 「蕭相國世家」의 〈주 25〉 참조.
2) 沛 : 지금의 江蘇省 沛縣을 말한다. 권53 「蕭相國世家」의 〈주 2〉 참조.
3) 胡陵은 현 이름으로, 지금의 山東省 魚台縣 동남쪽이다. 方與도 현 이름으로 지금의 山東省 魚台縣 서쪽이다.
4) 薛 : 읍 이름. 지금의 山東省 滕縣 남쪽.
5) 泗水 : 秦나라의 군 이름. 지금의 安徽省, 江蘇省의 淮河 이북 지역.
6) 豐 : 秦나라 沛縣의 읍 이름. 권53 「蕭相國世家」의 〈주 3〉 참조.
7) 七大夫 : 작위 이름. 秦漢의 작위는 20등급으로 나뉘는데, 그중 제7급의 公大夫를 지칭한다.
8) 碭 : 현 이름. 지금의 河南省 永城縣의 동북쪽. 권48 「陳涉世家」의 〈주 87〉 참조.
9) 孤父 : 지명으로, 지금의 安徽省 碭縣 남쪽이다.
10) 祁 : 현 이름으로 지금의 河南省 夏邑縣 동남쪽이다.
11) 善置 : 驛站 이름.
12) 下邑 : 현 이름. 지금의 安徽省 碭山縣 북쪽.

로 공세를 취하자 우현(虞縣)을 쳤고, 장함(章邯)¹³⁾의 거기(車騎) 부대
를 향해서 진격하였다. 원척(爰戚)¹⁴⁾과 항보(亢父)¹⁵⁾를 공격할 때 조참
은 제일 먼저 성루에 올랐기 때문에 오대부(五大夫)로 승진되었다.

그는 북쪽으로 아현(阿縣)¹⁶⁾을 구원하고 장함의 군대로 진격하여 진
(陳)¹⁷⁾을 함락시켰고 복양(濮陽)¹⁸⁾까지 추격하였다. 그리하여 정도(定
陶)¹⁹⁾를 공격하였고 임제(臨濟)²⁰⁾를 탈취하였다. 그는 남쪽을 향해서 옹
구(雍丘)²¹⁾를 구원하였고 이유(李由)²²⁾의 군대를 공격하여 격파시켜, 이
유를 사살하고 진(秦)나라 군대의 군후(軍侯) 한 명을 포로로 잡았다.
이때 진나라 장수 장함은 항량(項梁)²³⁾의 군대를 격파하고 항량을 살해
하였다. 이에 패공과 항우(項羽)는 군대를 이끌고 동쪽으로 귀환하였다.
초 회왕(楚懷王)은 패공에게 탕군(碭郡)²⁴⁾의 장이 되게 하여 탕군의 군
대를 통솔하게 하였다. 이때 패공은 조참을 집백(執帛)²⁵⁾으로 봉하였고
건성군(建成君)이라고 칭하였다. 또 조참을 척(戚)²⁶⁾의 현령으로 승진시
키고 탕군을 그에게 예속시켰다.

그후에 조참은 패공을 따라 동군(東郡)²⁷⁾ 군위(郡尉)의 군대를 공격하

13) 章邯 : 秦나라의 장군. 秦나라 말기에 군대를 이끌고 농민 起義軍을 진압하였다.
후에 項羽에게 투항하여 雍王에 봉해졌다가 楚漢 전쟁중에 劉邦에게 패배하여 자살
하였다. 권48 「陳涉世家」의 〈주 53〉 참조.
14) 爰戚 : 현 이름으로, 지금의 山東省 嘉祥縣 남쪽이다.
15) 亢父 : 현 이름으로, 지금의 山東省 濟寧市 남쪽이다.
16) 阿縣 : 東阿縣을 말한다. 지금의 山東省 東阿縣 서남쪽.
17) 陳 : 현 이름. 지금의 河南省 淮陽縣. 일찍이 陳勝이 여기에 도읍한 바 있다.
18) 濮陽 : 현 이름. 지금의 河南省 濮陽縣.
19) 定陶 : 현 이름. 지금의 山東省 定陶縣 서북쪽.
20) 臨濟 : 읍 이름. 지금의 河南省 開封丘縣 동쪽.
21) 雍丘 : 현 이름. 지금의 河南省 杞縣.
22) 李由 : 秦나라 丞相 李斯의 아들로 당시의 三川郡守였다. 권48 「陳涉世家」의 〈주
42〉 참조.
23) 項梁 : 秦나라 말기 농민 起義軍의 영수. 秦 二世 元年(기원전 209년) 조카 項羽
와 군대를 일으켜 秦나라에 반대하였다. 陳勝이 실패한 후 楚 懷王 손자를 王으로
삼아 여전히 楚 懷王이라고 칭하고 자신을 武信君이라고 칭하였다. 후에 章邯과의
전투에서 패해서 죽임을 당하였다. 권48 「陳涉世家」의 〈주 104〉 참조.
24) 碭郡 : 군 이름. 지금의 河南省, 山東省, 安徽省의 교차지역.
25) 執帛 : 전국시대 때 楚나라의 작위 이름. 劉邦이 일어날 때 관직을 楚나라의 제도
를 많이 따랐다.
26) 戚 : 현 이름. 지금의 江蘇省 沛縣 동북쪽. 일설에는 『史記正義』에는 戚을 곧 "爰
戚"이라고 하였는데, 爰戚은 지금의 山東省 嘉祥縣 남쪽이다.

여 성무(成武)²⁸⁾의 남쪽에서 격퇴시켰다. 왕리(王離)²⁹⁾의 군대를 성양(成陽)³⁰⁾ 남쪽에서 진격하였고, 다시 왕리의 군대를 강리(杠里)³¹⁾에서 공격하여 대파시켰다. 적군을 추격하여 서쪽으로 개봉(開封)에 이르자, 조분(趙賁)³²⁾의 군대를 향해서 진격하여 물리치고 개봉성(開封城)에서 조분의 군대를 포위하였다. 서쪽으로는 곡우(曲遇)³³⁾에서 진나라 장수 양웅(楊熊)의 군대를 향해서 진격하여 물리치고 진나라의 사마(司馬)와 어사(御史) 각 1명을 포로로 삼았다. 그 공으로 조참은 집규(執珪)³⁴⁾로 승진하였다. 또 조참은 패공을 따라 양무(陽武)³⁵⁾를 공격하여 환원(轘轅),³⁶⁾ 구지(緱氏)³⁷⁾를 점령하였고, 황하 나루터를 봉쇄하고는 회군(回軍)하여 시향(尸鄕)³⁸⁾ 북쪽에서 조분의 군대를 향해서 진격하여 적군을 물리쳤다. 패공을 따라 남쪽을 향해서 주(犨)³⁹⁾를 공격하였고 남양(南陽)⁴⁰⁾ 군수 여의(呂齮)와 양성(陽城)⁴¹⁾의 외성 동쪽에서 교전하였다. 그리하여 적군의 진영을 격파하였고 완성(宛城)⁴²⁾을 탈취하였고 여의를 포로로 삼았고 남양군(南陽郡)을 완전히 평정하였다. 패공을 따라 서쪽으로 무관(武關),⁴³⁾ 요관(嶢關)⁴⁴⁾을 공격하여 탈취하였다. 먼저 진(秦)나라 군대를 남전(藍田)⁴⁵⁾의 남쪽으로 공격하고 또 밤에는 남전의 북쪽으

---

27) 東郡 : 군 이름. 지금의 山東省 서북부와 河南省 동북부 일대.
28) 成武 : 현 이름. 지금의 山東省 成武縣.
29) 王離 : 秦나라의 장군. 王翦의 손자.
30) 成陽 : 현 이름.
31) 杠里 : 지명. 成陽 서쪽.
32) 趙賁 : 秦나라의 장군.
33) 曲遇 : 지금의 河南省 中牟縣 동쪽.
34) 執珪 : 전국시대 때 楚나라의 최고 작위의 이름. 권40 「楚世家」의 〈주 255〉 참조.
35) 陽武 : 현 이름. 지금의 河南省 原陽縣 동남쪽.
36) 轘轅 : 山 이름으로 지금의 河南省 偃師縣 동남쪽에 있다. 형세가 험한 군사요충지이다.
37) 緱氏 : 현 이름으로 지금의 河南省 偃師縣 동남쪽에 있다.
38) 尸鄕 : 지금의 河南省 偃師縣의 서남쪽.
39) 犨 : 읍 이름. 지금의 河南省 魯山縣 동남쪽.
40) 南陽 : 군 이름. 관할지역은 지금의 河南省 서남부와 湖北省 북부 지역이다.
41) 陽城 : 현 이름. 지금의 河南省 方城縣 동쪽.
42) 宛城 : 현 이름. 지금의 河南省 南陽市. 권45 「韓世家」의 〈주 48〉 참조.
43) 武關 : 關 이름으로 지금의 陝西省 丹鳳縣 동남쪽의 丹江上에 있다. 기원전 207년에 劉邦이 이곳을 통해서 秦나라로 들어갔다. 권48 「陳涉世家」의 〈주 93〉 참조.
44) 嶢關 : 關 이름으로 지금의 陝西省 商縣 서북쪽에 있다.
45) 藍田 : 현 이름. 지금의 陝西省 藍田縣 서쪽.

로 공격하여 대패시켰다. 그리하여 함양(咸陽)⁴⁶⁾에 도달하여 마침내 진나라를 멸망시켰다.

항우가 관중(關中)에 도착하여 패공을 한왕(漢王)으로 봉하였다. 한왕은 조참을 건성후(建成侯)로 봉하였다. 조참은 한왕을 따라 한중(漢中)⁴⁷⁾에 도착하여 장군(將軍)으로 승진되었다. 그는 한왕을 따라 회군하여 삼진(三秦)⁴⁸⁾을 평정하고는 처음으로 하변(下辯),⁴⁹⁾ 고도(故道),⁵⁰⁾ 옹(雍),⁵¹⁾ 태(斄)⁵²⁾를 공격하였다. 호치(好畤)⁵³⁾ 남쪽에서 장평(章平)⁵⁴⁾의 군대로 진격하여 적군을 물리치고는 호치를 포위하여 양향(壤鄕)⁵⁵⁾을 탈취하였다. 양향의 동쪽과 고력(高櫟) 일대에서 삼진의 군대로 진격하여 물리쳤다. 다시 장평을 포위하자 장평은 호치로부터 포위를 뚫고 도주하였다. 승세를 타고 조분과 그의 내사(內史)⁵⁶⁾인 보(保)의 군대를 공격하여 물리쳤다. 동쪽으로 함양을 공격하여 점령하고는 한왕은 함양을 신성(新城)⁵⁷⁾으로 고쳐 불렀다.

조참이 군대를 이끌고 20일 동안 경릉(景陵)을 지키자 삼진은 장평 등을 파견하여 조참을 공격하였다. 조참은 출격하여 적군을 대파하였다. 한왕은 영진(寧秦)을 조참에게 식읍(食邑)⁵⁸⁾으로 주었다. 조참은 장군의

---

46) 咸陽 : 秦나라의 수도. 지금의 陝西省 咸陽市 동북쪽.
47) 漢中 : 군 이름. 지금의 陝西省 漢中市 동쪽. 권48 「陳涉世家」의 〈주 125〉 참조.
48) 三秦 : 項羽가 劉邦이 東出하는 것을 막기 위해서 秦나라의 옛 땅을 3分하여 秦나라에 항복한 세 장군에게 봉해준 것을 말한다. 章邯을 雍王으로, 司馬欣을 塞王으로, 董翳를 翟王으로 삼았다. 권51 「荊燕世家」의 〈주 4〉와 권53 「蕭相國世家」의 〈주 16〉 참조.
49) 下辯 : 지금의 甘肅省 成縣 서북쪽.
50) 故道 : 현 이름으로 지금의 陝西省 寶鷄市 서남쪽이다.
51) 雍 : 현 이름으로 지금의 陝西省 鳳翔縣 남쪽이다. 권39 「晉世家」의 〈주 35〉 참조.
52) 斄 : 현 이름으로서 지금의 陝西省 武功縣 서남쪽이다.
53) 好畤 : 현 이름으로 지금의 陝西省 乾縣 동쪽이다.
54) 章平 : 章邯의 아우이다.
55) 壤鄕 : 村邑 이름. 지금의 陝西省 武功縣 동남쪽이다.
56) 內史 : 秦나라의 수도내의 행정장관으로 후일의 京兆尹에 해당된다. 권43 「趙世家」의 〈주 116〉, 권52 「齊悼惠王世家」의 〈주 2〉 참조.
57) 新城 : 漢 高祖 元年에 咸陽을 新城으로 고쳐 불렀고, 후에 武帝가 渭城으로 다시 고쳐 불렀다.
58) 食邑 : 고대 제왕이나 제후가 신하에게 하사한 세습 봉지. 周代에는 封을 받은 자는 토지와 백성에 대해서 통치권을 행사하였고, 秦漢代에는 郡縣制를 실시하여 단지 戶口 징세권만 부여받았다. 권49 「外戚世家」의 〈주 120〉 참조.

신분으로 군대를 이끌고 가서 장함을 폐구(廢丘)[59]에서 포위하였다. 그는 또 중위(中尉)[60]의 신분으로 한왕을 따라 임진관(臨晉關)을 나왔다. 하내(河內)[61]에 도착하여 수무(修武)[62]를 점령하였고 위진(圍津)[63] 나루에서 황하를 건너 동쪽을 향해 정도(定道)에서 용차(龍且),[64] 항타(項他)[65]를 공격하여 물리쳤다. 더욱 동쪽으로 진격하여 탕(碭), 소(蕭),[66] 팽성(彭城)[67]을 탈취하였다. 한왕이 항적(項籍)의 군대를 공격하다가, 대패하여 도주하였다. 조참은 중위의 신분으로 군대를 이끌고 옹구(雍丘)를 포위하여 탈취하였다. 한(漢)나라의 장수 왕무(王武)[68]가 외황(外黃)[69]에서 반란을 일으키고, 정거(程處)[70]가 연(燕)[71] 땅에서 반란을 일으키자, 조참은 군대를 이끌고 진격하여 그들을 물리쳤다. 주천후(柱天侯)[72]가 연지(衍氏)[73]에서 반란을 일으키자, 조참은 또 진격하여 반란군을 물리치고 연지를 탈취하였다. 또 우영(羽嬰)을 곤양(昆陽)[74]에서 쳐서 섭(葉)[75]까지 추격하였다. 회군(回軍)하여 무강(武彊)[76]을 공격하였고 승세를 타서 형양(滎陽)[77]에 이르렀다. 조참은 한중(漢中)에서부터 장군이 되고 중위가 되어, 한왕을 따라 제후 및 항우를 치다가 군대가 패하여

---

59) 廢丘 : 읍 이름. 지금의 陝西省 與平縣 동남쪽.
60) 中尉 : 秦漢시대에 수도의 치안을 담당한 武官. 권43 「趙世家」의 〈주 115〉, 권52 「齊悼惠王世家」의 〈주 19〉 참조.
61) 河內 : 널리 황하 이북을 지칭한다. 여기서는 河南省의 황하 이북, 山西省의 동남부와 河北省 동부 지역을 지칭한다.
62) 修武 : 현 이름. 지금의 河南省 獲嘉縣 境內. 권51 「荊燕世家」의 〈주 9〉 참조.
63) 圍津 : 白馬津을 말한다. 황하 나루터의 하나로 지금의 河南省 滑縣 동쪽이다.
64) 龍且 : 項羽의 장군으로 후에 韓信에게 죽임을 당하였다.
65) 項他 : 魏나라의 승상이다.
66) 蕭 : 현 이름으로 지금의 安徽省 蕭縣 서북쪽이다.
67) 彭城 : 현 이름으로 지금의 江蘇省 徐州市를 말한다. 권50 「楚元王世家」의 〈주 6〉 참조.
68) 王武 : 劉邦의 장수이다.
69) 外黃 : 현 이름으로 지금의 河南省 杞縣의 동북쪽이다.
70) 程處 : 劉邦의 장수.
71) 燕 : 현 이름. 지금의 河南省 延津縣 동북쪽.
72) 柱天侯 : 劉邦의 部將의 封號. 柱天은 지금의 安徽省 霍山縣 동북쪽이다.
73) 衍氏 : 城 이름. 지금의 河南省 鄭州市 북쪽.
74) 昆陽 : 현 이름. 지금의 河南省 葉縣. 권44 「魏世家」의 〈주 85〉 참조.
75) 葉 : 현 이름. 지금의 河南省 葉縣 남쪽.
76) 武彊 : 城 이름. 지금의 河南省 鄭州市 동북쪽.
77) 滎陽 : 현 이름. 지금의 河南省 滎陽縣 동북쪽으로 고대의 군사 요충지.

형양으로 돌아왔으니, 이것은 모두 총 2년 동안의 일이었다.

고조(高祖) 2년,[78] 조참은 대리 좌승상(左丞相)이 되어 군대를 이끌고 관중(關中)[79]에 주둔하였다. 한 달 남짓 지나자 위왕 표(魏王豹)[80]가 반란을 일으켜서 조참은 대리 좌승상의 신분으로 한신(韓信)[81]과 제각기 군대를 이끌고 동쪽을 향해서 위(魏)나라의 장군 손속(孫遫)의 군대를 동장(東張)[82]에서 공격하여 대파시켰다. 승세를 타고 안읍(安邑)[83]을 공격하여 위(魏)나라의 장군 왕양(王襄)을 포로로 잡았다. 곡양(曲陽)[84]에서 위왕(魏王)을 쳤고, 무원(武垣)[85]까지 추격하여 위왕 표를 생포하였다. 평양(平陽)을 점령하여, 위왕의 모친과 처, 자녀들을 포로로 하여 완전히 위(魏) 땅을 평정하였으니, 빼앗은 성이 모두 52개였다. 한왕은 평양을 조참에게 식읍으로 주었다. 이어서 한신을 따라 조(趙)나라의 상국(相國) 하열(夏說)[86]의 군대를 오(鄔)[87]의 동쪽에서 쳐서 대파하였고 하열을 죽였다. 한신은 옛 상산왕(常山王) 장이(張耳)[88]와 함께 군대를 이끌고 정경(井陘)[89]으로 내려와 성안군(成安君)[90]을 치는 동시에, 조참에게 명령하여 회군하여 조(趙)나라의 별장(別將) 척장군(戚將軍)을 오성(鄔城)에서 포위하도록 하였다. 척장군이 포위를 뚫고 도주하자 조참

---

78) 高祖 2년 : 기원전 205년.
79) 關中 : 권52 「齊悼惠王世家」의 〈주 24〉, 권53 「蕭相國世家」의 〈주 18〉 참조.
80) 魏王 豹 : 魏咎의 동생. 魏咎가 章邯의 공격으로 자살하자 魏豹는 楚나라로 도망하였다가, 魏의 20여 성을 함락시켜 魏王이 되었다. 項羽에 복속하였다가 후에 漢에 항복하였다. 漢나라 군대가 彭城에서 패하자 그는 또 漢나라를 배반하였다.
81) 韓信 : 권51 「荊燕世家」의 〈주 8〉, 권53 「蕭相國世家」의 〈주 15〉 참조.
82) 東張 : 성 이름. 지금의 山西省 臨晉縣 서쪽.
83) 安邑 : 현 이름. 지금의 山西省 夏縣 서북쪽. 권46 「田敬仲完世家」의 〈주 86〉 참조.
84) 曲陽 : 현 이름. 지금의 河北省 曲陽縣 서쪽. 권43 「趙世家」의 〈주 198〉 참조.
85) 武垣 : 현 이름. 지금의 河北省 河間縣 서남쪽.
86) 夏說(? -기원전 205년) : 秦漢時代 때의 사람.
87) 鄔 : 현 이름. 지금의 山西省 介休縣 동북쪽.
88) 張耳 : 大梁 사람. 陳涉이 起義한 후 趙歇을 趙王으로 옹립하였다. 劉邦에 귀순한 후 趙王으로 봉해졌다. 권48 「陳涉世家」의 〈주 33〉, 권51 「荊燕世家」의 〈주 7〉 참조.
89) 井陘 : 현 이름. 지금의 河北省 井陘縣.
90) 成安君 : 陳餘의 봉호. 大梁 사람. 농민 起義에 참가한 후, 張耳와 함께 趙歇을 趙王으로 옹립하였다. 趙歇이 그를 代王으로 세웠다. 후에 韓信과 張耳에게 살해되었다.

은 그를 추격하여 죽였다. 이에 조참은 군대를 이끌고 오창(敖倉)[91]에 있는 한왕의 영소(營所)에 도달하였다.

이때 한신은 이미 조(趙)나라를 점령하여 상국(相國)이 되어, 동쪽의 제(齊)를 향해서 진격하였다. 조참은 우승상(右丞相)의 신분으로 한신을 예속시켰고 제(齊)나라 역하(歷下)[92]의 군대를 격파하였고 임치(臨菑)[93]를 점령하였다. 회군하여 제북군(濟北郡)을 평정하였고 저현(著縣), 탑음(漯陰), 격현(鬲縣), 노현(盧縣)을 공격하였다. 얼마 되지 않아 한신을 따라 상가밀(上假密)[94]에서 용차의 군대를 쳐서 대파하였고, 용차를 베고 그의 부장(部將) 주란(周蘭)을 포로로 잡았다. 제나라 땅을 평정하여 모두 70여 개 현을 얻었다. 옛 제왕 전광(田廣),[95] 재상(宰相) 전광(田光), 대리 승상인 수상(守相) 허장(許章) 및 옛 제나라의 교동장군(膠東將軍) 전기(田旣)를 포로로 잡았다. 한신은 제왕(齊王)으로 봉해진 후 군대를 이끌고 진현(陳縣)에 도착해서 한왕과 회합하여 함께 항우를 물리쳤고, 조참은 머물러서 제나라의 항복하지 않은 지방을 평정시켰다.

항적(項籍)은 이미 죽고 한왕이 황제가 되었다. 한신은 초왕(楚王)으로 옮겨 봉해졌고, 제(齊)는 군(郡)이 되었다. 조참은 한나라의 승상(丞相)의 인(印)을 반환하였다. 고제(高帝)는 장자(長子) 유비(劉肥)를 제왕(齊王)으로 봉하는 동시에, 조참을 제나라의 상국으로 임명하였다. 고조 6년에, 조정은 조참에게 열후(列侯)의 작위를 주었고 제후와 신표를 나누어 가져 그것을 증표로 삼아 그들의 작위를 대대로 이어 전해서 끊어지지 않게 하였다. 조참은 평양의 10,630호를 식읍으로 하여 평양후로 봉해졌고 이전에 받은 식읍은 반환되었다.

조참은 제나라 상국의 신분으로 군대를 이끌고 진희(陳豨)[96]의 부장(部將) 장춘(張春)의 군대를 격파하였다. 경포(黥布)[97]가 반란을 일으키

---

91) 敖倉 : 秦代에 敖山에 세운 식량창고. 그 터는 지금의 河南省 鄭州市 서북쪽 邙山 위에 있다. 권48 「陳涉世家」의 〈주 72〉 참조.
92) 歷下 : 읍 이름. 지금의 山東省 濟南市.
93) 臨菑 : 읍 이름. 지금의 山東省 淄博縣 동북쪽.
94) 上假密 : 현 이름. 옛 성은 지금의 山東省 高密縣 서남쪽에 있다.
95) 田廣 : 齊나라의 귀족 田榮의 아들. 陳涉이 起義한 후 田榮은 田儋을 따라서 기병하여 秦을 반대하였고 후에 齊王이 되었다. 項羽가 齊나라를 치자 田榮은 패하여 平原 민중에게 살해당하였다. 田榮의 동생 田橫은 田廣을 齊王으로 세웠다.
96) 陳豨 : 권51 「荊燕世家」의 〈주 30〉, 권53 「蕭相國世家」의 〈주 34〉 참조.

자 조참은 제 상국의 신분으로 제 도혜왕(齊悼惠王)⁹⁸⁾을 따라 보병, 거
기(車騎) 부대 20만 명을 이끌고 고조와 함께 경포의 군대를 쳐서 대파하
였다. 남쪽으로 기(蘄)⁹⁹⁾를 치고 또 회군하여 죽읍(竹邑), 상(相), 소
(蕭), 유(留)¹⁰⁰⁾를 평정하였다.

조참의 공적은 다음과 같다. 모두 두 제후국과 122개 현을 함락시켰
고, 두 명의 제후왕, 세 명의 제후국 승상, 여섯 명의 장군, 그리고 대막
오(大莫敖),¹⁰¹⁾ 군수(郡守), 사마(司馬), 군후(軍侯), 어사(御史) 각 1
명씩을 포로로 삼은 것이다.

혜제(惠帝)¹⁰²⁾ 원년, 제후국에 상국을 설치하는 법령을 폐지하였고,
조정은 조참을 제나라의 승상으로 임명하였다. 조참은 제나라의 승상이
되어 제나라 70개 성읍을 통할하였다. 천하가 막 평정되었을 때, 도혜왕
(悼惠王)은 나이가 어렸다. 조참은 장로(長老)와 독서인(讀書人)을 전부
불러들여 백성을 안정시키는 방법을 물었다. 제나라에는 원래 100명을
헤아리는 유생이 있어 여러 설이 분분하니 조참은 어떻게 결정해야 할지
몰랐다. 조참은 교서(膠西)¹⁰³⁾에 개공(蓋公)이라는 사람이 있어 황로학
설(黃老學說)¹⁰⁴⁾에 정통하다는 말을 듣고 후한 폐물을 보내 그를 오게 하
였다. 이윽고 개공을 만나니 개공은 그에게 "국가를 다스리는 가장 좋은
방법은 청정무위(淸靜無爲)이며, 그렇게 하면 백성들은 저절로 안정된
다"라고 말하였다. 개공은 이것을 유추하여, 이 방면의 이치를 모두 말하
였다. 조참은 이에 정당(正堂)¹⁰⁵⁾을 양보하고는 개공으로 하여금 거주하
도록 하였다. 조참은 제나라를 다스리는 강령으로 황로학설을 채택하였
다. 그러자 제나라의 승상이 된 지 9년 만에 백성들이 편안해졌으며, 사

---

97) 黥布 : 권48「陳涉世家」의 〈주 102〉, 권53「蕭相國世家」의 〈주 39〉 참조.
98) 齊 悼惠王 : 劉肥의 시호.
99) 蘄 : 현 이름. 지금의 安徽省 宿州市 동남쪽. 권48「陳涉世家」의 〈주 16〉 참조.
100) 竹邑, 相, 蕭, 留 : 蘄에 가까운 네 현.
101) 大莫敖 : 전국시대 楚나라의 작위 이름으로 卿에 상당하였다.
102) 惠帝 : 劉盈. 劉邦의 아들. 권52「齊悼惠王世家」의 〈주 1〉 참조.
103) 膠西 : 군 이름. 권52「齊悼惠王世家」의 〈주 41〉 참조.
104) 黃老學說 : 道家學說을 지칭한다. 전국시대, 秦, 漢 때에 발전한 것으로, 黃帝,
老子가 道家의 시조이다.
105) 正堂 : 丞相이 사무 보는 곳.

람들은 조참을 현명한 승상이라고 칭찬하였다.

혜제 2년, 소하(蕭何)가 죽었다. 조참은 이 소식을 듣고는 그의 사인 (舍人)[106]들에게 행장을 꾸리라고 재촉하며 "나는 곧 입궐하여 상국이 될 것이다"라고 말하였다. 얼마 안 되어 과연 사자가 조참을 부르러 왔다. 조참이 떠날 때, 후임 승상에게 당부하였다. "제나라의 감옥과 시장은 간사한 사람들이 모여드는 장소이니, 그러한 곳에 대해서는 마땅히 신중해야 하며 혼란이 있어서는 안 될 것이오." 후임 승상이 말하였다. "국가를 다스리는 일로 이보다 중요한 것이 없습니까?" 조참이 말하였다. "그렇지는 않소. 감옥과 시장이라는 곳은 선과 악이 공존하는 곳이오. 만약 당신이 그곳을 엄중히 처리하지 않는다면 나쁜 사람이 어디에 가서 몸을 의탁하겠소? 나는 이 때문에 이 일을 중요한 것으로 우선시한 것이오."

조참이 아직 미천하였을 때에는 소하와 사이가 좋았으나, 후에 조참이 장군이 되고 소하가 상국이 되어서는 틈이 벌어졌다. 그런데 소하가 죽음에 임박하여 현명하다고 추천한 사람은 오직 조참이었다. 조참은 소하의 뒤를 이어 한나라의 상국이 되어 모든 일을 변경함이 없이 한결같이 소하가 제정한 법령에 따랐다.

조참은 각 군(郡)이나 제후국의 관리 중에 문사(文辭)가 질박하고 꾸밈이 없는 중후한 장자(長者)가 있으면 곧 불러들여 승상부(丞相府)의 관리로 임명하였다. 관리 중에 언어와 문사가 각박하고 칭송이나 명성을 얻기에만 힘쓰는 자는 곧 물리쳐 내보냈다. 조참은 밤낮으로 술을 마셨다. 경(卿)이나 대부(大夫) 이하의 관리들이나 빈객들은 조참이 정사를 돌보지 않는 것을 보고, 내방하는 사람마다 모두 진언(進言)하거나 권고하려고 하였다. 그런 사람이 찾아오면 조참은 곧 맛있는 술을 마시게 하였고, 조금 지나서 할 말을 하려고 하면 다시 술을 권하여 취하게 한 뒤에 돌려보내어 방문한 사람이 끝내 말을 꺼내지 못하게 하였다. 이러한 일은 항상 있는 일이었다.

상국의 집 후원은 관리들의 숙사와 가까웠는데, 관리들은 숙사에서 하루 종일 술 마시고 노래하며 큰소리로 떠들어댔다. 조참의 수종관리(隨從官吏)가 그들을 미워하였으나 어찌할 방도가 없었다. 이윽고 그 수종관리는 조참에게 후원에 나와 놀게 하고 관리들이 취해서 떠들고 노래하는 것

---

106)   舍人 : 門客을 말한다. 권52 「齊悼惠王世家」의 〈주 36〉 참조.

을 듣게 하여, 상국이 그들을 불러 처치하기를 바랐다. 그런데 조참은 도리어 술을 가져오게 하여 술자리를 벌여 그들과 같이 마시기 시작하여 고성방가하며 그 관리들과 사이좋게 지냈다.

조참은 관리들의 사소한 잘못을 보면 오로지 숨겨주고 덮어주니 상국부(相國府)에서는 거의 문제가 일어나지 않았다.

조참의 아들 줄(窋)은 중대부(中大夫)였다. 혜제는 상국이 정사를 처리하지 않는 것을 괴이하게 여기며 "어찌 짐을 경시하는가?"라고 생각하였다. 그리하여 줄에게 말하였다. "그대가 집에 돌아가거든 남모르게 조용히 부친께 물어보시오. '고제(高帝)가 돌아가시어 신하들과 이별한 지 얼마 되지도 않았고, 또 황제의 나이도 젊으신데, 아버님은 상국이 되어 날마다 술만 마시고 황제께 소청하거나 보고하는 일도 없으니 무엇으로써 천하 대사를 걱정하십니까?'라고 묻되, 짐이 그대에게 시켰다고는 말하지 마시오."

줄이 휴가를 얻어 집에 와서 부친을 모시고 있다가 혜제의 말대로 부친에게 간하였다. 그러자 조참은 크게 화를 내며 줄의 종아리를 200대나 때리고서 말하였다. "빨리 궁에 들어가 황제를 모시기나 하여라. 천하의 일은 네가 말할 것이 아니다."

조회할 때 혜제는 조참을 나무라며 말하였다. "왜 줄을 그렇게 혼냈소? 지난번 일은 짐이 시켜 그대에게 간하게 한 것이었소."

조참은 관을 벗고 사죄하여 말하였다. "폐하께서 보실 때, 폐하와 고제(高帝) 중 누가 더 성명(聖明)하고 영무(英武)하심이 낫다고 생각하십니까?" "짐이 어찌 감히 선제(先帝)를 넘보리오?" "폐하께서 보실 때 저와 소하 중 누가 더 능력이 낫다고 생각하십니까?" "그대가 못 미칠 것 같소."

조참이 말하였다. "폐하께서 말씀하신 것이 옳습니다. 또 고제와 소하가 천하를 평정하였고, 법령도 이미 밝게 정하셨습니다. 폐하께서는 팔짱만 끼고 계시고 저희들은 직분을 지키면서 옛 법도를 따르기만 하고 잃지 않는 것이 또한 좋지 않겠습니까?" 혜제가 "좋소. 이제 그대는 쉬도록 하시오"라고 하였다.

조참이 한나라의 상국이 된 지 햇수로 3년[107]이 되어 죽자 시호를 의후

107) 三年 : 曹參은 惠帝 2년 7월 相國이 되어 5년 8월에 죽었으니, 만 3년 동안 相國

(懿侯)라고 하였다. 아들 줄이 후(侯)의 작위를 계승하였다. 백성들이
이런 노래를 불렀다.

소하가 제정한 법
일자(一字)처럼 밝고 곧았네.
조참이 대를 이어
지켜가며 잃지 않았네.
청정무위의 정책 집행하니
온 백성들 한결같이 편안하네.

  평양후(平陽侯) 조줄(曹窋)은 여태후(呂太后) 때 어사대부를 지냈는데
한 문제가 즉위하자 관직을 사직하고 후(侯)가 되었다. 조줄은 후가 된
지 29년 만에 세상을 떠나서 정후(靜侯)라는 시호를 받았다. 그 아들 조
기(曹奇)가 그 작위를 계승하고서 7년 만에 죽었으니, 그의 시호는 간후
(簡侯)이다. 그 아들 조시(曹時)가 그 작위를 계승하였다. 조시는 평양
공주(平陽公主)와 결혼하여 아들 조양(曹襄)을 낳았다. 조시는 나병에
걸려 봉국(封國)으로 돌아갔는데 작위를 얻은 지 23년 만에 죽었으니,
그의 시호는 이후(夷侯)이다. 조양은 위장공주(衛長公主)와 결혼하여 아
들 조종(曹宗)을 낳았다. 조양은 작위를 받은 지 16년 만에 죽었으니,
그의 시호는 공후(共侯)이다. 조종이 그 작위를 계승하였는데, 정화(征
和) 2년[108]에 태자의 일에 연루되어 죽자 봉국이 해제되었다.

  태사공은 말하였다.
  "상국 조참(曹參)이 야전(野戰)의 공로가 위에서 말한 바처럼 많음은
회음후 한신(韓信)과 같다. 그런데 한신이 멸망한 후에 열후의 공을 봉한
것 중에서는 유독 조참이 그 이름을 드러내었다. 조참이 한(漢)나라의 상
국이 되자, 그의 정치사상인 청정무위(清靜無爲)는 도가의 원칙과 가장
부합된다고 인식되었다. 더욱이 백성들이 진(秦)나라의 잔혹한 통치를
받은 후, 조참이 그들에게 무위이치(無爲以治)로 휴식하게 하자, 천하
사람들이 모두 조참의 공덕을 칭송하였다."

자리에 있었다.
108) 征和 2년 : 漢 武帝 시기(기원전 141-기원전 87년)로 기원전 91년이다.

권55 「유후세가(留侯世家)」 제25

유후(留侯)[1] 장량(張良)은 그 선조가 한(韓)나라 사람이다. 조부 희개지(姬開地)[2]는 한(韓)나라의 소후(昭侯),[3] 선혜왕(宣惠王),[4] 양애왕(襄哀王)[5]의 재상을 지냈고, 아버지 희평(姬平)은 희왕(釐王),[6] 도혜왕(悼惠王)[7]의 재상을 지냈다. 도혜왕 23년에 그 아버지 희평이 죽었고, 그후 20년 만에 진(秦)나라가 한(韓)나라를 멸망시켰다. 당시 장량은 나이가 어려서 한나라에 벼슬을 하지는 않았으나, 한나라가 멸망하였음에도 불구하고 그의 집에는 노복(奴僕)이 300명이나 있었다. 이 무렵 그는 동생이 죽었는데도 크게 장례를 치르기는커녕 오히려 모든 가산을 다 털어 진 시황제(秦始皇帝)를 죽일 자객을 구해서 한나라의 원수를 갚고자 하였는데, 그것은 곧 조부와 부친이 한나라의 5대 왕에 걸쳐서 재상을 지냈기 때문이었다.

장량은 일찍이 회양(淮陽)[8]에서 예(禮)를 배웠고, 동방으로 가서 창해군(倉海君)[9]을 찾아뵙고 대력사(大力士) 한 사람을 찾아내어 120근의 철퇴 하나를 만들었다. 그리고 진 시황이 동방을 순시할 때, 장량과 대력사는 박랑사(博浪沙)[10] 가운데에 매복하였다가 그를 저격하였으나 잘못하여 뒤따르는 수레를 맞추고 말았다. 이에 진 시황은 크게 노하여 전국 각

---

1) 留는 현 이름이다. 지금의 江蘇省 沛縣 동남쪽. 권52 「齊悼惠王世家」의 〈주 26〉 참조.
2) 張良의 선조는 본래 姬氏 姓으로 韓나라의 公族이었으나 張良이 秦 始皇을 암살하려다 실패하고 숨어다니면서 성을 張氏로 바꾸었다.
3) 昭侯: 기원전 358년에서 기원전 333년까지 재위하였다.
4) 宣惠王: 기원전 332년에서 기원전 312년까지 재위하였다.
5) 襄哀王: 襄王이라고도 하며, 기원전 311년에서 기원전 296년까지 재위하였다.
6) 釐王: 기원전 295년에서 기원전 273년까지 재위하였다.
7) 悼惠王: 桓惠王이라고도 하며, 기원전 272년에서 기원전 239년까지 재위하였다.
8) 淮陽: 군 이름. 지금의 河南省 중동부에 있었다.
9) 倉海君: 隱者로 그 이름은 잘 알 수 없다. 일설에는 東夷의 왕이라고도 한다.
10) 博浪沙: 땅 이름. 지금의 河南省 原陽縣 동남쪽.

552

지를 대거 수색하여 긴급히 자객들을 붙잡아들였는데, 이는 완전히 장량 때문이었다. 장량은 이에 이름을 바꾸고 하비(下邳)[11]로 달아나 숨었다.

장량은 일찍이 한가한 틈을 타 하비의 다리 위를 천천히 산책하였는데, 한 노인이 거친 삼베옷을 걸치고 그에게 다가와 일부러 신을 다리 밑으로 떨어뜨리고는 그를 돌아보고 "애야, 내려가서 내 신을 주워오너라!"라고 하였다. 장량은 의아해하며 한바탕 때려주려고도 하였으나 그 사람이 노인이었으므로 억지로 참고 다리 아래로 내려가서 신을 주워왔다. 그러자 노인이 이번에는 또 "나에게 신겨라!"라고 하였다. 장량은 기왕에 노인을 위해서 신을 주워왔으므로 윗몸을 곧게 세우고 꿇어앉아 신을 신겨주었다. 노인은 발을 뻗어 신을 신기게 하고는 웃으면서 가버렸다. 장량은 매우 놀라서 노인이 가는 대로 물끄러미 바라다보았다. 노인은 1리쯤 가다가 다시 돌아와서 말하기를 "너 이놈, 참으로 가르칠 만하구나! 닷새 뒤 새벽에 여기서 나와 만나자꾸나"라고 하였으며, 그러자 장량은 더욱 괴이하게 여기며 꿇어앉아 "예" 하고 대답하였다. 그리고 닷새째 되는 날 새벽에 장량이 그곳으로 가보니 노인은 벌써 나와 있었다. 노인은 화를 내며 "늙은이와 약속을 하고서 뒤늦게 오다니 어찌 된 노릇이냐?"라고 하고는 되돌아가면서 "닷새 뒤에 좀더 일찍 다시 오너라"라고 하였다. 닷새가 지나 새벽 닭이 울 때 장량은 다시 그곳으로 갔다. 노인은 또 먼저 그곳에 와 있었으며, 다시 화를 내며 "또 늦게 오다니, 어찌 된 거냐?"라고 하고 그곳을 떠나가면서 "닷새 뒤에 좀더 일찍 오너라"라고 하였다. 다시 닷새 뒤 장량은 밤이 반도 지나지 않아서 그곳으로 갔다. 그랬더니 조금 뒤 노인도 그곳으로 와서는 기뻐하며 "마땅히 이렇게 해야지"라고 하였고, 책 한 권을 내놓으며 말하기를 "이 책을 읽으면 제왕의 스승이 될 수 있으며, 10년 후에는 그 뜻을 이룰 것이다. 그리고 13년 뒤에 너는 또 제수(濟水) 북쪽에서 나를 만날 수 있을 것인데, 곡성산(穀城山)[12] 아래의 누런 돌[黃石]이 바로 나이니라"라고 하고는 그곳을 떠나가며 더 이상 다른 말을 하지 않았으며, 그러고 나서 다시는 그를 볼 수가 없었다. 날이 밝아 그 책을 보았더니 바로 『태공병법(太公兵法)』[13]이었다. 이

11) 下邳 : 현 이름. 지금의 江蘇省 睢寧縣 서북쪽.
12) 穀城山 : 黃山이라고도 하며, 지금의 山東省 東阿縣 동북쪽에 있었다.

리하여 장량은 그 책을 기이하게 여겨 늘 익히고 송독(誦讀)하였다.

장량이 하비에 있을 때 협객이 되었는데, 항백(項伯)[14]이 일찍이 사람을 죽인 일이 있어 장량을 따라다니며 숨어 지냈다.

10년 뒤 진섭(陳涉) 등이 봉기하자 장량도 청년 100여 명을 모았다. 경구(景駒)[15]는 자립하여 초나라의 대리왕(代理王)이 되어 유현(留縣)에 있었다. 그래서 장량은 그곳으로 가서 그를 따르려고 하였는데, 도중에 패공(沛公)을 만났다. 이때 패공은 무리 수천명을 거느리고 하비 서쪽의 땅을 공격하여 점령하고 있었으므로 장량은 마침내 패공을 따라갔다. 이에 패공은 장량을 구장(廐將)[16]으로 임명하였다. 장량이 자주 『태공병법』으로 패공에게 유세하자 패공이 그를 좋게 여겨 항상 그의 계책을 취하곤 하였다. 장량은 또 다른 사람에게도 『태공병법』을 말하였으나 그들은 모두 이해하지 못하였다. 장량은 "패공은 아마도 하늘이 낸 인물일 것이다"라고 말하였다. 그러므로 장량은 패공을 따랐고 경구를 보러 가지 않았다.

패공이 설읍(薛邑)[17]으로 가서 항량(項梁)[18]을 만나보니 항량은 초 회왕(楚懷王)을 옹립하였다. 장량은 이에 항량에게 말하기를 "그대가 이미 초나라 후예를 세웠는데, 한(韓)나라의 여러 공자 가운데 횡양군(橫陽君) 한성(韓成)이 가장 현명하니 그를 왕으로 세워 우군(友軍)을 증강하십시오"라고 하니, 항량이 장량에게 한성을 찾게 하여 그를 세워 한왕(韓王)으로 삼았다. 그리고 장량을 한(韓)나라 사도(司徒)[19]로 삼아 한왕을 따라 1,000여 명의 군사를 거느리고 서쪽으로 나아가 한나라 원래의 땅을 공략하게 하여 몇개의 성을 빼앗았지만, 번번이 진(秦)나라가 그 성을 다

---

13) 『太公兵法』: 太公 呂尙이 지은 것으로 전해지는 병서. '太公'의 姓은 姜, 氏는 呂, 이름은 尙, 字는 子牙, 號는 太公望이다. 周 武王을 도와 殷나라를 멸망시켰다. 권32 「齊太公世家」 참조.

14) 項伯: 項羽의 숙부. 漢나라가 세워진 후 劉氏 성을 하사받고 射陽侯에 봉해졌다.

15) 景駒: 楚나라 왕족의 후예. 권48 「陳涉世家」의 〈주 96〉 참조.

16) 廐將: 군마를 관장하는 벼슬.

17) 薛邑: 지금의 山東省 滕縣 남쪽에 있었다.

18) 項梁: 권48 「陳涉世家」의 〈주 104〉, 권54 「曹相國世家」의 〈주 23〉 참조.

19) 司徒: 원문에는 "申徒"로 되어 있는데, 곧 '司徒'와 같은 뜻으로 丞相에 가까운 지위이다.

554

시 탈환해갔다. 이리하여 한나라 군대는 영천(潁川)²⁰⁾ 땅에서 왔다갔다 옮겨다니며 싸움을 하는 처지가 되었다.

　패공이 낙양(雒陽)에서 남으로 환원산(轘轅山)²¹⁾으로 나아갔을 때, 장량은 군대를 거느리고 패공을 따라 한나라 땅 10여 성을 무너뜨리고 양웅(楊熊)²²⁾의 군대를 격파하였다. 패공은 이에 한왕(韓王) 한성으로 하여금 남아서 양책(陽翟)²³⁾을 지키게 하고, 자신은 장량과 함께 남하하여 원(宛)²⁴⁾을 격파하고 서쪽 무관(武關)²⁵⁾으로 들어갔다. 패공이 병사 2만 명으로 요관(嶢關)²⁶⁾을 지키는 진(秦)나라 군대를 치려고 하자 장량이 이렇게 말하였다.

　　진나라 군대가 아직은 강성하니 가볍게 볼 수가 없습니다. 제가 듣건대 그들의 장수는 백정의 자식이라고 하니, 장사군은 돈이나 재물로 쉽게 움직일 수 있습니다. 원컨대 패공께서는 잠시 진영내에 머물러 계시고, 사람을 시켜 먼저 가서 5만 명의 식량을 준비하고, 또 모든 산 위에 많은 깃발을 세워 의병(疑兵)²⁷⁾으로 삼게 하시고, 역이기(酈食其)²⁸⁾로 하여금 많은 보물을 가져다가 진나라 장수를 매수하게 하소서.

　진나라 장수가 과연 진나라를 배반하고 패공과 연합하여 서쪽으로 함양(咸陽)²⁹⁾을 공격하려고 하였다. 이에 패공이 곧 진나라 장수의 요구를 들어주려고 하자 장량이 말하기를 "다만 저 장수는 진나라를 배반하려고 합니다만, 신은 그 병졸들이 따르지 않을까 두렵습니다. 만약 따르지 않는다면 위험하오니 그들이 태만해진 틈을 타서 공격하는 것만 못합니다"라고 하였다. 패공이 이에 군사를 이끌고 진나라 군대를 공격하여 대파하고, 패잔병을 쫓아 남전(藍田)³⁰⁾에 이르러 다시 싸우니 진나라 군대는

─────────────

20)　潁川 : 군 이름. 그 군청 소재지는 지금의 河南省 禹縣이었다.
21)　轘轅山 : 산 이름. 지금의 河南省 偃師縣 동남쪽에 있었다.
22)　楊熊 : 秦나라 장수.
23)　陽翟 : 현 이름. 지금의 河南省 禹縣. 권45 「幹世家」의 〈주 15〉 참조.
24)　宛 : 현 이름. 지금의 河南省 南陽市. 권54 「曹相國世家」의 〈주 42〉 참조.
25)　武關 : 관 이름. 지금의 陝西省 丹鳳縣 동남쪽에 있었다.
26)　嶢關 : 관 이름. 지금의 陝西省 商縣 서북쪽. 권54 「曹相國世家」의 〈주 44〉 참조.
27)　疑兵 : 거짓으로 陣을 설치하여 적을 속이는 것.
28)　酈食其 : 陳留 高陽 사람. 辯士로 劉邦을 따랐으며, 廣野君에 봉해졌는데, 나중에 齊王 田廣에게 죽임을 당하였다.
29)　咸陽 : 秦나라의 도성. 지금의 陝西省 咸陽市 동북쪽에 있었다.
30)　藍田 : 현 이름. 권54 「曹相國世家」의 〈주 45〉 참조.

마침내 붕괴되고 말았다. 그리고 드디어 함양에 다다르니 진나라 왕 자영 (子嬰)³¹⁾이 패공에게 항복하였다.

패공은 진나라 궁궐로 들어가서 궁실, 휘장, 개와 말, 값진 보배, 부녀자 등이 수천을 헤아릴 정도로 많은 것을 보고 내심 그곳에 머물고 싶어 하였다. 번쾌(樊噲)가 패공에게 궁궐 밖으로 나가기를 충간하였으나 패공이 듣지 않았다. 이에 장량이 이렇게 말하였다.

> 무릇 진나라가 무도하였기 때문에 패공께서 여기에 오실 수가 있었습니다. 모름지기 천하 사람을 위하여 잔적(殘賊)을 제거하시려면 마땅히 검소함을 바탕으로 삼아야 합니다. 그런데 비로소 진나라에 들어온 지금 바로 그 즐거움을 편안히 누리신다면 이는 곧 이른바 "걸(桀)³²⁾이 포학한 짓을 하도록 돕는 것"입니다. 또 "충성스러운 말은 귀에 거슬리지만 행실에 이롭고, 독한 약은 입에 쓰지만 병에 이롭다"라고 하였습니다. 원컨대 번쾌의 말을 들으소서.

패공은 이에 곧 패상(霸上)³³⁾으로 환군하였다.

항우가 홍문(鴻門)³⁴⁾ 아래에 이르러 패공을 공격하려고 하자, 항백이 밤중에 패공의 군영으로 달려들어와 사사로이 장량을 만나 함께 달아나자고 하였다. 그러자 장량이 말하기를 "저는 한왕(韓王)을 대신하여 패공을 호송(護送)하고 있는데, 지금 일이 위급하다고 하여 도망을 가는 것은 의롭지 못합니다"라고 하였으며, 그리고 모든 사정을 패공에게 아뢰었다. 패공이 크게 놀라서 "장차 어떻게 하여야겠소?"라고 하였다. 장량이 말하기를 "패공께서는 진실로 항우를 배반하려고 하십니까?"라고 하자, 패공이 말하기를 "소인배³⁵⁾들이 나더러 함곡관(函谷關)을 막고 다른 제후의 군대를 받아들이지 않으면 진나라 땅 전부를 차지하여 왕이 될 수 있다고 하기에 내가 그 말을 따른 것이오"라고 하였다. 장량이 말하기를

---

31) 子嬰 : 秦 始皇의 손자. 秦 二世가 趙高에게 살해된 후, 子嬰이 왕위를 계승하였
    지만 재위 기간은 겨우 46일에 그쳤는데, 劉邦에게 투항하였다가 項羽에게 죽임을
    당하였다.
32) 桀 : 夏나라 마지막 군주로 역사상 이름난 폭군.
33) 霸上 : 땅 이름. 지금의 陝西省 西安市 동쪽. 권49 「外戚世家」의 〈주 82〉 참조.
34) 鴻門 : 땅 이름. 지금의 陝西省 臨潼縣 동북쪽.
35) 소인배 : 원문에는 "鯫生"이라고 되어 있는데, 이것은 남을 욕할 때 쓰거나 자신
    을 낮출 때 쓰는 말이다. 일설에는 '鯫'를 姓으로 보고 '鯫先生'이라고도 한다.

"패공께서 스스로 헤아리시기에 항우를 물리칠 수 있겠습니까?"라고 하자, 패공은 한참 동안 묵묵히 있다가 말하였다. "물론 물리칠 수 없소. 지금 당장 어떻게 하면 되겠소?" 장량은 이에 굳이 항백을 청하여 패공과 만나게 하였다. 그리하여 항백이 와서 패공을 만나자 패공은 그와 함께 술을 마시며 축수(祝壽)하고 서로 친구가 됨과, 아울러 인척의 관계를 맺었다. 그리고는 항백에게 패공은 항우를 감히 배반하지 않았으며, 함곡관을 지킨 것은 다른 도적들을 막기 위한 것이었음을 자세히 이야기하도록 하였다. 나중에 패공이 항우를 만난 후 두 사람은 화해를 하였는데, 그 이야기는 「항우본기(項羽本紀)」에 기록되어 있다.

한(漢) 원년(元年) 정월에 패공은 한왕(漢王)이 되어 파(巴),³⁶⁾ 촉(蜀)³⁷⁾을 통치하였다. 한왕은 장량에게 황금 100일(溢)³⁸⁾과 진주 2말을 상으로 내렸는데, 장량은 그것을 모두 항백에게 바쳤다. 그러자 한왕 역시 장량을 시켜 많은 재물을 항백에게 주면서, 한중(漢中)³⁹⁾ 땅을 달라고 항우에게 부탁하게 하였다. 그리고 항왕(項王)이 이를 허락함으로써 마침내 한중 땅을 얻게 되었다. 한왕이 자신의 봉국(封國)으로 갈 때, 장량이 배웅하여 포중(褒中)⁴⁰⁾에 이르자 장량을 한(韓)나라로 돌아가게 하였다. 장량이 이에 한왕에게 권하여 말하기를 "대왕께서는 어찌하여 지나가는 곳의 잔도(棧道)⁴¹⁾를 불태워 끊어서 천하 사람들에게 동쪽으로 돌아올 뜻이 없음을 보여주고, 그것으로써 항왕의 마음을 안정시키지 않으십니까?"라고 하자, 한왕은 장량을 한(韓)나라로 돌아가게 하고 자신은 앞으로 나아가면서 지나온 잔도를 모두 불태워 끊어버렸다.

장량이 한(韓)나라에 이르렀을 때, 일찍이 장량이 한왕(漢王)을 따라간 것 때문에 항왕은 한왕(韓王) 한성을 그 봉국(封國)으로 돌려보내지 않고 자신을 따라 함께 동진하도록 하였다. 이에 장량이 항왕에게 말하기

---

36) 巴 : 군 이름. 지금의 四川省 동쪽에 있었으며, 그 군청 소재지는 江州, 곧 지금의 重慶市 북쪽에 있었다.

37) 蜀 : 군 이름. 지금의 四川省 서부에 있었으며, 그 군청 소재지는 지금의 成都에 있었다.

38) 溢 : '鎰'과 통한다. 중량의 단위로 20兩 혹은 24兩이 1鎰이다.

39) 漢中 : 군 이름. 지금의 陝西省 남부, 湖北省 서부에 있었으며, 그 군청 소재지는 南鄭(지금의 陝西省 漢中市 동쪽)에 있었다. 권54「曹相國世家」의 〈주 47〉 참조.

40) 褒中 : 현 이름. 지금의 陝西省 勉縣 동북부에 있었다.

41) 棧道 : 산골짜기의 험한 곳에 건너질러 놓은 다리.

를 "한왕(漢王)은 잔도를 태워 끊어버렸으니 돌아올 마음이 없습니다"라고 하였다. 그리고 장량은 또 제왕(齊王) 전영(田榮)이 모반하였다는 사실을 편지로 항왕에게 아뢰었다. 이리하여 항왕은 서쪽의 한왕(漢王)을 걱정하는 마음이 없어졌으며, 곧 군대를 내어 북쪽으로 제나라를 공격하였다.

항왕은 끝내 한왕(韓王)을 돌려보내려고 하지 않았고, 그를 다시 후(侯)에 봉하였다가 팽성(彭城)에서 살해하였다. 장량은 달아나서 샛길을 택하여 한왕(漢王)에게로 돌아갔다. 이때 한왕도 역시 이미 회군하여 삼진(三秦)을 평정하였다. 한왕은 다시 장량을 성신후(成信侯)로 봉하였고 동쪽으로 초나라를 공격하는 데 따르게 하였다. 그러나 팽성에 이르러 한나라 군대는 패하여 돌아왔다. 하읍(下邑)⁴²⁾에 이르자 한왕이 말에서 내려 말 안장에 기대어 묻기를 "내가 함곡관 동쪽을 떼어서 상으로 주고자 하는데, 누가 나와 통일 천하 건립의 대공(大功)을 함께 할 수 있겠는가?"라고 하자, 장량이 말하기를 "구강왕(九江王) 경포(黥布)는 초나라의 맹장이나 항왕과 사이가 좋지 않고, 팽월은 제왕 전영과 더불어 양(梁)⁴³⁾ 땅에서 반란을 일으켰으니 이 두 사람을 급히 써야 합니다. 그리고 대왕의 장수들 중에는 한신(韓信)만이 큰 일을 맡기면 한 방면을 담당할 수가 있습니다. 만약 그 지역을 떼어내어 상으로 주고자 하신다면 이세 사람에게 주어야만 초나라를 격파할 수가 있습니다"라고 하였다. 한왕이 이에 수하(隨何)⁴⁴⁾를 보내어 구강왕 경포를 설득하게 하였고, 또 팽월에게도 사람을 보내어 연락하게 하였다. 그리고 위왕(魏王) 표(豹)⁴⁵⁾가 반란을 일으키자 한왕은 곧 한신을 시켜 군사를 이끌고 가서 그를 치게 하였고, 그 기세를 몰아 연나라, 대(代)⁴⁶⁾나라, 제나라, 조나라 땅을

---

42) 下邑 : 현 이름. 지금의 安徽省 碭山縣. 권54 「曹相國世家」의 〈주 12〉 참조.

43) 梁 : 땅 이름. 대체로 지금의 河南省 동부 지역을 가리킨다.

44) 隨何 : 辯士로 나중에 護軍中尉에 임명되었다.

45) 魏王 豹 : 魏나라 귀족으로 일찍이 자립하여 魏王이 되었는데, 項羽가 제후들을 봉할 때 西魏王으로 바꾸어 봉하였다. 漢王이 三秦을 평정한 후, 그는 楚나라를 등지고 漢나라로 귀순하였는데, 彭城의 싸움에서 漢王이 크게 패하자 그는 다시 漢나라를 등지고 楚나라와 강화하였다. 나중에는 韓信에게 포로가 되어 漢나라에 투항하고, 滎陽을 지키다가 楚나라가 滎陽을 포위할 때 漢나라 周苛에게 살해되었다. 권54 「曹相國世家」의 〈주 80〉 참조.

46) 代 : 권50 「楚元王世家」의 〈주 5〉, 권51 「荊燕世家」의 〈주 37〉, 권52 「齊悼惠王世家」의 〈주 34〉 참조.

558

모두 점령하게 하였다. 그리하여 마침내 초나라를 격파한 것은 바로 이 세 사람의 힘 때문이었다.

장량은 병이 많았기 때문에 일찍이 독자적으로 군대를 통솔한 적은 없었고, 늘 계책을 내는 신하가 되었으며 때때로 한왕을 수행하였다.

한(漢) 3년, 항우가 급히 형양(滎陽)에서 한왕을 포위하자, 한왕이 두려워하고 걱정하며 역이기와 함께 초나라의 권세를 약화시키려고 하였다. 역이기가 이렇게 말하였다.

> 옛날에 은(殷)나라 탕왕(湯王)은 하(夏)나라 걸왕(桀王)을 토벌하고 그 후손을 기(杞)나라에 봉해주었고, 주(周)나라 무왕(武王)은 은나라 주왕(紂王)을 토벌하고 그 후손을 송(宋)나라에 봉해주었습니다. 지금 진(秦)나라가 덕을 잃고 도의를 저버리고 각 제후국을 침입하여 토벌하고 6국(六國)의 후대를 끊어버려 그들에게 송곳 하나 세울 곳이 없게 하였습니다. 대왕께서 진실로 6국의 후손을 복위시켜 그들 모두에게 대왕의 관인(官印)을 받게 하면, 그 나라의 군신과 백성이 반드시 대왕의 은덕을 우러러 받들게 될 것이고, 대왕의 덕의(德義)를 흠모해 마지않을 것이며, 대왕의 신하와 백성이 되기를 원할 것입니다. 덕의가 행해지면 대왕께서는 남면(南面)하여 패왕(覇王)이라 불릴 것이고, 초나라는 반드시 옷깃을 여미고 조회할 것입니다.

그러자 한왕이 말하였다. "좋소. 급히 관인을 새길 것이니 선생이 직접 6국에 가지고 가시오."

역이기가 떠나기 전에 장량이 마침 외지에서 돌아와 한왕을 뵈었다. 한왕이 막 식사를 하던 중에 말하기를 "자방(子房)47)은 어서 들어오시오! 손님 가운데 나를 위하여 초나라 권세를 약하게 할 계책을 낸 사람이 있었소"라고 하고는 역이기의 말을 다 장량에게 이르고 말하기를 "자방은 어떻게 생각하오?"라고 하였다. 장량이 말하기를 "누가 대왕을 위하여 이런 계획을 세웠습니까? 이 계획대로 하면 대왕의 일은 가망이 없습니다"라고 하니, 한왕이 "무엇 때문이오?" 하고 물었다. 장량이 대답하여 말하기를 "청컨대 앞에 있는 젓가락을 빌려주시면 대왕을 위하여 당면한 형세를 하나하나 따져보겠습니다"라고 하고는 이어서 말하기를 "옛날 은나라 탕왕이 하나라 걸왕을 토벌하고서 그 후손들을 기나라에 봉해준 것

---
47) 子房 : 張良의 별명.

은 걸왕을 사지(死地)에 몰아넣을 수 있다고 생각하였기 때문입니다. 지
금 대왕께서는 항우를 사지에 몰아넣으실 수 있습니까?"라고 하니, 한왕
이 "할 수 없소"라고 하였다. 장량이 말하기를 "이것이 6국의 후손을 봉
하는 것이 불가(不可)한 첫번째 이유입니다. 주 무왕이 은나라 주왕을 토
벌하고 그 후손을 송나라에 봉해준 것은 은나라 주왕의 머리를 얻을 수
있다고 생각해서입니다. 지금 대왕께서는 항우의 머리를 얻으실 수 있습
니까?"라고 하니, 한왕은 "얻을 수 없소"라고 하였다. 이에 장량이 말하
기를 "이것이 그 불가한 두번째 이유입니다. 무왕이 은나라로 쳐들어갈
때 상용(商容)⁴⁸⁾의 마을 문에 그의 덕행을 표창하였고, 감옥 속에 구금
되어 있는 기자(箕子)⁴⁹⁾를 석방하였으며, 비간(比干)⁵⁰⁾의 무덤에 흙을
북돋워주었습니다. 지금 대왕께서는 성인의 무덤에 흙을 북돋우거나 현자
의 마을 문에 그 덕행을 표창하거나 지자(智者)의 문 앞을 지나며 경의를
표시하실 수 있습니까?"라고 하니, 한왕은 "할 수 없소"라고 하였다. 장
량이 말하기를 "이것이 불가한 세번째 이유입니다. 주 무왕은 일찍이 거
교(鉅橋)⁵¹⁾의 곡식을 풀었고, 녹대(鹿臺)⁵²⁾ 창고의 돈을 꺼내어 빈궁한
사람들에게 나누어주었습니다. 지금 대왕께서는 창고를 열어 돈과 식량을
빈궁한 사람들에게 나누어주실 수 있습니까?"라고 하니, 한왕은 "할 수
없소"라고 하였다. 장량이 말하기를 "이것이 불가한 네번째 이유입니다.
은나라를 치는 일이 이미 끝나자 주 무왕은 병거(兵車)를 고쳐서 일반 수
레로 만들고 병기를 거꾸로 하여 창고 속에 넣고 호랑이 가죽으로 덮어씌
워, 천하에 더 이상 병기를 사용하지 않을 것을 보였습니다. 지금 대왕께
서는 무력을 버리고 문교(文敎)를 행하여 다시는 병기를 사용하지 않으실
수 있습니까?"라고 하니 한왕은 "할 수 없소"라고 하였다. 장량이 말하

---

48) 商容 : 殷나라 紂王 때의 賢人. 한때 樂官으로 있었으며 나중에는 太行山에 은거
하였는데, 周 武王이 일찍이 그의 里門에서 그를 표창한 적이 있다.
49) 箕子 : 殷나라 紂王의 백부로 太師를 지냈는데, 箕나라에 봉해졌으므로 箕子라고
하였다. 紂王이 폭정을 일삼아 箕子가 충고를 하였는데도 받아들여지지 않자 머리를
풀어헤치고 거짓으로 미친 것처럼 하여 노예가 되었는데, 紂王이 그를 감옥에 가두
었다. 권32 「齊太公世家」의 〈주 26〉 참조.
50) 比干 : 역시 殷나라 紂王의 백부로 紂王에게 힘써 충고하자, 紂王이 그의 배를 갈
라 심장을 도려내어 죽였다. 권32 「齊太公世家」의 〈주 25〉 참조.
51) 鉅橋 : 땅 이름. 殷나라 紂王 때의 식량 창고가 있던 곳으로 지금의 河北省 曲周
縣이다. 권32 「齊太公世家」의 〈주 30〉 참조.
52) 鹿臺 : 殷나라 紂王 때의 누대 이름. 권32 「齊太公世家」의 〈주 28〉 참조.

기를 "이것이 불가한 다섯번째 이유입니다. 주 무왕은 전쟁에 쓰던 말을 화산(華山) 남쪽에 풀어놓고 사용하지 않을 것임을 나타내었습니다. 지금 대왕께서도 말을 풀어놓고 사용하지 않으실 수 있습니까?"라고 하니, 한왕은 "할 수 없소"라고 하였다. 장량이 말하기를 "이것이 불가한 여섯번째 이유입니다. 주 무왕은 군대 수송용으로 쓰는 소를 도림(桃林)[53] 북쪽에 풀어놓고 다시는 군수품을 운반하거나 식량이나 마초(馬草)를 한곳에 모으는 데 쓰지 않을 것임을 보였습니다. 지금 대왕께서는 소를 풀어놓고 다시는 군 수송용으로 쓰지 않으실 수 있으십니까?"라고 하니, 한왕은 "할 수 없소"라고 하였다. 장량이 말하기를 "이것이 그 불가한 일곱번째 이유입니다. 게다가 천하의 유사(游士)들이 친척과 헤어지고 조상의 분묘를 버려두고 친구를 떠나 대왕을 따라 분주히 다니는 것은 단지 밤낮으로 작은 땅덩어리라도 떼어주기를 바라서입니다. 그런데 지금 6국을 회복하여 한(韓), 위(魏), 연(燕), 조(趙), 제(齊), 초(楚)의 후대를 세우면 천하의 유사들이 각자 돌아가 그의 주인을 섬길 것이고, 그 친척을 따라 그의 친구와 조상의 분묘가 있는 곳으로 돌아갈 것이니, 대왕께서는 누구와 더불어 천하를 차지하시겠습니까? 이것이 그 불가한 여덟번째 이유입니다. 뿐만 아니라 지금은 오직 초나라로 하여금 강성할 도리가 없게만 하시지만, 만약 초나라가 강성해진다면 대왕께서 세운 6국의 후손들이 다시 굽히고 초나라를 따르게 될 것이니, 대왕께서는 어떻게 그들을 신하로 삼으실 수 있겠습니까? 그러므로 진정 그 객(客)의 꾀를 쓰신다면 대왕의 일은 다 그르치고 말 것입니다"라고 하니, 한왕이 입 안의 음식을 뱉고 꾸짖기를 "이런 유생(儒生)놈이 하마터면 대사를 그르치게 할 뻔하였구나!"라고 하고는 황급히 관인을 녹여버리게 하였다.

한(漢) 4년, 한신이 제나라를 격파하고 스스로 제왕(齊王)이 되려고 하자 한왕이 노하였다. 장량이 한왕을 진정시키자 한왕이 장량을 보내어 한신에게 제왕의 관인을 주게 하였는데, 이 이야기는 「회음후열전(淮陰侯列傳)」에 기록되어 있다.

그해 가을, 한왕은 초나라 군대를 추격하여 양하(陽夏)[54] 남쪽에 이르렀으나 전세가 불리하여 고릉(固陵)[55]의 보루를 굳게 지키고 있었는데,

---

53) 桃林 : 땅 이름. 지금의 河南省 靈寶縣 서쪽. 권43 「趙世家」의 〈주 5〉 참조.
54) 陽夏 : 현 이름. 지금의 河南省 太康縣. 권48 「陳涉世家」의 〈주 2〉 참조.

제후들56)이 약속한 기일이 되어도 통 오지를 않았다. 장량이 한왕을 설득하매 한왕이 그의 계책57)을 쓰자 제후들이 모두 이르렀다. 이 이야기는 「항우본기」에 기록되어 있다.

한 6년 정월에 공신들을 크게 봉하였다. 장량은 일찍이 별다른 전공이 없었는데도 고제(高帝)는 오히려 말하기를 "영중의 장막 안에서 계책을 운용하여 천리 밖에서 승리를 결정지었으니, 이것은 모두 자방의 공로이다. 스스로 제(齊) 땅에서 3만 호(戶)를 고르라"라고 하자, 장량이 이렇게 말하였다.

신이 처음 하비(下邳)에서 일어나 폐하와 유(留) 땅에서 만났는데, 이는 하늘이 신을 폐하께 주신 것입니다. 폐하께서는 신의 계책을 쓰셨고, 다행스럽게도 예상은 우연히 적중하였습니다. 신은 원컨대 유후(留侯)에 봉해지는 것으로 족하겠으며, 3만 호는 도저히 감당하지 못하겠습니다.

이에 장량을 봉하여 유후로 삼았는데, 이는 소하(蕭何) 등과 동시에 봉을 받은 것이었다.

황제가 이미 큰 공신 20여 명을 봉하였으나, 그 나머지 사람들은 밤낮으로 공을 다투어 결정을 하지 못해 봉할 수가 없었다. 황제가 낙양의 남궁(南宮)에 있으면서 구름다리 위에서, 여러 장수들이 이따금 모래밭에 모여앉아 대화하는 것을 바라보았다. 황제가 "저기서 무슨 말들을 하는가?"라고 묻자, 유후가 아뢰기를 "폐하께서는 모르고 계십니까? 저것은 모반을 도모하고 있는 것입니다"라고 하였다. 황제가 말하기를 "천하가 막 안정되었는데 무슨 까닭으로 모반을 하려는가?"라고 하니, 유후가 아뢰기를 "폐하께서는 포의(布衣)의 신분으로 일어나 저 무리들에게 의지하여 천하를 차지하셨습니다. 그런데 이제 폐하께서 천자가 되셔서 봉한 자들은 모두 폐하께서 친애하는 소하나 조참(曹參) 같은 옛 친구들이고, 죽인 자들은 모두 평소에 원한이 있었던 이들이었습니다. 지금 군(軍)인 사관이 공로를 따져보고는 천하의 땅을 다 가지고도 모든 사람들을 전부 상으로 봉해주기에는 부족하다고 하였으니, 저들은 폐하께서 모두를 봉해

---

55) 固陵 : 지금의 河南省 太康縣 남쪽. 권51「荊燕世家」의 〈주 12〉 참조.
56) 이는 곧 韓信과 彭越을 두고 한 말이다.
57) 일이 성사된 후 제후들에게 땅을 나누어준다는 약속을 한 계책을 말한다.

주지 않으실가 두렵고 또 평소의 과실을 의심받아 죽게 될가 두렵기 때문에 서로 모여서 모반하려는 것입니다”라고 하였다. 황제가 이를 걱정하여 이르기를 “어떻게 하면 되겠는가?”라고 하니, 유후가 아뢰기를 “황제께서 평소에 미워하시는 사람으로서 여러 신하들이 다 아는 자 가운데 가장 심한 이가 누구입니까?” 하고 묻자, 황제가 대답하기를 “옹치(雍齒)⁵⁸⁾와 짐은 묵은 원한이 있는데, 자주 짐을 곤욕스럽게 하여 짐이 그를 죽이려고 하였으나, 그의 공이 많기 때문에 참고 있소”라고 하였다. 유후가 아뢰기를 “지금 급히 옹치를 봉하여 여러 신하들에게 보이십시오. 옹치가 봉해지는 것을 여러 신하들이 보게 되면 그들은 자신들도 봉해질 것을 스스로 굳게 믿게 될 것입니다”라고 하였다. 이에 황제는 곧 술자리를 베풀고 옹치를 십방후(什方侯)⁵⁹⁾에 봉하고, 급히 승상과 어사(御史)를 재촉하여 공로를 정하고 봉(封)을 행하였다. 여러 신하들이 술자리가 끝나자 모두 기뻐하면서 말하기를 “옹치도 또한 후(侯)에 봉해졌으니 우리들은 걱정할 것도 없다”라고 하였다.

유경(劉敬)⁶⁰⁾이 고제(高帝)를 설득하여 “관중(關中)⁶¹⁾에 도읍하십시오”라고 하니 황제가 머뭇거리며 결정을 하지 못하였다. 당시에 좌우 대신들이 모두 산동(山東)⁶²⁾ 사람들이어서 이에 대다수가 황제에게 낙양에 도읍을 정하도록 권하면서 말하기를 “낙양 동쪽에는 성고(成皐)⁶³⁾가 있고, 서쪽에는 효산(崤山),⁶⁴⁾ 민지(澠池)⁶⁵⁾가 있으며, 황하를 등지고 이

---

58) 雍齒 : 沛縣 사람. 秦나라 말기에 劉邦을 따라 봉기하였으나, 일찍이 魏나라에 투항한 적이 있고 나중에는 다시 漢나라에 귀순하였다.
59) 什方은 현 이름이다. 지금의 四川省 什方縣 남쪽에 있었다.
60) 劉敬 : 본래의 성은 婁氏로 齊나라 사람이었는데, 이때 도읍에 관한 계책을 올려 공이 있자 高帝가 劉氏 성을 내리고 奉春君이라고 불렀다.
61) 關中 : 지역 이름. 그 지역이 函谷關 서쪽, 散關 동쪽, 武關 북쪽, 蕭關 남쪽에 위치하여 네 관문의 중앙에 있었기 때문에 '關中'이라고 하였다. 대체로 지금의 陝西省 關中 평원 일대를 가리킨다.
62) 山東 : 지역 이름. 전국시대 秦, 漢나라 때에는 崤山 혹은 華山 이동 지역을 통칭하여 '山東'이라고 하였다. 당시의 이른바 '關東'의 함의와 상통한다. 일반적으로는 오로지 中原 지구를 가리키는데, 때로는 전국시대 秦나라 이외 6국의 영토를 통칭하기도 한다. 권40 「楚世家」의 〈주 326〉 참조.
63) 成皐 : 읍 이름. 지금의 河南省 滎陽縣 경내. 권51 「荊燕世家」의 〈주 6〉 참조.
64) 崤山 : 산 이름. 河南省 洛寧縣 서북쪽. 권42 「鄭世家」의 〈주 55〉 참조.
65) 澠池 : 못 이름. 그 물은 河南省 熊耳山에서 발원하여 동남쪽으로 흘러 洛水로 유입된다. 권48 「陳涉世家」의 〈주 57〉 참조.

수(伊水)⁶⁶⁾와 낙수(雒水)⁶⁷⁾를 마주하고 있어 그 견고함이 족히 안심할
만합니다"라고 하자, 유후가 이렇게 말하였다.

> 낙양이 비록 그토록 견고하기는 하나, 그 중심지역이 좁아 수백리에 불과
> 하며 땅은 척박하고, 사방에서 적의 공격을 받을 수 있는 곳이어서 힘을
> 쓸 만한 곳이 아니옵니다. 반면 저 관중 지역은 동쪽으로는 효산과 함곡관
> 이 있고, 서쪽으로는 농산(隴山)⁶⁸⁾과 촉산(蜀山)⁶⁹⁾이 있으며, 중심지에는
> 비옥한 들이 천리에 뻗어 있고, 남쪽으로는 파촉(巴蜀)의 풍부한 자원이
> 있으며, 북쪽으로는 소와 말을 목축할 수 있는 이점⁷⁰⁾이 있습니다. 그리고
> 삼면은 험준한 지형에 의지하여 굳게 지켜질 수 있으므로, 단지 동쪽 한
> 방면만 제후를 통제하면 됩니다. 제후가 안정되면 황하, 위수(渭水)를 통
> 하여 천하의 식량을 운반하여 서쪽으로 도성에 공급할 수 있고, 제후가 반
> 란을 일으키면 물길을 따라 내려가 충분히 군대와 군수 물자를 수송할 수
> 있습니다. 이는 곧 이른바 천리의 철옹성이며 천부(天府)의 지역이니 유경
> 의 말이 옳습니다.

이에 고제는 즉시 그날로 수레를 타고 서쪽으로 발진하여 관중에 도읍
하였다.

유후도 고제를 따라 관중으로 들어갔다. 유후는 천성적으로 병이 많았
기 때문에 도인(道引)⁷¹⁾을 하면서 곡식을 먹지 않고⁷²⁾ 1년여 동안을 두
문불출하였다.

황제가 태자(太子)⁷³⁾를 폐하고 척부인(戚夫人)⁷⁴⁾의 아들 조왕(趙王)

---

66) 伊水 : 강 이름. 河南省 서부에 있다.
67) 雒水 : 강 이름. 지금의 洛水를 말한다. 지금의 河南省 雒陽縣 남쪽으로 흘러 황
  하로 들어간다.
68) 隴山 : 산 이름. 지금의 陝西省 隴縣 서북쪽에 있다.
69) 蜀山 : 산 이름. 蜀 땅의 岷山을 가리키며, 지금의 四川省 북부에 있다.
70) 원문에는 "胡苑之利"라고 되어 있다. 이른바 '胡'는 匈奴族을, '苑'은 새나 짐승을
  기를 수 있는 곳을 각각 가리키는데, 이는 곧 關中의 북부 지역은 匈奴 땅과 접하고
  있어서 짐승을 기를 수 있고, 또 말을 얻을 수 있다는 이점이 있음을 말한다.
71) 道引 : 道家의 養生法. 호흡이나 손발을 굽혔다 폈다 하면서 혈기를 충족시켜 신
  체의 건강을 촉진시키는 방법.
72) 원문은 "不食穀"이라고 되어 있는데, 이 또한 道家 養生法의 하나로 양곡을 먹지
  않고 丹藥 등을 복용하는 방법이다.
73) 太子 : 惠帝 劉盈을 가리키며, 그는 呂后의 소생이다.
74) 戚夫人 : 劉邦의 寵妃. 권49「外戚世家」의 〈주 21〉 참조.

유여의(劉如意)를 세우고자 하였다. 대신들 대부분이 다투어 충간을 하였으나 명확한 결정을 내릴 수가 없었다. 여후(呂后)가 두려워하여 어찌할 바를 몰랐다. 이때 어떤 사람이 여후에게 말하기를 "유후는 대책을 잘 세워서, 황제께서 그를 신임하십니다"라고 하자, 여후는 곧 건성후(建成侯) 여택(呂澤)[75]을 시켜 유후를 위협하여 이르기를 "그대는 일찍이 황제의 모신(謀臣)이 되었으면서 지금 황제께서 태자를 바꾸려고 하시는데도 어찌 베개를 높이 하고 누워만 있을 수 있소?"라고 하였다. 유후가 말하기를 "이전에 황제께서는 여러 차례 곤경하고 위급한 상황에 처하셨을 때, 다행스럽게도 저의 계책을 써주셨습니다. 그런데 지금 천하가 안정되어 편애하는 자식으로 태자를 바꾸려고 하시니, 이는 곧 골육간의 일이므로 저와 같은 사람이 100여 명이 있다고 한들 무슨 소용이 있겠습니까?"라고 하였다. 여택이 강압적으로 요구하여 말하였다. "나를 위해서 계책을 세워주시오." 그러자 유후가 이렇게 말하였다.

이는 말로써 다투어내기가 어렵습니다. 돌이켜 생각해보니 황제께서 마음대로 불러올 수 없었던 사람으로 천하에 네 명[76]이 있습니다. 이 네 명은 연로한데, 그들은 모두 황제께서 사람을 무시하고 업신여긴다고 생각한 까닭에 상산(商山)으로 피해 은거하여 절조를 지키며 한나라의 신하가 되지 아니하였습니다. 그러나 황제께서는 이 네 사람을 존경합니다. 지금 공(公)께서 진실로 금옥과 비단을 아끼지 않고 태자께 편지를 쓰시게 하여 말을 공손하게 하고 안거(安車)[77]를 준비하여 말 잘하는 변사(辯士)를 시켜 간곡히 청한다면 그들은 틀림없이 올 것입니다. 그렇게 하여 그들이 오거든 귀한 손님으로 대우하고 때때로 태자를 따라 조정으로 들어가 조회하게 하여 황제로 하여금 그들을 보시게 하면 반드시 기이하게 여기셔서 그들에 대해서 물으실 것입니다. 그렇게 되면 황제께서는 이 네 사람이 현자임을 알게 되실 것이고, 그러면 그것은 곧 태자께 큰 도움이 될 것입니다.

---

75) 呂澤 : 이는 마땅히 '呂釋之'라고 해야 옳다. 呂澤은 呂后의 큰오빠로 周呂侯에 봉해졌고, 呂后의 둘째 오빠인 呂釋之가 建成侯에 봉해졌다. 이하의 '呂澤'도 모두 마땅히 '呂釋之'로 해야 옳다.

76) 이 네 명은 '商山四皓'를 가리키는데, 이들은 秦나라 말기의 명망 높은 隱者들로, 곧 東園公, 夏黃公, 甪里先生, 綺里季를 말한다.

77) 安車 : 앉아 타는 작은 수레. 대개 옛날의 수레는 서서 타는 수레였으나, 이것은 앉아서 타는 것이다. 고관이 노령으로 퇴직하거나, 명망이 높은 隱者를 불러 임용할 때 왕왕 이것을 하사하여 타게 하였다.

이에 여후는 여택에게 사람을 시켜 태자의 편지를 받들어 겸손한 말과 후한 예물로 이 네 사람을 맞아오게 하였다. 그리하여 네 사람이 도착하였고, 그들은 귀한 손님 대접을 받으며 건성후의 집에 묵게 되었다.

한(漢) 11년, 경포(黥布)가 모반하였는데, 황제는 마침 병이 나서 태자를 대장으로 삼아 출병하여 그를 토벌케 하려고 하였다. 네 노인은 서로 의논하여 말하기를 "우리들이 온 것은 장차 태자를 보위하기 위해서입니다. 태자가 군대를 거느리고 싸운다면 일이 위험해질 것입니다"라고 하고는 곧 건성후를 설득하여 이렇게 말하였다.

> 태자께서 군대를 거느리고 출정하여 공을 세우더라도 태자의 권위에는 더 이상의 보탬이 없을 것이지만, 만약에 공을 세우지 못하고 돌아오신다면 바로 그 때문에 화를 입게 될 것이오. 또 태자와 함께 출정할 여러 장수들은 모두가 일찍이 황제와 더불어 천하를 평정한 맹장들이오. 지금 태자께 그들을 거느리게 한다면 이는 양에게 이리를 거느리게 하는 것과 다름없어서 그들은 모두 태자를 위해서 힘을 다하려고 하지 않을 것이니, 태자께서 공을 세우지 못할 것은 틀림이 없소이다. 저희들이 듣기로 "어미가 총애를 받으면 그 자식도 귀여움을 받는다"[78]라고 하였는데, 지금 척부인이 밤낮으로 황제를 받들어 모시니 조왕(趙王) 유여의는 늘 황제 앞에 안기어 있고, 황제 또한 "아무래도 불초한 자식으로 하여금 사랑스런 자식 위에 있게 할 수는 없다"라고 하시니, 분명 그가 태자의 지위를 대신할 것은 틀림이 없소. 그런데 그대는 어찌하여 급히 여후에게 기회를 봐서 황제께 눈물을 흘리며 이렇게 말하도록 청하지 않소이까? "경포는 천하의 맹장이고 군사를 쓰는 것이 뛰어납니다. 지금 여러 장군들은 모두 폐하의 옛 동료들인데, 바로 태자에게 그들을 거느리게 하시면 양에게 이리를 거느리게 하는 것과 다름없어서 그들이 힘을 쓰려고 하지 않을 것입니다. 게다가 만약 경포가 이 사실을 알게 되면 분명 북을 치며 서쪽(장안)으로 진군해올 것입니다. 폐하께서 비록 병환중이시기는 하지만 억지로라도 큰 수레를 준비하시어 누워서라도 여러 장수들을 통솔하시면 여러 장수들이 감히 힘을 다하지 않을 수 없을 것입니다. 폐하께서 비록 고통스러우시겠지만 처자를 위하여 친히 힘써 주시옵소서"라고 말이오.

이에 여택은 그날 밤 즉시 여후를 만났고, 여후는 틈을 보아 황제께 눈

78) 원문은 "母愛者子抱"인데, 이 말은 본디 『韓非子』의 "어미가 사랑을 받으면 그 소생의 자식도 귀여움을 받는다(其母好者其子抱)"에서 근원한다.

물을 흘리며 네 사람의 의도대로 말하였다. 그러자 황제가 말하기를 "짐도 본디 그 어린 아이는 보낼 만하지 않다고 생각하였으니, 짐이 직접 가겠소"라고 하였다. 그리하여 황제가 직접 군대를 이끌고 동쪽으로 가니 뭇 신하들과 유수(留守)들이 모두 파상(瀚上)까지 전송하였다. 유후는 병상에 있었으나 억지로 일어나 전송하며 곡우(曲郵)[79]에 이르러 황제를 알현하고 아뢰기를 "신이 마땅히 따라가야 하나 병이 심합니다. 초나라 사람은 용맹하고 민첩하오니, 원컨대 폐하께서는 초나라 사람과 정면으로 칼날을 다투지 마십시오"라고 하고, 다시 기회를 보아서 황제를 설득하여 아뢰기를 "태자를 장군으로 삼아 관중의 군대를 감독하게 하십시오"라고 하였다. 황제가 이르기를 "자방은 병중이기는 하지만 누워서라도 애써 태자를 보좌하시오"라고 하였다. 이때 숙손통(叔孫通)[80]은 태자태부(太子太傅)였고, 유후는 태자소부(太子少傅)의 직책을 맡고 있었다.

한(漢) 12년, 황제가 경포의 군사를 격파하고 돌아와서 병이 더욱 심해지자 더더욱 태자를 바꾸고자 하였다. 이에 유후가 그만두기를 간하였으나 황제가 듣지 않자, 병을 핑계삼아 공무를 돌보지 않았다. 태자태부 숙손통이 고금의 일을 인용하여 설득하며 죽을 각오로 태자를 보위하기 위해서 애썼다. 황제는 거짓으로 그의 말을 들어주는 것처럼 하였으나, 실제로는 여전히 바꾸려고 하였다. 그러다가 연회에 술자리가 마련되었을 때 태자가 황제를 모시게 되었는데, 네 사람의 은자가 태자를 따르고 있었다. 그들은 모두 나이가 80이 넘었고 수염과 눈썹이 희었으며 의관은 매우 위엄 있었다. 황제가 괴이하게 여겨 묻기를 "저들은 무엇을 하는 사람들인가?"라고 하자, 네 사람이 앞으로 나아가 대답하며 각각 이름을 말하기를 동원공(東園公), 녹리선생(甪里先生), 기리계(綺里季), 하황공(夏黃公)이라고 하였다. 그러자 황제는 크게 놀라며 "짐이 공(公)들을 가까이 하고자 한 것이 몇년이나 되었는데, 공들은 기어이 짐을 피해 도망가더니, 이제 공들이 어찌하여 스스로 태자를 따라 노니는가?"라고 하였다. 네 사람이 모두 아뢰기를 "폐하께서는 선비를 업신여기시고 잘 꾸짖

---

79) 曲郵 : 땅 이름. 지금의 陝西省 臨潼縣 동쪽.
80) 叔孫通 : 원래는 秦나라 博士였으나, 나중에 劉邦에게 돌아와 博士가 되었는데, 漢나라가 건국되자 儒生들과 함께 조정의 의식을 제정하였으며 뒤에 太子太傅가 되었던 것이다.

으시므로 신들이 의(義)에 욕되지나 않을까 하여 두려운 나머지 도망하여 숨었습니다. 그런데 삼가 듣건대, 태자께서는 사람됨이 어질고 효성스러우시며 사람을 공경하고 선비를 사랑하시어 천하에 목을 빼고 태자를 위해서 죽고자 하지 않는 이가 없다고 하므로 신들이 온 것입니다"라고 하였다. 황제는 이에 이르기를 "번거로우시겠지만 공들께서 끝까지 태자를 잘 돌보아주기를 바라오"라고 하였다.

네 사람이 축수(祝壽)를 마치고 급히 떠나가자, 황제는 눈길로 그들을 전송해 보내면서 척부인을 불러 그 네 사람을 가리켜 보이며 이르기를 "짐이 태자를 바꾸고자 하였으나, 저 네 사람이 보좌하여 태자의 우익(羽翼)이 이미 이루어졌으니 그 지위를 어떻게 할 수가 없소. 여후(呂后)는 진정으로 그대의 주인이오"라고 하였다. 척부인이 흐느끼자 황제는 "짐을 위해서 초나라 춤을 춰 보여주오. 짐도 부인을 위해서 초나라 노래를 부르리다"라고 하고, 이렇게 노래하였다.

큰 고니 높디높이 날아
한번에 천리를 날거니
날개가 어느덧 다 자라나매
온 천하를 마음껏 날아다니도다.
온 천하를 마음껏 날아다니니
마땅히 또 어떻게 하겠는가!
설령 주살이 있다고 한들
오히려 그 무슨 소용 있으리요!

몇번 연달아 노래를 부르매 척부인은 한숨을 내쉬며 눈물을 흘렸다. 황제가 일어나 자리를 뜨자, 술자리는 끝이 났다. 결국 태자를 바꾸지 못한 것은 근본적으로 유후가 이 네 사람을 불러오게 하였기 때문이었다.

유후가 황제를 따라 대(代) 땅을 공격하며 마읍(馬邑)[81] 성 아래에서 기이한 계책을 내었고 소하를 상국(相國)[82]에 임명하도록 건의하는 등 황제와 함께 조용히 천하 대사를 논의한 것이 매우 많았지만, 그것들은

<hr>

81) 馬邑 : 현 이름. 지금의 山西省 朔縣에 있었다.
82) 相國 : 宰相. 漢 高帝가 처음 즉위하여 丞相을 두었는데, 나중에 '相國'으로 명칭을 바꾸었다. 권53 「蕭相國世家」의 〈주 1〉 참조.

천하존망(天下存亡)에 관계된 바가 아니므로 여기에 일일이 기록하지는 않는다. 유후는 그즈음 늘 공언하여 이렇게 말하였다.

우리 집안은 대대로 한(韓)나라 재상을 지냈는데, 한나라가 멸망하자 만금의 가산을 아끼지 않고 한나라를 위해서 강대한 진나라에 복수를 하여 천하를 떠들썩하게 하였다. 그리고 지금은 세 치의 혀로 황제의 군사(軍師)가 되어 식읍이 만 호에 이르고 지위가 제후의 반열에 올랐으니, 이는 평민으로서는 최고의 지위로 나 장량으로서는 매우 만족스럽다. 그러므로 원컨대 세속의 일일랑 떨쳐버리고 적송자(赤松子)[83]를 따라 고고히 노닐고자 한다.

그리하여 벽곡(辟穀)[84]을 배워 오곡을 먹지 않았고, 도인(道引)을 행하여 몸을 가벼이 하였다. 그런데 때마침 고제가 붕어하니, 여후가 유후의 은덕에 감격하여 억지로 음식을 먹게 하면서 말하기를 "사람이 한세상을 살아감은 마치 흰 망아지가 틈바구니를 지나는 것과 같은데,[85] 굳이 스스로 그토록 고통스럽게까지 할 필요가 있습니까?"라고 하자, 유후는 하는 수 없이 태후의 말을 듣고 음식을 먹었다.

8년 뒤, 유후가 세상을 떠나니, 시호를 문성후(文成侯)라고 하였다. 그리고 그 아들 장불의(張不疑)가 아버지의 후작(侯爵)을 이어받았다.

자방(子房) 장량이 처음 하비(下邳)의 다리 위에서 자신에게 『태공병법』을 준 노인을 만난 지 13년 후, 고제(高帝)를 따라 제북(濟北)을 지나갔는데 과연 곡성산(穀成山) 아래에서 누런 돌을 보게 되었다. 이에 장량은 그것을 가지고 돌아와 보물처럼 받들며 제사까지 지냈다. 유후가 죽자 누런 돌을 그와 함께 안장하였다. 그후 사람들은 성묘하는 날이나 복일(伏日), 납일(臘日)[86]이면 으레 장량뿐만 아니라 누런 돌에게도 제사를 지냈다.

---

83) 赤松子 : 전설 속의 신선. 神農氏 때의 雨師로 불 속에 들어가도 타지 않았으며, 崑崙山에 이르러 늘 西王母의 석실에 들어가 비바람을 타고 놀았다고 한다.
84) 辟穀 : 五穀을 먹지 않는 道家의 養生術.
85) 이 말은 세월의 빠름, 인생의 덧없음을 비유한 것인데, 이것은 본디 『莊子』 「知北遊」의 "사람이 천지간에 사는 것은 마치 날랜 흰 망아지가 틈바구니 앞을 지나가듯 순식간이다(人生天地之間, 若白駒之過却)"라는 데에서 유래한 것이다.
86) 伏日, 臘日 : 秦漢시대에는 여름의 伏日과 겨울의 臘日이 모두 명절로서 사람들은 이날 신명께 제사를 지냈다.

유후 장불의가 효문제(孝文帝) 5년에 불경죄를 범함으로써 그의 후국(侯國)은 폐지되고 말았다.

태사공은 말하였다.

"학자들은 대부분 귀신은 없다고 말하면서도 또 괴이한 일이 있다고들 한다. 즉 유후(留侯)가 만난 노인이 그에게 책을 준 것과 같은 일은 괴이하다고 할 것이다. 한 고제(漢高帝)가 곤궁에 처한 것이 여러 차례였는데, 유후는 그때마다 늘 공로를 세웠으니, 이 어찌 하늘의 뜻이 아니라고 할 수 있겠는가! 고제가 일찍이 말하기를 '군정(軍情)을 분석하여 군영 안에서 계책을 세워 천리 밖의 승부를 결정짓는 데에 나는 자방(子房)만 못하다'라고 하였다. 나는 본디 자방은 아마 체격이 몹시 클 것이라고 생각하였는데, 나중에 그의 화상(畵像)을 보았더니 얼굴 생김새가 여자처럼 예뻤다. 원래 공자(孔子)도 '용모로써 사람을 평가한다면 나는 자우(子羽)[87]에 대해서는 실수를 하였다'라고 말하였듯이, 유후에 대해서도 또한 그러할 것이다."

---

87) 子羽 : 孔子의 제자 澹臺滅明의 별명. 전하는 바에 의하면 얼굴 생김새는 몹시 추하였으나 매우 어질고 덕망이 높았다고 한다.

권56 「진승상세가(陳丞相世家)」제26

　승상 진평(陳平)은 양무(陽武)[1]의 호유(戶牖)[2] 사람이다. 그는 젊은 시절에 집은 가난하였으나 책 읽기를 매우 좋아하였다. 집에는 30무(畝)의 땅이 있었는데, 그는 홀로 형 진백(陳伯)과 함께 살았다. 진백은 늘 농사 일을 하면서도 진평에게는 마음껏 다른 지방으로 가서 공부를 하게 하였다. 진평은 기골이 장대하고 풍채가 좋았으므로 사람들 중에는 간혹 그에게 "집도 가난한데 무얼 먹었길래 이토록 살이 쪘는가?"라고 말하는 이도 있었다. 그의 형수가 진평이 집안 일을 돌보지도, 농사 일을 거들지도 않는 것을 못마땅하게 여겨 "아무래도 쌀겨나 먹을 수밖에 없어. 시동생이라고 있는 사람이 저와 같으니 차라리 없는 것만 못해"라고 하였는데, 형 진백이 그 소리를 듣고 자기 아내를 내쫓아버렸다.

　진평이 성장하여 장가를 갈 나이가 되었는데, 부잣집에서는 그에게 딸을 주려고 하지 않았고, 가난한 집에 장가 드는 것은 또 그 자신이 수치스럽게 생각하였다. 한참 뒤, 호유에 장부(張負)[3]라는 부자가 있었는데, 그의 손녀가 다섯 번이나 시집을 갔으나 그때마다 남편이 죽어버려 사람들이 감히 그녀에게 더 이상 장가를 들려고 하지 않았다. 그런데 진평은 비로 그녀를 아내로 맞이하려고 하였다. 당시 마을에 초상을 당한 집이 생기자, 진평은 집안이 가난하였으므로 상가 일을 도와주러 갔는데, 그는 남들보다 먼저 가서 늦게 돌아오는 방법으로 보탬이 되고자 하였다. 장부는 상가에서 진평을 보고 특히 그의 뛰어난 풍채를 주시하였고, 진평 역시 장부에게 잘 보이기 위해 가장 늦게 상가를 떠났다. 장부가 진평을 따

---

1)　陽武 : 현 이름. 권54 「曹相國世家」의 〈주 35〉 참조.
2)　戶牖 : 鄕 이름. 지금의 河南省 蘭考縣 동북쪽에 있었다. 鄕은 현 아래의 행정 당위이다.
3)　張負 : 두 가지 설이 있는데, 하나는 사람 이름이라는 것이고, 또 하나는 '負'가 '婦'와 통용된다는 데 근거한 張氏 姓의 할머니라는 것이다. 여기서는 전자로 보았다.

라 그의 집으로 가보았더니, 그의 집은 성벽을 등진 후미진 골목에 있었고, 비록 해진 자리로 문을 만들어놓았지만 문 밖에는 많은 귀인들의 수레가 멈추었던 바퀴 자국이 남아 있었다. 장부가 집으로 돌아와 아들 장중(張仲)에게 "나는 손녀를 진평에게 시집 보내고자 한다"라고 하자, 장중은 "진평은 집이 가난한데도 생업에 종사하지 않아 온 고을 사람들이 모두 그의 행위를 비웃고 있는데, 어찌하여 딸아이를 군이 그에게 주려고 하십니까?"라고 하였다. 이에 장부는 "사람 중에서 진평과 같이 훌륭한 용모를 지녔으면서도 끝까지 빈천하게 지낼 이가 있겠느냐?"라고 하고는 마침내 손녀를 진평에게 출가시키기로 하였다. 진평이 가난하였기 때문에 장부는 그에게 예단감을 빌려주어 약혼을 하게 하였고, 또 술과 고기를 살 비용을 주어 아내를 맞게 하였다. 그리고 장부는 또 그 손녀를 타일러 이르기를 "진평이 가난하다고 하여 그 사람을 섬김에 불손하게 하지 말아라. 그리고 시숙 섬기기를 아버님 섬기듯 하고, 형님 섬기기를 어머님 섬기듯 하여라"라고 하였다. 진평은 장부의 손녀에게 장가를 든 후, 쓸 재물이 나날이 넉넉해졌고 교유의 범위도 날로 넓어졌다.

진평이 사는 마을에 사제(社祭)[4]가 있었는데, 진평이 재(宰)[5]가 되자, 고기 나누는 것이 매우 공평해졌다. 그래서 동네 어른들이 "진씨네 젊은이가 재(宰) 노릇을 참으로 잘한다!"라고 하자, 진평은 "아! 슬프다. 이 진평을 천하의 재상으로 삼더라도 고기를 나누듯 공평할 것인데!"라고 하였다.

진섭(陳涉)[6]이 기병하여 진(陳) 땅에서 왕이라 칭한 후, 주불(周市)로 하여금 원래의 위(魏)나라 땅을 평정한 뒤 위구(魏咎)[7]를 세워 위왕(魏王)으로 삼고 임제(臨濟)[8]에서 진(秦)나라 군대와 싸우게 하였다. 당시 진평은 그 전에 이미 형 진백과 이별하고 몇몇 젊은이들을 따라 임제로 가서 위왕 구(咎)를 섬기고 있었으며, 위왕은 그를 태복(太僕)[9]에 임명

---

4) 社祭 : 토지신에게 지내는 제사.
5) 宰 : 祭肉 분배를 주관하는 사람.
6) 陳涉 : 陳勝(? - 기원전 208년)의 별명. 권48「陳涉世家」참조.
7) 魏咎 : 전국시대 魏나라 公子. 나중에 전쟁에 패하여 자살하였다.
8) 臨濟 : 읍 이름. 권54「曹相國世家」의 〈주 20〉 참조.
9) 太僕 : 車馬를 관장하는 벼슬. 권52「齊悼惠王世家」의 〈주 59〉 참조.

하였다. 그런데 진평이 위왕에게 큰 계책으로 유세하였으나 받아들여지지 않았고, 또 어떤 사람이 그를 헐뜯었기 때문에 그는 위왕에게서 달아났다.

얼마 뒤 항우(項羽)가 영토를 공략하여 황하 부근에까지 이르자, 진평은 그에게로 가서 귀순하고 그를 따라 관중(關中)으로 들어가 진(秦)나라 군대를 격파하였고, 이에 항우는 진평에게 경(卿)의 작위를 내렸다. 나중에 항우는 동쪽으로 가 팽성(彭城)¹⁰⁾에서 초왕(楚王)이라 칭하였다. 한편 한왕(漢王)은 군대를 돌려 삼진(三秦)¹¹⁾ 땅을 평정하고 계속 동진하였는데, 이때 은왕(殷王)¹²⁾이 초나라를 배반하였다. 항우는 이에 진평을 신무군(信武君)에 봉하여 초나라 땅에 있는 위왕 구의 막료들을 거느리고 가서 토벌하게 하니 진평은 은왕을 쳐서 항복시키고 돌아왔다. 항왕(項王)은 항한(項悍)을 보내 진평을 도위(都尉)¹³⁾에 임명하고 황금 20일(溢)¹⁴⁾을 상으로 하사하였다. 그러나 얼마 지나지 않아 한왕이 은 땅을 점령하자, 항왕은 노하여 지난번에 은 땅을 평정하였던 장수와 군관들을 죽이려고 하였다. 진평은 피살될 것을 두려워하여 항왕이 준 황금과 관인(官印)을 싸서 사람을 보내어 항왕에게 돌려주고 칼 한 자루를 찬 채 단신으로 사잇길을 택해 달아났다. 그가 황하를 건널 때, 사공은 진평이 기골이 장대한 호남아로서 혼자 가는 것을 보고는, 진평이 분명 도망하는 장수로서 허리에는 틀림없이 황금이나 옥 같은 귀중한 보물을 감추고 있을 것이라고 의심하여 그를 주시하며 죽이려고 하였다. 진평은 두려운 나머지 옷을 벗어버리고 알몸으로 사공이 배 젓는 것을 도왔는데, 사공은 그제서야 그가 아무것도 가지고 있지 않다는 것을 알고 죽이려던 생각을 그만두었다.

---

10) 彭城 : 현 이름. 지금의 江蘇省 徐州市. 권54「曹相國世家」의 〈주 67〉 참조.
11) 三秦 : 項羽가 諸侯王을 크게 봉할 때, 漢王 劉邦이 동쪽으로 진출하는 것을 막기 위해 옛 秦나라 땅인 關中을 3분하여 秦나라에서 항복한 세 명의 장수에게 봉해주었는데, 곧 章邯은 雍王에, 司馬欣은 塞王에, 董翳는 翟王에 각각 봉하였다. 권51「荊燕世家」의 〈주 4〉, 권53「蕭相國世家」의 〈주 16〉, 권54「曹相國世家」의 〈주 48〉 참조.
12) 殷王 : 司馬卬을 말한다. 殷나라 땅은 지금의 河南省에 있었고, 朝歌, 곧 지금의 河南省 淇縣에 도읍하였다.
13) 都尉 : 將軍보다 약간 낮은 武官. 권53「蕭相國世家」의 〈주 37〉 참조.
14) 溢 : 중량의 단위. 20兩 혹은 24兩이 1溢이다.

574

진평은 마침내 수무(修武)[15]에 이르러 한군(漢軍)에 투항하였고, 위무지(魏無知)[16]를 통해서 한왕을 만나고자 하였더니 한왕이 그를 불러들였다. 이때 만석군(萬石君) 석분(石奮)[17]이 한왕의 중연(中涓)[18]이 되어 있었는데, 그는 진평의 명함을 접수하고 진평을 이끌고 들어가 한왕을 뵙게 하였다. 진평 등 일곱 사람이 함께 한왕에게 나아갔는데, 한왕은 그들에게 술과 음식을 내리면서 "먹고 난 후 숙소로 가서 쉬도록 하라"라고 하자, 진평은 "저는 중요한 일 때문에 왔으므로 제가 드려야 할 말씀은 오늘을 넘길 수가 없습니다"라고 하였다. 이에 한왕이 함께 말을 나누고는 기뻐하면서 "그대가 초나라에 있을 때 무슨 벼슬을 하였는가?"라고 물으매, 진평이 "도위였습니다"라고 하자, 그날로 진평을 도위에 임명하여 참승(參乘)[19]하게 하고 호군(護軍)[20]을 맡게 하였다. 그러자 여러 장수들이 모두 떠들면서 이르기를 "대왕께서는 어찌하여 하루 만에 초나라에서 도망한 졸병을 얻어 그 재능의 고하도 알지 못한 채 함께 수레를 타시고, 또 그로 하여금 오히려 우리 같은 노장(老將)들을 감독케 하십니까?"라고 하였다. 그런데 한왕은 그 소리를 듣고는 진평을 더욱 총애하였다. 그러다 마침내 그와 함께 동쪽으로 항왕을 치러 갔는데, 팽성에 이르러 초나라에 패하고 말았다. 그러자 한왕은 군대를 이끌고 돌아오면서 흩어진 군사들을 수습하여 형양(滎陽)[21]에 이르러 진평을 아장(亞將)으로 삼아 한왕(韓王) 한신(韓信)[22]에게 예속시켜 광무(廣武)[23]에 주둔하게 하였다.

---

15) 修武 : 땅 이름. 지금의 河南省 獲嘉縣. 권54「曹相國世家」의 〈주 62〉 참조.
16) 魏無知 : 劉邦의 近臣.
17) 萬石君 石奮 : 石奮의 父子 다섯 사람이 모두 녹봉 2,000石의 벼슬자리에 있었으므로 세상 사람들이 그들을 '萬石君'이라고 불렀다.
18) 中涓 : 본래는 궁중의 청결과 위생을 담당하는 관리였는데, 여기서는 侍從官을 가리킨다.
19) 參乘 : 대개 수레의 왼쪽에는 높은 사람이, 가운데에는 수레를 모는 사람이 탔으며, 그 오른쪽에는 수레의 균형을 잡기 위해서 타는 사람이 있었는데, 바로 그 자리에 함께 타는 것을 말한다. 권32「齊太公世家」의 〈주 138〉 참조.
20) 護軍 : 여러 장군들의 행동을 감독하고 그에 협조하는 관직.
21) 滎陽 : 현 이름. 지금의 河南省 滎陽縣 동북쪽에 있었다.
22) 韓王 韓信 : 전국시대 韓 襄王의 손자. 劉邦이 그를 韓王으로 세웠는데, 후에 匈奴에 투항하자 劉邦이 柴武 등을 파견하여 그를 쳐서 죽이게 하였다. 淮陰侯 韓信과는 다른 사람이다.
23) 廣武 : 옛 城 이름. 지금의 河南省 滎陽縣 동북쪽 廣武山 위에 있었다.

강후(絳侯),²⁴⁾ 관영(灌嬰)²⁵⁾ 등이 모두 진평을 헐뜯어 다음과 같이 말하였다.

진평이 비록 호남아이지만 관옥(冠玉)과 같을 뿐으로²⁶⁾ 그 속에는 틀림없이 아무것도 없을 것입니다. 신들이 듣건대, 진평이 집에 있을 때는 형수와 사통하였으며, 위(魏)나라를 섬겼으나 받아들여지지 않자 도망하여 초나라에 귀순하였고, 초나라에 귀순하여 뜻대로 되지 않자 다시 도망하여 우리 한나라에 귀순하였습니다. 그런데 오늘 대왕께서는 그를 높여 관직을 주시고 호군을 삼으셨습니다. 또 신들이 듣건대, 진평은 여러 장군에게 금을 받았는데, 금을 많이 준 사람에게는 선처하고 금을 적게 준 사람에게는 나쁜 대우를 하였다고 합니다. 진평은 변덕스러운 역신(逆臣)이오니, 원컨대 대왕께서는 그를 철저히 살피소서.

이에 한왕이 진평을 의심하고 진평을 천거한 위무지를 불러 꾸짖으니, 위무지가 이렇게 말하였다.

신이 말씀드린 바는 능력이요, 대왕께서 물으신 바는 행실입니다. 지금 만약 그에게 미생(尾生)²⁷⁾이나 효기(孝己)²⁸⁾와 같은 행실이 있다고 하더라도 승부를 다투는 데에는 아무런 보탬이 없을 것이니, 대왕께서 어느 겨를에 그런 사람을 쓰실 수가 있겠습니까? 지금 바야흐로 초나라와 한나라가 서로 대항하고 있기 때문에 신이 기모(奇謀) 있는 선비를 천거하였사오니, 생각컨대 그 계책이 참으로 국가에 이로운가를 살필 따름이지 어찌 형수와 사통하거나 금을 받은 것을 의심하여야겠습니까?

한왕이 진평을 불러 나무라며 이르기를 "선생은 위왕(魏王)을 섬기다 마음이 맞지 않자 마침내 초왕(楚王)을 섬기러 갔고, 지금은 또 나를 따라 일을 하니 신용 있는 사람은 원래 이렇게 여러 가지 마음을 품는 것인

---

24) 絳侯: 周勃의 封號. 권49 「外戚世家」의 〈주 51〉 참조.
25) 灌嬰: 潁陰侯에 봉해졌으며, 나중에는 太尉, 丞相에 임명되었다. 권49 「外戚世家」의 〈주 52〉, 권51 「荊燕世家」의 〈주 45〉, 권52 「齊悼惠王世家」의 〈주 29〉 참조.
26) 冠玉은 모자에 장식한 아름다운 옥이다. 이 말은 곧 겉모습은 아름다우나 속이 비어 있음을 뜻한다.
27) 尾生: 옛날에 어떤 여인과 다리 밑에서 만나기로 약속했는데 갑자기 비가 쏟아져서 물이 불어나는데도 자리를 뜨지 않고 있다가 익사한, 신의를 굳게 지킨 사람이다.
28) 孝己: 殷 高宗의 아들로, 효성이 지극하여 高宗이 후궁의 말만 듣고 그를 내쫓았는데도 원망을 하지 않았다.

가 ? "라고 하자, 진평이 이렇게 말하였다.

신이 위왕을 섬김에 위왕은 신의 말을 채용하지 않았으므로 위왕을 떠나서 항왕(項王)을 섬겼습니다. 항왕은 다른 사람은 믿지 못하였고, 오직 그가 신임하고 총애하는 사람은 항씨(項氏) 일가가 아니면 곧 그 처남들이었으니, 설령 뛰어난 책사(策士)가 있다고 하더라도 중용되지 않으므로 이에 저는 초나라를 떠났던 것입니다. 그런데 들건대, 대왕께서 사람을 잘 가려 쓰신다기에 대왕께 귀순한 것입니다. 그리고 신은 맨몸으로 온 탓에 여러 장군들이 보내준 황금을 받지 않고서는 쓸 돈이 없었습니다. 만약 신의 계 책이 쓸 만한 것이 있다면 원컨대 대왕께서 채용해주시옵고, 만약 쓸 만한 것이 없다면 황금이 아직 그대로 있으니, 청컨대 잘 봉하여 관청으로 보내 고 사직하게 해주시옵소서.

한왕이 이에 진평에게 사과하고, 많은 상을 내린 뒤 호군중위(護軍中尉)[29]의 벼슬에 임명하고 모든 장군들을 감독하게 하니, 여러 장군들은 감히 더 이상 말을 하지 못하였다.

그후 초나라가 급박하게 한나라를 공격하여 군량과 마초(馬草)를 운반 하는 한나라의 용도(甬道)[30]를 끊어버리고, 형양성(滎陽城)에서 한왕을 포위하였다. 그리고 얼마 후, 한왕은 그 난국을 걱정하여 형양 서쪽의 땅을 할양(割讓)하여 강화를 요청하였지만 항왕이 듣지 않았다. 한왕이 진 평에게 "천하가 몹시도 어지러운데 언제나 안정이 되겠는가 ? "라고 하니, 진평이 이렇게 말하였다.

항왕의 사람됨이 사람을 공경하고 사랑하여 청렴하고 지조 있고 예를 좋아 하는 선비들이 대부분 그에게로 귀순하였습니다. 그러나 논공행상(論功行 賞)을 하고 작위와 봉지를 내리는 데에는 오히려 너무도 인색하여 선비들 이 또 그것 때문에 그에게 완전히 붙지 않습니다. 그런데 지금 대왕께서는 오만하시고 예의를 가볍게 여기시어 청렴하고 절개 있는 선비들은 오지 않 으나, 대왕께서 작위와 봉지를 아낌없이 내리시니 청렴함과 절개를 돌아보 지 않고 이익을 탐하기를 부끄러워하지 않는 선비들이 대부분 대왕의 한나

---

29) 護軍中尉 : 武官. 모든 장군들의 행동을 감독하고 그에 협조하는 직책.
30) 甬道 : 양쪽에 장벽을 쌓고 그 사이로 군량이나 말꼴을 운반할 수 있도록 만든 보 급로를 말한다.

라로 귀순하였습니다. 만약 양자의 결점을 버리고 장점을 취하신다면 손만
휘저어도 쉽게 천하를 평정하실 수가 있을 것입니다. 그런데 대왕께서는
마음 내키시는 대로 사람을 모욕하시기 때문에 청렴하고 절개 있는 선비들
을 얻을 수가 없는 것입니다. 다만 초나라에도 어지러워질 수 있는 요소가
있으니, 저 항왕의 강직한 신하로는 아부(亞父), 31) 종리매(鍾離昧), 32) 용
차(龍且), 33) 주은(周殷) 34) 등의 몇 사람에 불과합니다. 대왕께서 만약에
수만근(斤)의 황금을 출연(出捐)하시어 이간책을 행하여 초나라 군신들의
사이를 떼어놓아 그들로 하여금 서로 의심하는 마음을 품게 하신다면 항왕
의 사람됨이 시기하고 의심하기를 잘 하여 참소를 믿을 것이므로 반드시
내부에서 서로가 서로를 죽이게 될 것입니다. 우리 한나라는 바로 그 틈을
타서 군사를 일으켜 공격하면 초나라를 격파할 수 있음은 틀림이 없을 것
입니다.

이에 한왕은 그렇다고 생각하여 황금 4만 근을 내어 진평에게 주어서
마음대로 쓰게 하고, 그 돈의 출납에 대해서는 일체 묻지 않았다.

진평이 많은 황금을 써서 초나라 군대에 대량으로 첩자를 파견하여 공
개적으로 유언비어를 퍼뜨려 종리매 등이 항왕의 장수로서 공을 많이 쌓
았는데도 항왕이 끝내 땅을 떼어 왕으로 봉하지 않았기 때문에 한나라와
동맹하여 항왕을 멸망시키고 그 땅을 나누어 각기 왕이 되고자 한다고 하
였다. 그러자 항왕은 과연 종리매 등을 불신하기 시작하였다. 항왕이 이
미 그들을 의심하면서 사신을 한나라로 보냈다. 이에 한왕은 사람을 시켜
풍성한 태뢰(太牢) 35)를 마련하여 들고 들어가게 하였다. 그리고는 초나
라의 사신을 보고 짐짓 놀라는 척하며 말하기를 "나는 아부의 사신인 줄
알았더니 알고 보니 항왕의 사신이었구려!"라고 하고는 그 풍성한 음식
을 가지고 나가게 하고, 다시 나쁜 음식을 사신에게 올리게 하였다. 초나
라 사신이 돌아가 모든 사실을 항왕에게 보고하니, 항왕은 과연 아부를

31) 亞父 : 范增을 가리킨다. 楚나라의 핵심 책략가로, 項羽가 그를 '亞父'라고 부르
    며 존경의 뜻을 표하였다.
32) 鍾離昧 : 項羽의 장군. 項羽가 죽은 후 韓信에게 투항하였는데, 나중에 핍박을 받
    고 자살하였다.
33) 龍且 : 項羽의 장군. 권54 「曹相國世家」의 〈주 64〉 참조.
34) 周殷 : 項羽의 大司馬. 나중에 漢나라에 투항하였다.
35) 太牢 : 원래는 제사나 연회에서 소, 양, 돼지의 세 희생을 모두 갖춤을 가리키는
    데, 여기서는 풍성한 연회 음식을 말한다. 권47 「孔子世家」의 〈주 200〉 참조.

578

매우 의심하였다. 그때 아부는 급히 형양성을 공격하여 항복시키려고 하였으나, 항왕이 그의 말을 의심하여 따르려고 하지 않았다. 아부는 항왕이 자신을 의심한다는 말을 듣고는 화를 내며 말하기를 "천하의 대사가 대체로 확정되었으니 이제 대왕께서 직접 경영하소서. 원컨대 이 늙은 해골을 집으로 돌아갈 수 있도록 해주십시오"라고 하였다. 아부는 귀가 도중 팽성에 못 미쳐 등에 종기가 나서 죽고 말았다. 이에 진평이 야밤을 틈타 여자 2,000명을 형양성 동문으로 내보내자, 초나라가 곧 이를 공격하였다. 그 틈에 진평은 한왕과 함께 성의 서문을 통해서 밤중에 달아났다. 한왕은 이렇게 하여 관중으로 들어가서 흩어진 병사를 모아 다시 동쪽으로 진군하였다.

그 이듬해 회음후(淮陰侯)³⁶⁾는 제(齊)나라를 격파하고 자립하여 제왕(齊王)이 된 후, 사신을 보내어 그 사실을 한왕(漢王)에게 알렸다. 이에 한왕이 크게 노하여 욕을 하였는데, 진평이 슬며시 한왕의 발을 밟으니, 한왕 또한 문득 크게 깨닫고 곧 제나라 사신을 후하게 대접하였고, 장자방(張子房)³⁷⁾을 보내어 결국 한신을 제왕으로 세웠다. 한왕은 호유향(戶牖鄕)을 진평에게 봉해주고 그의 기묘한 계책을 써서 마침내 초나라를 멸망시켰다. 진평은 일찍이 호군중위의 신분으로 한왕을 따라 연왕(燕王)장도(臧荼)³⁸⁾를 평정하기도 하였다.

한(漢) 6년, 어떤 사람이 초왕(楚王) 한신이 모반하려고 한다고 글을 올려 고하였다. 고제(高帝)가 이에 여러 장군들에게 물으니, 그들은 "하루 빨리 군대를 보내 그놈을 매장시켜야 합니다"라고 하였다. 고제는 묵묵히 말이 없었다. 그리고 또 진평에게 물었더니, 진평은 거듭 사양하다가 말하기를 "여러 장군들은 무어라고 하였습니까?"라고 하자, 고제는 그들이 한 말을 자세히 일러주었다. 그러자 진평이 말하였다. "누군가가 한신이 모반한다고 글을 올렸는데, 그러면 이 일을 달리 아는 사람이 있

36) 淮陰侯 : 韓信을 말한다. 淮陰 사람으로 劉邦의 대장이다. 韓信은 일찍이 齊나라를 평정한 후, 자신을 齊나라의 代理王으로 세워줄 것을 요청하였는데, 劉邦이 張良과 陳平의 꾀를 써서 그를 齊王으로 세우고, 나중에 楚王으로 옮겼다가 또 淮陰侯로 깎아내렸다. 훗날 어떤 사람이 그가 모반을 꾀한다고 고발하여 呂后에게 죽임을 당하였다. 권92「淮陰侯列傳」참조.
37) 張子房 : 張良을 말한다. '子房'은 그의 별명이다. 권55「留侯世家」참조.
38) 臧荼 : 項羽에 의해서 燕王에 봉해졌으나, 나중에 楚나라를 등지고 漢나라에 귀순하였는데, 또 어떤 사람이 그가 모반한다고 고발하여 체포되었다.

습니까?" 이에 고제는 "없소"라고 대답하였다. 진평이 다시 "한신 자신
은 이 사실을 알고 있습니까?"라고 하자, 고제는 "모르오"라고 하였다.
진평이 또 "폐하의 정예병은 초나라와 비교해서 누가 더 낫습니까?" 하
고 물으니, 고제는 "우리가 그들을 능가할 수가 없소"라고 하였다. 진평
이 다시 "폐하 장수들의 용병술이 한신을 능가합니까?"라고 물으니, 고
제는 "그에게 미치지 못하오"라고 대답하였다. 진평은 "지금, 군대도 초
나라의 정예병만 못하고, 장수 또한 한신에 미치지 못하면서 군사를 보내
어 공격한다면 이는 곧 그들에게 군대를 일으켜 반항하도록 재촉하는 것
이니, 삼가 생각컨대 폐하께서 그렇게 하시는 것은 위험합니다"라고 하였
다. 이에 고제가 "그렇다면 이 일을 어떻게 하여야 하겠는가?"라고 하
니, 진평이 이렇게 말하였다.

> 옛날에는 천자가 지방을 순수(巡狩)[39]하며 제후를 불러 접견하였습니다.
> 남방에 운몽(雲夢)[40]이라는 곳이 있는데, 폐하께서는 그저 나가시어 거짓
> 으로 운몽을 순수하시면서 제후들을 진(陳)[41] 땅으로 불러모으십시오. 진
> 땅은 초나라의 서쪽 경계인데, 한신은 천자가 즐겁게 출유(出遊)하심을 듣
> 고, 그 형세상 틀림없이 아무런 일이 없을 것이라고 생각하여 교외에서 맞
> 아 뵐 것입니다. 그가 뵈러 올 바로 그때 폐하께서 그를 잡으시면, 이는
> 단지 한 사람의 역사(力士)로도 될 일입니다.

고제가 그렇다고 생각하여 사신을 제후들에게 보내 진 땅에 모이기를
통고하여 "짐이 장차 남쪽 운몽을 순수할 것이다"라고 하고, 곧바로 길을
떠났다. 고제가 아직 진 땅에 미처 도착하기도 전에 초왕 한신이 과연 교
외의 큰길에서 그를 맞이하였다. 고제는 미리 무사들을 준비하였다가 한
신이 이르는 것을 보고 즉각 그를 묶어 뒤따르는 수레에 실었다. 한신이
소리치며 "천하가 이미 평정되었으니, 나는 마땅히 삶겨 죽으리라!"[42]라

---

39) 巡狩 : '巡守'라고도 쓴다. 옛날 황제가 제후들이 지키는 지방을 시찰하는 것을
    말한다.
40) 雲夢 : 옛 호수 또는 못 이름. 그 명칭과 지역에 대한 설이 분분한데, 대략 지금
    의 湖北省 江漢 평원 및 그 주위 지역이다.
41) 陳 : 현 이름. 지금의 河南省 淮陽縣에 있었다.
42) 韓信의 이 말은 곧 "나는 새가 다하면 좋은 활은 묻히게 되고, 교활한 토끼가 죽
    으면 사냥개는 삶기게 되고, 적국이 부수어지면 책략가는 죽게 된다(飛鳥盡, 良弓
    藏, 狡兔死, 走狗烹, 敵國破, 謀臣亡)"라는 옛말에 근거한 것이다.

580

고 하였다. 고제가 돌아보며 한신에게 말하기를 "너는 크게 소리치지 마라. 네가 모반한 것은 이미 명백하다!"라고 하였고, 무사들은 한신의 두 손을 등 뒤로 교차시켜 묶었다. 마침내 고제는 진 땅에서 제후들을 회견하고 초나라 땅을 완전히 평정하였다. 고제는 돌아오다가 낙양(雒陽)에 이르러 한신을 사면하여 회음후(淮陰侯)에 봉하였고, 공신들에게 부절(符節)을 쪼개주며 봉지(封地)를 확정지어주었다.

당시에는 고제는 진평에게도 부절을 쪼개어주고, 대대로 그 효력이 단절되지 않도록 그를 호유후(戶牖侯)에 봉해주었다. 그러나 진평은 사양하여 말하기를 "이는 신의 공이 아닙니다"라고 하였다. 고제가 말하기를 "짐이 선생의 계책을 써서 싸워 이기고 적을 무찔렀는데, 선생의 공이 아니고 무엇이란 말인가?"라고 하니, 진평이 말하기를 "위무지가 아니었으면 신이 어찌 천거될 수 있었겠습니까?"라고 하였다. 고제가 "그대는 근본을 잊지 않는 사람이라고 할 수 있소"라고 하고는 이에 다시 위무지에게 상을 내렸다. 그 이듬해, 진평은 호군중위의 신분으로 고제를 따라 반역자 한왕(韓王) 신(信)을 대(代) 땅에서 공격하였는데, 창졸히 평성(平城)43)에 이르렀을 때, 흉노에게 포위되어 7일 동안 음식을 구할 수가 없었다. 당시에 고제는 진평의 기이한 계책을 써서 선우(單于)44)의 연지(閼氏)45)에게 사신을 보내어 비로소 포위를 풀 수가 있었다. 그런데 고제가 포위를 벗어난 이후에도 진평의 기이한 계책은 줄곧 비밀에 붙여졌기 때문에 세상 사람들은 아무도 그 내용을 알 수가 없었다.

고제가 남쪽으로 곡역(曲逆)46)을 지나가다가 그 성루에 올라 성 안의 집들이 매우 큰 것을 보고 "고을이 참으로 장관이구나! 짐이 천하를 두루 다녔지만 이렇듯 장관인 곳은 오직 낙양과 이곳뿐이로다"라고 하면서 고개를 돌려 어사(御史)에게 "이곳 곡역의 호구(戶口)가 얼마인가?"라고 물으니, 어사가 대답하기를 "당초 진(秦)나라 때에는 3만여 호였는데, 근래에 병란이 여러 차례 일어나 많은 사람들이 도망하고 숨어버려 지금은 5,000호만 남아 있습니다"라고 하였다. 이에 고제는 어사에게 명

43) 平城 : 현 이름. 지금의 山西省 大同市 동북쪽에 있었다.
44) 單于 : 匈奴 王의 칭호.
45) 閼氏 : 匈奴 王后의 칭호.
46) 曲逆 : 현 이름. 지금의 河北省 完縣 동남쪽에 있었다.

해서 진평을 곡역후(曲逆侯)로 바꾸어 봉하여 현 전체를 식읍(食邑)으로 주고, 앞서 봉했던 호유향은 취소하였다.

　그후에도 진평은 일찍이 호군중위의 벼슬로 황제를 따라 진희(陳豨)[47] 와 경포(黥布)[48]를 쳤는데, 모두 여섯 번이나 기이한 계책을 내었으며, 그때마다 봉읍이 더해져서 모두 여섯 차례 증봉(增封)되었다. 그의 기이한 계책 가운데 어떤 것은 아주 비밀에 부쳐졌으므로 세상 사람들은 그 내용을 알 수가 없었다.

　고제가 경포를 친 군대를 거느리고 돌아올 때, 부상이 심하여 천천히 행군해서 장안(長安)에 이르렀다. 이때 연왕(燕王) 노관(盧綰)[49]이 모반을 하였는데, 고제는 번쾌(樊噲)[50]를 시켜 상국(相國)[51]의 신분으로 군대를 거느리고 그를 토벌하게 하였다. 번쾌가 출발한 뒤, 그를 헐뜯고 비난하는 사람이 있었다. 고제가 노하여 이르기를 "번쾌가 짐이 병이 난 것을 보고 짐이 죽기를 고대했단 말인가!"라고 하였다. 그리고 진평의 계책을 써서 강후(絳侯) 주발(周勃)을 병상 아래로 불러 조칙을 내려 말하기를 "진평은 급히 역참의 수레로 주발을 태우고 가서 번쾌의 군대를 대신 통솔하게 하고, 또 진평은 군중에 이르는 즉시 번쾌의 머리를 베어라!"라고 하였다. 두 사람은 조칙을 받은 후, 역참의 수레를 몰면서 군중에 이르기 전에 서로 상의하여 이렇게 말하였다.

　　번쾌는 황제의 오랜 친구이면서 공로도 많고, 또 여후(呂后)의 동생 여수(呂嬃)의 남편이니 황제와는 친척이고 또 지위도 높습니다. 황제께서 일시의 분노 때문에 그를 죽이려고 하시지만, 나중에 후회하실까 두렵소. 그러니 차라리 그를 묶어 황제께 보내서 황제께서 직접 그를 죽이시게 하는 것이 좋을 듯하오.

---

47) 陳豨：劉邦의 장군. 군대를 거느리고 代 땅을 지키다가 漢나라에 반역하여 代王이 되었지만 나중에 패하여 자살하였다. 권54「曹相國世家」의 〈주 96〉 참조.
48) 黥布：권48「陳涉世家」의 〈주 102〉, 권53「蕭相國世家」의 〈주 39〉, 권54「曹相國世家」의 〈주 97〉, 권91「黥布列傳」 참조.
49) 盧綰：劉邦의 장군으로 燕王에 봉해졌는데, 나중에 陳豨의 모반으로 劉邦에게 의심을 받고 죽게 될 것을 두려워하여 匈奴로 달아났다가 얼마 뒤에 죽었다. 권93「韓信盧綰列傳」 참조.
50) 樊噲：劉邦의 장수로 舞陽侯에 봉해졌다. 일찍이 左丞相을 지냈다.
51) 相國：권53「蕭相國世家」의 〈주 1〉, 권55「留侯世家」의 〈주 82〉 참조.

582

그리하여 그들은 군영 안에는 들어가지 않고 밖에서 단(壇)⁵²)을 쌓아 황제가 내린 부절로 번쾌를 불렀다. 번쾌가 조칙을 받자 곧바로 두 손을 뒤로 묶어 죄수의 수레에 실어 장안으로 보내고, 강후 주발에게는 번쾌 대신 장군이 되어 군사를 거느리고 반란에 참여한 연나라의 각 현을 평정 하게 하였다.

진평은 돌아오는 도중에 고제가 붕어하였다는 소식을 듣고, 여수가 참 소하여 여태후(呂太后)가 노할까 두려워하여 서둘러 역참 수레를 몰아 번 쾌의 일행보다 한발 앞서 달려갔다. 도중에 조정의 사신을 만났는데, 그 는 진평과 관영에게 형양에 주둔하라는 조칙을 전하였다. 진평은 조칙을 받은 즉시 다시 수레를 몰아 황궁(皇宮)으로 가서 매우 애절하게 통곡하 고, 그 기회를 틈타 고제의 영구(靈柩) 앞에서 여후에게 지난 일(번쾌에 관한 일)을 아뢰었다. 여후가 진평을 가련히 여겨 "그대는 수고하였으니 나가 쉬도록 하시오"라고 하자, 진평은 참소가 자신에게 미칠까 두려워하 여 숙위(宿衛)⁵³)의 벼슬을 단단히 청하였다. 이에 여후가 진평을 낭중령 (郎中令)⁵⁴)에 임명하고 이르기를 "새 황제를 잘 보좌하도록 하시오"라고 하 였다. 이런 일이 있은 후, 여수의 참언은 비로소 별 효력이 없어지게 되 었다. 번쾌는 장안에 이르러 사면을 받고 원래의 작위와 봉읍을 회복하였 다.

한 혜제(漢惠帝) 6년, 상국(相國) 조참(曹參)⁵⁵)이 죽자, 안국후(安國 侯) 왕릉(王陵)을 우승상(右丞相)으로, 진평을 좌승상(左丞相)으로 삼았 다.

왕릉은 옛 패현(沛縣)⁵⁶) 사람으로, 처음에는 그 현의 호협(豪俠)이었

---

52) 壇 : 흙으로 쌓은 높은 臺. 옛날에는 '壇'을 쌓아 황제의 조서를 선포하였는데, 이는 곧 장중한 의식이다.
53) 宿衛 : 궁중에서 숙직을 하며 경호를 담당하는 벼슬.
54) 郎中令 : 벼슬 이름. 九卿의 하나. 황제를 위한 시종, 경호와 顧問 관리의 首長이 다. 권52 「齊悼惠王世家」의 〈주 18〉 참조.
55) 曹參 : 沛縣 사람. 秦나라 때 獄吏가 되었는데, 蕭何와 함께 봉기하여 漢 高帝를 도와 천하를 평정하였고, 平陽侯에 봉해졌다가 蕭何의 뒤를 이어 相國이 되었다. 권 52 「齊悼惠王世家」의 〈주 35〉, 권53 「蕭相國世家」의 〈주 26〉, 권54 「曹相國世家」 참조.
56) 沛縣 : 권53 「蕭相國世家」의 〈주 2〉, 권54 「曹相國世家」의 〈주 2〉 참조.

는데, 한 고제가 미천하였을 때, 그를 형님처럼 섬겼다. 왕릉은 예의가
부족하고 감정적으로 일을 처리하였으며 직언을 좋아하였다. 패공 유방이
패현에서 봉기하여 관중으로 들어가 함양(咸陽)에 도착하였을 때, 왕릉
은 독자적으로 무리 수천명을 모아 남양(南陽)⁵⁷⁾에 있으면서 패공(沛公)
을 따르려고 하지 않았다. 한왕 유방이 회군하여 항우를 공격할 때, 왕릉
은 비로소 군사를 한나라에 예속시켰다. 이때 항우는 왕릉의 어머니를 잡
아다 군중에 두고는 왕릉의 사자가 도착하자 왕릉의 어머니를 윗자리에
앉게 하여 왕릉을 귀순시키고자 하였다. 그러나 왕릉의 어머니는 비밀리
에 심부름꾼을 보내면서 눈물을 흘리며 말하기를 "이 늙은이를 위해서 왕
릉에게 한왕을 잘 섬기라고 전해주시오. 한왕은 훌륭한 어른이시니 이 늙
은이 때문에 두 마음을 품어서는 아니 된다고 하시오. 이 늙은 아낙이 죽
음으로써 당신을 전송하리다"라고 하고는 드디어 칼을 뽑아 자살을 하였
다. 이에 항왕은 대노하여 왕릉의 어머니를 삶아버렸다. 왕릉은 마침내
한왕을 수행하여 천하를 평정하였다. 왕릉은 옹치(雍齒)와는 사이가 좋
았으나 옹치가 한왕의 원수였고, 게다가 왕릉도 본래 한왕을 따르려고 하
지 않았기 때문에 뒤늦게 봉을 받아 안국후(安國侯)가 되었던 것이다.

안국후가 우승상(右丞相)이 된 지 2년 만에 혜제(惠帝)가 붕어하였다.
여후가 여러 여씨(呂氏)를 세워 왕으로 삼고자 하여 우승상 왕릉에게 묻
자, 왕릉이 말하기를 "안 됩니다"라고 하니, 다시 진평에게 물었는데, 진
평은 "됩니다"라고 하였다. 여후는 이에 노하여 곧 왕릉을 승진시키는 것
처럼 하여 태부(太傅)⁵⁸⁾로 삼았지만, 실제로는 그를 중용하지 않았다.
왕릉은 화가 나서 병이라 칭하여 사직하고 두문불출하며 끝내 조회하지
않다가 7년 만에 죽었다.

왕릉이 승상에서 면직된 후, 여후는 곧 진평을 우승상으로 옮기고 벽양
후(辟陽侯) 심이기(審食其)를 좌승상으로 임명하였다. 좌승상은 일을 처
리할 장소가 없어 늘 궁중(宮中)⁵⁹⁾에서 정사(政事)를 처리하였다.

심이기도 역시 패현 사람이었다. 한왕이 팽성에서 패하고 서쪽으로 달

---

57) 南陽 : 군 이름. 지금의 河南省 서남부와 湖北省 서북부에 있었으며, 군청 소재지
   는 宛, 곧 지금의 河南省 南陽市에 있었다. 권54 「曹相國世家」의 〈주 40〉 참조.
58) 太傅 : 벼슬 이름. 그 지위는 三公의 위에 있었지만, 실권은 없었다.
59) 이는 곧 呂后의 곁을 가리킨다.

아날 때, 초왕은 한왕의 아버지와 여후를 잡아다가 인질로 삼았는데, 심이기는 가신(家臣)으로서 여후를 받들어 모셨다. 그후 심이기는 한왕을 따라 항우를 쳐부수고 후(侯)로 봉해지고, 여후에게 총애를 받았다. 그가 좌승상이 되어 궁중에 머무르자 모든 관리들은 다 그를 경유하여 정사를 결정, 처리하였다.

여수(呂嬃)는 늘 진평이 지난날 고제에게 번쾌를 체포하려는 계책을 내었던 일로 인하여 여러 차례 여후에게 참소하여 말하기를 "진평은 승상이 되어 정사는 처리하지 않고 매일 좋은 술이나 마시며 부녀자를 희롱합니다"라고 하였는데, 진평은 그 소리를 듣고 날로 더욱 그 도가 심하게 행동하였다. 여후는 그 사실을 알고는 혼자서 은근히 기뻐하였다. 어느날 여후는 여수의 면전에서 진평에게 말하기를 "속담에 이르기를 '어린 아이와 부녀자의 말은 신용할 수가 없다'라고 하였으니, 나는 다만 그대가 나에게 어떻게 하는가를 볼 따름이니, 여수의 참언을 두려워할 것은 없소"라고 하였다.

여후가 여러 여씨들을 세워 왕으로 삼는 일에 대해서 진평은 일찍이 짐짓 동의하는 척하였다. 그러나 여후가 죽자 진평과 태위 주발은 함께 모의하여 마침내 여러 여씨들을 죽이고 문제(文帝)[60]를 옹립하였는데, 사실은 진평이 그 주모자였다. 심이기는 좌승상에서 면직되었다.

문제가 즉위하여, 태위 주발이 직접 군사를 이끌고 여씨들을 죽였으므로 그 공로가 아주 많다고 여기자, 진평은 우승상의 지위를 주발에게 양보하고 병을 핑계로 사퇴하려고 하였다. 이에 문제는 자신이 막 즉위하였는데 진평이 병을 핑계 삼는 것을 괴이하게 여겨 그 이유를 물었다. 진평이 말하기를 "고제 폐하 때 주발의 공로는 저만 못하였습니다만 여씨를 죽이는 것에서는 저의 공로가 또한 주발만 못하였습니다. 원컨대 우승상의 자리를 주발에게 양보하고자 합니다"라고 하였다. 그리하여 문제는 강후 주발을 우승상에 임명하여 최고의 벼슬 자리에 앉히고, 진평을 좌승상으로 옮겨 다음 자리에 앉혔다. 진평에게는 황금 1,000근을 상으로 내리고 식읍 3,000호를 더 봉해주었다.

얼마 후 문제는 어느새 국가 대사에 더욱 밝아졌는데, 한번은 조회에서

---

60) 文帝 : 劉恒을 말한다. 기원전 179년에서 기원전 157년까지 재위하였다.

우승상 주발에게 "온 나라에 일 년 동안 옥사(獄事)를 판결하는 건수가 얼마인가?"라고 물으니, 주발이 사죄하며 "모르겠습니다"라고 하였다. 그리고 또 "온 나라에 일 년 동안 재정상(財政上)의 수입과 지출이 얼마인가?"라고 물으니, 주발은 또 모른다고 사죄하며 땀으로 등을 적시면서 대답을 하지 못한 것을 수치스러워하였다. 이에 문제가 다시 좌승상 진평에게 물으니, 진평이 말하기를 "주관하는 관리가 있습니다"라고 하였다. 황제가 "주관하는 관리가 누구인가?"라고 하자, 진평이 대답하기를 "폐하께서 옥사 판결에 대해서 궁금하시면 정위(廷尉)[61]에게 물으시고, 재정에 대해서 궁금하시면 치속내사(治粟內史)[62]에게 물으소서"라고 하였다. 황제가 말하기를 "각기 주관하는 자가 있다면 그대가 주관하는 일은 무엇인가?"라고 하자, 진평이 사죄하며 이렇게 아뢰었다.

> 황공하옵니다![63] 폐하께서는 신의 노둔함을 알지 못하시고, 재상에 봉직하게 하셨습니다. 무릇 재상이란 위로는 천자를 보좌하며 음양을 다스려 사시(四時)를 순조롭게 하고, 아래로는 만물이 제때에 성장하도록 어루만져주며, 밖으로는 사방 오랑캐와 제후들을 진압하고 어루만지며, 안으로는 백성들을 친밀히 복종하게 하여 경대부(卿大夫)로 하여금 그 직책을 제대로 이행하게 하는 것입니다.

그러자 문제는 훌륭하다고 칭찬하였다. 우승상 주발은 크게 부끄러워하여 조정에서 나온 후, 진평에게 원망하며 말하기를 "그대는 어찌하여 평소에 나에게 대답하기를 가르쳐주지 않았소!"라고 하니, 진평이 웃으며 말하기를 "그대는 승상의 자리에 있으면서도 승상의 임무를 모르시오? 만약 폐하께서 장안의 도적 수를 물으셨다면 그대는 억지로 대답하려고 하였소?"라고 하였다. 이에 강후 주발은 자신의 능력이 진평에 훨씬 못 미침을 알았다. 얼마 후, 강후 주발은 병을 핑계삼아 재상의 자리를 내놓기를 청하니, 이로써 진평만이 유일한 승상이 되었다.

한 문제 2년, 승상 진평이 죽자 시호를 헌후(獻侯)라고 하였다. 그리

---

61) 廷尉 : 벼슬 이름. 권53 「蕭相國世家」의 〈주 41〉 참조.
62) 治粟內史 : 벼슬 이름. 九卿의 하나로 국가 재정을 관장하였다.
63) 이의 원문은 "主臣"인데, 이것은 세 가지 뜻으로 풀이할 수 있다. 첫째는 공경하며 황공하다는 뜻을 나타내는 관용어이고, 둘째는 뭇 신하를 주관한다는 뜻이며, 셋째는 신하의 도리를 준수한다는 뜻이다. 여기서는 첫번째가 문리상 가장 적절하여 택하였다.

고 그의 아들 공후(共侯) 진매(陳買)가 후작(侯爵)을 세습하였다. 그로
부터 2년 뒤, 공후가 죽자 그의 아들 간후(簡侯) 진회(陳恢)가 후작을
세습하였다. 그로부터 23년 후, 간후가 죽자 그의 아들 진하(陳何)가 후
작을 세습하였는데, 그로부터 23년 뒤 진하가 남의 아내를 강탈한 죄로
사형당하면서, 후국(侯國)은 폐지되었다.

진평이 일찍이 말하기를 "나는 은밀한 계책을 많이 세웠는데, 이는 도
가(道家)에서 꺼려하는 바이다. 만약 내 후손이 후작에서 폐지되면 그것
으로 끝이어서 끝내 다시는 일어서지 못할 것이니 그것은 곧 내가 은밀한
계책을 많이 쓴 화근 탓이다"라고 한 적이 있다. 훗날 그의 증손 진장(陳
掌)[64]이 위씨(衞氏)와의 친척관계에 힘입어 현귀(顯貴)해져서 진씨의 원
래 봉호(封號)를 계속 이어가기를 바랐지만, 끝내 이룰 수가 없었다.

태사공은 말하였다.

"승상 진상(陳平)이 젊었을 때 본래 황제(黃帝)와 노자(老子)의 학
설[65]을 좋아하였는데, 그가 일찍이 도마 위의 제육(祭肉)을 나눌 때 그
포부는 이미 원대하였다. 그가 나중에 초나라와 위(魏)나라 사이에서 배
회하며 분주하였으나 결국은 한 고제에게로 귀순하였다. 그는 늘 기이한
계책을 내어 복잡한 분규를 해결하였고, 국가의 환난을 제거하였다. 여후
때에 이르러서는 국사(國事)에 변고가 많았으나, 진평은 끝내 스스로 화
를 면탈하였고, 나라의 종묘 사직을 안정시켜서 영광스러운 명성을 죽을
때까지 유지하고 어진 재상이라고 칭송되었으니, 이 어찌 시작과 끝이 다
좋았다고 하지 않겠는가! 만약 지혜와 책략이 없었다면 그 누가 이와 같
을 수 있겠는가?"

---

64) 陳掌 : 漢 武帝 衞皇后의 兄夫.
65) 黃帝와 老子의 학설 : 곧 道家의 학설을 말하는데, 그것은 道家에서 黃帝와 老子
   를 시조로 삼기 때문이다. 無爲自然의 道家 학설은 곧 漢나라 초기 통치 집단의 주
   도 사상이었다. 권54 「曹相國世家」의 〈주 104〉 참조.

권57 「강후주발세가(絳侯周勃世家)」 제27

　강후(絳侯) 주발(周勃)은 패현(沛縣)[1] 사람이다. 그의 선조는 권(卷)[2] 사람인데 후에 패현으로 이사왔다. 주발은 누에치기로 생활을 유지하였는데, 또 항상 피리를 불어 남의 상사(喪事)를 처리해주었다. 후에는 강한 활을 쏘는 용사가 되었다.

　한 고조(漢高祖) 유방(劉邦)이 패공(沛公)이 되어 막 기의(起義)할 때, 주발은 중연(中涓)[3]의 직위로 고조를 따라 호릉(胡陵)을 공격하여 방여(方與)를 함락시켰다. 방여에서 반란이 일어나자 그는 전투에 참가하여 적군을 물리쳤다. 그는 풍읍(豊邑)을 공격하고 탕군(碭郡) 동쪽에서 진(秦)나라 군대를 치고는 또 군대를 이끌고 유현(留縣), 소현(蕭縣)으로 돌아왔으며, 재차 탕군을 공격하여 격파하였다. 하읍(下邑)을 공격하여 함락시켰을 때에는 그가 가장 먼저 성루에 올랐다. 고조는 그에게 오대부(五大夫)[4]의 작위를 하사하였다. 몽읍(蒙邑), 우현(虞縣)을 공격하여 함락시켰다. 고조가 진(秦)나라의 장군 장함(章邯)[5]의 거기(車騎)부대를 공격할 때, 그는 군대를 거느리고 후진에 있었다. 위(魏)나라 땅을 평정하였다. 원척(爰戚), 동민(東緡)을 공격하고 곧장 율(栗)에 도착해서 모두 함락시켰다. 설상(齧桑)을 공격할 때에도 주발은 가장 먼저 성(城)에 올랐다. 또 동아성(東阿城) 아래에서 진(秦)나라 군대를 공격해서 격파시키고는 복양(濮陽)까지 추격해서 견성(甄城)을 함락시켰다. 도관(都關)과 정도(定陶) 두 현을 공격하고 완구(宛朐)를 습격하여 탈취하

---

1) 沛縣：지금의 江蘇省 沛縣을 말한다.
2) 卷：옛 읍 이름. 西漢 때 縣을 두었다.
3) 中涓：秦漢時代 황제의 시종관. 권56 「陳丞相世家」의 〈주 18〉 참조.
4) 五大夫：功爵의 이름. 秦나라의 官制에서는 軍功의 크기에 따라서 관작을 20등급으로 나누었는데, 가장 낮은 제1급은 公士이고 제9급이 五大夫이다.
5) 章邯：원래는 秦나라의 少府였다. 일찍이 사면받은 죄수와 노예를 이끌고 陳涉의 起義를 진압하였다. 후에 項羽에게 패하자 그에게 투항하여, 雍王에 봉해졌다. 楚漢戰 도중에 劉邦에게 패하여 자살하였다. 권54 「曹相國世家」의 〈주 13〉 참조.

고 선보(單父)의 현령을 사로잡았다. 야밤에 임제(臨濟)를 습격하여 함
락시키고 다시 장현(張縣)을 공격하였고, 그의 군대가 선봉이 되어 권현
에 도착해서 성을 격파시켰다. 옹구성(雍丘城) 아래에서 진(秦)나라의
장수 이유(李由)[6]의 군대를 공격하였다. 개봉(開封)을 공격할 때 그의
군대 중에서 앞다투어 성 아래에 다다른 자가 다른 부대보다 많았다. 후
에 장함이 항량(項梁)이 거느린 초(楚)나라 군대를 대파시키고 항량을
죽이자, 패공과 항우(項羽)는 군대를 이끌고 동쪽의 탕군으로 돌아왔다.
패현에서 기의한 후 탕군으로 회군하기까지, 그 기간은 모두 1년 2개월이
었다.

초 회왕(楚懷王)[7]은 패공을 안무후(安武侯)로 봉하여 탕군의 장관을
맡게 하였다. 패공은 주발을 호분령(虎賁令)[8]으로 임명하였다. 그는 호
분령의 신분으로 패공을 따라 위(魏)나라 땅을 평정하였다. 성무(城武)
에서 동군(東郡) 군위(郡尉)의 부대를 공격하여 대파하였다. 또 왕리(王
離)[9]의 군대를 대파하였다. 장사(長社)를 공격할 때, 주발은 가장 먼저
성루에 올랐다. 이어서 영양(潁陽), 구지(緱氏)를 공격하였고, 황하의
중요한 나루터인 평음진(平陰津)을 끊고, 시향(尸鄉) 북쪽에서 조분(趙
賁)[10]의 군대를 공격하였다. 또 남쪽으로 남양(南陽) 군수 여의(呂齮)를
공격하였다. 무관(武關), 요관(嶢關)을 격파하였다. 남전(藍田)에서 진
(秦)나라의 군대를 대파시켰고, 함양(咸陽)으로 진군하여 진(秦) 왕조를
멸망시켰다.

항우가 함양에 도착하자 패공을 한왕(漢王)에 봉하였다. 한왕은 주발
에게 위무후(威武侯)의 작위를 하사하였다. 주발이 한왕을 따라 한중(漢
中)[11]으로 진입하자, 한왕은 그를 장군으로 임명하였다. 그가 회군하여

---

6) 李由 : 秦나라의 장수. 丞相 李斯의 아들. 권48「陳涉世家」의 〈주 42〉 참조.
7) 項梁과 項羽가 군대를 일으켜 秦나라에 반기를 든 후, 전국시대 楚 懷王 熊槐의
  손자 熊心을 민간에서 찾아내어 그를 楚王으로 옹립하고 楚 懷王이라고 불렀다. 후
  에 楚 懷王은 項羽에 의해서 義帝라고 개칭되었다. 또 그는 핍박을 받아 長沙郡 郴
  縣으로 옮겼는데 도중에 파견된 사람에 의해서 살해당하였다.
8) 虎賁令 : 警衛 부대를 통솔하는 장수.
9) 王離 : 秦나라의 장수. 명장 王翦의 손자. 권54「曹相國世家」의 〈주 29〉 참조.
10) 趙賁 : 秦나라의 장수. 권54「曹相國世家」의 〈주 32〉 참조.
11) 漢中 : 옛 군 이름. 지금의 陝西省 秦嶺 이남 및 湖北省 서북부를 통할하였다. 관
  할지역은 지금의 陝西省 漢中市에 있었다

삼진(三秦)[12]을 평정하고 진(秦) 땅에 도착한 후, 한왕은 회덕현(懷德縣)을 그에게 식읍으로 주었다. 괴리(槐里), 호치(好畤)를 공격할 때 최고의 공을 세웠다. 함양에서 조분과 내사(內史)[13] 보(保)의 군대를 공격할 때에도 최고의 공을 세웠다. 북쪽으로 칠현(漆縣)을 공격하였고 장평(章平), 요앙(姚卬)의 군대를 공격하여 서쪽으로 견현(汧縣)을 평정하였다. 다시 회군하여 미성(郿城), 번양(頻陽)을 함락시켰고, 장함(章邯)을 폐구(廢丘)에서 공격하였다. 또 서현(西縣) 현승(縣丞)의 수비군을 격파하고 도파(盜巴)의 부대를 대파하였다. 다시 상규(上邽)를 공격하고 동쪽으로 가서 요관(嶢關)을 수비하였다. 돌아와서 항우를 공격하였다. 곡우(曲遇)를 공격할 때 또 최고의 공을 세웠다. 회군하여 오창(敖倉)을 수비하였다. 후에 또 항우를 추격하였다.

항우가 죽은 후, 주발은 승세를 타고 동쪽으로 초나라 땅의 사수(泗水)와 동해(東海) 두 군(郡)을 평정하고 모두 22개 현을 함락시켰다. 회군하여 낙양(雒陽)과 역양(櫟陽)을 수비하였다. 고조는 종리현(鍾離縣)[14]을 그와 영음후(潁陰侯) 관영(灌嬰)에게 공동으로 식읍으로 하사하였다. 주발은 또 장군의 신분으로 고조를 따라 반란을 일으킨 연왕(燕王) 장도(臧荼)를 토벌하러 가서 역성(易城) 아래에서 격파시켰다. 그가 이끈 사병들이 치도(馳道)[15]에서 반군을 공격하니 공로가 가장 컸다. (고조 6년) 고조는 주발에게 열후(列侯)의 작위를 하사하고 신표를 쪼개어 주발의 작위가 대대로 전해져 끊어지지 않게 하였다. 강(絳)[16]을 식읍으로 하여 8,180호의 부세(賦稅)를 받게 하고 '강후(絳侯)'라고 불렀다.

주발은 장군의 신분으로 고조를 따라서 반란을 일으킨 한왕(韓王) 신(信)[17]을 대(代) 땅에서 토벌하였다. 곽인현(霍人縣)을 항복시켰다. 또

---

12) 三秦 : 원래 秦나라의 關中 땅을 가리킨다. 項羽는 그 땅을 세 개의 제후국으로 分封하였다. 각 봉지의 제후는 雍王 章邯, 塞王 司馬欣, 翟王 董翳이었다. 고로 三秦이라고 하였는데, 項羽의 뜻은 그들에게 漢王 劉邦을 감시하게 하여 劉邦의 세력 확장을 막으려는 데에 있었다. 권56 「陳丞相世家」의 〈주 11〉 참조.
13) 內史 : 秦나라의 수도의 행정장관.
14) 鍾離縣 : 관할지역은 지금의 安徽省 鳳陽縣 북쪽이었다.
15) 馳道 : 고대 황제가 다니던 交通大道.
16) 絳 : 옛 현 이름. 관할지역은 지금의 山西省 侯馬市 동북쪽이었다.
17) 韓王 信 : 전국시대 韓 襄王의 후손으로 군대를 이끌고 劉邦을 따라 漢中에 이르렀다. 후에 韓王으로 봉해졌다. 高祖 6년에 모반하여 匈奴에게 투항하였다. 권56 「陳丞相世家」의 〈주 22〉 참조.

선봉이 되어 무천 (武泉)에 도착하여 흉노의 기병을 무천 북쪽에서 격파하였다. 돌아서 한왕 신의 군대를 동제 (銅鞮)에서 공격하여 대파하였다. 회군할 때 태원군 (太原郡)의 6개 성의 항복을 받아냈다. 진양성 (晉陽城) 아래에서 한왕 신과 흉노의 기병을 공격하여 격파시키고 진양성을 함락시켰다. 그후에 사석 (硰石)에서 한왕 신의 군대를 대파시키고 80리나 추격하였다. 또한 누번 (樓煩)의 3개 성을 공격하였고 또 승세를 타고 평성 (平城) 일대에서 흉노의 기병을 공격하였다. 그가 거느린 병사는 치도 (馳道) 위에서 흉노의 기병을 공격하였는데 공로가 가장 컸다. 주발은 태위 (太尉)[18]로 승진하였다.

(고조 10년) 주발은 군대를 이끌고 반란 장수 진희 (陳豨)[19]를 토벌하여 마읍현 (馬邑縣)을 도륙하였고, 그의 병졸들은 진희의 장군 승마치 (乘馬絺)를 베었다. 또 한왕 신, 진희, 조리 (趙利)의 군대를 누번에서 공격하여 격파하였고, 진희의 부장 (部將) 송최 (宋最)와 안문군 (雁門郡)의 군수 환 (圂)을 사로잡았다. 승세를 타고 운중군 (雲中郡)을 공격해서 군수 속 (遬), 승상 기사 (箕肆)와 장군 훈 (勳)을 사로잡았다. 안문군의 17개 현과 운중군의 12개 현을 평정하였다. 다시 승세를 타고 영구 (靈丘)에서 진희를 격파하였고, 진희를 베고 그의 승상 정종 (程縱), 장군 진무 (陳武), 도위 (都尉) 고사 (高肆)를 포로로 삼았다. 대군 (代郡)의 9개 현을 평정시켰다.

(고조 12년) 연왕 (燕王) 노관 (盧綰)[20]이 반란을 일으키자, 주발은 상국의 신분으로 번쾌 (樊噲)[21]를 대신하여 부대를 이끌고 계현 (薊縣)을 함락시켰고, 노관의 대장 (大將) 지 (抵), 승상 언 (偃), 군수 경 (陘), 태위 약 (弱)과 어사대부 시 (施)를 생포하고 혼도 (渾都)를 도륙하였다. 상란 (上蘭)에서 노관의 군대를 대파하였고 또 저양 (沮陽)에서 노관의 군대를

---

18) 太尉 : 漢代의 최고 군사 장관. 권51 「荊燕世家」의 〈주 18〉 참조.

19) 陳豨 : 劉邦의 장수로 趙나라의 相國에 임명되었다. 高祖 10년에 모반하여 스스로 代王이 되었다가 12년에 패하여 피살되었다.

20) 盧綰 : 劉邦과 같은 고향의 친구로 劉邦을 따라 군대를 일으켰다. 高祖 5년 燕王 臧荼가 모반하여 포로가 되자 劉邦은 盧綰을 燕王으로 봉하였다. 高祖 12년 모반하였다가 패하였다. 高祖가 병으로 죽자 匈奴에게 투항하였으며, 匈奴가 그를 東胡盧王에 봉하였다. 권56 「陳丞相世家」의 〈주 49〉 참조.

21) 樊噲 : 劉邦의 중요한 장수로 舞陽侯로 봉해졌다. 권56 「陳丞相世家」의 〈주 50〉 참조.

격파하고는 곧장 장성(長城)까지 추격하였다. 상곡군(上谷郡)의 12개 현, 우북평군(右北平郡)의 16개 현, 요서(遼西)와 요동(遼東) 2군의 29개 현, 어양군(漁陽郡)의 22개 현을 평정하였다. 전체적으로 말하면, 그는 고조를 따라서 상국 1명, 승상 2명, 장군과 2,000석(石) 관리 각 3명을 포로로 잡았고, 단독으로는 또 2개 부대를 격파하고 3개의 성을 함락시켰고 5개 군, 79개 현을 평정하였으며 승상과 대장 각 1명을 포로로 잡았던 것이다.

주발은 사람됨이 소박하고 강강(剛强)하며 돈후(敦厚)하여, 고조는 대사(大事)를 맡길 만하다고 생각하였다. 주발은 문사(文辭)와 예절을 좋아하지 않아서 매양 유생과 유세객을 접견할 때마다 스스로 동쪽을 향해 앉아 그들에게 "빨리 말하시오!"라고 말하였다. 그의 질박하고 예의를 따지지 않는 정도가 이와 같았다.

주발이 연(燕)을 평정하고 돌아오니, 고조는 이미 붕어한 뒤였다. 그는 열후(列侯)의 신분으로 효혜제(孝惠帝)[22]를 보좌하였다. 혜제 6년에 태위관(太尉官)을 설치하여 주발을 태위로 임명하였다. 10년 후 여후(呂后)[23]가 붕어하였다. 여록(呂祿)은 조왕(趙王)의 신분으로 한(漢)나라의 상장군(上將軍)이 되었고, 여산(呂産)[24]은 여왕(呂王)의 신분으로 한나라의 상국이 되어 조정의 대권을 장악해서 유씨 천하를 전복시키려고 하였다. 주발은 태위인데도 군영의 문에 진입할 수 없었고, 진평(陳平)[25]은 승상인데도 정사를 처리할 수 없었다. 이에 주발은 진평과 모의하여 마침내 여씨 일족의 세력을 주멸하고 효문제(孝文帝)[26]를 세웠다. 이 일은 「여태후본기(呂太后本紀)」와 「효문제본기(孝文帝本紀)」에 상세하게

22) 孝惠帝 : 劉邦의 嫡長子 劉盈. 재위 기간은 7년간(기원전 194-기원전 188년)이었다.
23) 呂后 : 高后라고도 한다. 劉邦의 嫡妻 呂雉를 가리킨다. 재위 기간은 8년간(기원전 187-기원전 180년)이었다.
24) 呂祿, 呂産 : 呂后의 조카.
25) 陳平 : 漢나라의 陽武 사람. 어려서 가난하였으며 黃老術을 좋아하였다. 劉邦을 도와서 천하를 평정하여 曲逆侯로 봉해졌다. 惠帝 때 左丞相이 되었다. 呂后가 죽자 周勃과 함께 呂氏 일족을 멸하고 文帝를 세워 丞相이 되었다. 권52 「齊悼惠王世家」의 〈주 33〉, 권56 「陳丞相世家」 참조.
26) 孝文帝 : 劉邦의 아들로 薄姬의 소생이며 이름은 恒이다. 기원전 197년에서 기원전 157년까지 재위하였다.

기록되어 있다.

　문제(文帝)는 즉위하자 주발을 우승상(右丞相)[27]에 앉히고 황금 5,000
근을 하사하였고 식읍을 1만 호까지 증가시켰다. 그런데 한 달 남짓 시일
이 지나자 어떤 사람이 주발에게 다음과 같이 말하였다. "당신이 이미 여
씨 일족을 주멸하고 대왕(代王)[28]을 황제로 세웠을 때 명망과 위세가 천
하를 진동시켰습니다. 게다가 막대한 포상도 받았고 존귀한 지위에 있으
며 황제의 총애도 얻었으니, 이렇게 오래가다가는 언제 재난이 당신 몸에
미칠지 모릅니다."

　주발은 이 말에 두렵고 또 자신의 처지가 위험하다고 느껴 사직하고 승
상의 인수를 반환하겠노라고 청원하였고, 이에 황제도 허락하였다. 1년
여 기간이 지난 후, 승상 진평이 죽자 황제는 재차 주발을 승상으로 임명
하였다. 이로부터 10여 개월이 지나자 황제는 그에게 이렇게 말하였다.
"전에 짐이 열후에게 모두 자신의 봉지로 돌아가라고 조령(詔令)을 내렸
는데, 어떤 이는 아직 떠나지 않고 있소. 승상 그대는 짐이 존중하는 사
람이니, 솔선 수범해서 봉지로 돌아가시오."

　이에 주발은 승상직을 놓고 봉지인 강현(絳縣)으로 돌아갔다.

　1년 남짓 지나서, 하동군(河東郡)의 군수와 군위(郡尉)가 현을 순시하
다가 강현에 이를 때마다, 주발은 자신이 죽임을 당할까 두려워하여 항상
몸에 갑옷을 입고 가인(家人)들에게도 병기(兵器)를 지니고 군수와 군위
를 만나도록 명령하였다. 이후 어떤 사람이 조정에 글을 올려 주발이 모
반하려고 한다고 하였다. 이에 조정은 이 사건을 정위(廷尉)[29]에게 내려
처리하도록 하였고, 정위는 또 장안(長安)[30]으로 넘겨 처리하도록 하여,
주발을 체포하여 심문을 진행하였다. 주발은 매우 두려워서 어떻게 답변
해야 좋을지 몰라하였다. 옥리는 점점 그에게 모욕을 주었다. 이때 주발
은 1,000근의 황금을 옥리에게 뇌물로 주었다. 옥리는 조서 뒷면에다 글
씨를 써서 그에게 보였다. "공주(公主)를 증인으로 삼으시오." 공주는 효

---

27)　右丞相 : 漢代에는 左右 丞相을 설치하였는데, 이는 국가 최고의 행정장관이었다.
　　右丞相의 지위는 左丞相보다 위이다. 당시의 左丞相은 陳平이었다.
28)　代王 : 孝文帝가 아직 즉위하지 않았을 때에는 代王이었다.
29)　廷尉 : 漢代에 刑獄을 관장하는 최고 장관. 당시의 廷尉는 張釋之였다.
30)　長安 : 西漢의 수도. 지금의 陝西省 西安市 서북쪽이다.

문황제의 딸이었으며 주발의 장남 승지(勝之)의 아내이다. 그리하여 옥리가 주발에게 공주를 증인으로 세우게 한 것이다.

주발은 평소 일찍이 황제로부터 받았던 포상 등을 모두 박소(薄昭)[31]에게 보냈다. 이 안건을 심리(審理)할 때, 박소는 누나인 박태후(薄太后)[32]에게 가서 주발을 대신해서 통사정을 하였다. 태후도 주발이 반란을 일으키려고 하지 않았다고 생각하였다. 효문제가 태후에게 문안을 왔을 때, 박태후는 곧 두건을 문제에게 던지며 말하였다. "강후(絳侯)가 당시 황제의 옥새를 보관하였고 북군(北軍)[33]에서 군대를 통솔하였는데, 그때 모반하지 않고, 지금 작은 현에 있으면서 설마 반역하려고 하겠습니까?"

문제는 이미 강후의 옥중에서의 공술서(供述書)를 보았기에 태후에게 사죄하여 말하였다. "관리들이 이 사건을 조사하여 석방시킬 준비를 하고 있습니다." 이에 사자를 파견하여 부절을 가지고 가서 강후를 사면시키고 그의 작위와 식읍을 회복시키게 하였다. 강후는 출옥한 후에 다음과 같이 감회 깊게 술회하였다. "나는 일찍이 백만 군대를 거느렸는데도 옥리 한 사람의 위세가 이렇게 대단한 줄은 몰랐다."

강후는 다시 봉지로 돌아갔다. 그는 효문제 11년에 죽었으니, 시호를 '무후(武侯)'라고 하였다. 그의 아들 주승지(周勝之)가 강후의 작위를 계승하였다. 6년이 지나서 그는 부인인 공주와 사이가 벌어지고 또 살인죄에 연루되어 작위와 봉지를 해제당하였다. 강후의 작위가 끊어진 지 1년만에, 문제는 강후 주발의 아들들 중에서 현능(賢能)한 하내군수(河內郡守) 주아부(周亞夫)를 발탁하여, 조후(條侯)로 봉하여 강후의 계승자로 삼았다.

조후 주아부가 하내군수로 있었고 그때까지 봉후(封侯) 작위를 받지 않았을 때, 관상가 허부(許負)가 그의 관상을 보고서 다음과 같이 말하였

---

31) 薄昭：薄太后의 동생으로 軹侯에 봉해졌다.
32) 薄太后：劉邦의 妃이며 文帝의 모친이다.
33) 北軍：漢代에는 수도를 지키는 두 부대가 있었는데 北軍과 南軍이 그것이다. 呂后가 죽을 때 呂祿이 北軍을, 呂産이 南軍을 거느리도록 명령하였다. 周勃이 呂氏의 난을 평정할 때 먼저 北軍의 군권을 탈취하고 그후 呂氏 一族을 捕殺하고는 少帝(呂后가 세운 惠帝의 아들)를 폐위시키고 代王을 영입하였다.

594

다. "당신은 3년 후 후의 관작을 받을 것이며, 후(侯)가 된 지 8년 후에는 대장(大將)과 승상이 되어 국가의 대권을 장악하여 그 존귀함이 여러 신하 중에서 첫째가 될 것입니다. 그러나 그후 9년 후가 되면 당신은 굶어 죽을 것입니다."

주아부는 웃으며 다음과 같이 말하였다. "나의 형님이 이미 선친의 작위를 계승하여 후가 되셨으니, 설령 형님이 돌아가시더라도 그의 아들이 계승하게 됨이 마땅하오. 내가 어찌 봉후를 이야기할 자격이 되겠소? 만약 내가 당신의 말대로 존귀하게 된다면 또 어떻게 굶어 죽게 되겠소? 내게 잘 알려주시오."

관상가 허부가 주아부의 입을 가리키며 말하였다. "당신의 얼굴에 수직선 무늬가 입까지 내려와 있습니다. 그것이 굶어 죽을 관상입니다."

그로부터 3년 후 그의 형 강후(絳侯) 주승지가 죄를 범하자, 문제가 주발의 아들 중에 현능한 사람을 선택하려고 하니 모두들 주아부를 추천하였다. 문제는 주아부를 조후로 봉하여 강후의 작위를 계승시켰다.

문제 후원(後元) 6년 흉노가 대거 변경을 침략하였다. 문제는 종정(宗正)[34] 유례(劉禮)를 장군으로 삼아 패상(霸上)에 주둔시키고, 축자후(祝玆侯) 서려(徐厲)를 장군으로 삼아 극문(棘門)에 주둔시키고, 하내군수 주아부를 장군으로 임명하여 세류(細柳)[35]에 주둔시켜 흉노를 방비하게 하였다. 황제가 친히 군대를 위문하러 갔다. 그가 패상과 극문의 군영에 이르렀을 때 곧장 말을 달려 진영으로 들어가자, 장군들과 군사들이 모두 말을 타고 영접하였다. 이윽고 세류의 군영으로 가니 군영의 장병들이 모두 갑옷을 입고 예리한 병기를 들고 화살을 당기려 했기 때문에 천자의 선발대가 도착하였으나 들어갈 수 없었다. 선발대가 "천자께서 곧 도착하신다"라고 하자 군문(軍門)을 지키는 도위(都尉)가 대답하였다. "장군께서 '군중(軍中)에서는 단지 장군의 명령만 듣고 천자의 조령(詔令)도 듣지 말라'라고 명령하셨습니다."

얼마 후 황제가 도착하였는데도 군영에 들어갈 수 없었다. 이에 문제는 사자를 파견해서 부절(符節)을 지니고 장군에게 알렸다. "짐이 군대를 위

---

34) 宗正 : 皇族 내부의 사무를 책임지는 장관으로 九卿의 하나이다. 권50 「楚元王世家」의 〈주 27〉 참조.
35) 細柳 : 지금의 陝西省 咸陽市 서남쪽. 渭河의 北岸.

문하려고 군영에 들어가려고 한다. ”

주아부는 그제서야 명령을 내려 영문(營門)을 열게 하였다. 영문을 지키는 군관이 황제의 시종관에게 “장군의 규정에는 군영에서는 말을 달릴 수 없습니다”라고 하였다. 이에 문제는 고삐를 잡고 서서히 전진하였다. 군영에 이르니 장군 주아부가 무기를 들고 읍(揖)하면서 말하였다. “갑옷 입고 투구를 쓴 무사는 절을 하지 않는 법이니, 군례(軍禮)로 뵙고자 합니다. ”

문제는 아주 감동하였다. 얼굴빛을 엄숙히 하고서 수레 앞 횡목에 의지해서 군대에 경의를 표하고는 사람을 파견하여 “짐이 정중히 장군을 치하하는 바이오”라고 말하게 하였다. 그리고 위로 의식을 마치고 떠났다. 영문을 나오자 여러 신하들이 모두 놀랍게 여겼다. 문제는 칭찬하여 말하였다. “아! 그야말로 진정한 장군이로다. 이전에 본 패상과 극문의 군대는 아이의 장난과 같았구나. 그곳의 장군은 습격하여 사로잡을 수 있겠지만, 주아부라면 어찌 범할 수가 있겠는가? ”

황제는 오랫동안 칭찬하였다. 문제는 한 달 남짓 후에 세 군영을 모두 철수시키고는, 주아부를 수도의 치안을 책임지는 중위(中尉)[36]로 임명하였다.

효문제가 붕어할 때 태자(太子)[37]에게 “국가에 만약 급난(急難)한 일이 있거든, 주아부는 참으로 군대를 거느리는 중임을 맡을 만하다”라고 말하였다. 문제가 서거한 후 경제(景帝)가 즉위하자 주아부를 거기장군(車騎將軍)[38]에 임명하였다.

효경제(孝景帝) 3년에 오초(吳楚)가 반란을 일으켰다.[39] 주아부는 중위의 신분으로 태위(太尉)의 직무를 대행하여 군대를 이끌고 오초로 동진하였다. 그는 기회를 타서 친히 황제에게 말하기를 “오초의 군대는 난폭하고 민첩하여 일시에 그들과 정면으로 작전을 펴기는 어렵습니다. 저는 잠시 그들이 양(梁)나라를 공격하는 것을 관여하지 말고, 군대를 파견하

---

36) 中尉 : 수도의 치안을 책임지는 武官. 권54「曹相國世家」의 〈주 60〉참조.
37) 太子 : 劉啓를 가리킨다. 즉위한 후에 孝景帝로 불렸다. 기원전 157년에서 기원전 141년까지 재위하였다.
38) 車騎將軍 : 지위가 上卿에 다음가는 장군. 권49「外戚世家」의 〈주 94〉참조.
39) 吳楚의 반란 : 漢 景帝 3년에 吳楚七國이 일으킨 무장반란이다. 우두머리는 吳王 劉濞(高祖의 형 劉仲의 아들)이다. 권49「外戚世家」의 〈주 56〉참조.

여 그들의 식량 보급로를 차단시키고자 합니다. 그렇게 하여야만 그들을 제어할 수 있습니다"라고 하였다. 황제는 이 의견에 동의하였다.

태위 주아부가 군대를 모아 형양(滎陽)에 도착하였을 때, 오나라의 군대가 바야흐로 양나라를 공격하였다. 양나라가 위급하게 되자 양나라 왕은 주아부에게 구원을 요청하였다. 주아부는 군대를 이끌고 동북쪽을 향해 급히 행군하여 창읍(昌邑)에 도착하여 보루를 구축하여 방어하였다. 양나라는 매일 사자를 파견하여 태위에게 구원을 요청하였으나 태위는 유리한 전략상의 편의를 지키느라 좀처럼 가서 구해주려고 하지 않았다. 양나라가 경제(景帝)에게 상서(上書)하여 알리니, 경제는 사신을 파견하여 양나라를 구원하라고 명령하였다. 태위는 황제의 명령을 집행하지 않고 보루를 굳게 지켰으며, 군사를 보내지 않고 궁고후(弓高侯)[40] 등을 파견하여 경기병(輕騎兵)을 인솔하여 오초(吳楚) 군대의 후방 식량 보급로를 차단시켰다. 오나라의 병사는 식량이 부족하여 기아에 허덕이자 누차에 걸쳐 싸움을 걸어왔으나 주아부는 시종 나와서 응전하지 않았다. 어느날 밤에 주아부의 군대에서 돌연 아군끼리 공격하는 혼란한 사태가 야기되어, 이것이 심지어 태위 주아부의 군영에까지 알려지게 되었다. 그러나 태위는 시종 누워 일어나지 않았다. 그러다가 조금 있으니 사태는 곧 안정을 회복하였다.

후에 오나라 군이 한나라의 군영의 동남쪽 모퉁이를 습격하자 태위는 서북쪽을 방비하도록 하였다. 얼마 되지 않아 오나라의 정예 군사가 과연 서북쪽으로 습격하였으나 그들은 들어올 수가 없었다. 오나라 군은 기아에 허덕이게 되자 군대를 이끌고 철수하였다. 태위는 즉각 정예 군사를 파견하여 추격하여 오나라 군을 대파하였다. 오왕(吳王) 유비(劉濞)는 자신의 대부대를 잃고 수천명의 친위부대와 함께 도망가서 강남(江南)의 단도현(丹徒縣)에 주둔하였다. 한나라의 군대는 승세를 타고 추격하여 그들 전체를 포로로 잡으니 적병은 모두 항복하였다. 또 현상금으로 황금 1,000근을 걸어 오왕을 잡으려고 하니, 1개월 남짓 후에 동월(東越) 사람이 오왕의 머리를 베어가지고 보고하였다. 이번의 오와 초의 반란은 3개월간의 공방전 끝에 평정되었다. 이때 여러 장수들은 비로소 태위 주아부

___
40) 弓高侯 : 韓頹當을 말한다. 韓王 信의 아들이다. 弓高는 諸侯國의 이름으로 지금의 河北省 景縣 서북쪽에 있었다.

의 계책이 완벽하고 정확하다는 것을 깨달았다. 그러나 이 일로 인해서 양 효왕(梁孝王)⁴¹⁾과 태위 주아부 사이에는 틈이 벌어졌다.

주아부가 수도로 귀환하자, 조정은 새로 태위관(太尉官)을 설치하여 정식으로 주아부를 태위로 임명하였다. 5년 후에 그는 승상으로 승진하였고, 경제가 그를 전적으로 신임하였다.

후에 경제가 율태자(栗太子)⁴²⁾를 폐위하려고 하자 승상 주아부는 강력히 반대하였으나 끝내 자신의 뜻을 이루지 못하였다. 경제는 이 일로 인해서 주아부와 소원해졌다. 또한 양 효왕은 매차 황제를 배알할 때마다 두태후(竇太后)⁴³⁾에게 조후 주아부의 단점을 말하곤 하였다.

두태후는 경제에게 "왕황후(王皇后)⁴⁴⁾의 오빠 왕신(王信)을 후(侯)로 봉할 만합니다"라고 말하였다. 경제는 겸손하게 "태후의 조카 남피후(南皮侯)⁴⁵⁾와 태후의 동생 장무후(章武侯)⁴⁶⁾는 선제(문제)께서 모두 후(侯)로 봉하지 않았는데, 제가 즉위한 후에야 그들을 후로 봉하였습니다. 왕신은 아직 후로 봉할 수 없습니다"라고 말하였다.

두태후는 다음과 같이 말하였다. "황제께서는 각기 당시의 상황에 따라서 일을 처리할 뿐입니다. 나의 오빠 두장군(竇長君)은 세상에 살아 있을 때 후에 봉하지 못하였는데, 사후(死後)에 아들 두팽조(竇彭祖)가 도리어 후의 작위를 받았습니다. 나는 이 일에 대해서 매우 후회하고 있습니다. 황제께서는 서둘러 왕신을 후의 작위에 봉하십시오."

경제는 "승상과 상의해보겠습니다"라고 말하였다. 주아부는 다음과 같이 말하였다. "고조(高祖)께서는 '유씨(劉氏)가 아니면 왕으로 봉할 수 없고, 공을 세우지 않은 자는 후에 봉할 수 없다. 이 규정을 준수하지 않은 자에게는 천하 사람이 공동으로 그를 공격하라'라고 규정하셨습니다.

---

41) 梁孝王 : 景帝의 같은 어머니의 형제인 劉武(竇太后의 아들)를 말한다. 권49 「外戚世家」의 〈주 48〉참조.
42) 栗太子 : 劉榮을 말한다. 그는 景帝와 栗姬 사이의 소생이다. 景帝 4년에 劉榮을 태자로 삼았다가, 7년에 폐위하고 그를 臨江王으로 삼았다. 景帝가 따로 劉徹(景帝의 아홉째 아들)을 태자로 삼으니 이 劉徹이 바로 나중에 漢 武帝가 되었다.
43) 竇太后 : 漢 景帝의 모친.
44) 王皇后 : 景帝의 皇后로 劉徹의 生母이다.
45) 南皮侯 : 竇太后의 오빠 竇長君의 아들 竇彭祖의 封號.
46) 章武侯 : 竇太后의 동생 竇廣國의 封號.

현재 왕신은 황후의 오빠이기는 하나 공을 세우지 못하였기에 그에게 후의 작위를 봉하는 것은 규정에 부합하지 않습니다."경제는 묵묵히 말없이 이 일을 그대로 두었다.

후에 흉노의 왕 유서로(唯徐盧) 등 5명이 한나라에 투항하자, 경제는 그들을 후(侯)의 작위에 봉하여 이후에 올 사람들을 고무시키려고 하였다. 승상 주아부는 "그들은 자신의 군주를 배반하고 폐하께 투항하였는데, 폐하께서 그들을 후로 봉하신다면, 앞으로 절조 없는 신하들을 어떻게 책망하시겠습니까?"라고 말하였다. 경제는 "승상의 건의는 받아들일 수 없소"라고 말하였다. 이에 유서로 등을 모두 열후(列侯)로 봉하였다. 주아부는 이 때문에 병을 이유로 들어 경제 3년에 승상의 직무를 면관(免官)하였다.

얼마 후 경제는 궁중에서 조후 주아부를 접견하고 음식을 내렸다. 그러나 조후의 자리에는 단지 큰 덩어리의 고기 하나만 놓여 있었고, 작게 썬 고기나 젓가락은 놓여 있지 않았다. 조후는 마음이 내키지 않아 고개를 돌려 주석(酒席)을 주관하는 관원에게 젓가락을 가져오게 하였다. 경제는 보고서 웃으며 "이 일은 그대의 뜻과 같지 않소?"[47]라고 말하였다. 조후는 곧 모자를 벗고 사죄하였다. 황제가 그에게 일어나라고 하니 그는 곧 빨리[48] 걸어나갔다. 경제는 그가 나가는 것을 보고는 말하였다. "저 불평 많은 사람은 어린 황제[49]의 신하가 아니다."

오래되지 않아, 조후 주아부의 아들은 부친을 위해서 공관(工官)과 상방(尙方)[50]에서 500건의 황가(皇家)의 순장용(殉葬用) 갑옷과 방패를 구

---

47) 원문은 "此不足君所乎"이다. 여기에 대해서는 3가지 설이 있다. 그 첫째는 그대에게 음식을 하사하고 젓가락을 놓지 않은 것은 내 뜻이 그대에게 부족함이 있다, 즉 내가 그대에게 불만이 있다는 뜻이라는 것이다. 둘째는 고의로 젓가락을 놓지 않은 것이 아니라 우연한 착오였다는 것이다. 셋째는 '이 일이 그대는 불만이냐?'라는 뜻으로, '不足'은 불만을 나타내고 '君所'는 당신 쪽이라는 것이다. 여기서는 세번째 것으로 해석하였다.

48) '빨리'라는 뜻의 '快'는 젓가락을 가리키는 '筷'와 발음이 같다.

49) 어린 황제, 즉 "少主"는 太子 劉徹을 지칭한다. 周亞夫는 劉徹을 태자로 세우는 것을 반대하였고 또 王皇后(劉徹의 모친)의 오빠 王信을 侯로 세우는 것을 반대하였다. 그러므로 景帝는 周亞夫가 자신의 후계자의 장래에 이롭지 못할까봐 걱정하였던 것이다.

50) 工官은 일상용 그릇과 무기를 제작하는 관서이고, 尙方은 皇家에서 사용하는 刀劍 등의 兵器 및 진귀한 그릇을 주로 제조하는 관서이다.

입해주었다. 갑옷과 방패를 옮겨온 사람들은 그것들을 황제께 바치지 않는다고 매우 원망하였다. 또 그들은 그가 황실용의 기물을 몰래 구입하였음을 알고 분노하여 상서를 올려 긴급변고로 조후의 아들을 고발하였다. 이 일은 조후에게까지 연루되었다. 경제는 고발해온 서신을 보고는 곧 관계된 관리에게 이관시켜 심문하도록 하였다. 관리가 문서에 있는 죄상을 조후에게 심문하니, 조후는 대답하지 못하였다. 경제가 그 이야기를 듣고 욕하며, "짐은 그를 더 이상 임용하지 않겠다"라고 하면서 조령(詔令)을 내려 조후를 정위(廷尉)에게 넘겨 치죄(治罪)하도록 하였다.

정위는 조후를 문책하여 "당신은 반란을 일으키려고 하였는가?"라고 물었다. 주아부는 "내가 구입한 병기(丘器)는 모두 순장품(殉葬品)인데 어찌 반란을 일으킬 수 있겠는가?"라고 대답하였다. 심문관은 "당신은 설령 지상에서는 반란을 일으키지 않더라도, 지하에 가서 반란을 일으키려고 하는구나!"라고 말하였다. 관리의 심문은 더욱 심해져갔다. 애당초 관리가 조후를 체포할 때, 조후는 본래 자살할 생각이었으나 그 아내가 저지하였으므로 자살하지 못하고 정위의 감옥에 들어왔다. 그는 이로 인해서 5일간 단식하다가 피를 토하고 죽었다. 그의 봉국(封國)은 반환되었다.

작위가 단절되고 1년이 지난 뒤에 경제는 강후의 또 다른 아들인 주견(周堅)을 평곡후(平曲侯)[51]로 봉하여 강후의 작위를 계승하도록 하였다. 19년이 지나 그가 죽자, 조정은 그에게 공후(共侯)의 시호를 내렸다. 주견의 아들 주건덕(周建德)이 후의 작위를 계승하였고, 그는 13년이 지나 태자태부(太子太傅)[52]로 임명되었다. 그가 바친 주금(酎金)의 양과 질이 좋지 않았기 때문에 효무제 원정(元鼎) 5년에 유죄라고 선포되고 봉읍(封邑)이 반환되었다.[53]

조후 주아부는 결국 굶어 죽었다. 그의 사후에 경제는 왕신(王信)을 개후(蓋侯)에 봉하였다.

---

51) 平曲은 諸侯國 이름이다. 지금의 江蘇省 東海縣 동남쪽이다.
52) 太子太傅 : 太子를 가르치는 스승.
53) 황제가 종묘에 제사 지낼 때 제후로 하여금 金을 바쳐 제사를 돕도록 하였는데 이것을 '酎金'이라고 하였다. 漢 武帝 元鼎 5년, 조정은 酎金이 좋지 않다는 구실로 100여 명의 제후들의 작위를 박탈하였다.

태사공은 말하였다.

"강후(絳侯) 주발(周勃)은 당초에 평민이었을 때 비루하고 소박한 사람이었으며 재능이 보통 사람을 뛰어넘지 못하였다. 그러던 그가 고조를 따라서 천하를 평정하자 줄곧 장상(將相)의 고위직에 있었다. 여씨(呂氏) 일족이 반란을 도모하자, 주발은 국가의 위험을 구제하여 국가를 정상적인 상태로 회복시켰다. 설령 상(商)나라의 이윤(伊尹)[54]이나 주(周)나라의 주공(周公)[55]이라고 하더라도 어찌 그를 뛰어넘을 수 있었겠는가! 주아부(周亞夫)는 용병(用兵)에 엄격하고 무게가 있어 견실함과 인내를 표현하였으니 사마양저(司馬穰苴)[56]라도 어찌 그를 뛰어넘을 수 있었겠는가! 애석하게도 그는 자신의 재능에 만족하고 배우지 않아 비록 절조는 엄격히 지켰으나 공손하지 못해, 마침내 곤궁한 결과가 되었구나. 슬프다."

---

54) 伊尹 : 商나라 초기의 大臣으로 이름은 伊이다. 尹은 관직 이름이다. 일찍이 商나라의 湯王을 도와 夏나라의 桀王을 멸하고 商 왕조를 세웠다. 권34 「燕召公世家」의 〈주 8〉 참조.

55) 周公 : 周나라 초기의 저명한 정치가로 이름은 旦이다. 周 武王의 동생으로 周 왕조의 典章制度는 대부분 그에 의해서 제정되었다. 권34 「燕召公世家」의 〈주 6〉 참조.

56) 司馬穰苴 : 춘추시대 齊 景公의 저명한 군사가로, 성은 田이고 이름은 穰苴이다. 司馬를 담당하였으므로 司馬穰苴라고 하였다.

권58 「양효왕세가(梁孝王世家)」 제28

양 효왕(梁孝王) 유무(劉武)¹⁾는 한 문제(漢文帝)²⁾의 아들이며, 경제 (景帝)³⁾와 같은 어머니의 소생이다. 모친은 두태후(竇太后)⁴⁾이다.

한 문제에게는 모두 네 아들이 있었는데, 장자(長子)가 태자(太子), 바로 한 경제(漢景帝)였고, 둘째 아들은 유무(劉武)였고, 셋째 아들은 유참(劉參)이었고, 넷째 아들은 유승(劉勝)이었다. 한 문제가 즉위한 지 2년이 되자 유무를 대왕(代王)에, 유참을 태원왕(太原王)에, 유승을 양왕 (梁王)에 각각 봉하였다. 1년 후, 대왕을 회양왕(淮陽王)으로 옮겼다. 대(代) 땅을 모두 태원왕에게 주고 대왕(代王)이라고 불렀다. 유참은 재위한 지 17년 만에 세상을 떠나니(한 문제 후원〔後元〕 2년) 시호는 효왕 (孝王)이었다. 그의 아들 유등(劉登)이 작위를 계승하니 그가 대 공왕 (代共王)이었다. 대 공왕은 재위한 지 29년 만인 원광(元光) 2년에 죽었다. 그의 아들 유의(劉義)가 작위를 계승하니 그가 곧 대왕(代王)이다. 유의가 작위를 계승한 지 19년 만에 한 왕조는 관(關)을 확충하여 상산 (常山)을 경계로 삼아 대왕을 청하(淸河)로 옮겨 왕으로 삼았다. 청하왕 (淸河王)은 원정(元鼎) 3년에 옮겼다.

그 전에 유무가 회양왕이 된 지 10년 만에 양왕 유승이 죽으니, 시호가 양 회왕(梁懷王)이었다. 양 회왕은 한 문제의 막내 아들로서 양 회왕에 대한 문제의 총애가 다른 아들들보다 더하였다. 그 이듬해에 회양왕 유무

---

1) 梁 孝王 劉武 (?-기원전 144년) : 문학을 애호하는 것으로 이름이 났다. 梁王에 봉해졌는데, 그 지역은 지금의 河南省과 安徽省의 교차지이며 수도는 睢陽(지금의 河南省 商丘縣 남쪽)이다.
2) 漢 文帝 : 孝文皇帝 劉恒(기원전 203-기원전 157년)을 가리킨다. 기원전 179년에서 기원전 157년까지 재위하였다. 권10 「孝文本紀」에 상세히 보인다.
3) 景帝 : 孝景帝 劉啓(기원전 188-기원전 141년)를 가리킨다. 기원전 157년에서 기원전 141년까지 재위하였다. 권11 「孝景本紀」에 상세히 나와 있다.
4) 竇太后 (?-기원전 135년) : 漢 文帝의 皇后. 黃老學說을 애호하였다. 武帝 즉위 초에 太皇太后의 신분으로 정사에 참여하였다.

를 양왕으로 옮겼다. 이로써 양왕이 양(梁)을 통치하기 시작한 것은 한 문제 12년이다. 이로써 양왕이 처음 왕으로 봉해진 지 이미 통산 11년이 되었다.

양왕 14년에 수도로 가서 황제를 배알하였다. 17년, 18년에도 계속해서 수도로 가서 황제를 배알하고 머물렀다가 그 이듬해에야 비로소 양(梁)으로 돌아왔다. 21년에 다시 입조(入朝)하였다. 22년에 한 문제가 붕어하였다. 24년에 입조하였다. 25년에 재차 입조하였다. 이때 황제는 아직 태자를 확정하지 않았다. 일찍이 황제는 연회 때에 양 효왕(梁孝王)에게 슬며시 이렇게 말하였다. "짐이 죽은 후 재위(帝位)를 그대에게 전해주리라." 양왕은 거절하였다. 황제는 비록 진심에서 우러나온 말이 아닌 줄은 알았지만 내심으로는 기뻐하였다. 두태후 역시 이와 같았다.

이해 봄, 오(吳), 초(楚), 조(趙), 교동(膠東), 교서(膠西), 제남(濟南), 치천(菑川) 7국이 반란을 일으켰다.[5] 오초의 연합군은 먼저 양(梁)의 극벽(棘壁)을 공격하여 수만명을 죽였다. 양 효왕은 수양(睢陽)을 지키며 한안국(韓安國)과 장우(張羽)를 대장군으로 삼아 오초 연합군에게 항거하였다. 오초의 연합군은 양나라가 막고 있었기 때문에, 그것을 넘어 서쪽으로 진공(進功)할 수 없었으므로 태위(太尉)[6] 주아부(周亞夫)와 3개월을 대치하였다. 오초 연합군이 격파되자, 양나라가 죽이거나 포로로 삼은 오초의 군사는 대략 한(漢) 조정이 죽이거나 포로로 삼은 숫자와 대등하였다.

이듬해 한 조정에서는 태자를 세웠다. 이후에 양나라는 한 조정과 가장 친근(親近)하였고, 또한 전공(戰功)이 있었다. 또 양나라는 큰 나라이면서도 천하의 비옥한 땅에 위치하게 되었다. 그 지역의 북쪽으로는 태산(泰山)에 연접하였고 서쪽으로는 고양(高陽)에 이르렀으며, 40여 개 성이 모두 큰 현(縣)이었다.

---

5) 원문은 "吳楚齊趙七國反"이다. 漢 景帝 3년(기원전 154년), 吳王 劉濞는 楚王 劉戊, 趙王 劉遂, 膠西王 劉卬, 膠東王 劉雄渠, 濟南王 劉辟光, 菑川王 劉賢과 연합하여 漢 조정의 削藩政策을 반대하여 대규모의 반란을 일으켰다. 그중의 膠西, 膠東, 濟南, 菑川 4개 국은 齊나라가 나누어진 것이므로 본문에서는 '齊'로 개괄하여 명기하였다.

6) 太尉: 武官 이름. 秦, 西漢 때 설치한 軍政의 수뇌로 丞相, 御史大夫와 함께 三公에 병칭되었다. 漢 武帝 때 大司馬로 개칭되었다. 권51 「荊燕世家」의 〈주 18〉 참조.

　양 효왕은 두태후의 작은아들로서 매우 총애를 받아서 하사받는 재물이
이루 말할 수 없도록 많았다. 당시 양 효왕은 동원(東苑)을 짓고 있었는
데 그 둘레가 300여 리나 되었다. 또 수양성(睢陽城)을 확대하여 70여
리가 되게 하였다. 크게 궁전을 짓고 복도(複道)⁷⁾를 만들었는데 궁전에
서부터 평대(平臺)까지가 장장 30여 리가 되었다. 조정이 하사한 천자의
깃발을 받았으며, 출입하는 관원이 1,000여 수레와 10,000여 마리의 말로
가득하였다. 동서로 수레를 달리며 사냥하면 그 위세가 천자와 같았다.
외출할 때에는 미리 길을 치워 행인을 차단시켰고 돌아와서는 경계를 강
화하였다. 사방의 호걸지사 등을 불러들여 효산(崤山) 이동(以東)의 유
세객들이 다 왔으니, 제(齊)나라의 양승(羊勝), 공손궤(公孫詭), 추양
(鄒陽)⁸⁾ 등이 바로 그들이었다.

　공손궤는 기이한 계책을 많이 내었는데, 처음 양 효왕을 알현하자, 양
효왕은 그에게 천금을 하사하고 중위(中尉)⁹⁾의 관직을 맡겼으니, 양나라
에서는 그를 공손장군이라고 불렀다. 양나라는 노(弩), 활, 창 등의 병
기를 수십만개나 제조하였고 창고에 저장해놓은 금전이 근 1억에 달하였
으며 주옥과 보기(寶器)도 한 조정을 능가하였다.

　29년 10월에 양 효왕이 입조(入朝)하였다. 경제(景帝)는 사자를 파견
하여 부절을 가지고 사마(駟馬) 수레를 타고 관(關)에 가서 양 효왕을 맞
게 하였다. 양 효왕은 조현(朝見)을 마치자 또 상소를 올리고 수도에 머
물렀는데, 이는 두태후가 총애하였기 때문이었다. 양 효왕은 황궁에 들어
가서는 곧 경제와 같은 수레에 앉았고, 궁 밖에서는 같은 수레를 타고 사
냥하였으며, 상림원(上林苑)¹⁰⁾에서는 새와 짐승을 쏘았다. 양나라의 시
중(侍中), 낭관(郎官), 알자(謁者)¹¹⁾들은 모두 명부를 등기하여 천자의

---

7)　複道 : 높은 누각 사이 혹은 산간의 험한 곳의 공중에 설치한 다니는 길. '閣道'라
　고도 한다.
8)　鄒陽 : 齊郡(지금의 山東省 동부) 사람. 문학가.
9)　中尉 : 武官 이름. 秦, 漢 때 수도의 치안을 맡았다. 漢代에는 北軍(수도경비 부
　대)을 겸하였다. 권57「絳侯周勃世家」〈주 36〉 참조.
10)　上林苑 : 苑 안에 짐승과 새들을 놓아 길렀으며 황제가 사냥하던 곳이다. 지금의
　陝西省 西安市 서남쪽. 권53「蕭相國世家」의 〈주 40〉 참조.
11)　侍中은 황제를 좌우에서 侍從하며 궁정을 출입하는 관직이고, 郎官은 侍郎(관직
　이름, 郎中의 일종)과 郎中을 통틀어 이르는 말이다. 謁者는 춘추전국 시대 때 설치
　된 관직으로, 國君을 위한 전달을 맡았다.

604

궁전 금문(禁門)을 출입하였는데, 한 왕조의 환관과 구분이 없었다.

11월에 황제가 율태자(栗太子)[12]를 폐위시키자, 두태후는 속으로 양 효왕을 후계자로 삼으려고 하였다. 대신(大臣)과 원왕(袁盎)[13] 등이 경제에게 그것을 저지하도록 간하자 두태후의 동의(動議)는 저지되었고, 이로부터 양 효왕을 계승시키는 일은 다시 제기하지 못하게 되었다. 이 일은 비밀로 하였기 때문에 세상에서는 알지 못하였다. 양 효왕은 사직하고 봉국(封國)으로 돌아갔다.

이해 여름 4월, 경제는 교동왕(膠東王)[14]을 태자로 세웠다. 양 효왕은 원앙과 후사를 논의한 대신을 원망하여, 몰래 양승, 공손궤 등과 함께 사람을 파견하여 원앙과 후사를 논의한 다른 대신 10여 명을 살해하였다.

조정은 살인자를 조사하였으나 찾지 못하였다. 당시 천자는 양 효왕을 의심하고 살인한 하수인을 체포하니, 그들은 과연 양나라에서 파견한 자들이었다. 조정에서는 곧 사자를 끊임없이 파견하여 양나라로 가서 조사하여 공손궤와 양승을 체포하였다. 공손궤와 양승은 양 효왕의 후궁(後宮)에 숨어 있었다. 사자가 양나라의 재상(宰相)[15]을 급히 꾸짖으니 양나라의 재상 헌구표(軒丘豹)와 내사(內史)[16] 한안국(韓安國)은 양 효왕에게 간하였다. 양 효왕은 그제서야 양승과 공손궤를 자살하게 하고 그들을 넘겨주었다.

경제는 이로부터 양 효왕을 원망하였다. 양 효왕은 두려워서 곧 한안국을 파견하여 장공주(長公主)[17]를 통해서 두태후에게 사죄하였다. 그후에 비로소 용서를 얻었다.

경제의 노기가 조금 풀어진 후 양 효왕은 상서를 올려 조현하고자 청하였다. 관(關)에 도달하자, 모란(茅蘭)[18]은 양 효왕에게 권하여 양 효왕

12) 栗太子 : 劉榮을 가리킨다. 권57「絳侯周勃世家」의 〈주 42〉참조.
13) 袁盎 : 爰盎이라고도 한다. 安陵(지금의 陝西省 咸陽市 동북쪽) 사람이다. 齊, 吳, 楚 나라의 相國을 역임하였다. 후에 梁 孝王이 보낸 자객에게 피살당하였다.
14) 膠東王 : 劉徹, 곧 훗날의 漢 武帝를 가리킨다.
15) 원문은 "二千石"이다. 이것은 漢代 관리의 俸祿의 등급으로, 이 등급에 해당하는 관리로는 郡의 守尉와 王國의 宰相 등이 있다.
16) 內史 : 漢나라 초기의 諸侯國은 內史를 두어 民政을 맡게 하였다. 권52「齊悼惠王世家」의 〈주 2〉참조.
17) 長公主 : 황제의 누이를 長公主라고 칭하는데, 여기서는 文帝의 長女 館陶公主 劉嫖를 지칭한다.
18) 茅蘭 : 梁 孝王의 신하.

으로 하여금 격을 낮추어 베로 만든 수레를 타고 두 명의 시종관을 데리
고 관(關)으로 들어가 장공주의 화원(花園)에 숨어 있도록 하였다. 한
조정에서 사자를 파견해서 양 효왕을 영접하려고 하니 양 효왕은 이미 관
으로 들어왔는데 수레와 말은 관 밖에 있었고 양효왕의 소재는 파악할 수
없었다.

두태후는 울면서 말하였다. "황상(皇上)이 내 아들을 죽였구려!" 경제
는 걱정되고 두려웠다. 이때 양 효왕은 대궐 문 앞에 와서 부질(斧質)[19]
에 엎드려 사죄하였다. 그후 두태후와 경제는 기뻐하여 서로 상대하고 울
었다. 다시 예전과 같아졌다. 양 효왕의 수종관(隨從官)을 모두 입관(入
關)하도록 하였다. 그러나 그 이후 경제는 양 효왕을 소원하게 대하여,
이전처럼 같은 수레에 타지 않게 되었다.

35년 겨울 양 효왕은 또 경제를 알현하였다. 양 효왕은 상소하여 수도
에 머무르려고 하였으나 경제가 이를 허락하지 않았다. 양 효왕이 봉국으
로 돌아가니 심정이 즐겁지 않았다. 그가 북쪽으로 양산(梁山)[20]에 올라
사냥하는데 어떤 사람이 한 마리의 소를 헌상하였다. 그 소는 발이 등 위
에 있었으므로 양 효왕은 그것을 싫어하였다. 6월 중순 양 효왕이 열병
(熱病)에 걸려 6일 만에 죽었는데, 시호는 효왕(孝王)이었다.

양 효왕은 평소 모친에게 매우 효성이 지극해서, 모친 두태후가 병에
걸렸다는 이야기를 듣기만 하면 음식을 먹지 못하였고 편안히 잠자지 못
하였다. 그리고 항상 장안(長安)에 머무르며 봉양하고 싶어하였다. 태후
도 그를 매우 사랑하였다. 양 효왕이 세상을 떠났다는 소식을 듣자, 두태
후는 통곡하며 비탄에 잠겨 음식을 먹지 못하고 "황제가 과연 내 아들을
죽였구나!"라고 하였다.

경제 또한 슬프고 두려워서 어찌할 바를 몰랐다. 그리하여 장공주와 이
일을 상의하여, 양나라를 다섯 개의 나라로 나누어, 양 효왕의 다섯 아들
을 전부 왕으로 봉하고, 다섯 딸들에게는 탕목읍(湯沐邑)[21]을 주었다.

---

19) 斧質 : 고대에 사람을 죽이는 데 쓴 刑具. 斧鑕이라고도 한다. 이것은 죄수를 죽
    이는 데 쓰는 도구와 臺를 말한다.
20) 梁山 : 원문은 "良山"이다. 지금의 山東省 梁山縣 서쪽에 있다.
21) 湯沐邑 : 漢代에 황제, 황후, 공주 등이 賦稅를 받아들이던 私邑을 칭한다. 원래

그리고 이러한 조치를 두태후에게 보고하였다. 두태후는 그제서야 기뻐하며 경제를 칭찬하며 음식을 더 들었다.

양 효왕의 장남 유매(劉買)가 작위를 이어 양왕(梁王)이 되었으니, 그가 바로 공왕(共王)이다. 차남 유명(劉明)은 제천왕(濟川王)에 봉해졌고, 셋째 아들 유팽리(劉彭離)는 제동왕(濟東王)에 봉해졌으며, 넷째 아들 유정(劉定)은 산양왕(山陽王)에 봉해졌고, 막내 아들 유불식(劉不識)은 제음왕(濟陰王)에 봉해졌다.

양 효왕이 죽기 전에 그 재산이 억만(億萬)으로 계산되었으나 자세히 헤아릴 수가 없었다. 양 효왕이 죽은 후에 부고(府庫)에 남은 황금이 40만여 근이며, 그밖의 재산의 가치도 이와 대등하였다.

양 공왕(梁共王) 3년에 경제가 붕어하였다. 양 공왕은 재위 7년 만에 죽고 그 아들 유양(劉襄)이 작위를 이었으니, 그가 바로 양 평왕(梁平王)이었다.

양 평왕 유양 14년에 그의 모친을 진태후(陳太后)라고 불렀다. 양 공왕의 모친은 이태후(李太后)라고 불렀는데, 이태후는 곧 양 평왕의 친조모(親祖母)가 된다. 양 평왕의 왕후는 성이 임(任)이어서 임왕후(任王后)라고 불렀다. 임왕후는 양 평왕 유양의 총애를 받았다.

그 이전에 양 효왕이 살아 있을 때 뇌준(罍樽)[22]이 있었는데 그 가치가 천금에 달하였다. 양 효왕은 일찍이 후세에 훈계하기를 "뇌준을 잘 보존하여 타인에게 주지 말라"라고 당부하였다.

임왕후가 이 소식을 듣고는 뇌준을 가지고 싶어하였다. 양 평왕의 조모(祖母) 이태후는 "선왕께서는 이 뇌준을 타인에게 주지 말라고 당부하셨습니다. 다른 재물은 비록 그 가치가 백억이라도 임의로 처치할 수 있습니다"라고 말하였다. 임왕후는 더욱더 뇌준을 가지고 싶어졌다. 양 평왕 유양은 곧장 사람을 파견해서 창고에서 뇌준을 꺼내게 하여 임왕후에게 상으로 하사하였다.

이태후는 크게 노하여 한 조정의 사자가 오자 직접 이 일을 호소하려고

는 목욕의 비용을 마련하기 위한 采地였다. 이것은 周 天子가 제후에게 하사하는 것으로서 그곳의 수입으로 목욕의 비용을 삼게 하여 齊戒自潔하게 하였다. 권52「齊悼惠王世家」의 〈주 5〉 참조.

22) 罍樽 : 청동으로 만든, 壺形이며 황금 장식을 하여 구름무늬를 넣은 술단지를 말한다.

하였다. 그러나 양 평왕과 임왕후는 그녀를 저지하여 문을 잠그니, 이태후는 문을 열려고 하였으나 손가락이 끼어 한 조정의 사자를 만나보지도 못하였다.

이태후 또한 예전에 암암리에 식관장(食官長)과 낭중(郎中)[23] 윤패(尹霸) 등과 통간(通奸)한 적이 있었다. 양 평왕과 임왕후는 이 일을 가지고 사람을 시켜 이태후에게 넌지시 암시하게 해서 이태후가 뇌준의 일을 다시는 폭로하지 못하게 하였다. 이태후는 몰래 음란한 행위를 한 적이 있었기에 이 일을 더 이상 제기하지 않을 수밖에 없었다. 이태후는 얼마 후 병이 들어 죽었다. 이태후가 병에 걸렸을 때에도 임왕후는 병문안을 가보지 않았고, 서거한 후에는 거상(居喪)도 하지 않았다.

한 무제 원삭 연간(元朔年間)에 수양(睢陽) 땅에 유안반(類狂反)이라는 자가 있었다. 다른 사람이 그의 부친을 모욕하자, 그는 회양(淮陽) 태수의 손님과 함께 수레를 타고 외출하였다. 태수의 손님이 수레에서 내려 떠나자, 유안반은 그의 원수를 수레 위에서 살해한 후에 도망갔다. 회양 태수는 노하여 양나라의 2,000석급(二千石級)[24]의 고급 관리를 책망하였다. 양나라의 2,000석급의 고급 관리는 유안반을 급히 체포하고 유안반의 친척을 잡아들였다.

유안반은 양나라 왕족의 은밀한 사건을 알아채고는 한 조정에다가 양 평왕과 그의 조모 이태후 사이에 뇌준을 쟁탈한 사건을 전부 긴급히 보고하였다. 당시 한 조정의 승상 이하의 관리들은 이 사건을 자세히 파악하였고, 이 사건을 빌미로 양나라의 고급 관리에게 타격을 주려고 천자에게 보고하였다. 천자는 법관에게 맡겨 심문하게 하니 과연 이 일이 모두 드러났다.

공경대신은 양 평왕 유양을 폐출시켜 평민으로 만들자고 청원하였다. 천자는 "이태후는 음란한 행위가 있었고 양 평왕 유양은 훌륭한 스승이 없어 의롭지 않은 일에 빠졌다"라고 말하고는, 즉시 양나라의 8개 성읍을 박탈하고 임왕후를 저잣거리에서 효시(梟示)하게 하였다. 양나라에는 아직 10개 성읍이 남아 있었다. 유양은 재위 29년 만에 죽으니 시호는 평왕

---

23) 食官長은 음식을 주관하는 관리이고, 郎中은 황궁의 車騎門戶를 관리하였는데 안으로 侍衛를 충당하였고 밖으로는 전쟁을 수행하였다.
24) 二千石級 : 앞의 〈주 15〉 참조. 권49 「外戚世家」의 〈주 129〉 참조.

(平王)이다. 그의 아들 유무상(劉無傷)이 작위를 계승해서 양왕이 되었다.

제천왕(濟川王) 유명(劉明)은 양 효왕의 아들인데, 환읍후(桓邑侯)의 자격으로 경제(景帝) 중원(中元) 6년에 제천왕이 되었다. 7년 후 중위(中尉)를 사살한 죄로 한 조정의 담당 관리가 목을 벨 것을 주청하였으나 천자는 차마 죽이지 못하고 제천왕 유명을 폐출하여 평민으로 만들어 방릉(房陵)으로 옮기게 하고 그 영지는 한 조정에 귀속시켜 군(郡)으로 만들었다.

제동왕(濟東王) 유팽리(劉彭離)는 양 효왕의 아들인데, 경제 중원 6년에 제동왕이 되었다. 왕위에 오른 지 29년 뒤의 일이다. 유팽리가 거만하고 포악하여 국왕의 예의를 상실하여, 밤에 비밀리에 그의 노복이나 또는 목숨을 걸고 악행을 저지르는 소년들 수십명과 함께 살인을 하고 재물을 탈취하는 일을 즐겨 하였다. 그리하여 그에게 살해당한 사람이 이미 100여 명이나 발각되었는데, 나라 사람들이 모두 이것을 알고는 밤에 다니지 못할 정도였다. 피살자의 아들이 이것을 상서(上書)하여 보고하였다. 한 조정의 담당 관리가 목을 베자고 주청하였으나 황제는 차마 죽이지 못하고 그를 폐출시켜 평민으로 만들고 상용(上庸)으로 옮겼다. 그 영지는 한 조정에 귀속시켰고 그곳에 대하군(大河郡)을 설치하였다.

산양(山陽)의 애왕(哀王) 유정(劉定)은 양 효왕의 아들인데 경제 중원 6년에 산양왕(山陽王)이 되었다. 그는 중원 9년에 죽었는데 아들이 없어 봉국은 반환되었고 영지는 한 조정에 귀속되어 산양군(山陽郡)이 되었다.

제음(濟陰)의 애왕(哀王) 유불식(劉不識)은 양 효왕의 아들인데, 경제 중원 6년에 제음왕(濟陰王)이 되었다. 그는 1년 만에 죽었는데 아들이 없어 봉국은 반환되었고 영지는 한 조정에 귀속되어 제음군(濟陰郡)이 되었다.

태사공은 말하였다.

"양 효왕(梁孝王)은 두태후(竇太后)의 사랑하는 아들이며 경제(景帝)의 동생으로서 비옥한 토지를 점유하였으며, 게다가 한 왕조가 흥성하고 백성이 부유하였던 까닭에 자신의 재산을 저축하고 궁실을 확충하였으며 수레, 말, 복식(服飾)이 천자에 비견될 수 있었다. 그러나 그것은 또한 본분에 지나친 것이었다."

저선생(褚先生)은 말하였다. [25]

"내가 낭관(郎官)[26]으로 있을 때 궁전의 말하기 좋아하는 늙은 낭관으로부터 그들이 이 일을 이야기하는 것을 들었다. 내가 나름대로 생각할 때, 양 효왕이 원한을 가진 것은 제위(帝位)를 계승하려는 야심이 있었기 때문이며, 그것은 궁중에서부터 그 원인이 나온 것이었다고 여겨진다. 두태후는 여주(女主)로서 작은아들을 총애한 까닭에 양 효왕을 태자로 삼으려고 하였다. 대신들은 그때 그렇게 하면 안 된다는 이유를 직설하지 못하고 여주의 마음에 영합하여 비위를 맞추어 암암리에 태후의 환심을 얻어 상을 받으려고 하였으니, 이들은 충신이 아니었던 것이다.

만약 모두 위기후(魏其侯) 두영(竇嬰)[27]처럼 그렇게 직간하였다면 어떻게 뒷날의 후환이 있었겠는가? 경제가 양 효왕과 궁중에서 만나 함께 두태후를 모시고 술을 마실 때, 경제는 '내가 천추만세(千秋萬歲) 후 그대에게 제위를 전하리라'라고 말하였다. 태후는 이에 아주 기뻐하였다. 그때 두영은 면전에서 땅에 엎드려 이렇게 말하였다. '한나라 법제의 규정에 제위를 자손 중의 적손(嫡孫)에게 전하라고 규정되어 있는데 황제께서는 무엇에 의거하여 동생에게 제위를 전하여, 마음대로 고조(高祖)의 규정을 고치려고 합니까?'

당시 경제는 묵묵히 아무 대답을 하지 않았다. 두태후는 내심 언짢아하였다.

옛날에 주 성왕(周成王)[28]은 어린 아우와 나무 아래에 서서, 오동나무 한 잎을 그에게 주며 '이것으로 나는 너를 봉해주리라'라고 말하였다. 이때 주공(周公)이 그 말을 듣고서, '천자께서 아우에게 봉하는 것은 잘한 일

---

25) 이하는 褚少孫이 보충한 것이다.
26) 郎官 : 郎吏, 侍從官을 말한다.
27) 魏其侯 竇嬰 : 觀津(지금의 河北省 衡水縣 동쪽) 사람. 竇太后의 조카. 吳楚七國의 난 때 景帝에 의해서 大將軍에 임명되었고 七國이 격파되자 魏其侯에 봉해졌다. 武帝 初에 모함으로 피살되었다. 상세한 것은 권107 「魏其武安侯列傳」에 나온다.
28) 周成王 : 아버지 武王이 죽었을 때 그는 아직 나이가 어려 숙부인 周公 旦이 섭정하였다. 周公은 東征에서 승리를 거둔 후 대규모로 제후에게 분봉하여 周나라의 통치를 공고히 하였다. 후에 周公은 成王에게 정사를 돌려주었다.

입니다'라고 하였다. 성왕은 '나는 단지 그에게 장난삼아 말하였을 뿐이
오'라고 하였다. 주공은 다음과 같이 말하였다. '인주(人主)는 잘못된 행
동을 해서는 안 되며, 희롱의 말을 해서는 안 됩니다. 말을 하였으면 반
드시 실행해야만 합니다.' 이에 성왕은 어린 아우를 응국(應國)에 봉해주
었다. 이후로는 성왕은 일생 동안 감히 희롱된 말을 하지 않았고, 말을
하였으면 반드시 실행하였다.

『효경(孝經)』29)에 '법도가 아니면 말하지 말고 법도가 아니면 행하지
않는다'라고 쓰여 있다. 이것은 성인의 격언이다. 당시 황제는 듣기 좋은
말30)을 양 효왕에게 하지 말았어야 했다. 양 효왕은 두태후의 총애를 받
고 있었는데 교만함이 이미 오래되었고, 자주 경제에게서 듣기 좋은 말을
들어왔다. 경제가 죽은 뒤 양 효왕에게 제위를 전한다는 말은 실제로 실
행되지 않았다.

또 제후왕(諸侯王)이 천자를 알현할 때, 한나라의 법제에 의하면 모두
4차에 걸쳐 알현하게 되어 있다. 처음 수도에 도착하여 궁중에 들어가 소
현(小見)31)하여 약식으로 알현한다. 정월 초하룻날 아침에 사슴 가죽으
로 깔은 벽옥(璧玉)을 헌상하여 정월을 축하하고 예의에 따라 정식으로
알현한다. 32) 3일이 지난 후 천자는 제후왕을 위해서 주연(酒宴)을 베풀
고 금전과 재물을 하사한다. 또 이틀이 지나면 다시 궁중에 들어가 소현
의 예로 행하고 그후에 하직한다. 장안(長安)에 체류하는 기간은 모두
20일을 초과하지 않는다.

이른바 소현이라는 것은 천자가 한가할 때 궁중에서 알현하고 궁중에서
술 마시는 것으로, 이것은 일반 사민(士民)들은 할 수 없는 것이다. 그런
데 양 효왕은 서쪽으로 수도에 와서 천자를 알현하고는 기회를 틈타서 머
물러 거의 반년 가까이 거주하였다. 궁중에 들어가서는 천자와 함께 수레
를 탔고 외출할 때에도 천자와 함께 큰 수레를 탔다. 천자는 풍자의 어조
로 제위를 계승해주겠다는 말을 양 효왕에게 하였으나 실제로 제위를 준
것은 아니었다.

---

29) 『孝經』: 유가 경전의 하나. 효도를 논술하여 宗法思想을 강화하였다. 漢代에 七
    經 중에 하나가 되었다.
30) 여기서는 景帝가 梁 孝王에게 帝位를 넘겨준다고 한 말을 가리킨다.
31) 小見: '燕見'이라고도 한다. 정식이 아닌 약식 알현을 말한다.
32) '法見'이라고 한다.

그리하여 양 효왕으로 하여금 원망하는 말을 나오게 하였고 반역을 도모하게 하였다. 그렇게 되니 한 조정에서는 그것을 우려할 수밖에 없었으니, 이것은 사리에 어긋나는 것이 아니겠는가! 가장 현명한 사람이 아니면 사양할 줄 모르는 것이다.

지금 한나라의 예의제도에는 황제를 배알하여 정월을 축하하는 것은 항상 왕(王) 한 명과 네 명의 제후만이 동시에 알현할 수 있으며, 그것은 10여 년에 한 번 오는 것이다. 저 양 효왕은 항상 해마다 입조하여 알현하고는 오래도록 머물렀다.

속담에 '교만한 자식은 효도하지 않는다'라고 하는데, 그것은 틀린 말이 아니다. 그러므로 훌륭한 태사태부(太師太傅)를 모시고, 충언(忠言)으로 간하는 선비를 재상으로 임용해야 한다. 급암(汲黯)[33]이나 한장유(韓長孺)[34] 등과 같은 이는 감히 직언으로 간하였으니, 어찌 화(禍)가 있을 수 있었겠는가!

대개 듣건대 양 효왕은 서쪽으로 입조하여 두태후를 배알하였고, 평상시에 회견할 때 태후의 면전에서 경제와 함께 앉아 화기애애하게 이야기하였다고 한다. 두태후는 경제에게 말하기를 '내가 듣건대 은(殷)나라의 원칙은 친애하는 것이고, 주(周)나라의 원칙은 존중하는 것인데(殷道親親, 周道尊尊),[35] 그들의 이치는 일치하는 것이오. 내가 죽은 후 양 효왕을 그대에게 부탁하오'라고 하였다. 경제는 자리에 꿇어앉아 몸을 꼿꼿이 하고 '그렇게 하겠습니다'라고 대답하였다.

주연을 마치고, 경제는 유가 경전에 통달한 원앙(袁盎) 등의 대신들을 소집하고는 물었다. '태후의 말씀이 이러한데, 어떤 의미로 말씀하신 것이겠는가?' 모든 사람들이 대답하기를 '태후의 뜻은 양 효왕을 태자로 삼으려는 것입니다'라고 하였다.

경제가 그 이치를 물으니, 원앙 등이 다음과 같이 대답하였다. '은도친

---

33) 汲黯 : 濮陽(지금의 河南省 濮陽縣 서남쪽) 사람. 武帝 때 東海太守로 임명되었고 이어서 主爵都尉가 되었는데 항상 直言과 極諫을 하였다. 후에 淮陽太守가 되었다. 권120 「汲鄭列傳」에 상세히 나온다.

34) 韓長孺 : 韓安國을 말한다. 長孺는 그의 字이다. 梁 孝王을 섬기어 吳兵을 막아 이름이 유명해졌다. 武帝 때에 거듭 승진하여 御史大夫가 되었다. 후에 匈奴의 침입을 막다가 패해서 문책을 당하여 죽었다. 권108 「韓長孺列傳」 참조.

35) 즉 殷나라의 원칙은 자신의 형제를 친애하는 것이고, 周나라의 원칙은 祖宗의 정통을 존중하는 것이라는 뜻이다.

612

친의 뜻은 아우에게 위(位)를 계승시키는 것입니다. 주도존존의 뜻은 아들에게 위를 계승시키는 것입니다. 은나라의 원칙은 질박(質朴)을 숭상하는 것이며, 질박함은 하늘을 본받는 것입니다. 그가 친근하게 여겨야 할 이를 친근하게 여기므로 아우를 세웁니다. 주나라의 원칙은 문채(文采)를 숭상하는 것이며, 문채는 곧 땅을 본받는 것입니다. 존(尊)이라는 것은 공경의 뜻인데, 그 본원을 공경하므로 장자(長子)를 세웁니다.'

경제는 물었다. '그대들은 어떻게 생각하는가?' 모두들 다음과 같이 대답하였다. '지금 한나라는 주나라를 본받고 있는데, 주나라의 원칙은 아우에게 제위를 계승시키지 않고 아들에게 계승시키는 것입니다. 그러므로 『춘추(春秋)』에서는 이 때문에 송 선공(宋宣公)[36]을 비난하고 있습니다. 송 선공이 죽으면서 아들을 세우지 않고 군위(君位)를 아우에게 주었습니다. 아우는 국가 권력을 맡다가 후에 죽자 군위를 다시 선공(宣公)의 아들에게 돌려주었습니다. 아우의 아들 또한 쟁탈하여 자신이 부친의 군위를 계승해야 한다고 하여 선공의 아들을 죽였습니다. 이러한 까닭으로 국가가 혼란하게 되고 환란이 끊어지지 않았습니다. 그러므로 『춘추』에는, 군자는 상도(常道)를 준수하는 것을 숭상한다. 송나라의 환란은 선공이 만든 것이다라고 되어 있습니다. 저희들은 태후를 뵙고 이 이치를 설명드리겠습니다.'

원앙 등의 사람들은 궁중에 들어가 두태후를 알현하고는 말하였다. '태후께서는 양 효왕을 세우려고 하신다고 하시는데, 만약 양 효왕이 죽은 후에는 누구를 세우시겠습니까?' 태후는 '나는 황제의 아들을 세우려고 하오'라고 말하였다. 원앙 등은 송 선공이 적장자(嫡長子)를 세우지 않아서 환란이 일어났고 그 환란이 5대를 거치도록 단절되지 않았음을 예로 들어, 작은 것을 참지 않으면 이 때문에 대의(大義)를 해치게 되는 상황을 태후에게 보고하였다. 태후는 그제서야 깨닫고는 기뻐하여 양 효왕을 봉국(封國)으로 돌아가게 하였다.

그러나 양 효왕은 그러한 생각이 원앙과 여러 대신들에게서 나왔다는 이야기를 듣고서 원한을 가져 사람을 시켜 원앙을 살해하였다. 원앙은 머리를 돌려 자객을 바라보며 '나는 사람들이 말하는 원장군(袁將軍)이다. 그대의 착오가 아닌가?'라고 말하였다. 자객은 '착오가 아니다'라고 말하

36) 宋宣公 : 子力을 말한다. 기원전 747년에서 기원전 728년까지 재위하였다.

였다. 그리고는 칼로 원앙을 찔렀는데 그 칼이 원앙의 몸에 박혔다. 나중에 그 칼을 조사해보니 새로 주조한 것이었다. 장안(長安)의 칼을 제작하는 기술자를 심문하니, 그 기술자는 '양(梁)나라의 어떤 낭관이 이 칼을 주조하러 왔다'라고 하였다. 이 때문에 자객이 밝혀졌다. 사자를 파견하여 자객을 사로잡았다. 피해를 입은 사람들은 모두 양 효왕이 살해하려던 10여 명의 대신들이었는데 심문관이 이 사건을 추궁하자 양 효왕의 음모가 분명하게 드러났다.

두태후는 음식을 들지 못하고 밤낮으로 울음을 그치지 않았다. 경제는 매우 걱정하여 공경대신들에게 처리 방안을 물으니, 대신들은 유학의 경서에 통달한 관리들을 파견하여 처리하면 잘 매듭지을 수 있을 것이라고 하였다. 그리하여 전숙(田叔),[37] 여계주(呂季主)[38]를 파견하여 처리하게 하였다. 이 두 사람은 경서에 통달하고 대례(大禮)를 알았다. 그들은 돌아와 패창구(霸昌廐)[39]에 도달하여 양 효왕이 모반에 관련되었다는 공술서(共述書)를 모두 소각하고는 빈손으로 돌아와 경제에게 보고하였다.

경제가 '어떻게 되었는가?'라고 물으니, 그들은 '양 효왕은 몰랐습니다. 이 사건을 처음 일으킨 자는 단지 양 효왕의 총애하는 신하인 양승과 공손궤의 무리입니다. 그들은 이미 사형(死刑)을 받았고 양 효왕은 다치지 않았습니다'라고 대답하였다.

경제는 기뻐하며 '빨리 태후께 뵈러 가겠다'라고 하였다. 태후는 모든 이야기를 듣고는 즉시 일어나 밥을 먹었고 마음도 평정을 되찾았다. 그러므로 '경술(經術)을 통하지 못하고 고금의 대례(大禮)를 알지 못하면 3공(三公)[40]과 좌우의 근신(近臣)을 맡을 수 없다. 식견이 부족한 사람은 대롱을 통해서 하늘을 살펴보는 것과 같다'라고 하는 것이다.”

---

37) 田叔 : 陸城 사람. 인품이 청렴, 강직하고 任俠을 즐겼다. 梁 孝王의 사건을 잘 처리하여 魯相으로 영전되었다.

38) 呂季主 : 西漢의 관리로 經術에 능하였다.

39) 霸昌廐 : 마구간 이름. 당시에는 長安 부근에 있었다. 지금의 陝西省 臨潼縣 동북쪽.

40) 三公 : 당시는 丞相, 太尉, 御史大夫를 三公이라고 하였으며, 그들은 국가 행정의 중책을 맡았다.

권59 「오종세가(五宗世家)」제29

경제(景帝)의 아들 열세 명이 모두 왕으로 봉해졌는데, 그들은 각각 다섯 어머니에게서 나온 자식들이었다. 같은 어머니가 낳은 자식들을 일종(一宗)으로 친다. 율희(栗姬)의 아들은 유영(劉榮), 유덕(劉德), 유알우(劉閼于)이고, 정희(程姬)의 아들은 유여(劉餘), 유비(劉非), 유단(劉端)이다. 가부인(賈夫人)의 아들은 유팽조(劉彭祖), 유승(劉勝)이며, 당희(唐姬)의 아들은 유발(劉發)이고, 왕부인(王夫人) 아후(兒姁)[1]의 아들은 유월(劉越), 유기(劉寄), 유승(劉乘), 유순(劉舜)이다.

하간(河間)[2]의 헌왕(獻王) 유덕은 경제 전원(前元)[3] 2년(기원전 155년)에 황자(皇子)의 신분으로 하간왕에 봉해졌다. 그는 유학을 좋아해서 복장과 행동에서 모두 유자(儒者)를 그 표준으로 삼았다. 산동(山東)[4] 지역의 많은 유생들이 모두 그를 따르고 그와 교유하였다.

그가 재위 26년 만에 세상을 떠나자 아들 공왕(共王) 유불해(劉不害)가 왕위를 계승하였다. 공왕이 재위 4년 만에 세상을 떠나자 아들 강왕(剛王) 유기(劉基)가 뒤를 이어 왕위에 올랐다. 강왕이 재위 12년 만에 세상을 떠나자 아들 경왕(頃王) 유수(劉授)가 왕위를 계승하였다.

임강(臨江)[5]의 애왕(哀王) 유알우는 경제 전원 2년에 황자의 신분으로 임강왕에 봉해졌다. 그는 재위 3년 만에 세상을 떠났는데 후손이 없어 제

---

1) 景帝의 皇后 王美人의 여동생을 말한다.
2) 河間 : 지금의 河北省 중남부 지역으로, 樂成(지금의 獻縣 동남쪽)에 도읍을 둔 封國이었다.
3) 漢 景帝, 즉 劉啓는 재위 16년 동안(기원전 156-기원전 141년) 세 차례의 改元을 하여 각각 '某年, 中某年, 後某年'으로 불렀는데, 여기서는 즉위 후 첫번째 改元 紀年인 '某年'을 '前元某年'으로 지칭하였다. 연호를 써서 기년한 것은 景帝 다음의 武帝 때 시작되었다.
4) 山東 : 秦漢 시기의 殽山 또는 華山 以東 지역을 일컫는다.
5) 臨江 : 지금의 湖北省 중서부 지역으로, 江陵에 도읍을 둔 봉국이었다.

후국이 취소되고 군(郡)6)으로 바뀌었다.

임강의 민왕(閔王) 유영은 경제 전원 4년(기원전 153년)에 황태자로 책봉되었으나 4년 후 폐출되어7) 임강 태자의 원래 신분에 의해서 임강왕에 봉해졌다. 민왕 4년, 종묘의 담장 밖 공터를 침범하여 궁실을 증축한 죄로 황제가 그를 소환하였다. 유영은 강릉성(江陵城) 북문에서 노신(路神)에게 제를 올리고 길을 떠나려고 수레에 올랐는데 갑자기 굴대가 부러지고 수레가 망가졌다. 강릉의 노인들이 눈물을 흘리면서 은밀히 이야기를 주고받았다. "우리 왕은 이제 다시는 못 돌아오실 거야." 유영은 경성에 도착해서 중위부(中尉府)로 가서 심문을 받았는데 중위(中尉)8) 질도(郅都)가 엄중히 심문하자 놀란 나머지 그만 자살하고 말았다. 그를 남전(藍田)9)에 묻었는데 수만 마리의 제비들이 흙을 물어다가 그의 묘 위에 놓았고 백성들도 모두 그를 애도하였다.

유영은 경제의 맏아들로, 그가 죽은 다음 후손이 없어서 제후국은 취소되었고 그 영지는 조정에 귀속되어 남군(南郡)으로 바뀌었다.

이상의 세 나라의 제1대 왕들은 모두 율희의 아들들이다.

노(魯)나라의 공왕(共王) 유여는 경제 전원 2년에 황자의 신분으로 회양왕(淮陽王)에 봉해졌다. 재위 이듬해인 경제 전원 3년, 오초 7국의 반란10)이 평정된 뒤 다시 노왕(魯王)으로 봉해졌다. 그는 궁실과 정원의 축조, 개와 말의 사육을 좋아하였으며 만년에는 음악을 좋아하였다. 그는 말을 많이 하는 것을 그다지 좋아하지 않았고 말더듬이이기도 하였다.

공왕이 재위 26년 만에 세상을 떠나자 아들 유광(劉光)이 왕위를 계승

---

6) 郡: 漢代에는 郡과 國이 병존하였는데 제후국의 지위가 취소되면 郡으로 바뀌어 조정의 직접적인 통치를 받았다.

7) 景帝는 薄皇后를 폐위하고 나서 栗姬를 황후로 세우려고 그 아들 劉榮을 太子로 책봉하였으나 나중에 王美人(이름은 娡)을 총애하게 되어 황후로 삼고 栗太子를 폐위하였다.

8) 中尉: 京城의 치안을 담당하는 관리.

9) 藍田: 지금의 陝西省 서부에 있던 현의 이름.

10) 景帝가 제후국의 세력 확장을 견제하고 중앙집권을 강화하기 위한 鼂錯의 정책을 채택하고 각 제후국의 영지를 축소할 움직임을 보이자, 吳王 劉濞가 중심이 된 楚, 趙, 膠東, 膠西, 濟南, 菑川 등 7국이 연합하여 반란을 일으켰다. 이 반란은 3개월 후 周亞夫에서 의해서 평정되었고 이후 景帝는 제후의 관리 임면권을 박탈하는 등 제후국에 대한 조정의 통치를 대폭 강화하였다. 권106 「吳王濞列傳」 참조.

하였다. 당초 그는 음악과 수레와 말을 좋아하였으나, 만년에는 인색해져서 그저 재물에만 탐닉하였다.

강도(江都)¹¹⁾의 역왕(易王) 유비(劉非)는 경제 전원 2년에 황자의 신분으로 여남왕(汝南王)¹²⁾에 봉해졌다. 오초 7국이 반란을 일으켰을 때 유비는 나이가 열다섯으로 기력이 넘쳐서 오나라를 공격하겠다는 상소를 올렸다. 경제가 유비에게 장군 인신(印信)을 주면서 오나라를 공격하도록 하였다. 오나라가 멸망된 지 2년 만에 다시 강도왕(江都王)으로 봉해져서 오왕 유비(劉濞)의 옛 영토를 통치하게 되었고 군사적 공훈에 힘입어 황제의 정기(旌旗)를 하사받았다. 무제(武帝) 원광(元光) 5년(기원전 130년)에 흉노가 한나라의 변경을 대거 침입하는 사태가 발생하자 유비(劉非)는 흉노를 공격하겠다는 상소를 올렸다. 그러나 황제는 이를 허락하지 않았다. 유비는 힘 자랑을 즐겼고 궁실 축조를 좋아하였으며 사방의 호걸을 모으고 교만과 사치를 일삼았다.

그가 재위 26년 만에 죽자 아들 유건(劉建)이 왕위를 계승하였다. 유건은 재위 7년 만에 자살하였다. 회남왕(淮南王)과 형산왕(衡山王)이 모반¹³⁾을 일으켰을 때 유건은 그들의 음모를 어느 정도 알고 있었다. 그는 자신의 영토가 회남에 인접해 있어서 회남왕이 일을 일으키는 날에는 병탄될지도 모른다는 우려를 하고 있었다. 그래서 은밀히 병기를 제조하였고, 황제가 자기 부친에게 하사한 장군 인신을 늘 패용하였으며, 황제의 정기를 수레에 꽂고 다녔다.

역왕이 죽어 미처 안장도 되기 전에 유건은 역왕이 총애하였던 미인 요희(淖姬)에게 반해서 야밤에 사람을 보내서 요희를 빈소로 불러 관계를 가졌다. 회남왕의 모반 사건이 발각되어 조정에서는 회남왕의 무리들을 징벌하였는데 이때 강도왕(江都王) 유건도 다소 연루되어 있었다. 유건은 두려움을 느낀 나머지 사람을 시켜 많은 재물로써 사건을 무마하려고 하였다. 그는 또 무축(巫祝)을 믿었기 때문에 사람을 시켜 제사와 기도를

11) 江都 : 지금의 江蘇省 중부 지역으로, 廣陵(지금의 揚州 서북쪽)에 도읍을 둔 봉국이었다.
12) 汝南은 지금의 河南省과 安徽省의 경계 지역으로, 上蔡(지금의 河南省 上蔡縣 서남쪽)에 도읍을 둔 봉국이었다.
13) 淮南王 劉安과 衡山王 劉賜가 모반을 일으킨 일로서, 자세한 것은 권118 「淮南衡山列傳」 참조.

드렸고 황당무계한 말을 지어내기도 하였다. 유건은 또 자신의 모든 여자 형제들과도 관계를 가졌다. 이런 추문이 조정에 알려지자 공경대신들은 유건을 잡아다가 처벌할 것을 요청하였다. 황제는 참을 수가 없어 대신을 파견해서 그를 심문하도록 하였다. 그는 자신의 죄를 인정하고 자살하였다. 마침내 제후국이 취소되었고 영지는 한 조정에 귀속되어 광릉군(廣陵郡)으로 바뀌었다.

　교서(膠西)[14]의 우왕(于王) 유단은 경제 전원 3년에 오초 7국의 난이 평정된 후 황자의 신분으로 교서왕에 봉해졌다. 유단은 성격이 매우 포악하였다. 그는 또 음위병(陰痿病)이 있어서 여자와 한번 접촉하면 몇 개월을 앓아누웠다. 그는 자신이 총애하는 한 젊은이를 시종관에 임명하였는데 이 시종관이 금방 후궁과 난잡한 행동을 하자 유단은 그를 잡아 처형하였고, 후궁과 그 사이에서 난 아들까지 죽였다. 유단이 여러 차례 조정의 법령을 어겼으므로 조정의 공경대신들은 거듭 그를 주살하도록 청원하였다. 황제인 무제는 형제라는 관계 때문에 차마 그렇게 하지 못하였다. 이렇게 되자 유단의 범법행위는 더욱 심해졌다. 조정 관원들이 두 차례에 걸쳐 그의 영지를 박탈하라고 요청하여 영지의 절반 이상이 몰수되었다. 내심 몹시 화가 난 유단은 마침내 제후국내의 어떤 일에든 전혀 아랑곳하지 않았다. 창고가 완전히 허물어지고 엄청난 재물이 훼손되었지만 전혀 이를 수습하지 않았다. 그는 또 관리들에게 조세를 거두지 말라고까지 명령하였다. 유단은 또 경호 인원을 다 물리치고 궁문(宮門)을 폐쇄하고는 한쪽 문으로만 나다녔다. 그는 여러 차례 성명을 바꾸고 평민으로 변복하여 다른 군(郡)과 국(國)을 내왕하였다.

　교서에 파견된 상국(相國)[15]이나 2,000석급(二千石級)[16] 관리 가운데 만약 조정의 법령에 따라 정사를 처리하는 자가 있으면 유단은 그의 죄를 찾아내서 조정에다 처벌을 요구하였다. 만약 죄를 발견하지 못하면 기만적인 술수로써 그들을 죽였다. 그의 기만술수는 무궁무진하였다. 그는 워낙 고집이 세어서 남들의 권유는 완전히 무시하였고, 지모가 뛰어나 자신

---

14)　膠西 : 지금의 山東省 膠下 이서의 지역으로, 高密에 도읍을 둔 봉국이었다.

15)　相國 : 조정에서 제후국에 파견한 재상으로, 정무를 총괄하였다.

16)　二千石級 : 漢代에는 봉록에 따라서 관리의 직급을 나누었는데, 2,000石級은 고급 관리에 속하며, 吳楚의 반란 이후 이들은 모두 조정에서 파견되었다. 제후국의 相國, 太傅, 內史, 中尉 등이 이에 해당된다. 권58 「梁孝王世家」의 〈주 15〉 참조.

의 과오를 잘 감추었다. 상국이나 2,000석급 관리 중에서 그의 명령에 의해서만 정사를 처리하는 자는 조정에서 곧 의법 처단되었다. 따라서 교서는 작은 나라였지만 피살되었거나 피해를 입은 2,000석급 관리가 매우 많았다.

우왕은 재위 47년 만에 죽었는데 끝내 왕위를 계승할 아들이 없어서 제후국의 지위가 취소되었고 영지는 한 조정에 귀속되어 교서군(膠西郡)이 되었다.

이상의 세 나라의 제1대 왕들은 모두 정희의 아들들이다.

조왕(趙王)[17] 유팽조는 경제 전원 2년에 황자의 신분으로 광천왕(廣川王)[18]에 봉해졌다. 조왕 유수(劉遂)[19]의 반란이 평정된 이후에도 유팽조는 여전히 광천에서 왕 노릇을 했는데 4년 만에 조왕으로 봉해졌다. 재위 15년이 되는 해에 경제가 붕어하였다. 유팽조는 사람됨이 간특해서 아첨을 잘하였다. 겉으로는 아주 공손하였지만 속마음은 모질고 잔인하였다. 그는 법률을 좌지우지하였고 궤변으로 남들을 중상모략하였다. 유팽조에게는 총애하는 첩과 자손이 많았다. 상국이나 2,000석급 관리가 조정의 법령에 따라서 정사를 처리하면 그것은 조왕의 가문에게는 불리하였다. 그래서 매번 조정에서 2,000석급 관리를 파견해오면 유팽조는 노복이 입는 검은 옷으로 갈아입고 직접 마중을 나갔으며 2,000석급 관리의 거처를 청소해주었다. 그는 일부러 어려운 문제를 제기하여 상대방의 답변을 들었는데 이때 만약 2,000석급 관리가 실언해서 조정의 금기를 어기는 날에는 그것을 기록해두었다가 그 2천석급 관리가 법대로 자기 영토를 다스리려고 하면 이것을 가지고 그들을 협박하였다. 만약 그들이 협박해도 듣지 않으면 조정에 상소해서 고발하였고 또 상대방이 사욕을 위해서 사악한 방법을 취하였다는 죄명을 씌워 무고하였다.

유팽조가 재위한 50여 년 동안 상국이나 2,000석급 관리 가운데 누구도 임기 2년을 다 채우지 못하고 늘 범죄 혐의로 직위를 잃었다. 중죄인은

17) 趙는 지금의 河北, 河南, 山東 세 省의 交界 지역으로, 지금의 河北省 邯鄲에 도읍을 둔 봉국이었다.
18) 廣川은 지금의 河北省 남부 지역으로, 信都(지금의 冀縣)에 도읍을 둔 봉국이었다.
19) 劉遂 : 劉邦의 여섯째 아들인 劉友의 아들로 吳楚의 반란에 가담하였다.

처형되었고 경미한 자도 처벌받았다. 이 때문에 2,000석급 관리 중 아무도 감히 조(趙)나라를 다스릴 수 없었고 조왕만이 혼자서 대권을 휘둘렀다. 그는 사람을 각 현(縣)으로 파견해서 상업에 종사하게 하여 독점 경영으로 이익을 취하였는데 그 수익이 조나라의 조세 수입을 능가할 정도였다. 따라서 조왕의 가문에는 재산이 많았다. 그러나 이 재산을 모두 첩과 자손들에게 나누어줌으로써 깡그리 탕진해버렸다. 유팽조는 과거 강도(江都)의 역왕(易王)의 애첩, 즉 유건이 빼앗아 관계를 가졌던 요희를 첩으로 삼아 그녀를 몹시 총애하였다.

유팽조는 궁실 축조나 귀신에게 복을 비는 일은 좋아하지 않았으나 하급 관원들이 해야 할 일을 자신이 직접 하기를 좋아하였다. 그래서 조정에 상소하여 나라 안의 도적들을 다스리고 싶다고 하였다. 그는 자주 야밤에 군사들을 데리고 한단(邯鄲) 성내를 순시하였다. 다른 군(郡)과 국(國)의 사자(使者)나 과객들은 유팽조의 사악한 횡포 때문에 감히 한단에 머물지 못하였다.

그의 태자 유단(劉丹)은 이복 누이들 및 동복(同腹) 누나와도 관계를 가졌다. 유단이 그의 문객 강충(江充)과 틈이 생겨 강충이 유단을 고발함으로써 유단은 폐출되었고[20] 조나라는 다시 태자를 옹립하였다.

중산(中山)[21]의 정왕(靖王) 유승은 경제 전원 3년에 황자의 신분으로 중산왕(中山王)에 봉해졌다. 재위 14년 때 경제가 붕어하였다. 유승은 술과 여자를 좋아해서 자손이 120여 명이 되었다. 그는 늘 형 조왕(趙王)을 비난하여 "형님은 국왕으로서 매양 하급 관리나 하는 일만 하는데 국왕이라면 당연히 매일 음악을 듣고 여자나 즐겨야 한다"라고 하였고, 조왕도 그를 비난하여 "중산왕은 날마다 향락만 누릴 뿐 황제를 도와 백성을 돌보지 않으니 어찌 제후라고 하겠는가?"라고 하였다.

유승이 재위 42년 만에 죽자 아들 애왕(哀王) 유창(劉昌)이 왕위를 계승하였다. 유창이 재위 1년 만에 죽자 그 아들 유곤치(劉昆侈)가 중산왕

---

20) 江充은 劉丹의 비리를 고발함으로써 武帝에게 신임을 얻은 사람이다. 후일 그는 황태자 劉據와 사이가 나빠져 武帝가 병상에 있을 때 劉據를 무고하였다가 그의 병사에 의해서 살해되었으며, 황태자 劉據는 武帝의 군사에게 체포되자 자살하였다. 『漢書』 「武五子傳」 참조.

21) 中山 : 지금의 河北省 중서부 지역으로, 盧奴(지금의 定縣)를 도읍으로 하는 봉국이었다.

이 되었다.

  이상의 두 나라의 제1대 왕들은 모두 가부인의 아들들이다.

  장사(長沙)[22]의 정왕(定王)은 유발이다. 유발의 모친은 당희(唐姬)로
서 원래 정희(程姬)의 시녀였다. 경제가 정희를 불렀을 때 정희는 마침
월경중이어서 나아가지 않고 시녀인 당아(唐兒)를 분장시켜 자기 대신 들
여보냈다. 황제가 술이 취해서 이를 눈치채지 못하고 그녀가 정희인 줄만
알고 일을 치렀는데 임신을 하였다. 그 뒤에야 정희가 아님이 발각되었
다. 그녀가 아들을 낳자 그 아이의 이름을 유발이라고 지었던 것이다. 유
발은 경제 전원 2년에 황자의 신분으로 장사왕(長沙王)이 되었다. 그는
모친의 신분이 낮아 총애를 받지 못하였으므로 저습하고 궁핍한 왕국에
봉해졌다.

  유발이 재위 27년 만에 죽자 아들 강왕(康王) 유용(劉庸)이 왕위를 계
승하였다. 유용이 재위 28년 만에 죽자 아들 유부구(劉鮒鮈)가 장사왕이
되었다.

  위의 나라의 제1대 왕은 당희의 아들이다.

  광천(廣川)의 혜왕(惠王) 유월은 경제 중원(中元) 2년(기원전 148년)
에 황자의 신분으로 광천왕에 봉해졌다. 그가 재위 12년 만에 죽자 아들
유제(劉齊)가 왕위를 계승하였다. 유제에게는 총애하는 신하 상거(桑距)
가 있었는데 후일 상거가 죄를 지었기로 유제가 그를 주살하려고 하였다.
이에 상거는 도망을 쳤고 유제는 그의 가족을 체포하였다. 상거는 유제를
원망하면서 상소를 올려 유제가 친누이들과 관계를 가졌다고 고발하였다.
이후 유제는 여러 차례 상소하여 조정의 공경대신과 총신(寵臣) 소충(所
忠) 등을 고발하였다.

  교동(膠東)[23]의 강왕(康王) 유기(劉寄)는 경제 중원 2년에 황자의 신
분으로 교동왕에 봉해졌다. 그는 재위 28년 만에 죽었다. 회남왕이 반란

22) 長沙 : 지금의 湖南省 중부 지역으로, 臨湘(지금의 長沙市)에 도읍을 둔 봉국이었
    다. 권47 「孔子世家」의 〈주 208〉 참조.
23) 膠東 : 지금의 山東省 동부 지역으로, 卽墨(지금의 平度縣 동남쪽)에 도읍을 둔
    봉국이었다. 권52 「齊悼惠王世家」의 〈주 42〉 참조.

을 일으켰을 때 유기는 이 일에 대해서 다소나마 들은 것이 있어서 은밀히 누거(樓車)²⁴⁾와 화살촉을 만들어 방어태세를 다 갖추어놓고 회남왕의 거사를 기다리고 있었다. 후일에 조정 관리가 회남왕 사건을 심리하던 중 공술(供述) 내용이 유기에까지 이르게 되었다. 유기는 황제와의 관계가 아주 밀접하였기²⁵⁾ 때문에 이 일로 마음속에서 고통을 겪다가 끝내 병사하고 말았다. 그가 후계자도 감히 정해놓지 못한 상태였다는 것이 황제에게 알려졌다. 유기에게는 맏아들 유현(劉賢)이 있었지만 그의 모친은 총애를 받지 못하였다. 그러나 작은아들 유경(劉慶)의 모친은 총애를 받고 있었다. 유기는 항상 유경을 자신의 후계자로 내세우고 싶어하였지만 순서가 맞지 않은 데에다 자신에게 과오도 있었던 터라 이를 감히 입 밖에 꺼내지를 못했는데, 황제는 이를 동정하여 유현을 교동왕으로 봉해서 강왕의 후계자로 삼고 또 유경을 과거 형산왕(衡山王)의 영지에 봉해서 육안왕(六安王)으로 삼았다.

교동왕 유현이 재위 14년 만에 죽자 시호를 애왕(哀王)이라고 하였고 아들 유경(劉慶)²⁶⁾이 왕위를 계승하였다.

육안왕 유경은 무제 원수(元狩) 2년(기원전 121년)에 교동의 강왕의 왕자 신분으로 육안왕에 봉해졌다.

청하(淸河)²⁷⁾의 애왕(哀王) 유승은 경제 중원 3년(기원전 147년)에 황자의 신분으로 청하왕(淸河王)이 되었다. 그는 재위 12년 만에 죽었는데 후손이 없어서 제후국은 취소되었고 영지는 한 조정에 귀속되어 청하군(淸河郡)으로 바뀌었다.

상산(常山)²⁸⁾의 헌왕(憲王) 유순은 경제 중원 5년에 황자의 신분으로 상산왕(常山王)에 봉해졌다. 유순은 황제와의 관계가 아주 친밀하였는데 막내 아들로서 교만한 데다가 음란하였다. 누차 법을 어겼지만 황제가 늘 그를 용서해주었다. 그가 재위 32년 만에 죽자 태자 유발(劉勃)이 왕위

---

24) 樓車 : 적군의 城砦나 陳營을 살피기 위해서 위에다 망루를 설치하여 높은 누각처럼 만든 일종의 수레.
25) 劉寄와 武帝는 이복 형제간인데, 劉寄의 어머니는 武帝의 어머니의 동생이었다.
26) 六安王 劉慶이 膠東王 劉慶의 숙부인데 叔姪의 이름이 서로 같았던 것으로 보기는 어렵다. 『漢書』에는 "通平"으로 되어 있고 혹자는 또 "建"이라고도 한다.
27) 淸河 : 지금의 河北, 山東 두 省의 交界 지역으로, 淸陽(지금의 河北省 淸河縣 동남쪽)에 도읍을 둔 봉국이었다.
28) 常山 : 지금의 河北省 서남부 지역으로, 元氏縣 서북쪽에 도읍을 둔 봉국이었다.

를 계승하였다.

당초 헌왕 유순에게는 그가 총애하지 않는 첩이 낳은 맏아들 유탈(劉税)이 있었다. 그 모친이 총애를 받지 못하였기 때문에 유탈도 헌왕의 총애를 받지 못하였다. 헌왕의 왕후 수(脩)는 태자 유발을 낳았다. 헌왕에게는 첩이 아주 많았는데 그가 총애하는 첩이 유평(劉平), 유상(劉商)을 낳았기에 왕후는 좀처럼 헌왕의 총애를 얻지 못하였다. 헌왕의 병이 위독해지자 많은 첩들이 병 시중을 들었지만 왕후는 질투심 때문에 문병이나 간호를 하지 않고 늘 자기 방에만 틀어박혀 있었다. 의생이 약을 올려도 태자 유발은 자신이 직접 먼저 먹어본다거나 밤새워 간호하려고 하지도 않았다. 헌왕이 죽고 나서야 왕후와 태자가 달려왔다. 평소 헌왕은 장남인 유탈을 사람으로 취급하지 않았고 죽음에 임해서도 재물을 남겨주지 않았다. 시종관 가운데 어떤 사람이 태자와 왕후에게 헌왕의 여러 아들들과 맏아들 유탈에게도 재물을 나누어줄 것을 권유하였지만 태자와 왕후는 이를 듣지 않았다. 태자가 즉위한 후에도 유탈을 돌보지 않았기 때문에 유탈은 왕후와 태자를 원망하였다. 조정의 사신이 헌왕의 장례를 보러 왔을 때 유탈은 직접 나서서 헌왕이 병상에 있을 때 왕후와 태자가 간호하지 않았으며, 헌왕이 죽은 지 겨우 엿새 만에 빈소를 뛰쳐나왔고, 태자 유발이 음란하고 음주와 도박과 축(筑)29)을 즐겼으며, 여자들과 수레를 타고 놀러 다니며 성곽을 넘어 소란을 피우고 감방에 들어가 죄인들을 시찰하였다는 것 등을 고발하였다. 이에 황제가 대행(大行)30) 장건(張騫)을 파견하여 왕후와 신왕(新王) 유발을 심문하도록 하였다. 아울러 유발과 놀아난 모든 사람들을 잡아다 증인으로 삼고자 했는데 유발은 그들을 숨겨버렸다. 관리가 그들을 찾아서 체포하려고 할 즈음 유발은 사람을 시켜서 폭로한 자를 고문하라고 하였고, 조정에서 혐의가 있다고 잡아놓은 범인들을 제멋대로 석방해버렸다. 이에 조정 관원은 왕후 수와 신왕 유발을 주살할 것을 요청하였다. 황제는 왕후 수가 여지껏 품행이 좋지 못해서 유탈이 그녀를 고발할 지경에까지 이르렀다고 생각하였고, 유발에게는 현명한 태사(太師), 태부(太傅)가 없었음을 고려해서 차마 그들을 주살하지는 못하였다. 조정 관원은 왕후 수는 폐출하고 유발과 그 가족들은

29) 筑 : 古代 현악기의 일종. 거문고와 비슷하였다.
30) 大行 : 賓客 접대를 관장하는 관리.

방릉(房陵)[31]으로 쫓아보낼 것을 건의하였다. 황제도 이 요청은 받아들였다.

유발은 왕이 된 지 몇달 만에 방릉으로 쫓겨났고 제후국도 취소되었다. 한 달 남짓 지난 뒤 황제는 헌왕과 친밀하였던 관계를 고려해서 관리에게 이렇게 명령하였다. "상산의 헌왕이 일찍 죽어 왕후와 첩들이 서로 불화를 일으키고 적서지간(嫡庶之間)에 서로 고발하여 옳지 못한 행동을 일삼아 마침내 제후국이 취소되었으니 참으로 헌왕이 가엾구나. 헌왕의 아들 유평에게 3만 호를 주어 진정왕(眞定王)[32]에 봉하고 유상에게도 3만 호를 주어 사수왕(泗水王)[33]에 봉하노라."

진정왕 유평은 무제 원정(元鼎) 4년(기원전 113년)에 상산의 헌왕의 왕자 신분으로 진정왕이 되었다.

사수(泗水)의 사왕(思王) 유상은 무제 원정 4년에 상산의 헌왕의 왕자 신분으로 사수왕이 되었다. 그가 재위 11년 만에 죽자 아들 애왕(哀王) 유안세(劉安世)가 왕위를 계승하였다. 애왕이 재위 11년 만에 죽었는데 아들이 없었다. 이에 황제는 사수왕의 후손이 없음을 불쌍히 여겨 유안세의 동생 유하(劉賀)를 사수왕으로 봉하였다.

이상의 네 나라의 제1대 왕들은 모두 왕부인 아후의 아들들이다. 후일 조정에서는 그들의 서자들도 각각 육안왕, 사수왕으로 봉하였다. 이로써 왕아후의 자손은 지금까지 모두 여섯 나라의 왕이 되었다.

태사공은 말하였다.

"고조(高祖) 재위시에는 제후(諸侯)[34]들이 모든 세금을 자기 소유로 하였고 스스로 내사(內史)[35] 이하의 관리를 임명하였다. 조정에서는 다만 승상(丞相)[36]만 파견하였고 그 승상은 황금 인신(印信)을 패용하였

---

31) 房陵 : 지금의 湖北省 房縣. 秦漢 시기에 죄 지은 宗室의 대신을 보통 이곳으로 유배시켰다.
32) 眞定은 지금의 河北省 滹沱河 유역으로, 眞定(지금의 正定縣 남쪽)에 도읍을 둔 봉국이었다.
33) 泗水는 지금의 江蘇省 洪澤湖 이북 지역으로, 凌縣(지금의 宿遷縣 서남쪽)에 도읍을 둔 봉국이었다.
34) 諸侯 : 漢代의 왕. 고대의 諸侯와 유사하여 諸侯王이라고도 하였다.
35) 內史 : 민정을 관장하는 관리.
36) 모든 관리를 통솔하는 丞相은 漢代 초기에는 조정과 제후국에 모두 설치되어 있

다. 왕이 직접 어사(御史),[37] 정위정(廷尉正),[38] 박사(博士)[39] 등의 관리를 임명하였으니 이는 황제와 유사하였다. 오초 7국의 반란 이후 오종(五宗)이 왕으로 봉해졌던 시대에는 2,000석급의 관리들은 모두 조정에서 파견하였고, '승상'은 '상(相)'으로 바뀌어 은(銀)으로 만든 인신을 패용하게 되었다. 제후는 세금만을 거두었고 정치 권력은 박탈되었다. 후일 제후 가운데 빈한한 자는 소가 끄는 수레나 탈 수 있었다."

었는데, 조정 丞相의 직급이 한 단계 더 높았다.

37) 御史 : 도서 관리, 규찰 및 탄핵권을 가진 일종의 비서직. 권53 「蕭相國世家」의 〈주 7〉 참조.

38) 廷尉正 : 刑獄을 관장하는 관리.

39) 博士 : 古今의 역사 서적과 典章을 관장하며 諮問에 응하는 太常에 속한 벼슬. 권 47 「孔子世家」의 〈주 205〉 참조.

권60 「삼왕세가(三王世家)」¹⁾ 제30

　"대사마(大司馬) 신(臣) 곽거병(霍去病)²⁾은 죽음을 무릅쓰고 재배(再拜)하여 황제 폐하께 아뢰옵니다. 소인은 폐하의 과분한 은총을 받아 군에서 봉직하게 되었으니 마땅히 전심전력으로 변방 방어에 열중하고 설령 분골쇄신하여 황야에서 죽어 없어진다고 해도 황상(皇上)의 은덕에 보답하지 못할 것입니다. 소인이 감히 직분을 벗어나 이견을 가지고 간섭하게 된 이유는 사실 폐하께서 천하를 위해서 늘 염려하시고 백성을 돌보시느라 자신을 잊으시며 음식을 절약하고 오락을 절제하며 낭관(郎官)³⁾까지 줄이시는 것을 보았기 때문입니다. 이제 황자(皇子)들은 하늘이 보우하사 능히 조복(朝服)을 입고 폐하를 배알할 수 있을 만큼 성장하였습니다. 하오나 아직까지도 봉위(封位)가 없고 사부관(師傅官)⁴⁾도 정하지 않으셨습니다. 폐하께서는 사양하여 돌보지 않고 계시지만 조정 대신들은 은밀히 불평하면서도 감히 자기 직분을 벗어나 진언하지 못하고 있습니다. 소인이 견마지충(犬馬之忠)의 심정으로 죽음을 무릅쓰고 폐하께 청하오니 부디 주관 관리에게 명하여 성하(盛夏) 길일(吉日)을 택해서⁵⁾ 황자들의

---

1) 三王은 漢 武帝의 아들인 齊王 劉閎, 燕王 劉旦, 廣陵王 劉胥를 지칭한다. 劉閎은 둘째 아들로 王婦人 소생이며, 劉旦과 劉胥는 셋째, 넷째 아들로 李姬 소생이다. 『史記志疑』의 고증에 따르면 원래 『史記』 속에는 「三王世家」가 없었으며, 이것은 褚少孫이 책봉에 관한 조정의 논의를 가져다 보탠 것이고, 太史公의 논의는 후세 사람이 거짓 의탁한 것이라고 하는데, 대체로 史實과 문자상 상당한 착오가 있다.

2) 霍去病은 河東 平陽 사람이다. 驃騎將軍의 벼슬을 하였고 軍侯로 봉해졌으며 나중에 大司馬를 맡았다. 武帝 때 여섯 차례에 걸쳐 匈奴를 공격하여 匈奴族의 약탈을 그치게 하였다. 大司馬는 벼슬 이름이다. 秦과 漢 초기에는 太尉를 두어 전국의 군사 업무를 관장하게 하였는데, 武帝 때 太尉를 없애고 大司馬를 두었으며, 西漢 후기에는 흔히 大司馬가 政事를 보좌하였다. 권49 「外戚世家」의 〈주 92〉 참조.

3) 郎은 왕의 侍從官에 대한 통칭으로, 議郎, 中郎, 侍郎, 郎中 등이 있었고 호위, 陪行, 건의, 자문, 심부름 등의 직책을 수행하였다.

4) 師傅官 : 皇子를 가르치고 보좌하는 관원.

5) "6월(季夏月)에는 제후를 봉하고 대관을 임명할 수 있다(季夏月, 可以封諸侯, 立大官)"라는 말을 따른 표현이다(『史記索隱』 참조).

봉위를 정하시기 바랍니다. 폐하께서는 통촉하시기 바랍니다. 신 곽거병은 죽음을 무릅쓰고 재배하여 황제 폐하께 아뢰옵니다."

3월 을해일(乙亥日), 어사(御史)⁶⁾ 겸 상서령(尙書令)⁷⁾인 광(光)이 미앙궁(未央宮)⁸⁾에 상소문을 올리자, "어사에게 하교(下交)하여 처리토록 하라"라는 황제의 분부가 내렸다.

원수(元狩) 6년 3월⁹⁾ 을해일, 어사 겸 상서령인 광과 상서승(尙書丞)¹⁰⁾인 비(非)가 어사에게 하달한 문서가 도달하였는데 그 문서에는 이렇게 쓰여 있었다.

> 승상 장청적(莊靑翟), 어사대부 장탕(張湯), 태상(太常)¹¹⁾ 조충(趙充), 대행령(大行令)¹²⁾ 이식(李息), 태자소부(太子少傅) 겸 종정(宗正)¹³⁾ 임안(任安) 등은 죽음을 무릅쓰고 아뢰옵니다. 대사마 곽거병이 상소하여 아뢰기를 "폐하의 과분한 은총을 받아 군에서 봉직하게 되었으니 마땅히 전심전력으로 변방 방어에 열중하고 설령 분골쇄신하여 황야에서 죽어 없어진다고 해도 황상의 은덕에 보답하지 못할 것입니다. 소인이 감히 직분을 벗어나 이견을 가지고 간섭하게 된 이유는 사실 폐하께서 천하를 위해서 늘 염려하시고 백성을 돌보시느라 자신을 잊으시며 음식을 절약하고 오락을 절제하며 낭관까지 줄이시는 것을 보았기 때문입니다. 이제 황자들은 하늘이 보우하사 능히 조복을 입고 폐하를 배알할 수 있을 만큼 성장하였습니다. 하오나 아직까지도 봉위가 없고 사부관도 정하지 않으셨습니다. 폐하께서는 사양하여 돌보지 않고 계시지만 조정 대신들은 은밀히 불평하면서도 감히 자기 직분을 벗어나 진언하지 못하고 있습니다. 소인이 견마지충의 심정으로 죽음을 무릅쓰고 폐하께 청하오니 부디 주관 관리에게 명하여

---

6) 御史 : 도서 관리, 규찰 및 탄핵권을 가진 일종의 비서직. 侍御史, 符璽御史, 治書御史, 監軍御史 등이 있었다. 권59 「五宗世家」의 〈주 37〉 참조.
7) 尙書令 : 황제에 대한 上奏 文書를 담당하는 관리.
8) 未央宮 : 漢 高祖 때 건립된 궁전으로 지금의 陝西省 西安市 서북쪽에 옛 터가 있다. 未央은 '未盡'의 뜻이 있다. 권52 「齊悼惠王世家」의 〈주 56〉 참조.
9) 원문의 "戊申朔"에서의 '朔'은 음력 초하루로서, 고대에는 달 표시 뒤에 그달 초하루의 간지를 덧붙여 썼다. "三月戊申朔乙亥"는 '戊申日이 초하루인 3월의 乙亥日'을 뜻한다.
10) 尙書丞 : 尙書令을 보좌하는 관리. 左丞, 右丞이 있었다
11) 太常 : 禮樂 및 郊廟 社稷의 일을 관장하는 관리.
12) 大行令 : 天子와 제후 사이의 중요한 交際와 儀禮를 관장하는 벼슬.
13) 太子少傅는 태자의 지도 보좌를 맡은 관리이고, 宗正은 皇族의 호적관계 등의 사무를 담당하는 벼슬이다.

성하 길일을 택해서 황자들의 봉위를 정하시기 바랍니다. 폐하께서는 통촉하시기 바랍니다"라고 하였던바, 폐하께서는 "어사에게 하교하여 처리토록하라"라고 하셨습니다. 저희가 중이천석(中二千石) 및 2,000석(二千石)[14]인 공손하(公孫賀) 등과 의논한 바는 이렇습니다. 옛날에 영토를 나누어나라를 건립하고 제후를 병렬시켜 황제를 받들게 한 것은 종묘사직을 존중한 때문입니다. 지금 곽거병은 폐하께 상소하여 그의 직책을 잊지 않고 이로써 폐하의 은덕을 선양하였으며, 그가 폐하께서 사양하여 자신을 낮추고백성을 위해서 염려하신다고 아뢴 것은 황자들에게 아직 봉위가 없음을 염려한 때문입니다. 신 장청적과 장탕 등은 원래 예의를 받들고 직책을 준수했어야 마땅하오나 우매하여 이 일을 처리하지 못하였습니다. 이제 마침성하 길일이니 장청적과 장탕 등은 죽음을 무릅쓰고 황자 유굉(劉閎), 유단(劉旦), 유서(劉胥)를 제후왕(諸侯王)[15]에 봉해주시기를 청하옵니다.신들은 그들에게 봉할 국명을 정해주시기를 죽음을 무릅쓰고 바라옵니다.

황제는 이렇게 분부하였다.

"짐은 듣기로 주(周)나라에서 800의 제후국을 봉할 때 모든 왕족이 병렬하여 혹자는 자작(子爵), 혹자는 남작(男爵), 혹자는 부용(附庸)으로되었다고 한다.[16] 그리고 『예기(禮記)』에는 '서자(庶子)는 종묘에 제사를지낼 수 없다'[17]라고 되어 있다. 그대들은 제후국을 세우는 것이 사직을 존중하는 것이라고 하였지만 짐은 듣지 못하였다. 게다가 하늘은 결코 군주를 위해서 백성들을 내려주시지는 않았다. 짐이 덕이 없어 천하가 아직안정되지 않은 터에 충분히 성숙되지 못한 자에게 억지로 넓은 지역을 다스리게 한다면 보좌하는 신하들이 어떻게 그를 교도(教導)할 수 있겠는가? 황자들을 열후(列侯)에 봉하여 가(家)의 식읍(食邑)을 주는 것으

---

14) 二千石 : 봉록에 따른 관직의 등급으로, 2,000石級은 고급 관리에 속하여 漢代에는 조정의 九卿, 郎將에서부터 지방의 郡守, 尉까지가 여기에 속하였으며, 吳楚의 반란 이후로는 제후국의 2,000石級 관리들을 조정에서 파견하였다. 2,000石級은 다시 中二千石, 二千石, 比二千石의 셋으로 나뉘는데 각각 180斛, 120斛, 100斛의 월급을 받았다. 권58 「梁孝王世家」의 〈주 15〉, 권59 「五宗世家」의 〈주 16〉 참조.

15) 諸侯王 : 漢代의 두 爵位 등급인 王과 列侯 중의 王을 가리키는데, 고대의 諸侯와 유사하여 諸侯王이라고도 하였다.

16) 周나라의 封爵에는 公, 侯, 伯, 子, 男의 다섯 등급이 있었으며, 附庸은 제후에 부속된 小國이었다.

17) 「曲禮」에 "서자는 종묘에 제사 지낼 수 없으며 반드시 적자가 제사를 올려야 한다(支子不祭, 祭必告于宗子)"라고 되어 있다.

로[18] 다시 한번 의논토록 하라. "

3월 병자일(丙子日), 논의 결과를 미앙궁에 상소문으로 아뢰었다.

승상 장청적과 어사대부 장탕은 죽을 죄를 무릅쓰고 아뢰옵니다. 신들이 삼가 열후인 영제(嬰齊), 중이천석인 공손하, 그리고 2,000석인 공손하, 그리고 간대부(諫大夫) 박사(博士)[19]인 안(安) 등과 함께 논의하온 바는 다음과 같습니다. 삼가 듣건대 주나라는 800의 제후를 봉하였는데 왕족 희성(姬姓)도 이에 병렬되어 황제를 받들었습니다. 강숙(康叔)[20]은 조부와 죽은 부친으로 인하여 현달(顯達)하게 되었고, 백금(伯禽)[21]은 주공(周公)으로 인하여 봉해지게 되었습니다. 이들은 모두가 제후국(諸侯國)을 이루어 상국과 사부의 보좌를 받았으며, 모든 관리들이 법규를 받들어 행하고 각자의 직분을 지키니 나라의 기강이 완비되었습니다. 신들이 제후국을 세우는 길만이 종묘사직을 존중하는 것이라고 여기는 까닭은 천하의 제후들이 각기 그 직분에 따라 공물과 제물을 받들어올리기 때문입니다. 서자가 종묘의 제사를 받들 수 없다는 것은 예법에 규정된 것입니다. 서자를 제후로 봉하여 변방의 봉국을 지키게 하는 것은 제왕으로서 은덕을 심고 교화를 베푸는 일입니다. 폐하께서는 하늘의 정통을 받드시어, 성스러운 사업을 밝게 여기시고, 어질고 공 있는 이들을 높여 드러내며, 멸망하여 끊어진 것들을 다시 일으켜 이어주셨습니다. 문종후(文終侯) 소하(蕭何)의 후손을 찬현(酇縣)에 봉하여 이어주셨고,[22] 평진후(平津侯) 공손홍(公孫弘)[23] 등의 대신들을

<hr>

18) 家와 國은 고대의 통치 구역에 대한 호칭으로서, 일반적으로 전자는 卿大夫의 封地를, 후자는 諸侯의 封地를 가리킨다. 원문은 "更議以列侯家之"로서 앞의 건의문에 나온 "立皇子……爲諸侯王"과 상대되는 표현으로 볼 수 있다. 즉 皇子들을 列侯의 윗등급인 王으로 봉하여 國을 칭하게 하자는 건의에 대해서 황제는 列侯와 같은 등급으로 하고 家의 食邑을 주라는 지시를 내린 것이다.

19) 諫大夫는 논의를 담당하는 光祿勳에 속하는 벼슬이고, 博士는 古今의 역사 서적과 典章을 관장하며 諮問에 응하는 太常에 속한 벼슬이다.

20) 康叔 : 周 文王의 막내 아들로 원래 康(지금의 河南省 禹縣 서북쪽)에 봉해져서 康叔이라고 불렸으며, 武庚의 반란이 평정된 뒤 衛國에 봉해져서 朝歌를 도읍으로 하였다. 권37「衛康叔世家」참조.

21) 伯禽 : 周公의 큰아들로 武庚의 반란 뒤에 奄國(지금의 山東省 曲阜市)의 옛 터에 魯公으로 봉해졌다. 권40「楚世家」의 〈주 25〉 참조.

22) 蕭何(?-기원전 193년, 文終侯는 그의 諡號이다)는 沛(지금의 江蘇省 沛縣) 사람이다. 그는 劉邦을 보좌하여 漢나라를 세우는 데 공헌하였고 丞相을 지냈다. 그는 지금의 河南省 永城縣 서북쪽의 酇縣(차현)에 봉해졌는데, 그 후손은 지금의 湖北省 光化縣 동북쪽의 酇縣(찬현)에 봉해졌다. 권53「蕭相國世家」의 〈주 48〉 참조.

23) 公孫弘(기원전 200-기원전 121년) : 菑川薛(지금의 山東省 滕縣 남쪽) 사람으로 武帝 때 丞相을 지냈다. 권52「齊悼惠王世家」의 〈주 55〉 참조.

포상 격려하셨습니다. 여섯 친족의 순서를 밝히시고 하늘의 은혜가 미치는 친족관계를 표명하시어, 제후, 왕, 봉군(封君)들로 하여금 개인적인 은택을 널리 펴서 자제들에게 봉토를 나누어주게 하시니, 봉호(封號)를 주고 봉국(封國)을 세운 것이 100여 나라가 되었습니다. 그런데 황자에게 가(家)의 식읍을 주어 열후가 되게 한다면 이것은 신분의 존비관계가 흐트러지는 것이며 지위관계의 순서가 뒤바뀌는 것이니[24] 자손만대에 물려줄 전통이 될 수 없습니다. 신들은 황자인 유굉과 유단과 유서를 제후왕에 책봉해주실 것을 청원하옵니다.

황제는 이렇게 분부하였다.

"강숙의 친형제는 열 명이 있었는데[25] 유독 그만이 존귀하게 된 것은 문왕(文王)께서 덕 있는 이를 포상하였기 때문이다. 주공은 교제(郊祭)로 하늘에 제사를 지냈으며, 따라서 노(魯)나라에서는 흰색과 붉은 색의 수소를 제사의 희생으로 쓴다. 그런데 다른 공후(公侯)들은 털빛이 순수하지 않은 희생을 사용하니, 이것은 현자(賢者)와 그렇지 못한 자의 구분인 것이다. '높은 산은 우러러보고, 큰 길은 따라간다'[26]라고 하였으니, 짐은 이러한 주대(周代)의 제도를 매우 경모하는 바이다. 그러니 아직 성숙하지 못한 이들을 눌러두어 가(家)의 식읍으로 열후가 되게 하는 것이 좋겠노라."

4월 무인일(戊寅日)에 다시 미앙궁에 다음과 같은 상소문을 올렸다.

승상 장청적과 어사대부 장탕은 죽을 죄를 무릅쓰고 아뢰옵니다. 신 장청적 등은 열후와 2,000석급의 관리들과 간대부 및 박사 경(慶) 등과 논의한 다음 죽음을 무릅쓰고 황자들을 제후왕으로 책봉하실 것을 청원하였던바, 이에 황제께서는 이렇게 분부하시었습니다. "강숙의 친형제는 열 명이 있었는데 유독 그만이 존귀하게 된 것은 문왕께서 덕 있는 이를 포상하였기 때문이다. 주공은 교제로 하늘에 제사를 지냈으며, 따라서 노나라에서는 흰색과 붉은 색의 수소를 제사의 희생으로 쓴다. 그런데 다른 공후들은 털빛이 순수하지 않은 희생을 사용하니, 이것은 현자와 그렇지 못한 자의 구

24) 이는 諸侯의 왕자들이 이미 列侯가 되었는데, 다시 황제의 아들을 또 列侯에 봉한다면 尊卑貴賤의 관계를 혼란시키게 된다는 것이다.
25) 康叔에게는 同腹 형제가 열 명 있었다.
26) 원문은 "高山仰之, 景行嚮之"로서, 『詩經』「小雅」"車舝"의 "高山仰之, 景行行止"에서 나온 말이다. 권47 「孔子世家」의 〈주 211〉 참조.

632

분인 것이다. '높은 산은 우러러보고, 큰 길은 따라간다'라고 하였으니,/짐은 이러한 주대의 제도를 매우 경모하는 바이다. 그러니 아직 성숙하지 못한 이들을 눌러두어 가(家)의 식읍으로 열후가 되게 하는 것이 좋겠노라."
신 장청적과 장탕 및 박사 장행(將行) 등이 삼가 듣건대, 강숙의 형제는 열 명이 있었는데 무왕은 왕위를 계승하였고 주공은 성왕(成王)을 보필하였으며, 나머지 여덟 사람은 모두 조부와 죽은 부친의 존귀함에 의하여 큰 나라에 봉해졌습니다. 강숙이 어렸을 때에 이미 주공은 삼공(三公)²⁷⁾의 자리에 있었으며, 백금은 노나라 땅을 가졌는데 작위를 수여할 때에는 아마도 아직 성인이 아니었을 것입니다. 그렇지만 강숙은 나중에 녹보(祿父)의 난²⁸⁾을 막아내었고, 백금은 회이(淮夷)의 반란을 소멸시켰습니다. ²⁹⁾ 옛 오제(五帝)³⁰⁾는 서로 제도를 달리하였으며, 주나라의 작위는 다섯 등급이었는데 춘추시대에는 세 등급을 두었던바, ³¹⁾ 이는 모두 시대의 상황에 따라서 존비의 차례를 정한 것입니다. 고황제(高皇帝)께서는 난세를 바로잡아 성덕(聖德)을 밝히시고 천하를 안정시킨 다음 각 제후들에게 나라를 봉하실 때 작위를 두 등급으로 나누셨습니다. ³²⁾ 때로는 황자가 아직 어려 강보(襁褓)에 싸인 채로 제후왕이 되어 황제를 받들었던바, 이것은 이미 자손만대의 규범이 되었으니 변경할 수 없는 일입니다. 폐하께서는 친히 인의(仁義)를 시행하셨고 성덕을 실천하셨으며 문무(文武)를 조화시키셨으니, 자애롭고 효성스러운 품행을 표창하셨고, 현명하고 재능 있는 이들의 길을 넓히셨으며, 안으로는 덕 있는 이에게 상을 주셨고 밖으로는 강포(彊暴)한 자들을 정벌하셨습니다. 멀리 북쪽으로 북해(北海)³³⁾에 이르렀고 서쪽으로 월지국(月氏國)³⁴⁾에 이르렀으며, 흉노(匈奴)³⁵⁾와 서역(西域)³⁶⁾

---

27) 三公 : 太師, 太傅, 太保를 가리킨다. 권58 「梁孝王世家」의 〈주 40〉 참조.
28) 周 武王이 商나라를 멸하고 祿父(商 紂王의 아들 武庚을 말한다. 祿父는 그의 字이다)를 殷君으로 봉하여 朝歌를 도읍으로 하게 하고 管叔과 蔡叔을 파견하여 감시하게 하였는데, 武王이 죽고 成王은 어려서 周公이 섭정을 하자 이에 불복한 管叔과 蔡叔을 끌어들여 祿父가 반란을 일으켰다.
29) 伯禽은 費(지금의 山東省 費縣 서북쪽)에서 출정하여 淮夷와 徐戎을 정벌하였다.
30) 五帝 : 전설 속의 上古의 제왕으로 여러 가지 다른 설명들이 있는데, 『史記』에서는 黃帝, 顓頊, 帝嚳, 堯, 舜을 지칭한다.
31) 周 王朝의 다섯 爵位는 '公, 侯, 伯, 子, 男'인데, 춘추시대에는 '公, 侯, 伯'의 세 등급으로 하여 周 왕조의 '子, 男'을 '伯'에 통합시켰다.
32) 漢 王朝 爵位의 두 등급은 王과 列侯이다.
33) 『漢書』 「匈奴傳」에서는 霍去病이 匈奴를 정벌하여 북쪽으로 翰海에 이르렀다고 한다. 『史記正義』 참조. 翰海는 고대의 北海의 이름으로 '瀚海'로도 쓴다.
34) 月氏는 西域의 나라 이름인데, '月支'로도 부른다. 처음에는 지금의 甘肅省 敦煌

의 나라들이 모두 나서서 황제의 군대를 받들었습니다. 수레와 기계 등의 비용을 백성들에게 부과하지 않았고, 왕가(王家)의 창고를 비워 장병들에게 상을 주었으며, 궁중의 창고를 열어 빈궁한 자들을 구제하였고, 변방을 수비하는 군대를 반으로 줄였습니다. 수많은 오랑캐의 임금들이 모두 한결같이 한(漢) 왕조의 교화를 우러러 받들고 조정의 뜻에 화합하였습니다. 풍속이 한나라와 다른 먼 곳에서도 여러 겹의 번역을 통하여 황제 앞에 나와 배알하니, 황제의 은택이 나라 밖 먼 곳에까지 미쳤습니다. 이리하여 진귀한 짐승이 진상되었고 상서로운 곡식들이 자라나, 하늘의 응험(應驗)이 매우 분명해졌습니다. 이제 제후의 서자는 제후왕에 봉하고서[37] 황제의 아들을 대부(大夫) 등급의 열후로 삼는다는 것은, 신 장청적과 장탕 등이 삼가 자세히 고려한 바로는 모두가 존비귀천의 질서를 잃게 되는 것으로서 천하 사람들을 실망케 할 것이니, 불가한 일입니다. 신들은 부디 황자 유굉, 유단, 유서를 제후왕에 봉하시기를 청원하옵니다.

이 상소문은 궁중에 머물러 있는 채로 황제의 분부가 내려지지 않았다. 4월 계미일(癸未日)에 미앙궁에 다시 상소문을 올렸다.

신 승상 장청적, 어사대부의 직무를 겸한 태복(太僕) 공손하, 태상 조충, 어사대부의 직무를 겸한 태자소부(太子少傅) 임안은 죽을 죄를 무릅쓰고 아뢰옵니다. 신 장청적 등이 지난번에 "황자들께 아직 봉위가 없다"라는 대사마 곽거병의 상소 내용을 아뢰었사옵고, 신이 삼가 어사대부 장탕, 중이천석, 2,000석, 간대부 및 박사 경(慶) 등과 함께 죽음을 무릅쓰고서 황자인 유굉 등을 제후왕에 책봉해주실 것을 청원하였던바, 폐하께서는 폐하의 문치(文治)와 무공(武功)을 겸양하시고 자신에 대한 질책을 엄격히 하시어 황자들이 아직 다 배우지 못하였다고 이르셨습니다. 여러 신하들의 의론(議論)으로는, 유자(儒者)가 자신의 학술을 말할 때 경우에 따라서는 그 마음과 다른 말도 한다는 것이었습니다. 폐하께서는 굳이 사양하시며 황자를 열후에 봉하는 것만을 허락하십니다. 신 장청적 등이 삼가 열후인

縣과 靑海省 祁連縣 사이에 살았다가, 나중에 대부분이 지금의 新疆省 伊犁河 유역 일대로 옮겨갔다. 옮겨간 자들을 大月氏, 남은 자들을 小月氏라고 부른다.
35) 匈奴:秦漢 시기에 고비 사막의 남북에 흩어져 산 북방 민족으로, 유목생활을 하였고 말타기와 활쏘기를 잘하였다.
36) 西域:漢나라 때에 처음으로 사용된 명칭으로서, 玉門關 서쪽에서 蔥嶺 동쪽에 이르는 넓은 지역을 말한다. 즉 蔥嶺의 서쪽은 月氏國이고 동쪽은 西域이다.
37) 이는 膠東王 劉寄의 아들 劉慶을 六安王에 봉하고, 常山王의 아들 劉平을 眞定王에, 劉商을 泗水王에 봉한 일을 가리킨다. 권59 「五宗世家」의 〈주 26〉 참조.

634

수성 (壽成)³⁸⁾ 등 스물일곱 명과 논의하였던바, 모두가 그것은 존비귀천의
순서를 잃는 것이라고 여겼습니다. 고황제께서는 천하를 세우시고 한 왕조
의 시조가 되시어, 자손들을 왕에 봉하여 왕실에 대한 지족(支族)의 보좌
를 키우셨습니다. 선제(先帝)의 규범을 고치지 않고 준수하는 것은 그것이
지존의 도리를 선포하고 있기 때문입니다. 청원하옵건대 사관(史官)으로
하여금 길일을 택하게 하고 의식을 갖추되, 어사로 하여금 지도(地圖)를
바치게 하고 다른 것들은 모두 과거의 관례와 같이 하시기 바라옵나이다.

이에 황제는 드디어 "그리 하라"라고 분부하였다.

4월 병신일(丙申日)에 미앙궁에 다음과 같은 상소문을 올렸다. "어사
대부 직무를 겸한 태복 신 공손하는 죽을 죄를 무릅쓰고 아뢰옵니다. 태
상 조충이 점을 친바, 4월 28일 을사일(乙巳日)이 제후왕을 세우기에 합
당하다고 합니다. 죽을 죄를 무릅쓰고 지도를 올리며 봉국(封國)의 명명
(命名)을 청원합니다. 관계되는 의식에 관해서는 따로 아뢰겠습니다. 죽
음을 무릅쓰고 청원하옵니다."

황제는 이렇게 분부하였다. "황자 유굉은 제왕(齊王)에, 유단은 연왕
(燕王)에, 유서는 광릉왕(廣陵王)에 봉하노라."

4월 정유일(丁酉日)에 의식 절차를 미앙궁에 아뢰었다. 원수 6년 4월
계묘일(癸卯日)에 어사대부 장탕은 황제의 명령을 승상에게 하달하였고,
승상은 중이천석 관리에게, 2,000석 관리는 군 태수와 제후의 상(相)들에
게, 승서종사(丞書從事)³⁹⁾는 담당 관리들에게 하달하였다. 이 모두를 율
령에 따라 시행하였다.

"원수 6년 4월 을사일, 황제께서 어사대부 장탕을 시켜 태묘(太廟)에
서 황자 유굉을 제왕(齊王)에 봉하십니다. 황제께서 이르시되 '오호, 아
들 굉아, 이 푸른 색 사토(社土)⁴⁰⁾를 받아라! 짐은 선조의 위업을 계승
하고 옛 제도를 참고하여 너에게 국가를 세워주고 동쪽의 땅을 봉하니 대

---
38) 壽成 : 蕭何의 玄孫인 酇侯로, 뒤에 太常이 되었다.
39) 丞書從事 : 郡國의 문서를 주관하는 보조 관원.
40) 社土 : 社의 흙을 말한다. 天子는 淸, 黃, 赤, 白, 黑 5 가지 색의 흙으로 泰社
(社壇 : 토지신께 제사 지내는 壇)를 쌓았는데, 제후를 봉할 때에는 封地의 방위에
따라서 泰社의 흙을 갈라내어 白茅(띠) 위에 받쳐 싸주어(이 흙을 茅土라고 불렀
다), 그것을 가져가 封國의 社를 세우게 하였다.

대손손 한(漢) 왕조를 옹호하고 지지하여라. 아아, 기억하거라! 짐의
가르침을 잘 받들지니, 천명은 고정불변의 것이 아니다. 윗사람이 덕을
좋아하면 밝은 빛을 낼 수 있을 것이지만, 의를 추구하지 않으면 관리들
의 마음이 해태(懈怠)해질 것이다. 너의 마음을 다하고 진실로 중용의 도
를 잡아라. 그러면 하늘의 복록이 영원토록 함께 할 것이다. 잘못을 범하
며 선을 따르지 않으면 그것이 너의 나라를 위태롭게 하고 너 자신을 해
칠 것이다. 오호, 국가를 보전하고 백성을 다스리려면 공경스럽지 않을
수 있겠는가! 제왕아, 부디 조심하여라'라고 하셨습니다.”

이상은 제왕을 봉할 때의 책문(策文)[41]이다.

“원수 6년 4월 을사일, 황제께서 어사대부 장탕을 시켜 태묘에서 황자
유단을 연왕(燕王)에 봉하십니다. 황제께서 이르시되, '오호, 아들 연아,
이 검은 색 사토를 받아라! 짐은 선조의 위업을 계승하고 옛 제도를 참
고하여 너에게 국가를 세워주고 북쪽의 땅을 봉하니 대대손손 한 왕조를
옹호하고 지지하여라. 아아, 훈육(葷粥)[42]은 노인을 학대하는 금수의 마
음을 지니고 있어,[43] 한나라의 땅을 침범하여 노략질하며 게다가 변방의
백성들을 속여 꾀어낸다. 짐이 장수에게 명령하여 그들의 죄과를 징벌하
게 하였더니, 그 만 명을 통솔하는 대장(隊長) 및 천 명을 통솔하는 대
장[44] 등 32명의 군장(君長)들이 모두 나와 항복하니 깃발은 떨어지고 군
대는 흩어졌다. 훈육이 옮겨가고 나자[45] 북쪽의 주군(州郡)이 평안해졌
다. 너의 마음을 다하고, 원한을 사지 말며, 은덕을 저버리지 말고, 전비
(戰備)를 폐하지 말라. 훈련받지 않은 사병을 징발해서는 안 된다. 오호,
국가를 보전하고 백성을 다스리려면 공경스럽지 않을 수 있겠는가! 연왕

41) 策은 황제가 봉토와 작위를 수여하고 三公을 임명한 문서이다.
42) 葷粥 : 秦漢 이래로 匈奴라고 불린 고대 중국 북방의 부족으로, 獯育, 葷粥, 熏
粥, 粥熏, 獯鬻, 熏鬻, 葷允, 混夷, 胡, 山戎(唐虞), 淳維(夏), 鬼方(殷), 獫狁
(周) 등의 이름으로 불렸다.
43) 『漢書』 「匈奴傳」에 의하면 匈奴族은 젊은이를 귀히 여기고 늙은이를 천히 여기
며, 젊은이는 맛있는 고기를 먹고 늙은이는 그 남은 것을 먹는다고 한다. 『史記索
隱』 참조.
44) 원문은 “萬夫長”과 “千夫長”으로, 이것은 모두 고대의 무관 이름이다. 각각 만
명과 천 명을 통솔하는 장수를 가리킨다.
45) 匈奴가 동쪽으로 옮겨갔다는 설(『史記集解』 참조)과 북쪽으로 옮겨갔다는 설(『史
記注譯』 참조)이 있다.

아, 부디 조심하여라'라고 하셨습니다."

이상은 연왕을 봉할 때의 책문이다.

"원수 6년 4월 을사일, 황제께서 어사대부 장탕을 시켜 태묘에서 황자 유서를 광릉왕(廣陵王)에 봉하십니다. 황제께서 이르시되, '오호, 아들 아, 이 붉은 색 사토를 받아라! 짐은 선조의 위업을 계승하고 옛 제도를 참고하여 너에게 국가를 세워주고 남쪽의 땅을 봉하니 대대손손 한 왕조 를 옹호하고 지지하여라. 옛사람이 일렀으되, 장강(長江)의 남쪽, 오호 (五湖)⁴⁶⁾ 사이의 사람들은 마음이 가볍다. 양주(楊州)⁴⁷⁾는 중원(中原)을 지키는 변방으로서 하(夏), 상(商), 주(周) 삼대(三代)에는 수도에서 먼 요복(要服)⁴⁸⁾이라 정교(政敎)가 미치지 못하였다라고 하였다. 오호, 너 의 마음을 다하고, 매사에 신중하며, 자애롭고 순종하여라. 방탕과 안일 에 빠지지 말고, 소인배를 가까이하지 말며, 법과 규범을 지켜라. 『서경 (書經)』에서 말하되, 신하된 자는 위엄을 부리지 않고 상을 함부로 내리 지 않아야 뒷날의 치욕이 없다⁴⁹⁾라고 하였다. 오호, 국가를 보전하고 백 성을 다스리려면 공경스럽지 않을 수 있겠는가! 광릉왕아, 부디 조심하 여라'라고 하셨습니다."

이상은 광릉왕을 봉할 때의 책문이다.

태사공은 말하였다.

"옛사람의 말에 '사랑하면 부유하게 되기를 바라며, 친하면 고귀하게 되기를 바란다'라고 하였다. 이 때문에 황제들은 땅을 갈라 국가를 세우 고 자제들에게 봉해주었다. 친족을 포상(襃賞)하고, 골육의 친소를 구별

---

46) 五湖 : 이에 관해서는 여러 설이 있는데, 太湖를 가리킨다는 설, 太湖와 그 주변 의 네 호수를 가리킨다는 설과, 서로 다른 지역의 다섯 호수를 가리킨다는 설 등 세 가지로 구분된다. 唐나라의 司馬貞의 『史記索隱』에서는 具區, 洮滆, 彭蠡, 青草, 洞 庭의 다섯 호수를 가리킨다는 셋째 설이 제시되었다(具區는 곧 太湖이다).

47) 楊州 : 옛 九州의 하나로 대략 지금의 安徽省 淮河 이남과, 江蘇省의 長江 이남에 서 동남 해안에 이르는 지역을 지칭한다.

48) 要服 : 고대에 天子의 직할지인 王畿에서부터 1,500-2,000리가 떨어진 지역을 가 리킨다.

49) 『書經』 「洪範」에 문구는 다르지만 같은 요지인 다음과 같은 말이 보인다. "신하는 함부로 상을 내리거나 위세를 부리거나 진귀한 음식을 받아서는 안 된다(臣無有作福 作威玉食)"가 그것이다.

하고, 선조를 존중하고, 지족(支族)을 현귀(顯貴)하게 하는 것은 동성(同姓)의 세력을 천하에 확대하려는 것이다. 이로 인하여 형세가 강해지고 왕실이 안정되는 것이니, 이는 예로부터 지금까지 그 유래가 오랜 일로서 새삼스럽게 특별한 점이 없으므로 따로 평론할 바도 없다. 연나라와 제나라의 사적(事迹)에는 채록할 만한 것이 없다. 다만 삼왕(三王)을 책봉하는 과정에서 천자는 낮추어 겸양하였고 신하들은 도의를 굳게 지켰는데, 그 문사가 찬연하여 실로 감상할 만하다. 그래서 이에 세가에 덧붙여 적는 것이다."

저선생(褚先生)[50]은 말하였다.

"나는 운이 좋게도 문학(文學)[51]으로 시랑(侍郎)이 되어 태사공의 열전(列傳)을 즐겨 읽게 되었다. 열전에서 「삼왕세가(三王世家)」의 문장이 볼 만하다고 말하였으나 아무리 해도 이 세가를 얻을 수가 없었다. 그후 개인적으로 옛 이야기를 좋아하는 노인에게서 그가 보관하고 있던 책봉관계 문서를 구하였는데, 이제 그 속의 사적들을 편찬, 기록하여 후세인으로 하여금 현명한 군주의 의도를 알리고자 한다.

들건대 무제(武帝)[52] 때 같은 날 세 황자를 왕으로 봉하였는데 한 분은 제(齊)에, 한 분은 광릉(廣陵)에, 한 분은 연(燕)에 봉하였다고 한다. 각자 그 재능과 지력(知力), 토지의 비옥도, 백성의 경박함과 장중함에 따라 책문을 지어 그들에게 다음과 같이 경계의 뜻을 전하였다. '대대손손 한 왕조를 옹호하고 지지하여라. 국가를 보전하고 백성을 다스리려면 공경스럽지 않을 수 있겠는가! 제후왕아, 부디 조심하여라.' 현명한 군주의 문장은 본래 식견이 천박한 자로서는 이해할 수 없고 박학강기(博學强記)한 군자가 아니고서는 그 깊은 뜻을 철저히 알 수 없는 것이다. 책문

---

50) 褚先生: 褚少孫을 가리킨다. 西漢의 역사학자 및 문학가로 潁川 사람이며, 元帝, 成帝 때에 博士를 지냈다. 司馬遷의 『史記』의 낡거나 빠진 부분에 대하여 다방면의 자료를 수집하여 增補하면서 그 증보 내용의 앞에 "褚先生曰"이라고 썼다. 권48 「陳涉世家」의 〈주 111〉, 권49 「外戚世家」의 〈주 109〉 참조.
51) 文學: '賢良文學'의 약칭으로, 漢代에 관리를 선발하던 과목의 하나를 말한다.
52) 武帝: 漢 景帝의 아들인 劉徹(기원전 156-기원전 87년)을 말한다. 재위 기간은 기원전 141년에서 기원전 87년까지이다.

638

은 문단 순서의 배치, 문자 운용에 대한 배려, 문장의 장단에서 두루 깊은 의도가 들어 있는바 사람들이 쉽게 알 수가 없는 것이다. 나는 삼가 해서와 초서로 된 이 책문들을 다음에 편집해놓으며 이를 읽는 이들이 스스로 그 의미를 깨닫게 되기를 희망한다.

왕부인(王夫人)은 조나라 사람으로 위부인(衞夫人)[53]과 함께 무제의 총애를 받았는데, 그녀는 아들 유굉을 낳았다. 유굉이 왕에 봉해질 즈음 그 모친이 병이 들었는데 무제가 친히 보러 와서 물었다. '아들이 왕으로 봉해질텐데 어느 곳이 좋겠소?' 왕부인이 대답하였다. '폐하가 계신데 제가 무슨 말씀을 드리겠습니까?' 무제가 말하였다. '설령 그렇다고 할지라도 그대의 생각으로는 어느 곳의 왕으로 봉하기를 바라오?' 왕부인이 말하였다. '낙양(雒陽)에 봉해지기를 바라나이다.' 무제가 말하였다. '낙양은 식량 창고인 오창(敖倉)[54]과 무기고가 있고 천하의 요충지이자 한나라의 대도시여서 선제 이래 어느 아들도 낙양의 왕으로 봉해진 적이 없소. 낙양 이외에는 어느 곳이라도 좋소.' 왕부인은 아무 말도 하지 않았다. 무제가 말하였다. '관동(關東)[55]의 나라 중에 제(齊)보다 큰 곳은 없소. 제나라는 동쪽에 바다가 있고 성읍이 커서, 옛날에는 임치(臨菑)[56]만이 10만 호를 가지고 있었고, 비옥한 땅이 제나라보다 더 많은 곳은 천하에 없었소.' 왕부인은 손으로 머리를 치며 고마워하였다. '아주 좋습니다.' 왕부인이 죽자 무제는 매우 비통해하며 사자를 파견하여 절하고 제물을 올리며 이렇게 고하게 하였다. '황제께서 삼가 사자 태중대부(太中大夫) 명(明)을 보내 벽옥(璧玉) 한 덩이를 올리시며, 부인을 제왕(齊王)의 태후(太后)로 봉하셨나이다.' 황자 유굉은 왕이 되었으나 나이가 어려 아들이 없었는데 왕에 즉위한 뒤 불행히도 요절하여 봉국은 폐지되었고 군(郡)으로 바뀌었다. 이후 세인들은 제나라가 제후국으로 봉하기에 알맞지 않다고 말하였다.

---

53) 衞夫人: 나중에 皇后가 된 衞子夫를 가리킨다.
54) 敖倉: 秦代에 세워진 당시의 가장 중요한 식량 창고로 '敖庚'라고도 불리며, 雒陽에서 가까운 榮陽縣 동북쪽의 敖山(지금의 鄭州 서쪽의 北邙山)에 있었다. 권48「陳涉世家」의 〈주 72〉, 권54「曹相國世家」의 〈주 91〉 참조.
55) 關東: 函谷關 이동의 지역을 말한다.
56) 臨菑: 지금의 山東省 淄博市 동북쪽에 있는 현 이름으로, '臨淄'로도 쓴다. 권54「曹相國世家」의 〈주 93〉 참조.

소위 '이 흙을 받으라'[57]라는 말은 제후왕이 처음 봉해질 때 반드시 천자의 사단(社壇)에서 흙을 받아 자신의 영지에 와서 그것으로 사당을 짓고 매년 때를 맞추어 제사 지내는 일을 가리킨다. 『춘추대전(春秋大傳)』[58]에서 이르기를 '천자의 나라에는 태사(泰社)[59]가 있는데, 동방은 푸른 색, 서방은 흰색, 남방은 붉은 색, 북방은 검은 색, 중앙[60]은 누런 색이다'라고 하였다. 따라서 동쪽에 봉해질 제후는 푸른 색의 흙, 서쪽에 봉해질 제후는 흰색의 흙, 남쪽에 봉해질 제후는 붉은 색의 흙, 북쪽에 봉해질 제후는 검은 색의 흙, 중앙에 봉해질 제후는 누런 색의 흙을 가진다. 각기 해당 색깔의 흙을 취하여 그것을 흰 띠풀에 싸가지고 간 다음 그 흙을 쌓아올려 봉국의 사단을 짓는다. 이렇게 해서 비로소 천자가 봉한 제후가 되는 것이다. 이것을 주토(主土)라고 하는데 주토는 사단을 지어 제사를 지내기 위한 것이다. '짐은 선조의 위업을 계승하였다(朕承祖考)'라고 말한 것에서 '조(祖)'는 선조를, '고(考)'는 돌아가신 아버지를 말한다. '옛 제도를 참고한다(維稽古)'에서 '유(維)'는 '헤아린다, 참고한

---

57) 원문이 "受此土"인 이 말은 앞의 策文의 "受玆靑社" 등을 가리키는 것으로 보인다. 策文의 '社'를 '土'로 바꾸어 말하고 있는데 이것은 '社'의 뜻을 풀어쓴 것으로 볼 수 있다.

58) 『春秋大傳』: 책 이름. 『漢書』「藝文志」에는 기록되지 않았다.

59) 泰社: 고대 제왕의 社壇. '大社,' '太社'로도 쓴다. 앞의 〈주 40〉 참조.

60) 원문의 "上方"의 의미는 '중앙'과 '위'의 두 가지로 해석되는데, 『史記注譯』의 劉一農은 '중앙'으로 풀고, 『中國의古典シリ―ズ 1』『史記』의 野口定男과 『現代語譯史記』의 小竹氏들은 '上方(中央)'으로 써서 유보적인 태도를 취하고 있다. 여기서는 北京市 社稷壇의 실제 모습에 근거하고 社壇의 검은 색 흙에 해당하는 구체적인 통치구역을 경기지역으로 대응시킨다는 의미에서 '중앙'으로 해석하였지만, 자구상으로 '上方'을 '中央'으로 해석할 근거는 별로 없어 褚先生은 이를 '위쪽'의 뜻으로 이해한 것이라고 생각되며, 누런 색 흙으로 신하에게 천자 직할의 중앙 경기지역을 봉해주는 경우도 설정하기 어렵다.

누런 색 흙이 사단의 어디에 위치하는가에 대해서도 역시 '중앙'과 '위'라는 두 가지 설명이 있다. 사단의 중앙에 넣었다는 설명으로는 "天子大社, 東方靑, 南方赤, 西方白, 北方黑, 中央黃土, 若封四方諸侯, 各割其方色土, 且以白茅而與之(방점은 인용자가 첨부한 것이다)"가 있다(『孝經』「諸侯章疏引『韓詩外傳』). 사단의 윗부분을 누런 흙으로 덮었다는 설명으로는 "天子有大社焉, 東方靑色, 南方赤色, 西方白色, 北方黑色, 上冒以黃土"가 있다(『詞源』'社稷壇'條引『春秋傳』).

北京市 天安門 서쪽 中山公園 안의 社稷壇은 明나라 永樂 19년(1421년)에 건립하였고, 淸나라 乾隆 21년(1756년)에 重修하였는데, 동, 서, 남, 북, 중앙에 각각 푸른 색, 흰색, 붉은 색, 검은 색, 누런 색의 흙이 덮여 있다고 한다(『辭海』'社稷壇'條).

다'의 뜻이며, '계(稽)'는 '마땅히'의 뜻이니 마땅히 고인의 도를 따라야 한다는 것이다.

제(齊)의 지역은 사술(詐術)이 많고 예의가 통하지 않았다. 그 까닭에 천자께서는 훈계하시기를 '짐의 가르침을 잘 받들지니, 천명은 고정불변의 것이 아니다. 윗사람이 덕을 좋아하면 밝은 빛을 낼 수 있을 것이지만, 의를 추구하지 않으면 관리들의 마음이 해태해질 것이다. 너의 마음을 다하고 진실로 중용의 도를 잡아라. 그러면 하늘의 복록이 영원토록 함께 할 것이다. 잘못을 범하며 선을 따르지 않으면 그것이 너의 나라를 위태롭게 하고 너 자신을 해칠 것이다'라고 하였다. 제왕이 봉국(封國)에 도착하자 좌우 신하들이 예의로써 보필하였다. 불행히 제왕은 중년에 일찍 죽었으나 일생 과오가 없었으니, 책문의 의도와 부합하였던 것이다.

고서(古書)에 이르기를 '푸른 색은 쪽[藍]에서 채취하였으나 쪽보다 더 푸르다'[61]라고 하였는데 이는 교화를 통해서 그렇게 된 것이다. 선견지명을 가진 현명한 군주로서 천자는 이 점을 분명히 알고 있었으니, 제왕에게는 내부에 대해서 신중하라고 훈계하였고, 연왕에게는 남의 원한을 사지 말고 은덕을 저버리지 말라고 훈계하였으며, 광릉왕에게는 외부에 대해서 신중하여 권력을 함부로 쓰지 말라고 훈계하였다.

광릉은 오월(吳越)의 지역으로 그곳 백성들은 정교롭지만 가벼웠다. 그래서 천자는 광릉왕에게 이렇게 훈계하였다. '강호(江湖) 일대의 사람들은 마음이 가볍다. 양주는 중원을 지키는 변방으로서 하, 상, 주 삼대 시기에 그곳 사람들에게 중원의 풍속습관을 따르게 한 바가 있으나 정치교화가 크게 미치지는 못하고 명목상의 통치를 하였을 따름이다. 방탕하여 안일에 탐닉하거나 못된 자들을 가까이하지 말고 모든 것을 법도에 따라 처리하라. 환락이나 사냥에 몰두하거나 음탕한 짓을 즐기며 못된 자들과 어울리는 일이 없도록 하라. 항상 법도를 염두에 둔다면 결코 부끄러운 일은 일어나지 않을 것이다.' 삼강(三江)과 오호(五湖)[62] 일대는 고기와 소금의 산물이 있고 동산(銅山)의 풍부한 자원이 있어 천하가 부러워

---

61) 『荀子』「勸學」에서는 "靑取之於藍, 而靑於藍"이라고 하였다.

62) 楊州의 三江에 대해서는 많은 이설이 있는데 『國語韋昭注』에 의하면 吳江(淞江), 錢塘江, 浦陽江을 가리킨다고 한다. 五湖에 대해서는 앞의 〈주 46〉 참조.

하는 곳이었다. 그래서 천자는 '신하로서 함부로 상을 주지 말라(臣不作福)'라고 경고하였는데 그 의도는 재화를 남용하며 너무 많은 상을 내리고 그로써 명성을 얻어 사방에서 귀순해오는 일이 없도록 하려는 것이었다. 또 '신하된 자는 위엄을 부리지 않고 상을 함부로 내리지 말라(臣不作威)'라고 가르친 것은 그곳 사람들의 마음의 경박함을 이용하여 정의를 저버리는 일이 없도록 하려는 것이었다.

무제가 붕어하고 소제(昭帝)[63]가 새로 등극하자 소제는 먼저 광릉왕 유서(劉胥)를 조정으로 불러 3,000만 여에 이르는 후한 상금과 재물을 하사하고 영지 100리와 식읍 만 호(戶)를 보태주었다.

소제가 붕어하고 선제(宣帝)[64]가 새로 등극하자 선제는 골육의 은애와 정의(情義)를 베풀어서 본시(本始) 원년(기원전 73년) 조정 직할의 영토를 떼어 광릉왕 유서의 네 아들 모두에게 나누어주어, 유성(劉聖)은 조양후(朝陽侯)[65]로, 유증(劉曾)은 평곡후(平曲侯)[66]로, 유창(劉昌)은 남리후(南利侯)[67]로, 그리고 가장 총애하는 막내 아들 유홍(劉弘)은 고밀왕(高密王)[68]으로 봉하였다.

이후 유서는 과연 상벌을 전횡하였고 권세를 부렸으며 사신을 파견하여 초왕(楚王) 유연수(劉延壽)와 결탁하였다. 초왕은 이렇게 호언장담하였다. '나의 선조 초 원왕(楚元王)[69]은 고제(高帝)의 동생으로 32개의 성읍에 봉해졌다. 그런데 지금은 영지와 성읍이 더욱 줄어들었으니 이제 광릉왕과 함께 군대를 일으키고자 한다. 광릉왕을 황제로 옹립하고 나는 원왕 시절처럼 다시 초의 32개 성읍을 통치하고자 한다.' 이 일이 발각되자 공경대부와 관리들은 그를 주살할 것을 요구하였다. 천자는 골육의 정을 생

63) 昭帝:武帝의 막내 아들인 劉弗陵(기원전 94-기원전 74년)을 가리킨다. 재위 기간은 기원전 87년에서 기원전 74년까지이다.
64) 宣帝:武帝의 증손자인 劉詢(기원전 90-기원전 49년)을 가리킨다. 재위 기간은 기원전 74년에서 기원전 49년까지이다.
65) 朝陽은 지금의 山東省 章丘縣 서북쪽이다. 일설에는 지금의 河南省 新野縣 서남쪽이라고도 한다.
66) 平曲은 지금의 江蘇省 東海縣 동남쪽이다. 권57 「絳侯周勃世家」의 〈주 51〉 참조.
67) 南利는 지금의 河南省 上蔡縣 동쪽이다.
68) 高密은 지금의 山東省 高密縣 일대이다.
69) 楚 元王:劉交를 가리킨다. 沛縣 사람이다. 劉邦의 이복 동생으로 劉邦을 따라 군사를 일으켜 函谷關으로 들어간 뒤 文信君에 봉해졌다가 漢 왕조가 수립된 후 楚王에 봉해졌다.

각하여 유서를 차마 법대로 처분하지 못하고, 조서(詔書)를 내려 광릉왕은 처형하지 말고 괴수 초왕만을 주살하라고 명령하였다. 고서에 이르기를 '쑥이 삼밭에서 자라면 붙들어매지 않아도 자연히 곧게 되고, 흰 모래가 진흙 속에 있으면 진흙과 같이 검게 된다'라고 하였는데,[70] 이는 그 위치한 터의 영향 때문이었던 것이다. 그후 유서는 또 귀신을 저주하며 모반을 꾀하다가 발각되어 자살하였고 봉국도 폐지되었다.

연(燕)나라는 토지가 척박하고 북쪽으로 흉노와 인접해 있었으며 그 백성들은 용감하지만 지략이 뛰어나지 못하였다. 그래서 천자는 연왕에게 훈계하기를, '훈육은 노인을 학대하는 금수의 마음을 가지고 있어, 한나라의 땅을 침범하여 노략질하며 게다가 변방의 백성들을 속여 꾀어낸다. 짐이 장수에게 명령하여 그들의 죄과를 징벌하게 하였더니, 그 만 명을 통솔하는 대장 및 천 명을 통솔하는 대장 등 32명의 군장들이 모두 나와 항복하니 깃발은 떨어지고 군대는 흩어졌다. 훈육이 옮겨가고 나자 북쪽의 주군이 평안해졌다'라고 하였다. '너의 마음을 다하고, 원한을 사지 말라(悉若心, 無作怨)'라고 한 것은 연왕이 흉노의 풍속을 좇아 원한을 일으키지 않도록 하려는 의도였다. '은덕을 저버리지 말라(無肥德)'라고 한 것은 연왕에게 패덕한 일을 하지 말라는 뜻이었다. '전비(戰備)를 폐하지 말라(無廢備)'라고 한 것은 무장(武裝)을 소홀히 하지 말고 항상 흉노에 대비하라는 의미였다. '훈련받지 않은 사병을 징발해서는 안 된다(非敎士不得從徵)'라는 말은 예의를 배워 갖추지 않은 자는 곁에 불러다 쓰지 말라는 의미였다.

무제는 연로한데 태자(太子)가 불행하게 죽었다.[71] 아직 새 태자가 책봉되지 못하고 있었는데 연왕 유단이 사자를 파견하여 상소하면서 자신이 장안(長安)에 와서 황제의 숙위(宿衛)[72]를 맡기를 청하였다. 무제는 그 편지를 보고는 땅바닥에 내던지며 분노하여 말하기를 '아들을 낳으면 마땅히 제(齊), 노(魯) 나라와 같은 예의지향(禮儀之鄕)에 보내야 하는데

---

70) 이 말은 『荀子』「勸學」과 『大戴禮記』「曾子制言」에 나온다. 원문은 "蓬生麻中, 不扶自直. 白沙在泥中, 與之皆黑"이다.
71) 太子는 衛皇后 소생의 戾太子 劉據를 말한다. 武帝 征和 2년(기원전 91년)에 劉據는 '巫蠱의 禍'로 인하여 江充의 모함에 빠져 견딜 수 없게 되자 군사를 일으켰는데, 江充을 죽이고 자신은 武帝의 군대에 붙잡혀 자살하고 말았다.
72) 宿衛 : 궁 안에서 밤을 새우며 경계 호위하는 일을 말한다.

조(趙), 연(燕) 나라의 땅에 두었더니 과연 쟁탈의 마음이 생겨 겸양을 모르는 기미가 나타나는구나'라고 하였다. 그리고는 사람을 보내 궁궐 아래에서 유단의 사자를 죽여버렸다.

무제가 붕어하고 소제가 새로이 등극하자 유단은 과연 원한을 품고 대신들을 원망하였다. 유단은 마땅히 장자(長子)가 황위를 계승해야 한다고 생각하고 이전의 제왕(齊王)[73]의 아들 유택(劉澤) 등과 반란을 도모하며 드러내놓고 '내게 어떻게 동생이 있을 수 있단 말인가! 지금 즉위한 자는 대장군(大將軍)의 아들이다'[74]라고 말하면서 군사를 일으키려고 하였다. 이 일이 발각되어 그를 처형해야 했지만 소제는 골육의 정 때문에 은정을 베풀어 용서하고 이 일을 거론하지 못하도록 눌러두었다. 공경대신(公卿大臣)들[75]은 조정에서 종정(宗正)이 태중대부(太中大夫) 공호만의(公戶滿意) 및 어사 2명과 함께 연나라에 가서 연왕을 훈계 계도할 것을 요청하였다. 그들은 연나라에 도착하여 각각 다른 날에 번갈아가며 연왕을 만나 책망하였다. 종정은 종실(宗室)인 유씨(劉氏)들의 호적을 관장하는 관리였는데 그가 먼저 연왕을 만나 소제가 무제의 아들임이 분명함을 사실을 하나하나 열거하며 설명하였다. 그후 시어사(侍御史)[76]가 연왕을 찾아가서 국법에 따라 그를 책망하며, '왕께서 군사를 일으켜 반란을 꾀하려고 한 죄상은 이미 명백해졌으니 마땅히 처벌을 받아야 합니다. 한 조정에는 명확한 법이 있어서 제후가 아주 사소한 죄를 범하기만 해도 곧장 의법 처단을 해야 하거늘, 어찌 왕을 용서할 수 있겠습니까?' 라고 물으며 법조문으로써 그를 두려움에 떨게 하였다. 연왕은 심리적으로 위축되고 불안해하였다. 공호만의는 유가 경전의 의리(義理)에 밝았는데 마지막으로 연왕을 만나 고금의 보편적인 도리와 국가의 중요한 제

---

73) 여기서의 齊王은 이전의 齊懿王 劉壽로서 武帝 元朔 2년(기원전 127년)에 그의 封國이 폐지되었다.

74) 劉旦과 劉胥는 일찍부터 燕과 廣陵에 봉해져 나가 있었는데, 이때 즉위한 昭帝는 鉤弋夫人의 소생으로 武帝가 죽었을 때 겨우 7-8세였다. 武帝는 말년에 寵臣들에 미혹되어 어린 태자를 세웠고, 權臣들로서는 자신의 이익을 위해서 어린 황제를 세우려고 하였다.

75) 公卿은 '三公九卿'의 약칭이다. 원문은 "公卿使大臣請……"으로 '공경이 대신을 시켜……'로 해석할 수도 있으나, '使'는 잘못 들어간 글자로 볼 수 있으며, 실제로 '使'를 쓰지 않은 판본도 여러 개가 있다.

76) 侍御史: 감찰을 맡거나 외지에 파견되어 지정된 임무를 집행하는 관리.

도를 인용하며 진술하였던바 그 언사가 아주 당당하였다.

그는 연왕에게 이렇게 말하였다.

'고대 천자의 조정에는 반드시 이성(異姓)의 대부(大夫)[77]가 있어 이들은 왕족의 자제를 바로잡는 일을 하였습니다. 그리고 조정 밖에 있는 동성(同姓)의 대부는 이성의 제후를 바로잡는 일을 하였습니다. 주공이 성왕(成王)을 보좌하면서 그의 두 동생을 주살함으로써 천하가 태평해졌습니다. 무제가 살아 계신 때에는 그래도 왕을 용서하실 수 있었습니다. 지금은 소제께서 막 등위하셨는데 연세가 어리시어 아직 많은 세월이 남아 있으며 직접 집정하시지 않고 조정 대사를 대신들에게 위임하셨습니다. 옛날부터 주살의 형벌은 친척을 가리지 않았기에 천하가 태평해졌습니다. 지금은 대신들이 정사를 보좌하면서 법률에 따라 정직하게 일을 처리하여 불편부당하므로, 아마 왕을 용서할 수 없을 것입니다. 왕께서는 부디 스스로 근신하시어, 자신과 나라를 망쳐 천하의 웃음거리가 되지 마시기 바랍니다.'

그러자 연왕 유단은 겁을 먹고 죄를 인정하여 머리를 조아리며 사죄하였다. 대신들은 골육지간이 화합을 이루게 할 생각에 차마 법률에 의거하여 그를 제재할 수가 없었다.

그후 유단은 또 좌장군(左將軍) 상관걸(上官桀)[78] 등과 모반하여 '나는 태자 바로 아래이다. 태자가 없으니 내가 계위하는 것이 마땅한데도 대신들이 일제히 나를 억압하였다'라는 등의 말을 늘어놓곤 하였다. 대장군 곽광(霍光)[79]이 정사를 보좌하면서 공경대신들과 의논하여 말하기를 '연왕 유단은 자신의 과오를 뉘우쳐 정도를 걷지 않고 여전히 나쁜 짓을 하면서 고칠 줄 모른다'라고 하였다. 이리하여 법률에 따라 곧바로 제재를 가하여 주살하기로 결정하였다. 마침내 유단은 자살하였고 그 봉국도 폐지되었으니 이는 책문에서 지적한 바와 꼭 같이 된 것이다. 주관 관리는 유단의 처와 자식까지 처형하기를 요청하였으나 소제는 골육의 정 때문에

---

77) 異姓大夫 : 황족과는 다른 성을 가진, 즉 황족이 아닌 大夫를 말한다.
78) 上官桀 : 太僕의 벼슬을 하였고, 霍光과 함께 昭帝를 보필하라는 武帝의 遺命을 받았는데, 나중에 권력투쟁 과정에서 霍光에게 죽임을 당하였다.
79) 霍光 : 霍去病의 이복 동생으로 奉車都尉를 역임하였고, 武帝가 죽을 때 昭帝를 보필하라는 遺命을 받고 大司馬, 大將軍이 되어 정사를 보필하였으며 博陸侯로 봉해졌다. 昭帝가 죽은 뒤 다시 宣帝를 옹립하여 전후 20년 동안 정권을 잡았다.

차마 법대로 집행하지 못하고 유단의 처와 자식들을 사면하고 평민으로 강등시켰다.

 고서에 이르기를 '난초와 구리때 같은 향초라도 그것을 오줌에 담그면 군자는 그것을 가까이하지 않고 평민도 그것을 패용하지 않는다'[80]라고 하였는데, 이는 스며든 오줌 때문에 그렇게 된다는 것이다.

 선제가 새로 등극하자 두루 은택을 베풀고 덕을 선양하였는데 본시(本始) 원년(기원전 73년)에 다시 연왕 유단의 두 아들을 모두 열후와 왕으로 봉하였다. 한 아들은 안정후(安定侯)[81]로 봉하였고 원래 연왕의 태자였던 유건(劉建)은 광양왕(廣陽王)[82]으로 봉하여 연왕의 제사를 받들게 하였다."

---

80) 『荀子』「勸學」에는 "蘭根與白芷, 漸之滫中, 君子不近, 庶人不服"이라고 되어 있다.
81) 安定侯 : 劉賢을 가리킨다. 安定은 지금의 河北省 深縣 서남쪽이다.
82) 廣陽은 지금의 北京市 豐台區 大興縣 일대이다.